中国社会科学院学部委员专题文集
ZHONGGUOSHEHUIKEXUEYUAN XUEBUWEIYUAN ZHUANTI WENJI

西夏文化研究

史金波 ◎ 著

中国社会科学出版社

图书在版编目（CIP）数据

西夏文化研究／史金波著 . —北京：中国社会科学出版社，2015.6
（中国社会科学院学部委员专题文集）
ISBN 978 - 7 - 5161 - 3907 - 3

Ⅰ. ①西… Ⅱ. ①史… Ⅲ. ①文化史—中国—西夏—文集
Ⅳ. ①K246.303 - 53

中国版本图书馆 CIP 数据核字（2014）第 016452 号

出 版 人	赵剑英
责任编辑	任　明
责任校对	林福国
责任印制	何　艳

出　版	中国社会科学出版社
社　址	北京鼓楼西大街甲 158 号
邮　编	100720
网　址	http：//www.csspw.cn
发 行 部	010 - 84083685
门 市 部	010 - 84029450
经　销	新华书店及其他书店

印刷装订	环球印刷（北京）有限公司
版　次	2015 年 6 月第 1 版
印　次	2015 年 6 月第 1 次印刷

开　本	710×1000　1/16
印　张	23
插　页	2
字　数	365 千字
定　价	76.00 元

凡购买中国社会科学出版社图书，如有质量问题请与本社联系调换
电话：010 - 84083683
版权所有　侵权必究

《中国社会科学院学部委员专题文集》编辑委员会

主任 王伟光

委员 （按姓氏笔画排序）

王伟光　刘庆柱　江蓝生　李　扬
李培林　张蕴岭　陈佳贵　卓新平
郝时远　赵剑英　晋保平　程恩富
蔡　昉

统筹 郝时远

助理 曹宏举　薛增朝

编务 王　琪　刘　杨

前　言

哲学社会科学是人们认识世界、改造世界的重要工具，是推动历史发展和社会进步的重要力量。哲学社会科学的研究能力和成果是综合国力的重要组成部分。在全面建设小康社会、开创中国特色社会主义事业新局面、实现中华民族伟大复兴的历史进程中，哲学社会科学具有不可替代的作用。繁荣发展哲学社会科学事关党和国家事业发展的全局，对建设和形成有中国特色、中国风格、中国气派的哲学社会科学事业，具有重大的现实意义和深远的历史意义。

中国社会科学院在贯彻落实党中央《关于进一步繁荣发展哲学社会科学的意见》的进程中，根据党中央关于把中国社会科学院建设成为马克思主义的坚强阵地、中国哲学社会科学最高殿堂、党中央和国务院重要的思想库和智囊团的职能定位，努力推进学术研究制度、科研管理体制的改革和创新，2006 年建立的中国社会科学院学部即是践行"三个定位"、改革创新的产物。

中国社会科学院学部是一项学术制度，是在中国社会科学院党组领导下依据《中国社会科学院学部章程》运行的高端学术组织，常设领导机构为学部主席团，设立文哲、历史、经济、国际研究、社会政法、马克思主义研究学部。学部委员是中国社会科学院的最高学术称号，为终生荣誉。2010 年中国社会科学院学部主席团主持进行了学部委员增选、荣誉学部委员增补，现有学部委员 57 名（含已故）、荣誉学部委员 133 名（含已故），均为中国社会科学院学养深厚、贡献突出、成就卓著的学者。编辑出版《中国社会科学院学部委员专题文集》，即是从一个侧面展示这些学者治学之道的重要举措。

《中国社会科学院学部委员专题文集》（下称《专题文集》），是中国社会科学院学部主席团主持编辑的学术论著汇集，作者均为中国社会科学院学部委员、荣誉学部委员，内容集中反映学部委员、荣誉学部委员在相关学科、专业方向中的专题性研究成果。《专题文集》体现了著作者在科学研究实践中长期关注的某一专业方向或研究主题，历时动态地展现了著作者在这一专题中不断深化的研究路径和学术心得，从中不难体味治学道路之铢积寸累、循序渐进、与时俱进、未有穷期的孜孜以求，感知学问有道之修养理论、注重实证、坚持真理、服务社会的学者责任。

2011年，中国社会科学院启动了哲学社会科学创新工程，中国社会科学院学部作为实施创新工程的重要学术平台，需要在聚集高端人才、发挥精英才智、推出优质成果、引领学术风尚等方面起到强化创新意识、激发创新动力、推进创新实践的作用。因此，中国社会科学院学部主席团编辑出版这套《专题文集》，不仅在于展示"过去"，更重要的是面对现实和展望未来。

这套《专题文集》列为中国社会科学院创新工程学术出版资助项目，体现了中国社会科学院对学部工作的高度重视和对这套《专题文集》给予的学术评价。在这套《专题文集》付梓之际，我们感谢各位学部委员、荣誉学部委员对《专题文集》征集给予的支持，感谢学部工作局及相关同志为此所做的组织协调工作，特别要感谢中国社会科学出版社为这套《专题文集》的面世做出的努力。

《中国社会科学院学部委员专题文集》编辑委员会

2012年8月

目　　录

自序 ……………………………………………………………… (1)

西夏语中的汉语借词 …………………………………………… (1)
西夏文辞书及其特点和历史价值 ……………………………… (11)
西夏文本《类林》研究中的几个问题 ………………………… (23)
《文海宝韵》序言、题款译考 ………………………………… (34)
西夏语的构词和词的变化 ……………………………………… (48)

西夏汉文本《杂字》初探 ……………………………………… (62)
敦煌莫高窟北区出土西夏文文献初探 ………………………… (81)
简介英国藏西夏文献 …………………………………………… (119)
西夏书籍的编纂和出版 ………………………………………… (141)
国家图书馆藏西夏文社会文书残页考 ………………………… (178)
中国藏西夏文文献新探 ………………………………………… (196)

西夏文物的民族和宗教特点 …………………………………… (231)
河南、安徽西夏后裔及其汉化 ………………………………… (258)
西夏皇室和敦煌莫高窟刍议 …………………………………… (272)

西夏文《维摩诘所说经》
　　——现存最早的泥活字印本考 …………………………… (284)
黑水城出土活字版汉文历书考 ………………………………… (297)

西夏度量衡刍议 …………………………………………………（312）
鉴定早期活字印刷品的意义和方法刍议 ………………………（318）
最早的藏文木刻本考略 …………………………………………（332）
西夏的历法和历书 ………………………………………………（343）

自　序

1962年我考入中国科学院民族研究所做研究生，师从著名西夏学专家王静如教授从事西夏研究。半个世纪以来，西夏研究发生了重大变化。原来西夏研究者仅有屈指可数的几人，现在已经形成了一支老中青相衔接、分布于很多地区和部门的研究队伍；原来没有专门的研究机构，现在已经有了像中国社会科学院西夏文化研究中心、宁夏大学西夏学研究院这样荟萃专业人员的机构；过去西夏研究资料稀缺，特别是流失海外的大量重要西夏文文献长期不为人所知，现在保存在国内和国外的西夏文和汉文资料已经出版或正在陆续出版；原来西夏研究著述寥若晨星，现在已经出版的专著数以百计，发表的论文数以千计，介绍西夏的科学纪录片也走进了千家万户；过去人们对西夏知之甚少，即便在学术界了解得也不多，西夏被称为"神秘的西夏王朝"，现在西夏不仅在学术界持续升温，普通人对西夏王朝也很关注，有人谈起西夏如数家珍。半个世纪的西夏研究有了长足的进步，西夏学已经成为覆盖多学科的重要学术领域，跨入了一个新的发展时期。西夏研究的众多成果凝聚着国内外专家们的辛勤劳动。

作为一名西夏研究人员，我亲历半个世纪西夏研究的发展，一方面感到欣慰，另一方面又体味到学术界和社会对西夏研究的进一步期待。这种期待是社会文化发展的动力，也是专业研究人员不懈钻研、不断进取的源泉。

近50年来，我不曾离开过西夏研究，西夏融入了我的工作和生活，甚至可以说它已经成为我生命的一部分。西夏文是中国古文字的一种，因此我也关注着中国的其他古文字；西夏历史属于中国少数民族历史的范围，因此我也涉足中国少数民族历史的学习和研究。但我始终都把西夏作为我的研究重心。我写的文章和书，虽然也有关于民族历史和民族文字的著述，但多数还是有关西夏的内容。检索自己出版著作（包括合著）中一半以上属于西夏，发表的文章除序跋、书评等外，论文有 200 余篇，属于西夏研究的论文 150 篇。2005 年出版了我的第一部文集——《史金波文集》，是《中国社会科学院学术委员文库》之一种，其中收入论文 36 篇，皆为 2000 年前之作。

本次出版中国社会科学院学部委员论文集，我对发表过的论文作了筛选，《史金波文集》已收入的不收，在其他论文我选取了西夏文化方面的论文 20 篇，包括语言文字、文献、文物、科技诸方面。其余有关西夏社会、有关民族史和民族学的俟以后再出。

此次收入的论文，有的是 20 世纪八九十年代所写，有的则是近年新作。回顾已发表的论文，特别是早期的文章，因当时所见资料有限，有的资料是首次面世，那时还有新鲜感，但现在这些可能已是西夏学界唾手可得的普通资料。有的论文当时下工夫作了探讨，当时可能还有新意，但今天看来已是常识性知识；当然，有的论文还会有这样那样的不足，甚至错误。尽管如此，我想将过去的论文集结出版可以起到便于同行查找、交流的作用，另外也可从一个侧面反映出西夏资料不断积累、西夏研究不断深入的过程，从中或许能透视出西夏学几十年来发展的一线轨迹。

我们这一代人很多从农村出来，依靠国家上了大学，很是幸运。但也有先天不足、后天失调之虞。我们多是新中国成立前后上学，国学功底疲软，比不上前辈；虽学外语，水准很低，又不及后人。我的学术道路平凡，学术贡献寥寥，充其量起到一点承上启下的作用。

几十年来我始终未离开过中国社会科学院（包括其前身中国科学院哲学社会科学部），没有离开过民族研究所，我入所时还是 20 岁出头的年轻人，在这里经历了中年，步入了老年。这里有我钟情的专业，有我眷恋的师友。我目睹、经历了我院、我所半个世纪的发展变化，衷心希望我院在新的形势下有更大的发展，作出更多的贡献，希望民族所在民族研究领域有新的进展，新的成就。

几十年的学术生涯，使我深深感到学术进步离不开师长的教诲和指导，也离不开同事们的合作和帮助，更离不开家人的支持和理解。

引导我进入西夏学殿堂的是我的研究生授业导师王静如先生。王先生学贯中西，尤长于语言学，在20世纪30年代中日俄竞相研解西夏文时，先生出版《西夏研究》三卷，影响学界，并获法国如莲奖。先生教我学西夏文并不专门上课，只是告诉我有关书目，让我抄写西夏文著作。这种方法能使我独立思考，在当时很适合我的学业。为了学会历史语言比较，先生教我阅读法国语言学家梅耶撰写的《历史语言学中的比较方法》一书，使我大开眼界。先生一生致力于西夏研究，是西夏学的权威专家，但他从不满足，直至晚年仍孜孜不倦地伏案研究。我每次到先生家时，先生都在书桌前整理西夏资料。先生1990年辞世，享年88岁。师母对我十分热情，她和我母亲同年，每次见到她都会问我母亲身体如何。先生去世后我每年都几次看望师母，师母去年离开人世，终年96岁。

翁独健先生是著名的蒙元史学家，青年时既作成《道藏子目引得》，功力深厚。所主持校点的《元史》，为学术界提供了《元史》的最佳版本。先生在民族所是分管民族历史研究的副所长。我先后任历史研究室的副主任、主任，后来又任民族所副所长，也负责民族历史研究室工作，作为先生的下属和晚辈经常到先生家请教学问，请示工作。先生原来住南池子大街，当时我差不多每月总有一两次去拜访。除业务组织工作外，先生对我的学业耳提面命，教我重视资料，重视目录，要求写作勤于思考，精于文笔。先生的睿智和思辨不断给我启迪。我多次参加先生主编的《中国民族关系史纲要》的研讨，先生宏观把握历史上纷繁复杂的民族关系，驾轻就熟，显示出大家的才略和魄力，使我受益良多。

王森先生是著名的梵文学家、藏学家，于藏传佛教、藏传因明学和藏族史十分熟悉。先生撰写的《西藏佛教的十篇资料》是第一次对西藏佛教系统、科学的研究，尚未正式刊布于世，即被广泛传诵。后以《西藏佛教发展史略》为名出版。我初接触佛学，遇难懂难解之处辄趋先生处求教，先生循循善诱地指引，并常从看似摆放杂乱的书堆中找出需要的书籍借我。元代庆吉祥编校的佛经目录《至元法宝勘同录》就是在先生家第一次见到。我撰写的第一篇有关佛教的论文即请先生过目修改。后我撰写《西夏佛教史略》书稿先生也检阅大半，并提出宝贵意见。先生平易谦虚，晚年撰写有关梵文贝叶经卷的论文，竟将手稿交我提意见。我自知才疏学浅，难以提出意见，但也不愿错过学习的机会。拜读后对先生知识之渊博、功力之深厚、文笔之流畅更加崇敬。

　　季羡林先生是蜚声海内外的国学大师,是倡导建立中国民族古文字研究会的领袖,一直被推举为研究会名誉会长。我负责主持研究会时,先生多次莅临学术研讨会致辞演讲。先生对西夏学关心备至,每每询问近况。2002年出版国家图书馆馆刊西夏学专号时,请先生题字,先生欣然允许。我如约到先生处取题字时,为不影响年事已高的先生健康,准备取到题字便离开。但先生精神矍铄,谈兴滔滔,论西夏,讲学术,谈猫趣,竟达40余分钟。想到先生家属和医生张贴在门外不准会客的通知,赶紧告别。我承担中国社会科学院重点项目"西夏社会研究"时,曾向先生汇报。此项目成果《西夏社会》即将完稿时,先生十分高兴,欣然命笔,题写书名。该书出版后,我到解放军总医院看望先生,并将《西夏社会》送先生指正,先生十分欣慰,并高兴地摆上《西夏社会》与我合影。不想此次见面竟成永别。

　　另一位国学大师任继愈先生是佛学研究领袖,关心西夏佛教研究。过去有关宗教、佛教辞典很少西夏内容。20世纪80年代我撰写《西夏佛教史略》时,曾给先生写信汇报,先生回信鼓励,并望该书早日出版。《西夏佛教史略》出版后先生又鼓励我继续深入研究。1998年先生筹划编辑佛教大辞典,欲填补西夏佛教空白,嘱我承担撰写西夏词条。适值我去日本讲学一年,未遑完成。俟我回国后,先生又指示敦促。我即放下其他案头工作,专心撰写西夏佛教词条,竟得110多条,总计5万余字。1932年北京图书馆曾出版西夏文专号,推动了西夏学进展。2000年我筹划于专号出版70周年之际,再出纪念专号以期进一步推动。先生作为国家图书馆馆长鼎力支持,决定由中国社会科学院西夏文化研究中心与国家图书馆合作编辑出版。先生不仅题字祝贺,还特撰写前言,热情勉励西夏研究同仁,并预言"我国的'西夏学'必将呈现异彩"。在首发式上展览西夏文物,先生出席再行鼓励。

　　著名史学大师白寿彝先生尤重史学理论和民族史学研究。我每到先生处求教,都能从理论和方法上受益。后先生被推选为中国民族史学会会长,我作为常务副会长到先生家请示工作更频。每当学会召开研讨会前,我皆向先生汇报准备工作,聆听指示。先生则从历史研究大势出发,指出研究重点，所虑者长，所谋者大。先生晚年有目疾，不能外出，便写好会长致辞交我在会上宣读。为纪念先生90华诞，同仁编辑论文集以为庆祝，我应邀撰西夏风俗论文以贺先生。先生主编《中国通史》分册陆续出版，对我随出随赠。现每见书架上的22册巨著，如睹先生风采。

给我关怀、教诲师长辈学者屈指难数，所内还有傅懋勣、陈述、刘荣俊先生，院内有夏鼐、郭朋、熊德基、蔡美彪先生，京内有马学良、史树青、邓广铭、宿白、金启孮先生，京外有吴天墀、方国瑜、江应樑、马曜、方龄贵、林干先生等。前辈们对西夏学、民族史学和我本人的关怀、帮助，我总铭记于心，并思不辜嘱托，努力钻研。

谈及事业不能不提到我的夫人邵黎英。她是一名优秀的中学教师，本身工作繁忙，任劳任怨。作为两个孩子的母亲，她为了给我更多的时间，默默地担负起全部家务。我经常外出调查，家务更重，她从无怨言。她不仅是我的生活伴侣，对我关怀备至，同时也是我事业的坚定支持者。20世纪80年代我和同事编写《文海研究》索引时，她和孩子们为我们核对字条号码索引。她退休后仍为我的工作操劳。20世纪90年代末我到日本做客座教授时，她悉心照料我的起居，还抽空帮我编写西夏文字索引。没有她的辛劳，我将诸事难成。我的著述虽列我一人名字，另一个未注明的劳作者应是我的夫人。

当前可庆幸的是在古代历史中西夏资料是增加最多的一个学科，社会各界对西夏学的关注使西夏研究会有更加美好的前景。如果此论文集的出版稍有助于西夏研究，便不枉我院和出版社为此付出的心血。

史金波

2011年3月6日于北京南十里居寓所

西夏语中的汉语借词

一

随着西夏文解读和研究的进展，可以越来越清楚地看到，西夏语中有大量的汉语借词。在西夏语常用词中，这些借词约占百分之十。这仅仅是据书面文献的大致统计，在口语中汉语借词数量可能会更大。这些汉语借词已经成为西夏语的有机组成部分。当时的西夏人在多种不同类型的西夏文字典中，收入了这些借词，并按其读音分门别类地归入相应的西夏语声类、韵类之中，从而把汉语借词的声韵纳入了西夏语的语音体系。这不仅反映了汉语借词在西夏语中的稳定地位，也表明了当时的西夏人对汉语借词的重视程度。

为什么作为西夏王朝主体民族的党项人所操的语言（即西夏语）中会有这样多的汉语借词呢？这首先要从 11 世纪或更早时期党项人所处的社会历史环境中去找原因。党项族原住四川西部、青海东部一带，公元 7 世纪以后，由于毗邻的吐蕃势力强大而被迫北移。[①] 他们由四川入甘肃，达宁夏、陕西北部。这里经各族人民世世代代开发经营，已成为生产水平较高、农牧业兼得的地带。这一带距中原不远，早有大批汉人和其他少数民族。党项人进入这一地区之后，随着自身社会的发展演化和越来越多地接触汉族较高的社会生产方式，使党项族社会有了突飞猛进的发展。大量新事物的出现必然反映在西夏语中。党项人除利用母语中原有词素构成新词来反映这种新事物以外，还直接从汉语中借用大量现成的词。可以说，党

---

① 《新唐书》卷二二一上《党项传》，中华书局 1975 年版，第 6215 页。

项人这一迁徙是西夏语大量吸收汉语借词的主要条件之一。

　　西夏王朝在其立国前的唐末、五代时，就已经形成一个比较稳固的地方政权，受中央王朝统辖，在社会生活各个方面都受到汉族的直接影响。西夏正式立国后，仍和宋朝交往甚密，在政治、经济、文化等方面保持着密切的关系。西夏统治势力范围内包括多种民族，其中主要是党项人和汉人。党项人不仅从事传统的畜牧业生产，也有很大一部分人逐渐定居在州城附近或宜农地区，和汉民一样经营农业，当时称"熟户"。他们与汉族人民或混居一起，或本民族小聚居而与汉族大杂居。就是在统治集团内，也是党项人、汉人分任政府各种职官。在政治制度和国家机构上除保留了部分民族特点外，也大多因袭了唐、宋的典章制度。西夏第一代皇帝元昊的父亲德明时就曾向宋朝求赐汉文佛经。元昊本人通悉汉文，他在政府机构中特设蕃字、汉字二院。汉字院专掌与宋朝的往来表奏。毅宗谅祚时改用"汉礼"，并向宋朝求赐《九经》。崇宗乾顺时更设国学，系统教授汉文。仁宗仁孝时重大汉太学，尊孔子为文宣帝，汉文化得到进一步发展。[①]这样，两个民族就发生了历史上从未有过的、直接的、广泛的交往。西夏语和汉语在境内同时行用。西夏建国前后的特殊政治、历史环境是西夏语中进入大量汉语借词的主要原因。

　　西夏文创制以后，在使用和流传过程中，有大量的常用汉语借词被收录于西夏文文献中，大大增强了借词的稳定和流传。西夏时期编印的西夏文字典《音同》、《文海》中收录了很多汉语借词，并置于西夏语语音体系中统一编排。西夏时期还刊印了两种特殊的字典。一种是西夏语—汉语双解语汇本《番汉合时掌中珠》，为西夏人骨勒茂才所著，其序言用西夏文、汉文两种文字写成。作者明确提出："今时人者，番汉语言可以俱备。不学番言，则岂和番人之众；不会汉语，则岂入汉人之数。番有智者，汉人不敬；汉有贤士，番人不崇。若此者，由语言不通故也。"番即指党项。作者对党项族、汉族互相学习对方语言的必要性作了概括的说明。他把《掌中珠》中每一个词语分为四项：（1）西夏文，（2）相应的汉译文，（3）用汉文为西夏文注音，（4）用西夏文为汉译文注音。这就十分便于

[①] 《宋史》卷四八五、四八六《夏国传》上、下，中华书局1977年版，第13981—14033页。

两个民族学习对方的语言和文字。另一种是名为《要集》的特殊词典，其中每一西夏文词语都用汉语解释，但这种解释并不直接用汉文，而是用为汉文注音的西夏文。如西夏文义为"坩埚"的词，用读音分别为"乾"（"干"的繁体字）和"郭"的两个西夏字注释（参见附录1）。① 字典为汉语注音既适应了当时党项人和汉人互相学习对方语言的需要，还进一步推动了汉语借词的发展。如《掌中珠》中职官名称"中书"一词系本语词，音［酩腮］。到了元代，有的文献中"中书"二字直接借自汉语，原来在《掌中珠》里为汉字"中书"注音的两个西夏字，就成为记录"中书"这一汉语借词的文字，读音为［酩腮］的本语词已经不用了（参见附录2）。② 西夏时期用西夏文翻译了大批汉文著作，如《论语》、《孟子》、《孝经》、《孙子兵法三注》、《六韬》、《黄石公三略》、《贞观政要》等。还从汉文翻译了三千余卷佛经。翻译时，又增加了一批汉语借词。如卿、大夫、公、侯、伯、子、男等（参见附录3）。可以说，西夏文化事业的发展，及其和汉文化的交流，大大推动了汉语借词的发展。③

二

西夏语中汉语借词范围很宽。以词类划分，数量最多的是名词，其次是动词、形容词，还有一些是数量词、方位词等。现把部分汉语借词分类列举如下：

（一）名词

𗈛 山〔山〕、𗈂 川〔川〕、𗋽 茶〔茶〕、𗀔 谷〔谷〕、𗼇 障〔张〕、
𗫔 坎〔看〕、𗄛 关〔关〕、𗈁 海〔海〕、𗰜 泊〔破〕、𗋡 滩〔坛〕、
𗧘 沙〔沙〕、𗢳 波〔播〕、𗰭 坑〔坑〕、𗍳 田〔田〕、𗉀 州〔州〕、

---

① ［日］西田龙雄：《西夏文华严经》第3卷，第66页。史金波：《简略西夏文辞书》，《辞书研究》1980年第2辑，第250、253、260页。
② 史金波：《西夏文〈过去庄严劫千佛名经〉发愿文译证》，《世界宗教研究》1981年第1期，第74页，译文注释26。
③ 在汉语对西夏语产生巨大影响的同时，西夏语也必然对汉语产生一定影响。汉文的历史文献中就记录着西夏语借词。此问题当另文讨论。

𘝏 府〔富〕、𘞛 县〔玄〕、𗧐 堡〔宝〕、𘞂 寨〔犴〕、𘈩 楼〔楼〕、
𘞽 陵〔楞〕、𘜔 哥〔寻〕、𗾧 女〔女〕、𘟂 婢〔备〕、𗊀 奴〔奴〕、
𗉣 俊〔俊〕、𘟙 身〔申〕、𘟣 腮〔郎〕、𘜶 膝〔膝〕、𘜶 疤〔八〕、
𘟂 腴〔能合〕、𘞇 崩〔崩〕、𘟠 物〔五〕、𘟳 车〔车〕、𘞳 矢〔湿〕、
𘉒 兵〔兵〕、𗼝 钉〔丁〕、𘟓 炉〔路〕、𘞉 镭〔管〕、𘞚 龛〔看〕、
𘟗 龙〔龙〕、𘟘 鹎〔鹎〕、𘟠 荃〔经〕、𘞹 枝〔枝〕、𘞖 花〔花〕、
𘟒 松〔松〕、𘞿 杏〔杏〕、𘟢 桃〔诸〕、𘞞 豆〔濮〕、𘞟 碑〔败〕、
𘟊 食〔湿〕、𘞮 酒〔酒〕、𘞦 价〔嫁〕、𘞫 财〔财〕、𘞤 功〔功〕、
𘞡 僧〔僧〕、𘞵 寺〔寺〕、𘞶 梵〔梵〕、𘞱 味〔为〕、𘞲 汉〔汗〕、
𘟌𘟍 郎君〔郎·君〕、 𘟎𘟏 皮箕〔皮·西〕、 𘟐𘟑 笔筷〔空·侯〕、
𘞼𘞽 胭脂〔烟·知〕、 𘞾𘞿 经略〔京·六〕、 𘟀𘟁 和尚〔和·尚〕、
𘟂𘟃 沙门〔沙·门〕、 𘟄𘟅 璎珞〔易·吟〕、 𘟆𘟇 廊堀〔廊·堀〕。

（二）动词
𘟈 封〔干〕、𘟉 拦〔兰〕、𘟊 过〔过〕、𘟋 俊〔俊〕、𘟌 输〔输〕、
𘟍 转〔转〕、𘟎 用〔瑞艮合〕、𘟏 搏〔斗〕、𘟐 弃〔邑〕、𘟑 遗〔宜〕、
𘟒 拭〔使〕、𘟓 钻〔赞〕、𘟔 生〔生〕、𘟕 长大〔长〕、𘟖 栽〔灾〕、
𘟗 织〔植〕、𘟘 赊〔仓〕、𘟙 比〔笔〕、𘟚 成〔成〕、𘟛 说〔说〕、
𘟜 知〔知〕、𘟝 憎〔曾〕、𘟞 垂〔香〕、𘟟 累〔雷〕、𘟠 渗〔参〕、
𘟡 爆〔豹〕、𘟢 散〔三〕、𘟣 分〔分〕、𘟤 禅〔扇〕、𘟥 谤〔牛相〕、
𘟦𘟧 涅槃〔涅·盘〕。

（三）形容词
𘟨 大〔大〕、𘟩 粗〔醋〕、𘟪 细〔斜〕、𘟫 正〔正〕、𘟬 斜〔斜〕、
𘟭 曲〔曲〕、𘟮 匀〔余轮〕、𘟯 完〔吴孙〕、𘟰 全〔全〕、𘟱 碎〔酥魁〕、
𘟲 强〔康〕、𘟳 贵〔贵〕、𘟴 羞〔修〕、𘟵 香〔香〕、𘟶 闻〔闻〕、
𘟷 胜〔石争〕、𘟸 灰〔胡鬼〕、𘟹 红〔红〕、𘟺 昏〔昏〕、𘟻 憨〔含〕、
𘟼 顽〔顽〕、𘟽 同〔托〕、𘟾 明〔明〕、𘟿 杂〔喂〕、𘠀 败〔迷背〕。

（四）其他
𘠁 寸〔寸〕、𘠂 缢〔盈〕、𘠃 卷〔卷〕、𘠄 三〔三〕、𘠅 双〔双〕、
𘠆 内〔内〕、𘠇 南〔南〕、𘠈 正（月）〔张〕。

这些借词①从其来源和使用范围上，大致包括以下几个方面：（1）由于社会的发展、政治制度的改变而产生的借词。如经略、通判、使、府、州、县、堡、寨等。（2）随着生产力的发展和生产方式的演进出现的借词。如簸箕、秤、寸、镭、杏等。（3）由于与汉族过从甚密，一些反映日

---

① 上表方括号汉字为西夏文注音字，若为两字，中以顿号分开者为两个音节，中无顿号者为反切上下字，下有一横线者为鼻冠音。下同。

常生产、生活的词，也往往自汉语借入。这类词多属基本词汇，本语中也有这些词。如织、车、物、兵、矢、山、海、沙、枝、茎、身、女、赶、弃、栏、转、散、大、粗、细等。（4）由于文化的交流和佛教的信仰而增加的借词。如圣、卷、和尚、僧、涅槃、沙门、璎珞、禅、诵等。佛教用语大部分是汉语音译自梵语，西夏语又从汉语借入。（5）西夏的主要地名大都因袭旧称，自汉语音译转写，这些专有名词使用频率很高，也可列入借词一类。汉族姓氏，也用音译。如凉州、甘州、瓜州、沙州、夏州、银州、敦煌、贺兰、鸣沙、武威、梁、赵、杨、陈、王、张等（参见附录4）。

三

在西夏语借词中，表达同一概念有时既用本语词，又用借汉词，两者同时并用是其一大点。这突出地反映了当时党项人和汉人频繁接触，密切交往，西夏语处于急剧变化的阶段。如：

	本　语	汉语借词		本　语	汉语借词
山	𗼇〔宜则〕	𗑗〔山〕	海	𗆐〔饿〕	𗆭〔海〕
散	𗺉〔齿头〕	𗑆〔三〕	我	𗨳〔尼祖〕	𗼃〔文〕
灰	𗤶〔庆〕	𗑣〔灰〕	红	𗭎〔你〕	𗑇〔红〕
胜	𗏁〔鹅〕	𗏚〔石争〕	功	𗏔〔育〕	𗑢〔功〕
矢	𗹦〔力〕	𘀋〔涅〕	沙	𗦳〔墨〕	𗍏〔沙〕
分	𗹦〔腻〕	𗑗〔分〕	知	𗥤〔能〕	𗫶〔知〕
输	𗾞〔夷耿〕	𗓃〔输〕	打	𗵘〔吟〕	𗑣〔打〕
笙	𗤶𗨱𗑐〔女、贾〕	𗼕𗭎〔空侯〕			

当时，虽然本语词和借词同时并用，但往往其中一个词使用较为普遍，而另一个词使用较少。从现存文献可以看到，西夏时期"山"、"海"、"功"、"红"等词使用本语词较多，"散"、"沙"、"顽"、"灌"等使用借词较多。

本语词和借词并用的特点在西夏文字典中有明显的反映。《音同》中有时用本语词和汉语借词同义互注的形式，或组成词组的形式，注明字义，有时还用借词中的两个反义词互注（参见附录5）。《文海》中的词义注释部分对这种现象解释得更加细致，不像《音同》中只用一个字。如：

（1）22.221① ［憎］憎者，憎咒也，骂詈也，愤怒生恼之谓也。
（2）25.221 ［价］者，量也，商价之谓。
（3）56.271 ［郎］者，郎君也，君子也……
（4）75.251 ［矢］者，箭矢也，箭之谓。
（5）88.122 ［鹤］者，禽也，鹤也……（参见附录6）

更有一部分借词，在《文海》词义注释部分明确注出"与汉语同"，同时指出即"番语中词之谓也"。这种解释直截了当地交代了该词的来源，反映了当时语言的实际情况，有利于各民族的交往，提高了字典的使用价值，这无论从当时的使用情况看，还是从现在的研究工作上看，都是十分可贵的。如：

（1）21.222 ［君］者与汉语同，番语君子之谓也。
（2）26.261 ［车］者与汉语音同，番语车之谓也。
（3）32.231 ［卷］者汉语，番语卷之谓也。
（4）43.113 ［财］者福禄也，财也，此财者与汉语同。
（5）53.172 ［楼］者与汉语音同，番语楼之谓。（参见附录7）

西夏语中的汉语借词和与之意义相当的本语词由于读音不同，西夏人用不同的西夏文字来分别记录他们，这是十分自然的。但也有个别汉语借词和其相应的本语词用同样的文字来表示，即同一个西夏字既可以用本语读音，也可用汉语读音。因此，西夏文中由于借词产生了一字两读的现象。如"大"既可以用本语读如"令"，又可作为借词读如"大"（参见附录8）。这是一种特殊的形式。

发音相同或相近的汉语借词，可以用同一个西夏字来表示，这种形式还比较多。如"轩"和"香"用同一个西夏字表示，檀香的"檀"和水滩的"滩"两个借词是同一个西夏字，地坎的"坎"和灶龛的"龛"也用同一个字，等等。

汉语借词从形式上有全借和半借之分。全借即无论是单音节还是多音

---

① 此数字为《文海》编号，点前为页码，点后三个数字依次为面、行及大字数。下同。

节借词语音都借自汉语。上举各例皆是。半借即双音节词中既含汉语借词，又含本语中与借词意义相当的词，这实际上形成了西夏、汉语互注的双音节联合词。如："轮转"，第一字音［拧］，第二字音［转］，借汉；"富贵"，第一字音［龟］，第二字音［谋］，第一字借汉；"辰龙"，第一字音（嵬），第二字音［龙］，第二字借汉；"禀性"，第一字音［星］，第二字音［精］，第一字借汉；"运输"，第一字音［输］，第二字音［夷耿］，第一字借汉（参见附录9）。

四

借词这种语言现象在一定程度上反映着社会的变化，特别是民族之间的交往情况。党项族自其立国前后直至同化消亡以前，和汉族的交往是逐步加强的。西夏语中的汉语借词总的趋势也是逐步发展的。

中古时期，党项族是我国少数民族中吸收汉族文化最快/最多的民族之一。西夏王朝仿照汉字创造了西夏文，翻译了很多汉文文献，依照汉语音韵书籍编辑了各种字典，境内两种语文同时流行，连西夏皇陵中的墓碑都是用西夏文和汉文两种文字镌刻的。然而，这种民族间的文化交流，包括借词现象，又是随着时间的推移而发展变化的，不同的时代有着不同的特点。可能在开始阶段有的借词用哪一个西夏字记录不太固定，后因长期交际使用，逐渐统一用某一个西夏字记录，其他的字则废弃不用。这在《音同》中还可找到明显痕迹。如借词"罐"曾用两个同音字表示，在《音同》中他们属一个同音字组，但其中一个字下注"不行"二字。"行"是流行之"行"。"不行"表明此字在当时已不流行使用[①]（参见附录10）。

西夏政府机构有"蕃官"、"汉官"两个系统。"汉官"系统诸司品名因袭唐、宋，但当时大多数只用意译而不用音译，也即大部分没有从汉语直接借词。如中书、枢密、统军司、殿前司、御史、皇城司、宣徽院、三司、内宿司、巡检司、工院、马院、陈告司、磨勘司、审刑司、典礼司、

[①] 《音同》，第26页。

农田司、合门司、监军司、群牧司、受纳司等，都是意译的。①

西夏灭亡后，党项民族不再是一个地方政权的主体民族，而成为元朝色目人的一种，其民族和原有地域被元朝的行政区划分割了。党项民族的上层有不少移居内地，在元政府的中央和地方为官，有的则留居原地。他们当中的一部分人力图保留自己的民族特点，希望改变本民族走向被同化的局面。然而，党项族走上消亡的道路已成为历史的必然。这时的党项人中懂汉语的日益增多，西夏语中汉语借词进一步扩大。元代的西夏文文献表明，西夏时期用意译的职官名称这时改用音译了，也即采用了汉语借词的形式。如"中书"、"枢密院"、"三司"、"御史"等。但这时的年号还是用意译的。如"民安"、"至元"、"大德"、"至大"、"皇庆"②（参见附录11）。

到了明代，情况又发生了变化。不仅像"指挥"这样在西夏时代的《掌中珠》里用意译的词改用了汉语借词，就是在元代还用意译的方法译写年号的情况也发生了变化，改成直接音译。保定出土的两个西夏文经幢中的明代"弘治"年号，就是使用音译，也可以说是采用借词的形式③（参见附录12）。

这一过程，说明了汉语借词在西夏语中的发展变化，从中可以悟出西夏语为什么最终消亡的部分道理。

五

分析西夏语中的汉语借词，对西夏历史、语言的研究都有积极的意义。

首先，从借词的范围、数量、发展变化等情况，可以透视两种语言之间的相互关系，并能进一步了解两个民族在当时条件下的交往程度和文化

---

① 《番汉合时掌中珠》，第27、28页。
② 史金波：《西夏文〈过去庄严劫千佛名经〉发愿文译证》，《世界宗教研究》1981年第1期，译文第18、29、20、37行。
③ 史金波、白滨：《明代西夏文经卷和石幢初探》，《考古学报》1977年第1期，第146、158、160页。

交流的一些线索。借词中的职官名称、地名、姓氏等，对西夏文物、文献的断定，以及历史事件和人物的进一步考证研究，能提供参考依据。

明确西夏语中的汉语借词，有助于解释和研究西夏文字典。比如在研究最有价值的字典《文海》时，往往会看到一个字的字义解释部分有一连串同义词或近义词，有时其中就有一个是汉语借词。只有区分开哪是本语词，哪是汉语借词，才有可能对这些同义词作出进一步的解释。否则，对汉语借词的出现便无法解释清楚，甚至感到莫名其妙。

找出西夏语中的汉语借词，还有助于进行语言比较。西夏语是汉藏语系藏缅语族中的一个语种。要了解汉藏语系诸语言之间的关系，就必须进行语言的历史比较。而中古时期有文献记载的汉藏语系的语言仅有少数几种，西夏语就是其中之一，所以西夏语在汉藏语系诸语言进行历史比较时占有重要的特殊地位。然而，要把这种亲属语言的比较建立在科学的基石上，首先要区分和确定哪些是本语词，哪些是借词。如果在同义词进行比较时，混入了很多汉语借词，就难以得出科学的、准确的结论。

此外，西夏语中的汉语借词与西夏文字构造的研究又有一定关系。一些记录汉语借词的西夏字系用西夏文字构造中的会意合成法构成。如记录借词"山"的字由"不"加"下"合成，以"不低"会意为"山"；"僧"由"合"和"众"组成，以"合众"会意为"僧"；"顽"由"心"和"重"组成，以"心重"会意为"顽"；"栏"由"高"和"地"组成，以"高地"会意成"栏"；"胜"由"勇"和"胜"组成，以"勇胜"会意为"胜"；"禅"由"定"和"观"组成，以"定观"会意成"禅"（参见附录13）。

汉语对西夏语的影响不仅表现在西夏语吸收大量的汉语借词方面，还表现在语音和语法方面。比如汉语对西夏语声母中舌上音、韵母中鼻尾音的影响，就是语音方面的突出例证。

西夏语中形容词修饰名词时，由原来一律置于名词之后发展成部分常用形容词可以放在名词之前，则可能是语法方面的一种影响。

附 录

1. 󰀀󰀁（柑蝎），注释字󰀂󰀃（乾郭）。
2. 󰀄󰀅（中书）〔酩腮〕，󰀆󰀇（中书）。
3. 󰀈（卿）〔轻〕，󰀉󰀊（大夫）〔大富〕，
   󰀋（公）〔功〕，󰀌（侯）〔侯〕，
   󰀍（伯）〔柏〕，󰀎（子）〔子〕，
   󰀏（男）〔南〕。
4. 󰀐󰀑（凉州）、󰀒󰀓（甘州）、
   󰀔󰀕（瓜州）、󰀖󰀗（沙州）、
   󰀘󰀙（夏州）、󰀚󰀛（银州）、
   󰀜󰀝（敦煌）、󰀞󰀟（贺兰）、
   󰀠󰀡（鸣沙）、󰀢󰀣（武威）、
   󰀤（梁）、󰀥（赵）、󰀦（杨）、
   󰀧（陈）、󰀨（王）、󰀩（张）。
5. 󰀪（海）〔海〕注󰀫（海）〔饿〕，
   󰀬（花）〔话〕注󰀭（花）〔哗〕，
   󰀮（枝）〔至〕注󰀯（枝）〔幹〕，
   󰀰（织）〔植〕注󰀱（绢）组成"织绢"，
   󰀲（粗）〔醋〕注󰀳（细）〔斜〕。
6. 20·221　󰀴󰀵󰀶󰀷󰀸󰀹󰀺󰀻󰀼󰀽󰀾󰀿
   25·211　󰁀󰁁󰁂󰁃󰁄󰁅󰁆
   56·271　󰁇󰁈󰁉󰁊󰁋󰁌……
   75·251　󰁍󰁎󰁏󰁐󰁑󰁒
   88·122　󰁓󰁔󰁕󰁖󰁗……

7. 21·222　󰁘󰁙󰁚󰁛󰁜󰁝󰁞󰁟󰁠󰁡󰁢
   26·261　󰁣󰁤󰁥󰁦󰁧󰁨󰁩󰁪󰁫󰁬
   32·231　󰁭󰁮󰁯󰁰󰁱󰁲󰁳󰁴󰁵
   43·113　󰁶󰁷󰁸󰁹󰁺󰁻󰁼󰁽󰁾
   53·172　󰁿󰂀󰂁󰂂󰂃󰂄󰂅󰂆󰂇
8. 󰂈（大）〔令〕、〔大〕。
9. 󰂉󰂊（轮转）〔拧转〕，󰂋󰂌（富贵）〔电谋〕，
   󰂍󰂎（辰龙）〔㲦龙〕，󰂏󰂐（禀性）〔星精〕，
   󰂑󰂒（运输）〔输、夷耿〕。
10. 󰂓（镶）〔管〕注󰂔（水）、
    󰂕（镶）〔管〕注󰂖󰂗（不行）。
11. 󰂘󰂙〔中书〕、󰂚󰂛󰂜〔枢密院〕、
    󰂝󰂞〔三司〕、󰂟󰂠〔御史〕、
    󰂡󰂢（民安）、󰂣󰂤（至元）、
    󰂥󰂦（大德）、󰂧󰂨（至大）、
    󰂩󰂪（皇庆）。
12. 󰂫󰂬〔指挥〕、󰂭󰂮〔弘治〕。
13. 󰂯（不）+ 󰂰（下）→ 󰂱（山）〔山〕，
    󰂲（合）+ 󰂳（众）→ 󰂴（僧）〔僧〕，
    󰂵（心）+ 󰂶（重）→ 󰂷（顽）〔顽〕，
    󰂸（高）+ 󰂹（地）→ 󰂺（拦）〔兰〕，
    󰂻（勇）+ 󰂼（胜）→ 󰂽（胜）〔胜〕，
    󰂾（定）+ 󰂿（观）→ 󰃀（禅）〔禅〕。

（原载《中央民族学院学报》1982年第4期）

西夏文辞书及其特点和历史价值

我国辞书编纂有悠久的历史，并保存有丰富的遗产。西夏文辞书是这些宝贵遗产中的一个重要组成部分。

11世纪初，在我国西北地区建立了一个以党项族为主体的王朝，史称西夏。西夏的文化事业十分发达，在其正式立国之前，就创制了自己的民族文字，当时称为番文，后世称为西夏文。遗存至今的西夏文文献非常丰富，其中西夏文辞书占有很重要的地位。[①] 就全国范围看，用少数民族文字编纂的辞书中，西夏文辞书在很多方面都比较突出，这对研究我国少数民族辞书具有特殊的意义。具体地说，他有以下几个特点：

1. 种类较多

西夏时期编纂了多种不同类型的辞书，目前已发现的文献中就有十数种之多。

《文海》是一部韵书，分平声、上声、杂类等部。平声九十七韵，上声八十六韵，每韵中以同音字区分为若干组，没有同音字的单字也列于韵中。杂类又分平、上两部，每部中以声母排列，《文海》对每一个字的解释都由三部分组成，始用四个字分析该字字形的构成，次以较多的字诠释字义，最后以反切上下字注明读音。这样对每个字的形、义、音都作了比较全面的解释。

《文海宝韵》也是一部以韵分类的字典，其编排顺序与《文海》相同，但解释比较简明。

[①] 参见《辞书研究》1980年第1期《我国西夏文辞书〈文海〉及其他》和第2期《简论西夏文辞书》。

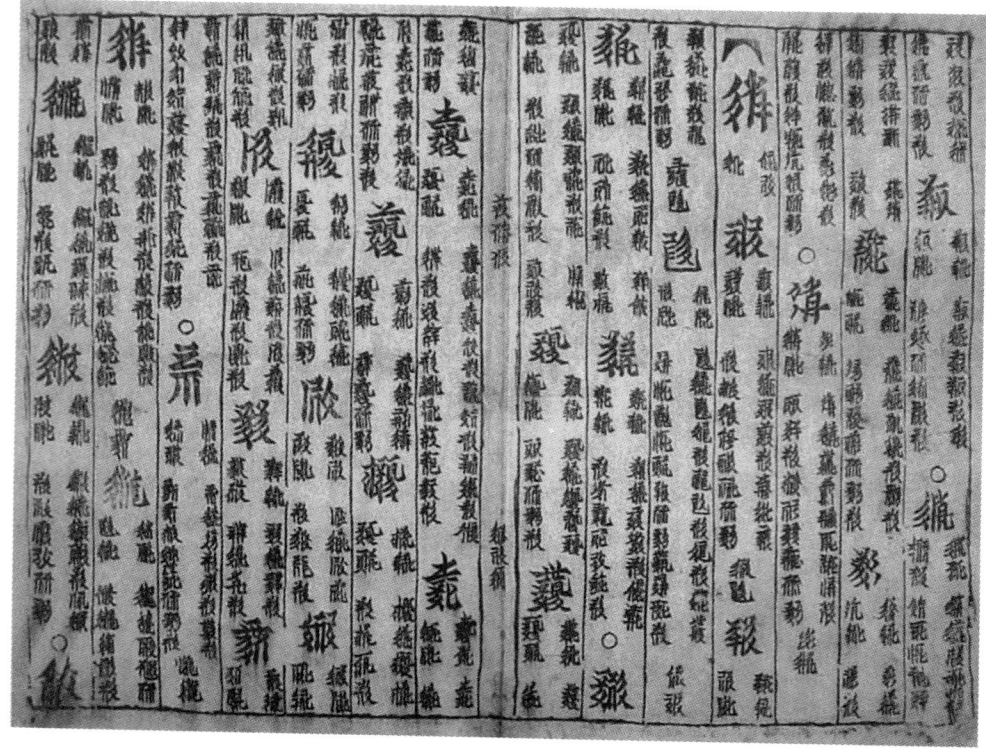

图一 《文海》平声第44页

《音同》是以声母分类的字典,全书把六千多西夏字依声母分成九类,即重唇、轻唇、舌头、舌上、牙、齿头、正齿、喉、来日舌齿。每类中又以不同的韵母、声母所组成的不同音节,区分为若干同音小组,没有同音字的独字置于每类之后。他对每个字的解释十分简明,只以一两个字相注,他们和被注释字或为同义字,或为反义字,或组成词、词组,或指明类别、用途,如树木类注"树",姓氏注"人姓",佛经梵语注"真言",虚词注"语助"等。有的译音字注明其反切上下字。

还有一种因残存而不知书名的长卷式字典,其编排以《音同》为序,而注释则与《文海》相近。其书写形式是:字形构造书于字左,字音反切书于字右,字义解释书于字下。

西夏文辞书及其特点和历史价值　13

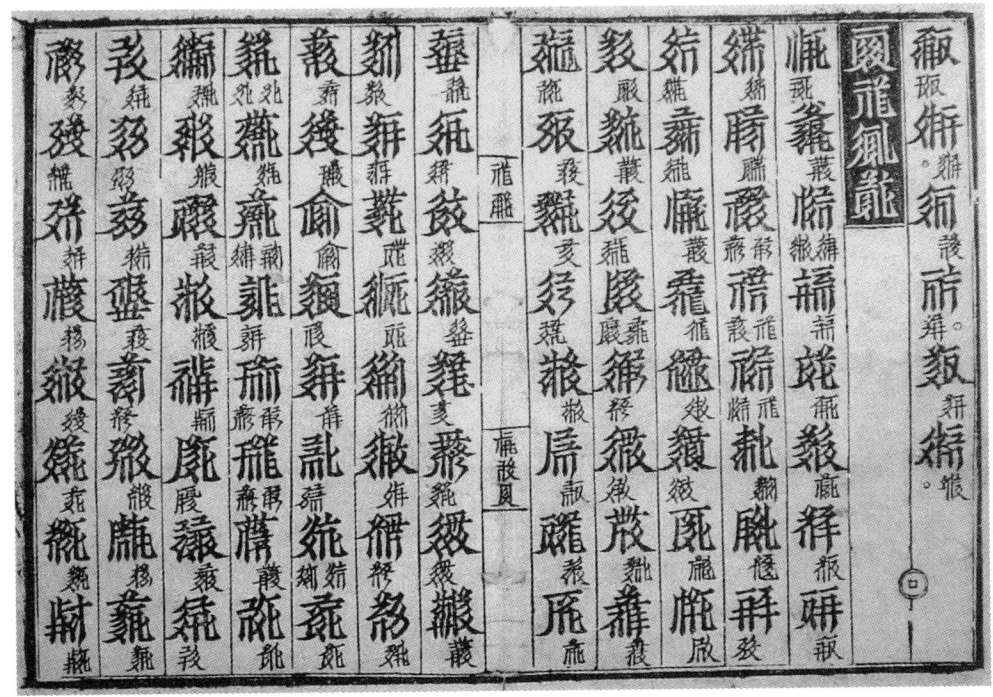

图二　《音同》第 28 页

《番汉合时掌中珠》是一部西夏文汉文双解语汇本，兼收词、语。他以事门分类，有天体、天相、天变、地体、地相、地用、人体、人相、人事九类，其中以人事类包括词语最多。他的释词方式比较特殊，每一词语分为四项：（1）西夏文词语，（2）汉文译文，（3）西夏词语的汉字注音，（4）汉文译文的西夏文注音。

《五音切韵》是类似汉语等韵图一类的书。他分"九音显门"和"众漂海入门"两部分。

"九音显门"前列三十六母，后列韵表。表中纵为声母，横为韵母，中间相交各格填以声韵结合所得音节字，无音节字的以小圆圈表示阙如。"众漂海入门"即韵图，一韵一图。平声九十七韵，上声八十六韵，同居韵重合后共得一百零五韵。每一韵图被分成纵九栏、横六栏，声韵结合情况、开合口的区分及代表字都总括其中。

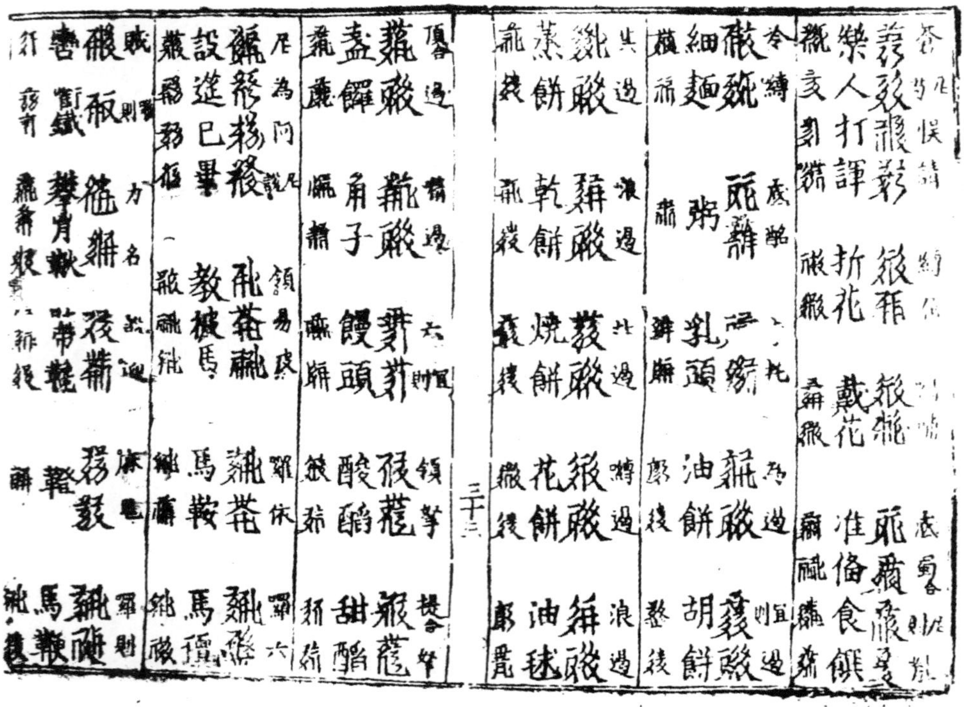

图三　《番汉合时掌中珠》第 32 页

　　《圣立义海》是一部详细注释词语的大型辞书。条目以内容分类，词条为四至八字，注释较详，以双行小字置于词条之下。全书共分十五篇，收词约两千条，可以算是一部内容丰富的百科全书。

　　《义同》是一部大型同义词词典。①

　　《要集》② 是一部特殊的西夏文词典，他用汉语注释西夏文字义，但汉语语音不用汉字表示，而是用西夏文标注。

　　《杂字》有多种。有一种始以"天、地、人"三才分类，以下又分成若干小类，包括自然界、社会生活各方面的词语。另一种与上一种分类相仿，书名就叫《三才杂字》。以上两种收词多为二言。还有一种《四言杂

---

① 原译为《义同一类》，"一类"，即"一部"。此书名应为《义同》。
② 原译为《要集》，后改译为《篡要》。

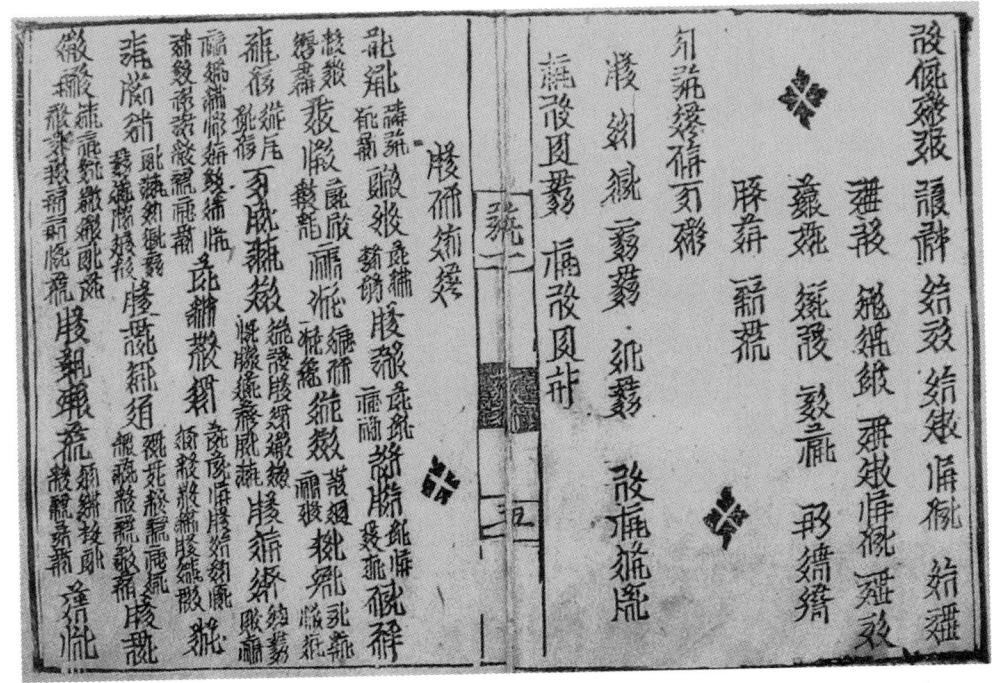

图四　《圣立义海》第 5 页

字》，收录了四字为一组的常用词语。

据苏联学者介绍，苏联保存的西夏文献中曾发现一种西夏文藏文字典，但后来竟不知其下落。①

由上可知，西夏文辞书种类较多，特别是语文字典、词典更为突出，他不仅有形、义、音兼释的详解字典，还有翻译字典、正字字典、同义词词典、音韵字典等多种。

2. 水平较高

由西夏文辞书类型的多样性，可以看出西夏文辞书能适应当时西夏社会的多方面需要，这本身就说明了西夏时期文化事业比较发达，反映了那时对编纂各种辞书的必要性有较为深刻的认识。《五音切韵》前面有一篇

---

① ［俄］聂历山（Н. Е. Невский）：《关于唐古特字典》，《唐古特语文学》上卷。

"御制序言"，其中指出，"各山中须弥最高，诸业中一切无比宝中文宝最上，故编纂《五音切韵》者，摄《文海宝韵》，为名义不混杂用基干，此义具知"，也可见西夏统治者重视辞书的编纂事业。

对西夏文辞书进行具体分析，可以看出其科学水平能与同时期的汉语辞书相媲美。比如《文海宝韵》和《文海》对平声、上声的划分，一百八十三韵的区别、杂类部分的设置等，假使没有对西夏语的深刻了解和较高的音韵学造诣，是难以做到的。

有的辞书在注释字音时，使用了一些附加字或附加符号。比如《番汉合时掌中珠》中的两字注一字音，注音字角上标有小圆圈，注音字下添加表示特殊发音的字等，这些都使字音的注释更加精确。又如，《文海》对字义的解释能区别不同情况，或详解字义，或以数种同义词相注，或以反义词、否定词相比较，或说明用途，或指出类别，有些一字多义也分别注出，凡此都显见编纂者的匠心。

有的辞书成书后，一再修改，形成了不同的版本。从《音同》一书的序言、跋尾和重校序中，可知此书前后至少修订四次，有五种不同的版本，每一次修订都较前一版本有所提高。目前所知两种不同的《音同》版本，在同音字组的划分上有很多不同。这反映了辞书的编修态度十分严肃，辞书编纂处于不断深化和提高的过程中。

前面介绍过的长卷式手抄本字典，既吸收了《音同》以声分类便于查找的长处，又兼备了《文海》释文详细的优点，表明了西夏文辞书编纂水平的又一次提高。

3. 编纂较早

西夏文创制于西夏正式立国前夕（1036年），是由西夏第一代皇帝景宗元昊倡导和参加，又由学者、政治家野利仁荣长时间努力才创制成功的。史称："元昊自制番书，命野利仁荣演绎之，成十二卷，字形体方整类八分，而画颇重复。"[①] 可知西夏文一经制出就已经具有比较完整的体系，因此适时地编纂西夏文字典就成为可能。所谓"十二卷"者，其实就是一部最早的西夏文字典。

---

① 《宋史》卷四八五《夏国传上》，中华书局1977年版，第13995页。

目前已发现的西夏文辞书中有的没有注明年代，有的标注了年代，这些年代的时间一般在西夏中期以后。但通过分析我们仍可知道一些辞书的始纂年代是比较早的。

《五音切韵》书后记有"乾祐癸巳年"的日期，当为公元1173年。然而这并非始编年代。有一种名为《杂类》的字典残片，其序末有"（天）赐礼盛国庆元年七月"字样，序中又提到《五音切（韵）》一书。天赐礼盛国庆元年应为1070年，这时离创制文字只三十多年，是西夏早期。《五音切韵》一书的始编时间似应早于1070年。序末标注的日期比他晚一百多年，应是再刊时间。这一纪年未放在书前的《御制序言》后，而是放在全书末尾，也可证明他仅是再版时间。又《五音切韵》序言中明确指出："故编纂《五音切韵》者，摄《文海宝韵》字……"，可知《文海宝韵》的编成也应在西夏早期。

《音同》的始编时代也比较早。现在能见到的《音同》甲、乙两种版本中，注明时间的是甲种本跋尾，记有"正德壬子六年十月十五日"，当为公元1132年，属西夏中期。然而依据甲种本的序言和重校序得知，跋尾所记年代至少已是第四次编印的时间。原来初编本是切韵博士令啘犬长、啰瑞灵长完成的，流行一段时间后由学士浑□白、勿牛犬乐进行增改，以后又由节亲主嵬名德照主持，学士兀啰文信重新校勘，到公元1132年才由名为义长的人在原校本的基础上重校刊印。名为梁德养的学者也在同一基础上对照《文海宝韵》重校。每一次增补、校勘都是在流行了较长时间以后进行的。不难看出，从初编本到记有"正德六年"的版本要经过一个相当长的时间。由此推知《音同》的编纂似也应在西夏早期。

4. 受汉语和汉语辞书影响甚深

西夏王朝虽以党项族为主体，但境内汉族人口数量很大。有一些汉族地主、官僚进入西夏王朝政权，文人学者中也不乏汉人。西夏存在的整个历史时期，和以汉族为主体的宋朝交往最多，其政治制度多仿中原王朝。他在成为一个与宋朝对抗的王朝之前，本身就是五代各朝和宋朝的一个组成部分。所以，西夏在政治、经济、文化各方面都受到汉族的强大影响。也可以说，西夏文化包含着大量的汉文化因素。加之西夏语（党项族语言）和汉语同宗，都属汉藏语系，西夏文字又与汉字同类，皆为表意文字，因而西夏文辞书的编纂必然受到汉语和汉语辞书很深的影响。

几种最基本的西夏语文辞书对西夏语的分析，大体上采用了传统的汉语音韵学的方法，继承了汉语辞书的优秀成果。他们仿照汉语分成平、上、去、入四声的方法，把西夏语分成平、上两声（在《五音切韵》中甚至完全使用了平、上、去、入四声的术语）。每一声调又像汉语那样各分成若干韵，韵内包括介音、主要元音和韵尾。声母也分成九类，连九类的名称也取自汉语现成的术语。每一类中也同汉语一样分成若干母（《五音切韵》中完全采用了汉语中的三十六母）。

在字典的编纂上更是多方效法汉语字典。如《文海》的编纂，从字条的排列到对字形、字义和字音的注释直到书写格式等都综合采用了《说文解字》和《广韵》的编辑方法。

《五音切韵》的序言开始即指出："今观示各文，西番（藏）、汉有《切韵》。"显然《五音切韵》的编辑受到藏文、汉文韵书的影响。其体例似仿照汉语韵图，使声韵相交，纵横有序。

《杂字》的编纂则又类似《尔雅》，把同类事物集中排在一起。西夏早期就把《尔雅》译成西夏文。史载：景宗元昊"特建蕃学，以野利仁荣主之，译《孝经》、《尔雅》、《四言杂字》为蕃语，写以蕃书"。[①] 也许西夏文的某些《杂字》版本，是参考了汉文《尔雅》等典籍，又根据本地区、本民族的特点而编成的。

《番汉合时掌中珠》这本西夏文—汉文对照的词语手册，本身就反映出在西夏境内西夏语、西夏文与汉语、汉文的密切关系，他们同时流行使用，互相影响。在编排上也采用了一些汉语字典以"天、地、人"三才分类的方法。

《要集》一书和汉语的关系至深。书中注释字和被注释字虽无一汉字，但注释字的标音皆为汉语读音。如西夏文意为"坩埚"的词，由西夏文读音分别为"乾"（"干"的繁体字）和"郭"的两字注释；意为"急随钵子"的词，用西夏文读音分别为"急"和"宿"的两个字注释。实际上，这是一部便于懂西夏文的党项人学习汉语的词典。从《番汉合时掌中珠》

---

① （清）吴广成：《西夏书事》卷一八。

和《要集》都可以看出汉语对西夏文辞书编纂的直接影响。

从内容上看，西夏文辞书在释义方面受到中原儒学的重要影响。《圣立义海》收入社会道德规范的词语，从词条到释文都有浓厚的儒学观点，如"父对子慈"、"母对子爱"等。《番汉合时掌中珠》也渗透着儒家说教，甚至词语中还收入了一段《孝经》文句："父母发身，不敢毁伤也。"①

此外，各类西夏文辞书中都收入了大量的汉语借词，这如实地反映了当时西夏语所受汉语的影响。

5. 有明显的民族特点

西夏辞书虽然受汉语辞书影响较大，但他毕竟主要是为党项人服务的，因而更强烈地体现出民族的特点。

西夏语和汉语同系，然而他们各自为一独立的语言。在编辑西夏文字典时，没有生搬硬套汉语辞书，而是充分注意到西夏语言的特点。在语音方面，汉语有四声，西夏文辞书中则根据西夏语的实际情况，只有两个声调。声母和韵母的区别也是按西夏语的具体情况划分的。在辞书中用汉字为西夏文注音时也尽量照顾到西夏语语音不同于汉语语音的特点。《番汉合时掌中珠》中用汉字为西夏文注音时，有时在汉字的角上标上小圆圈，以示特殊发音，有时用两个汉字表示一个西夏文的字音，如用"尼×"、"宜×"等形式标注汉语中所缺乏而为西夏语特点的鼻冠音。有时用两个字标注一个字，则是用反切法去注释用一个字难以表达对方语言中该字读音。在西夏文字构成的解释上，也没有囿于汉字"六书"的框框，主要根据西夏文创制的原意，以合成法分析西夏文字构成。

在编纂辞书之始，选收条目也反映出浓郁的民族色彩。几种以事门分类的《杂字》中都设有"蕃姓"一类，所谓蕃姓即党项族姓氏，每姓多为二字（音节）。这样就把具有民族特点的党项族姓氏作为重要的一项列入了辞书。《文海》、《音同》对党项族姓氏用字大都注明为"人姓"。此外，在《杂字》中动物、植物、服饰、器皿等类中也收入了有民族、地方特色的词。如牛、羊、马、骆驼各项中收词较多，分别较细，反映了党项

---

① （西夏）骨勒茂才：《番汉合时掌中珠》，罗福成石印本，第31页。

族畜牧业的发达。《文海》中的一些条目及其释文，涉及党项民族历史上的人名、地名、特殊的亲属称谓和民族风俗习惯等。这些具有民族特色的资料，都成了研究西夏社会，特别是研究党项民族史的重要资料。

值得一提的是《番汉合时掌中珠》和《要集》这两部书的特殊编纂方法，适应了当时社会、民族的需要，具有一定的首创性，从这一角度看，他们突出地表现了民族的特点。

6. 有重要的历史作用和价值

西夏时期编纂了多种有价值的辞书，对当时西夏文化的发展起了重要作用，为后世西夏语言文字、社会历史的研究提供了重要而可靠的资料。

第一，西夏辞书是推行西夏文字的工具书。西夏文创成以后，西夏王朝就采取一系列措施加以大力推行，辞书的编纂和流行是这些措施中重要的一种。野利仁荣所编十二卷"蕃书"称得上第一部推行西夏文字的辞书。西夏统治者为了推行自己民族的文字，在境内把西夏文"尊为国字，凡国中艺文诰牒尽易蕃书"，并于政府机构中设蕃、汉二字院，掌管同周围各王朝、政权的文字往来，同时还翻译了大量的汉文著作。[①] 这些重要措施都载于汉文典籍，唯编纂西夏文辞书这一重要而具体的措施，在汉文史籍中缺乏记载。只是在20世纪发现了大批西夏文文献并得知其中包括多种西夏文辞书之后，才补充了汉文文献记载之不足。

第二，西夏文辞书对西夏文字起到了规范作用。西夏文和其他文字一样，在推行、使用过程中出现了一些新字，也不可避免地出现了一些别体字或错讹字。因此，适时地对西夏文字进行规范就非常必要。经过认真编辑、校勘过的版本，特别是一些学者参加编辑的官刻本就能起到这种规范作用。《音同》甲种本的序言中就说到《音同》在流行中有文字杂乱、不易查找的缺陷而重新整理刻印的事实。在跋尾中，他又记此书在流传时，因后来刻印者贪图小利，致使文字头尾颠倒，左右混杂，不得不又一次仔细校勘。[②] 西夏文字的规范便于使用和流传，同时也便利了印刷。西夏的刻版、印刷事业比较发达，政府设刻字司专司刻印，这也是西夏文文献能

[①] 《西夏书事》卷一二。

[②] 《音同》罗福成石印本。

大批保存下来的重要原因。

第三，一部分西夏文辞书对促进各民族之间互相学习语言文字、推动各民族之间的文化交流起到了重要作用。《要集》一书专门用汉语语音释西夏字，为党项人了解汉语搭了一座方便之桥。《番汉合时掌中珠》则为西夏人和汉人学习各自、对方的语言文字提供了方便。作者在序言中明确提出，"今时人者，番汉语言可以俱备。不学番言，则岂知番人之众；不会汉语，则岂入汉人之数。番有智者，汉人不敬，汉有贤士，番人不崇。若此者，由语言不通故也"①。可见，作者深深地了解党项人和汉人互相学习对方语言、文字的重要性。这位学者编纂这部独具一格的辞书适应了西夏境内各族人民文化交流的需要，自觉地为促进党项族和汉族文化交流作出了贡献。更为可贵的是，这位学者本身就是一位党项族人，他的名字叫骨勒茂才。

第四，西夏文辞书对后来解读西夏文、构拟西夏语起了关键作用。西夏文经过西夏一代近200年的使用，到元朝仍用他刻印了大批西夏文佛经，并有石刻传世。明代的西夏文文献已属凤毛麟角。清代以降，此文字已甚少为人所识，并终于成了一种死文字。这是由于西夏灭亡后，党项人逐渐同化于其他民族，党项语言渐次废弃的缘故。至19世纪中叶，清代学者张澍才才从当时新发现的《凉州护国寺感应塔碑》中得知该碑之阳面所刻为西夏文，但于其文字并未解通。后中外学者纷纷试通西夏文字，虽有所进展，却限于材料不足，只能解释个别钱文、年号。②直至20世纪初，在我国黑水城遗址（今内蒙古自治区额济纳旗）发现了大批西夏文文献，西夏文的解读才有了长足的进步。在这批珍贵资料中，西夏文—汉文对照的《番汉合时掌中珠》尤为引人注目，首先被刊布出来用于解读西夏文字，可以说，这部辞书对解读西夏文字具有划时代的意义。

随着国内外研究工作的进一步发展，西夏文的解读朝着全面解释字义、系统分析字形和科学构拟语音的方向发展。各种类型的西夏文辞书的整理研究成了进一步研究西夏文字、语言的关键手段，因为辞书中保存了

---

① 《番汉合时掌中珠》序言。
② 白滨：《略论西夏文字的发现与考定》，《民族研究》1983年第1期。

研究文字构造的系统资料和完整的语音体系。在这一阶段，国内外的学者利用辞书中的这些宝贵资料，取得了可喜的成果。实际上，如果没有西夏文辞书的系统整理研究，便不会有20世纪中期以后西夏学突飞猛进的发展。

  第五，西夏文辞书为西夏社会历史的研究提供了重要资料。西夏是一个立国时间较长，地域较宽的王朝，在我国中古史的舞台上扮演过重要角色。但是，元朝仅为同时代的宋、辽、金三朝编修了"正史"，而对于西夏王朝的历史则付阙如，仅以附传的形式列于宋、辽、金三史之后。这样在汉文史籍中所保存的西夏史料就十分有限。自大批西夏文献被发现后，西夏史研究者期望从中得到研究西夏社会历史的有价值资料，以补汉文资料之不足。这些重要的西夏文献，特别是有关西夏历史、法律、文书等价值较高的资料，在解读时离不开西夏文辞书。除此以外，各种西夏文辞书都详略不等地记录着西夏社会历史的重要资料。像《文海》这类释义比较详细的辞书，保存着西夏政治、经济、文化等各方面的材料较多，对研究西夏的社会历史、生产情况、日常生活、军事组织、宗教事务等都能提供不少有用的资料，其史料价值就更大了。

（原载《辞书研究》1983年第6期）

西夏文本《类林》研究中的几个问题

一 《类林》简介

  《类林》是一部类书，书中以各种人事分门别类，每类中系以多寡不等的人物故事。该书为唐代于立政编。于立政字匡时，曾任太仆少卿、虢州刺史等职。其父于志宁为名宰相。于立政事迹见《旧唐书·于志宁传》、《新唐书·宰相世系表》以及《金石粹编》卷五六《于志宁碑》、卷六三《于大猷碑》。关于《类林》一书，早有记载。《新唐书·艺文志》载："于立政《类林》十卷。"① 《崇文总目》也有相同记载。《中兴书目》所记稍详："唐于立政《类林》十卷，分五十目，记古人事迹。"然而这部类书却早已失传。《四库提要》及近代藏书家均未著录。及至晚近，始在敦煌石室所出唐写本中发现《类林》残卷。其一为伯希和所得，编号p.2635，仅存卷九和卷八、卷十的各一部分，其余皆残。苏联也藏有部分《类林》残卷，编号为 Дx 96、Дx 6116，至今学界未见原文，但据苏联学者介绍，残缺也十分严重。

  1909 年沙俄军官柯兹洛夫（П. К. Коэлов）自中国黑水城遗址（今属内蒙古自治区额济纳旗）掘得大批西夏文文献，其中包括了西夏文本《类林》一书。在 1932 年出版的《国立北平图书馆馆刊》四卷三号（西夏文专号）上，苏联学者聂历山（Н. А. Невский）曾将西夏文《类林》卷六董仲舒条和卷四管仲条抄录并译成汉文，公诸学界，引起了中外学者的注意。1983 年苏联西夏文学者克平（К. В. Кепинг）出版了《类林——已

---

  ① 《新唐书》卷五九，中华书局 1975 年版，第 1564 页。

佚汉文类书的西夏译本》（Лес категорий, Утраченная китайская лэйшу втангутском перевде）一书，将西夏文本《类林》原件全部影印刊布，把其中大部分译成俄文，并作了很多研究工作。这样就使我们知道了西夏文本《类林》的全貌：原书共有十卷，现第一卷全佚，第二卷仅存1页，基本上保存着第三卷至第十卷，其中第五卷残四篇，第十卷残一篇。

二　版本

最早研究西夏文本《类林》版本的是日本的川口久雄先生，他曾发表《西夏改译唐代类林的概貌》等文。川口久雄认为西夏文本《类林》直按译自于立政原书，而于氏原书即法国所藏敦煌本 p.2635，因为三者卷数相同，都是十卷本。克平做了更为细致的工作，她将法国和苏联所藏汉文《类林》残卷与西夏文本《类林》进行比较，发现法国和苏联所藏两个敦煌《类林》残卷实为一种，而与西夏文本不同。看来这个结论是符合事实的。

我们经过进一步比较研究，确认法国和苏联所藏敦煌石室本《类林》不同于于立政原本。法国所藏敦煌本《类林》残卷，保存卷八末尾为攻书篇；卷九全，共四篇：善射第三十三，壮勇第三十四，音声歌舞第三十五，美人第三十六；卷十残，仅存两篇的各一部分，为祥瑞、怪异。可知此本前八卷为三十二篇，平均每卷四篇，第八卷末的攻书篇即为第三十二篇，第九卷也是四篇：第三十三至第三十六，推知第十卷亦应为四篇，即肥瘦、祥瑞、怪异、歌谣，自第三十七至第四十篇。可见法国所藏敦煌本《类林》虽然也为十卷，但仅有四十篇，和于立政原书"十卷，分五十目"不同。

西夏文本《类林》刻印于西夏乾祐十二年（1181年），原本为十卷，分五十篇，从卷数和篇数上看，和于立政原书正相吻合。现存西夏本亦有残缺，存三十六篇，缺十四篇：卷一缺六篇，卷二缺三篇，卷五缺四篇，卷十缺一篇。在刊印西夏文本《类林》稍晚一点的时候，金朝的王鹏寿对汉文本《类林》作了调整补充，编成《增广分门类林杂说》（以下称《类林杂说》）一书，刊印时间为金大定己酉年（1189年）。① 如果我们把王氏所编《类林杂说》删除增广部分（删除方法见下），与西夏文本《类林》相比较，就会发现他们之间是十分相近的。如果将其条文内容仔细比勘还会发现他们之间又有着细微的不同。可以认为西夏文本所据翻译的汉文本和《类林杂说》所据增广的母本是十分接近又有一定差异的抄本。

于立政所编《类林》，已入《新唐书·艺文志》，并知其有多种版本传世，可见此书在唐宋时期有一定影响，曾在社会上广为流传。在辗转抄写流传的过程中，讹误遗缺是难以避免的，加之此书并非官修，随意增删也是可能的。这样就形成后世不同的版本。敦煌石室所出唐代写本可能为一种抄本，他不同于于立政所编的五十篇，而是四十篇。西夏文本所据翻译的汉文本和《类林杂说》的母本当是于立政所编《类林》流传到 12 世纪的抄本。尽管这两种版本时代比敦煌抄本要晚，但他可能更多地保存着于立政原书的面貌。试用下图表示几个版本之间的关系：

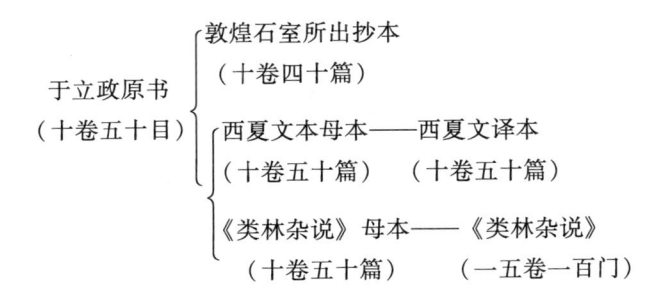

```
                  ┌ 敦煌石室所出抄本
                  │ （十卷四十篇）
于立政原书        │
（十卷五十目）    ┤ 西夏文本母本——西夏文译本
                  │ （十卷五十篇）   （十卷五十篇）
                  │
                  └ 《类林杂说》母本——《类林杂说》
                    （十卷五十篇）   （一五卷一百门）
```

可以认为西夏文《类林》是目前所知最接近于立政原书的版本，他还可能是《类林》一书最早的刻本。

三 《类林》的复原

《类林》是一部亡佚已久的重要类书。如能将《类林》复原，就补充了一种失传的汉文古籍，这是学界一致的愿望。那么，怎样复原《类

---

① （金）王鹏寿：《增广分门类林杂说》，《嘉业堂丛书》，1920 年刊印。

林》呢？

前面已经提到，敦煌所出《类林》残卷，不仅残损过甚，而且篇目也不同于于立政原书，以此来恢复于立政《类林》已不可能。西夏文本《类林》原书十卷五十篇，虽也有残损，但仍保存着原书的十之六七，若将西夏文本《类林》全部翻译成汉文，就能得到汉文本《类林》的大部分。如果我们再设法将西夏文本所缺基本补齐，那就是目前一个比较理想的《类林》本了，也可以说这就基本上复原了《类林》。

我们认为，对西夏文本《类林》的缺失是可以进行补充的，这就需要对西夏文本《类林》和《类林杂说》作进一步研究。王鹏寿在《类林杂说》序中说："传记百家之学，率皆有补于时，然多散漫不伦，难以统纪。故前贤有区别而为书，号曰《类林》者，其来尚矣。惜乎次第失序，门类不备。予因暇日，辄为增广，第其次叙，将旧篇章之中添入事实者加倍，又复增益至一百门，逐篇裨之以赞，为十五卷。较之旧书，多至三倍。"①据其序言，再证之以原书，知王鹏寿《类林杂说》的增广工作，主要有两项：

1. 增加门类篇目

《类林》十卷，而《类林杂说》增至十五卷，其十一至十五卷内容，体系明显不同于前十卷。前十卷以事门分篇目，除四夷篇外皆为人事类，每篇目中"说古人书迹"，与《中兴书目》所载相符。十一至十五卷虽也以事门分类，但内容为天文、岁时、佛道、神鬼、衣食住行、文化用品、建筑市井、动物植物等，有时并不以人系事，而是直接解释名词，如卷叶十一的天文篇、岁时篇，卷十四的经典篇、书字篇等。以《类林杂说》前十卷与西夏文本《类林》的门类次序比较，虽有所调整、补充，但大体一致，差别不大，卷三增加了纳谏篇、拒谏篇，卷四增加了恭敬篇，卷十增加了长人篇、短人篇，卷九的美妇人篇、美丈夫篇在西夏文本中为美人篇，卷十的丑妇人篇、丑丈夫篇在西夏文本中为卷九的丑人篇，卷六的医药篇、卜筮篇在西夏文本中为卷六的医卜篇。总之，《类林杂说》确实将《类林》大大改造了一番，不仅基本上补缀了五卷，而且在前十卷中也增

---

① 《类林杂说》序。

加了篇目。

2. 在篇目中增添人物故事

《类林杂说》与西夏文本《类林》比较，在相同的篇目中往往增加新的人物故事，这也与王鹏寿白序中所说"将旧篇章之中添入事实"相符。如卷三敦信篇后增桓公、晋文公两条，同卷烈直篇前增唐雎一条，后增卜式一条，同卷忠谏篇所增更多，前增三甥、鬻拳、申叔时、申公巫臣、大戊午、史鱼、张良、王猛、樊哙、敬翔、尹绰、狄仁杰 12 条。怎样确知哪些条文系《类林杂说》新增补呢？如果比较西夏文本《类林》和《类林杂说》共有的条文内容，就会发现他们有着共同的特征。首先是条目名称（一般为人名）即是第一句主语。如卷三敦信篇魏文侯条："魏文侯与虞人期猎，猎日天雨……"吴起条："吴起与故人期食，人未来，起终不食。……"第二是所引书目一律置于条文末尾。如卷三敦信篇郭汲条："郭汲字细侯，南阳人……郭事出《汉书》。"卷三烈直篇锄倪条："锄倪晋灵公力士也。……事出《左传》。"而在西夏文本《类林》中没有、仅载于《类林杂说》的条文中，条文名称不兼作第一句主语，只起标题作用。如卷三二烈直篇唐雎条："唐雎。秦王欲以五百里地求易隐陵君五十里，辞不受，使唐雎入谢秦王。……"又如卷三忠谏篇狄仁杰条："狄仁杰。唐则天之责中宗于房陵也……"这种条文如引书注明出处，则又必置于条文名称之下，条文正文之上。如忠谏篇三甥条："三甥。《左传》。楚文王伐申过邓，邓祁侯曰：……"又如卷四智谋篇郑桓公条："郑桓公。《郑史》。郑桓公问太史伯曰：……"在《类林杂说》同一书中，各条文之间这种行文体例上的明显不同，表明《类林杂说》的编者有意保存了自己所增广的条文与原《类林》本条文形式上的差别。由此还可以证明，西夏文本《类林》在由汉文本转译西夏文本《类林》时，基本上保持了原本的体例形式。

我们了解了《类林杂说》增广的两个途径，又掌握了西夏文本《类林》与《类林杂说》共有条文，也即《类林》原书条文的两个特征，就可以比较准确地利用《类林杂说》对西夏文本《类林》所缺篇目和条文进行补充。

西夏文本《类林》残第一卷，第二卷仅存一页。《类林杂说》卷一有五篇：孝行、孝感、孝悌、孝友、礼贤；卷二有六篇：勤学、劝学、志节、高士、廉俭、儒行。两卷共十一篇。而西夏文本《类林》卷三第一篇为敦信篇第十，知所缺第一、第二两卷应共有九篇。据前叙特征检验《类林杂说》两卷中的十一篇，知孝悌、礼贤两篇全为后增。若删除此增广两篇，恰与西夏文本所缺篇数相合。西夏文本卷二末所存一页为尹伯奇、鲍山二条，内容为孝行故事。在《类林杂说》中为孝友篇，属第一卷。这可能是王鹏寿认为他所见到的《类林》本"次第失序"，加以大胆地调整，将有关儒学的卷一移为卷二，把有关孝行的卷二移为卷一，而西夏文本仍保留着原来的顺序。若把《类林杂说》两卷的顺序再颠倒回来，剔除其增广的两篇，不仅能与西夏文本所缺篇数相合，也能与西夏文本残文衔接。调整后的篇目顺序如下：

卷第一
　勤学篇一　劝学篇二　志节篇三
　高士篇四　廉俭篇五　儒行篇六
卷第二
　孝行篇七　孝感篇八　孝友篇九
卷第三
　敦信篇十　……

利用这种方法同样可以补充西夏文本所缺的卷五机巧篇、辩捷篇、相征篇、仁友篇，卷十的肥瘦篇。这样就大体上复原了《类林》一书。目前，我和我的同事黄振华、聂鸿音共同合作，已经把西夏文本《类林》一书全部译成汉文；对克平未译出的三十个条目名称，已都考证译出，同时改正了她误译的十几个条目名称；我们用上述方法复原了《类林》一书；还在前人的基础上对西夏文本《类林》一书进行了研究和探讨。我们想于近期将这一成果奉献给学术界，以求得大家的指正。

四　西夏文本《类林》的译文

　　《类林》的内容所涉颇广，反映了从远古到六朝时期上下几千年社会生活的许多方面。西夏和中原地区在生产、生活、文化、习俗、意识等方面都存在着差别，不难想象，西夏人翻译《类林》会遇到很多困难。然而综观《类林》的西夏文译本，可以看到西夏人在翻译这部类书时，尽量忠实于原著，卷次、篇章、条目较多地保存着原书的形式，在条目内容上也较好地表达了《类林》的原意。有些地方与《类林杂说》相同部分比较，西夏文本显得更为准确。如《类林杂说》卷四智谋篇王戎条："王戎字济仲，太原人也。年七岁与诸小儿戏于道旁，旁有李树，其实甚繁，诸小儿争取，唯戎不取。人问之，戎曰：'此必苦李。'尝之果然。《世说》。"由于故事中没讲出"必苦"的原因，就不大容易理解。西夏文本此处为："王戎曰：'此李味必苦。道旁树有甜果岂至熟期。'"语意十分清楚。又如，卷四断狱篇张举条，记张举审人命案时，以一活猪一死猪同时用火烧，验其口中是否有灰从而判断死者是被杀还是烧死。《类林杂说》记验被烧二猪时为"察杀与烧死，死者口中有灰，活者口中无灰"。这里恐怕是弄颠倒了。西夏文本此处为"取薪烧之观察，杀死者口中无灰，活者口中有灰"，与原意合。再如，卷四四夷篇南蛮条，《类林杂说》为"南蛮林邑国马援铜柱之处，去南海三千里……"，第一句不可解。西夏文本为"南蛮林邑国马援立铜柱处，去南海三千里……"，与《后后书·马援传》相符。

　　《类林》中有的故事包含着汉字谜语的内容，从汉文的角度来欣赏是饶有趣味的，若译成另外一种文字就很费解了。西夏文译者在这种情况下仍然尽量忠实于原意，为了使读者容易理解，有时要加以特别的注解说明。如卷四聪慧篇杨修条，记曹操和杨修解读曹娥碑头上的"黄绢幼妇外孙齑臼"八字为"绝妙好辞"四字，因系汉字谜语形式，所以西夏文本解释时较《类林杂说》为详，最后还加一注释，"此四字皆依汉字合成"。有时对西夏地区不常见、不易理解的事物，也加以注解，如卷九歌舞音乐篇雍门条有"复作清角之操，孟尝君欢悦"一句，西夏文本在"角"（宫商角徵羽）字下以小字"汉语"二字标注，指出这是汉语的音译。

《类林》还有一些条目内容包含着诗歌，这些诗歌用西夏文翻译难度很大。西夏文译者尽量保持原诗的句式和字数，较准确地反映了汉文诗歌的内容。如卷五辩捷篇吴主孙皓条中有孙皓在酒宴上献给晋武帝司马炎的一首诗：昔与汝为邻，今为汝之臣，献与汝酒盏，汝寿万年春。西夏译文保存了原来的四句五言形式，文义通顺，表达了原诗的特色。

西夏文本《类林》也有一些失误之处。其中多为误解了汉文原意。如卷二敦信篇魏文侯条，记魏文侯与人期会，为不失信，乃冒雨而行。西夏文中把"冒雨而行"误译为"置雨冠而往"翱絳倘嘻扦，即戴雨帽而行。实将"冒"字误为"帽"字。有时因对汉人姓氏不熟悉，把人名译错。如卷三忠谏篇申屠刚条，西夏文译者不知汉文"申屠"为一复姓，以为此人姓申罾，名屠刚呢俊，译文中多次称其名为"屠刚"。又如，卷九歌舞音乐篇雍门条中，把孟尝君这一谥号误为人名，不知孟尝君姓田名文，文中误以"尝君"缅石为其名。再如，卷五辩捷篇有诸葛恪条，紧接此条下为恪父瑾条，即诸葛恪之父诸葛瑾的故事，西夏文中却把此条写成"恪文瑾"灸縑稿，行文中也以"文瑾"为名称之。这可能是汉文中"父"、"文"二字形近，加上西夏人对汉籍不熟悉的缘故。因字形相近而误译的例子还有卷三忠谏篇伍员条，文中记伍子胥谏吴王夫差，夫差听信谗言"赐子胥剑令自尽。子胥欢喜曰：'信谗臣以杀我……'"，"欢喜"二字显然是误译。原因大概是西夏人把汉文本"欺"字看成"欢"字所致。有时把条文末的征引书名译错。如卷四智谋篇王戎条，《类林杂说》记为"事出《世说》"，注明此条出自《世说》（即《世说新语》）一书，西夏文却误记为蠹季融遂袭铜（此事世文中说）。

五　西夏文《类林》的价值

前面已经提到，以西夏文本《类林》为主体，比勘《类林杂说》等有关文献进行补充，可以大体上复原久已失传的《类林》。这就为我国汉文古籍增添了一种文献，从古籍整理工作角度看，无疑是有着重要意义。《类林》一书的重新问世对汉文类书的研究也有重要价值。

西夏文本《类林》很多条目中保存着征引书目。胡道静先生在1982年出版的《中国古代的类书》中评价敦煌所出《类林》残本时就指出：《类林》"所征引如司马彪《续汉书》、《晋阳秋》、《晋记》、《赵记》、《蜀王本纪》、《典略》、《新论》、《丹阳记》、《语林》、《帝王世说》、《续齐记》、《幽明传》之类，今并散佚，则此戋戋两卷书，在今日尤为鸿宝矣"①。作为保存《类林》内容最多的西夏文本，在填补和研究已散佚的古籍方面的价值是可想而知的。

西夏文本《类林》对研究西夏语言也有很高的价值。下面就语音、词汇、语法三方面试举例说明。

各国的西夏学专家利用能见到的各种辞书和多种注音材料，在西夏文字的注音和西夏语音的构拟工作方面，取得了很大进展。然而到目前为止，仍有一批西夏字尚不知其字音。《类林》中有大批人名、地名，西夏人在翻译《类林》时，对这些人名、地名多用对音方式。这样我们就得到了一批西夏字、汉字互相对音的材料，这些西夏字就有了确切的汉字注音。其中有些过去从未发现过注音材料。如西夏字継，在《音同》中为牙音类，《文海》虽有反切上下字笔跙，但上字音亦不知，西夏文本《类林》卷三忠谏篇宫之奇条中为"虢"字注音。又如，西夏字牢，在《音同》中为正齿音独字，于《类林》忠谏篇伍员条中为夫差的"差"字注音。这种实例较多，恕不一一列举。

《类林》内容涉及广泛的社会生活，用词十分丰富。这对了解尚不清楚的一部分西夏字和词的意义大有裨益。如假字在《音同》中以寂（诗）字相注，知其为诗一类，然不能确知其义，《类林》卷五辩捷篇曹操条中为"赋"意。西夏文绳字，《音同》中以眕（孙）注释，《文海》收此字，知其为节亲中的一辈，但不知具体为哪一辈，《类林》卷五辩捷篇孙皓条此字为"玄孙"意。西夏字碱踩二字为一词，知其为马一类，亦不确知其义，《类林》卷五辩捷篇诸葛恪条和卷十祥瑞篇汉武帝条分别为"麒麟"或"麟"意。有的西夏字义很明确但两个西夏字合成一个词后，却不知其为何义了，《类林》中对这样的词给出了明确的汉义。如卷三敦信篇魏文

---

① 胡道静：《中国古代的类书》，中华书局1982年版，第91—92页。

侯条中以睫盼（地、识）译"虞人"（古代掌管山泽、苑囿、田猎的官）；卷四四夷篇辰韩条中以簀瘭（礼、道）译"风俗"；卷三忠谏篇仲叔圉和卷十怪异篇昭帝等条中，将柬蛰（土、谷）译"社稷"；卷三敦信篇晋文公条、烈直篇严颜等条中，将缳廊（头、归）译"投奔"或"投归"；卷四清吏篇鲁恭条，将腔倘（手、置）译"开始"；同篇裴潜条中，将腔辟（手、闲）译"结束"，正与"开始"相对。

《类林》多为人物故事，情节生动，语言丰富。西夏文本《类林》在语言的运用上，比一般的儒学和佛教经典的译文，也显得真实自然，较多地反映了西夏语言的特点。这对研究西夏语言，特别是研究西夏语法是很有意义的。比如西夏语的动词前缀十分丰富，目前各国西夏文专家都在努力钻研、探讨这一重要问题。西夏文本《类林》在这方面为我们提供了大量的、生动的素材。如碩，根据《类林》中众多的例句，再参考其他资料，他似应为表示动作或状态存续或结束（曾行体）的一个动词前缀。特别是有的句子包含着几个动作，每个动词前分别带有不同的前缀，这对分析各种前缀的作用、考察他们之间的差别作用更大。如卷十祥瑞篇孙叔敖条，记孙叔敖幼时见两头蛇，"杀而埋之归以告母"。西夏文为：

……沏苗泛烬耳縹釅唐碩铜（□杀□埋□归母处□说）

以上西夏文动词杀、埋、归、说前各有一个前缀，第一个前缀表示动作的发生，第二个前缀表示动作向下进行，第三个前缀表示动作的已行，第四个前缀表示动作的存续和结束。

后　记

当我们对西夏文本《类林》翻译、考释完成，并复原了唐代古《类林》本以后，又在日本见到了台湾王三庆先生所著《敦煌本古类书语对研究》一书（文史哲出版社印行，1985年）。王三庆先生在该书中比勘传世的几种《类林》系类书，如西夏文本《类林》，王鹏寿的《类林杂说》，敦煌本《类林》，敦煌残、节本《雕玉集》以及敦煌本《语对》，试图复原古本《类林》，颇有创获，有的卷、篇目录和我们所得一致。但观其复原目录，似可商榷之处不少，现举其要者如下：

（1）第一、第二卷诸本皆缺失严重，而《类林杂说》则保存较多，王氏据《类林杂说》次第补充编排《类林》卷、篇次序，恐非妥当。因为西夏文本是译本，对卷篇次序可能未加改动。第一、第二卷残缺，但幸而保留第二卷末鲍山、尹伯奇两条，他们自应入第二卷第九篇，而王氏误入第一卷第三篇。这是他未见到此二篇篇目的缘故。另外他对《类林杂说》将《类林》的次序进行调整一事也未能给予注意。

（2）对《类林杂说》所增广的篇目未能剔除干净。如勤学篇中的王充、阚泽；儒行篇中的杜林、何休；孝行篇中的侯都等人，根据我们上文复原古《类林》本的原则，皆为原《类林》本所无。

（3）篇目中有差误。如四夷篇二十一中误将乌耆国误为龟兹国（《类林杂说》为龟兹国）；机巧篇二十二王恭误为王莽；方术篇二十四隗炤误为负局、卜翊误为鲍靓、鲍靓误为薄姬；异识篇三十一孔子误为令狐策；勇壮篇四十四羿夐误为羿夏等等。

（4）篇目中有未译出者。如方术篇二十四缺赵炳、蓟子薰、张猕、佛图澄、麻襦等。

[原载［日］《中亚西亚语言和历史研究》
（西田龙雄教授还历纪念文集），京都，1988年]

《文海宝韵》序言、题款译考

由中、俄合作陆续出版的大型文献丛书《俄藏黑水城文献》第 7 册中，有一种重要文献名为《文海宝韵》（乙种本），这就是写本《文海宝韵》。[①]

写本《文海宝韵》是俄国人科兹洛夫（К. П. Козлов）1909 年在中国的黑水城遗址（今属内蒙古自治区额济纳旗）所获大批文献中的一种，藏于俄国圣彼得堡东方学研究所（前身为亚细亚民族研究所）。但后来此书在该所竟找不到了。西夏学专家们由于看不到这部书的原文，不了解他的全部内容而感到十分遗憾。

几十年以后，在 90 年代初，圣彼得堡东方学研究所又找到了这部珍贵的文献。1993 年 10 月根据中国社会科学院民族研究所、上海古籍出版社和俄罗斯圣彼得堡东方学研究所达成的合作协议，中方代表团到俄罗斯圣彼得堡东方学研究所整理、拍摄俄藏黑水城文献，写本《文海宝韵》是首先拍摄的一种，并于 1997 年面世。写本《文海宝韵》的第二次重光于世使学术界同仁能够亲眼目睹他的庐山真面目，并可以从多方面对他进行研究。

写本《文海宝韵》在俄罗斯圣彼得堡东方学研究所的编号是 ИНВ. No. 8364 和 ИНВ. No. 4154，纸幅每面宽 22.1、高 25.8 厘米，无封面、封底，原书可能是蝴蝶装，版心有线捻穿孔，上下单栏，左右双栏。每页两面，每面七行，行间有隔线。前有残序，正文分平声、上声和入声、杂类三部分，几乎包括了所有的西夏字。平声共 27 页，53 面，上声和入声 18

[①] 史金波、魏同贤、[俄] 克恰诺夫主编：《俄藏黑水城文献》第 7 册，上海古籍出版社 1997 年版，第 177—232 页。

页，35 面，杂类皆为残页，大小共存 42 枚。平声、上声和入声前列平声、上声韵类代表字，平声 97 韵，上声 86 韵。平声、上声中各字依韵序排列，同音字排在一起。杂类首先分平声、上声两部分，每部分再依声母重唇音、轻唇音、舌头音、舌上音、牙音、齿头音、正齿音、喉音、来日舌齿音九类编次。最后有题款，为编纂者的职官称谓和人名，因也系残片，仅保留了部分职官称谓。

  写本《文海宝韵》是刻本《文海宝韵》（甲种本）的略抄本。刻本《文海宝韵》也是科兹洛夫在黑水城所获文献中的一种，过去中、俄专家都已进行过翻译、整理。①《文海宝韵》是类似汉文《切韵》的韵书，但他又有解释文字构造的内容，这一点又和汉文《说文解字》类似，可以说，他具有《切韵》和《说文解字》的共同特点。不难看出，《文海宝韵》具有很高的学术价值，它不仅反映了西夏学者对本民族语言认识和研究的程度，也反映了那一时代对语言的认识和研究的水准，是释读西夏文、研究和构拟西夏语最基本、最重要的资料之一。

  刻本《文海宝韵》卷首残失，缺序言，正文保存有平声和杂类的大部分，缺上声和入声。刻本版心有页码，保存下来最前面的一页是第 4 页的左面（后半页），右面（前半页）应是残缺的平声第 1—35 韵韵类代表字，前面所缺 3 页应是本书名称和序言，可惜已无法见到。而写本不仅内容较全，包容了所有平声、上声和入声、杂类各部分，还保留有书前的序言和卷末的题款。一部书的序言和题款往往包含了有关该书的很多重要情况，因此，写本《文海宝韵》的序言和题款理应引起我们的重视。

  然而遗憾的是此书序言和题款为多枚残片，缺字较多，难以完全复原。本人不揣冒昧，试图对这些残损不全的文献资料进行拼接、译释和初步研究，因此一些问题不免带有推测和探讨的性质，还望同行不吝指教。

  残序共有 9 枚残页，分属 ИНВ. № 8364 和 ИНВ. № 4154 两个编号，分别载入《俄藏黑水城文献》第 7 册第 177、178、231、232 页。这些残

---

① К. Б. Кепинг、В. С. Колоколов、Е. И. Кычанов、А. П. Терентьев - Катанский：Море письмен（文海），1969 年，莫斯科。史金波、白滨、黄振华：《文海研究》，文物出版社 1983 年版。《俄藏黑水城文献》第 7 册，第 122—176 页。

片有的可以拼接，有的可以据其内容和相关文献确定他们之间的位置。232 页的 111 号（下）和 177 页的 1 号拼为一面；231 页的 110 号、232 页的 111 号（上）和 177 页的 2 号拼为一面；178 页的 3 号和 232 页的 112 号（上、下）拼为一面；178 页的 4 号为一面。拼合后可见，这 4 面皆上下单栏，左右双栏，每面 7 行，行间有隔线，字体相同。这种页面形式以及页面的纸幅和《文海宝韵》正样一致，加之序言最后一页的末尾正好与《文海宝韵》正文第一页第一行的 5 个字相接，连成序言的最后一句，证明此序应是《文海宝韵》的序，而不是其他文献的序。① 西田龙雄教授曾在圣彼得堡见到写本《文海宝韵》序的 5 纸残片，但他认为这只是《杂类》的序言。②

　　该序前后皆残。第 1 面右第 1 行不是序言的开始，可知前至少还有半页 1 面。第二面和第三面是一页的两面，第四面是一页的右面，其最后一行的末尾正好接左面第一行。在这一面，序言结束，正文开始。

　　序言译文如下（○内数字表示行次，……表示缺文，[ ] 中的内容为残文试补）：

第一面

　　①……择聚，令……等成为博士，其人又荣升为夫②子，出内宫门坐四马车上，威仪围绕，③与臣僚导引，乐人戏导，送国师院宴请。④学子三年之内已正。寅年十月十一[日风]⑤角城皇帝已官鬶礼……绕，威仪有加……⑥……[兴] 盛武 [兴] 法建礼主孝皇帝已做，文……⑦……佛法、僧众、儒 [诗]、[阴] 阳、算法、乐人、艺能……

第二面

---

① 过去的专家们未直接见到序言残片原件，也无缘与写本《文海宝韵》正文比较，只据间接介绍见其内容有"切韵"字样，便认为是《五音切韵》的序，看来是不妥当的。
② 见 [日] 西田龙雄《西夏语韵图〈五音切韵〉的研究》（上），京都大学文学部研究纪要，1981 年，第 99—101 页。

①……［礼］杂事种种等皆已毕，此……至……②丑岁五年八月五日已至，……③行。今观察［各］种文，西天、羌、汉……④为使番文字不忘，五音者……［天］⑤赐礼盛国庆元年七月［十五日］……⑥……已遣罗瑞智忠等始为《切韵》⑦……等十六人已选，利便内官中

第三面

①……大已为。五音字母已明，清②［浊、平仄分别］，重轻分清，上下等明，切字③［呼问，韵母摄］接，为文库本。全部搜寻处④永远流传不［忘］……说，新字⑤增加。朕今因切韵［者依时而］竟，全国要害，⑥智慧增胜处［本，佛法经藏］功，王礼律令⑦……解用，儒诗［清浊、双阴］阳、吉凶、季

第四面

①［记、道教、医人、］歌本集，行文之本源也。譬？如？［大海］②［深广，诸水积］处不竭不涨，用寻皆有；日③［月普照，愚］智悉解。各山皆高，诸业无比④一切宝中字宝微上，《切韵》稍为头……⑤……深，大言不显。晓日无灯光，限⑥……以量不尽。天上各种写释难⑦……不计对否。智巧人审核书，是

第五面

①非后智当查。

尽管《文海宝韵》的序言残缺不全，难以全面、完整地表明其内容，但我们仍可以通过译释和初步分析，得到一些有关《文海宝韵》以及西夏文化方面新的重要资料。

一　关于创制西夏文字

创制西夏文字是西夏文化史上的一件大事，学界首先得知于宋、元汉文文献，然因汉籍史料记载混杂、抵牾，有记西夏第一代皇帝元昊时期创制者，也有记元昊父德明时创制者，后世专家们意见也不一致。笔者根据西夏文资料，结合汉文文献综合研究，经多方论证，确认系元昊初年创制西夏文字。① 现此说已为学界广泛接受。然其创制文字细情，仍若明若暗。

本序言第一面追述了西夏早期文化建设中的重要事件，根据下文可知，他的出现使西夏与文字有关的文化事业发生了巨大变化，这一重要事件应是西夏文字的创制。创制文字的主要人物因前面残缺而未存留名字。据《宋史》记载："元昊自制番书，命野利仁荣演绎之，成十二卷，字形体方整，类八分，而画颇重复。"可知创制西夏文字始授意者是西夏第一代皇帝景宗元昊，而具体主持造字者应是西夏开国元勋、制字师野利仁荣。② 野利仁荣所创"蕃书"是记录西夏主体民族语言的文字，当时被定为国字，颁行境内，即后世所说的西夏文。不久野利仁荣创建蕃学，并主其事。死后元昊为之厚葬，赠富平侯。仁宗天盛十六年（1164 年），为表彰他制字之功，追赠他为广惠王。

序言记载："……等成为博士，其人又荣升为夫子，出内宫门坐四马车上，威仪围绕，臣僚导引，乐人戏导，送国师院宴请。"这里成为博士，又荣升为夫子的应是野利仁荣。在西夏文《新修太学歌》中提到的"番夫子"也是指野利仁荣而言，可与此序言相印证。③ 序言描述了野利仁荣等人当时颇受重视，被授予很高的头衔、给予很多的荣耀的情景。"学子三年之内已正（已成）"是说西夏制字"累三年方成"。序言所记事实可

---

① 史金波：《也谈西夏文字》，《历史教学》1980 年第 10 期；史金波：《西夏文化》"创制西夏文的歧说"，吉林教育出版社 1983 年版，第 11—15 页。
② 据宋沈括《梦溪笔谈》卷二五"杂志二"记载："元昊叛，其徒野利遇乞先创造蕃字，独居一楼，累年方成，至是献之。"人名与宋史有异，时间无序言具体。
③ ［日］西田龙雄：《西夏语〈月月乐诗〉的研究》，日本京都大学文学部研究纪要第 25，1986 年。第 23—24 页。聂鸿音：《西夏文〈新修太学歌〉考释》，《宁夏社会科学》1990 年第 3 期。

与文献记载相互补充，充实了关于西夏文创制的内容。

二　关于西夏建国

　　序言下文"……寅年十月十一日（风）角城皇帝已官鬘礼……"中，"风帝"或"风角城皇帝"在西夏文《大白高国新译三藏圣教序》、《妙法莲华经》序言和《过去庄严劫千佛名经》发愿文中都曾出现过，[①] 皆为第一代皇帝元昊尊号。其尊号之前的"……寅年十月十一日"是元昊正式登基筑坛受册的时间，即天授礼法延祚戊寅元年（1038年）十月十一日，这也与汉文史料相合。[②] 而"官鬘"在《文海》中释义为"鬘也，官家官鬘也"[③]，"官家"这里专指皇帝而言。"官鬘礼"当指在皇帝登基时戴冠的一种礼仪，或与加冕同义。这与前述人物、时间、事件正相吻合。元昊称帝后，给予制字者更高的荣誉。下文"……盛武［　］法建礼主孝皇帝"与景宗元昊的尊号"世祖始文本武兴法建礼仁孝皇帝"基本吻合。[④] 序言中的"盛武"及文献记载中的"本武"、"主孝"及文献记载中的"仁孝"，可能在西夏文中为同样的字，他们在译成汉文时可以有不同的译文。从序言上下文内容的顺序看，元昊登基称帝，行官鬘礼后，接着便是上尊号。因此这也应是景宗元昊的尊号。序言记述西夏建国后，西夏文字广泛使用，举凡法律、佛教、儒学、阴阳、算法、乐人、艺能等方面皆已应用。可见西夏王朝对文字、语言的重视，不让中原地区。由此序言不仅再一次确认西夏文字系元昊时期创制，了解到有关西夏创制文字的一些细节，还用西夏人撰写的第一手资料印证了西夏元昊称帝时间这一西夏的重大史实。

---

　　① 史金波：《西夏佛教史略》，宁夏人民出版社1988年版，第66—68页。
　　② 史载：宋宝元元年（1038年）冬十月，"元昊称帝，建国号大夏，改元天授礼法延祚。元昊称兀卒已数年。兀卒者，华言青天子，谓中国为黄天子也。至是，与野利仁荣、杨守素等谋称帝号，于是月十一日筑台兴庆府，受册即皇帝位"。参见《宋史》卷四八五《夏国传上》，（清）吴广成《西夏书事》卷一二。
　　③ 见《文海研究》，第421、574页。
　　④ 《宋史》卷四八五《夏国传上》。

三　关于《文海宝韵》的编纂时间

序言第二面有纪年"……丑岁五年八月五日"、"……赐礼盛国庆元年七月"。第二个纪年较完整，"赐"前缺一"天"字，"天赐礼盛国庆"是西夏第三代皇帝惠宗秉常的年号，元年为公元 1069 年。此年号后记"……已遣罗瑞智忠等始为《切韵》……"，《文海宝韵》中每字皆有反切注音，《文海宝韵》也就是《切韵》，因此可以将此年号作为编辑《文海宝韵》之始。此年号前有"……丑岁五年八月"，在西夏建国后至天赐礼盛国庆元年只有一个丑年是五年，即西夏第二代皇帝毅宗𧟹都辛丑五年（1061 年）。这一年号后讲述西天文字（梵文）、羌文（吐蕃文即藏文）、汉文字的影响，应是编纂此书的酝酿时期。《文海宝韵》成书可初步定为天赐礼盛国庆年间，即 11 世纪中期，属西夏前期。

此序为御制序，序末无年款，但观第三、第四面也无惠宗以后的年款，此序可推断为惠宗的御制序。惠宗八岁即位，母后梁氏摄政，与母舅梁乙埋专权，当时一反毅宗崇尚汉礼的政策，而是"复蕃仪"，推行党项族文化。系统地记录和解释"蕃文"和"蕃语"的《文海宝韵》就是在这种大力推行蕃文化的背景下编纂完成的。

《文海宝韵》刻本以宋代公文纸背面印书，其中一页背面有汉文"建炎二年"字样，可知传世的刻印本成书在建炎二年（1128 年）以后，时在西夏中期。而此写本是刻本的略抄本，抄录时间当在刻本之后。

四　关于《文海宝韵》的作者

序言第二面中记"……已遣罗瑞智忠等始为《切韵》……"，罗瑞智忠应是编纂此书的主要人员。据《音同》乙种本的重校序可知编纂《音同》主要人员中也有一位姓"罗瑞"的人。该序始称"今《音同》者，昔切韵博士令六犬长、罗瑞灵长等建立"。罗瑞灵长和罗瑞智忠是同一个姓，他们属同一个家族。罗瑞智忠可能是一位僧人，其名字带僧人常用的"智"字，西夏僧人涉足世俗著作的编撰不乏其人。序言中"罗瑞智忠"

前残缺，是否还有其他人名，不得而知。

  序中接着又提到"遴选……等十六人"，可能以罗瑞智忠为首的一批专家共同编辑此书，此书是集体编撰的成果。这样我们基本上可以推断《文海宝韵》的编纂者，而过去对此一无所知。

  这些学者选定后是被请到"内宫"，即皇宫中赴宴，还是在皇宫中编书，由于缺文，我们不得而知，但他们受到了皇室的很高礼遇则是可以肯定的。

  在写本《文海宝韵》的一些残片中，有的属于书后题款，编号 No.5867。在 No.5867—3 中残存文字 7 行，前 3 行是"杂类"正文，第 4 行为"杂类竟"3 字，表示全书最后一部分已经结束。自第 5 行以后是小字，皆为职官名称，每行下残，应是人名。这样的题款残片涉及 2 页 4 面，皆残甚，从残留文字看，应是编辑《文海宝韵》的主持人和编者。现译录如下（○内数字表示行次，……表示缺文，[ ] 中的内容为残文试补）[①]：

第一面

    ①提举中书业全授……②提举中书提点……③……（中）书业全授意教……

第二面

    ①……习能授覆（全）……②……提点枢密西摄……③举提点枢密东拒……④提举提点同？中书……⑤提举枢密提点（入）名……⑥提举功德司正经契译主……⑦……提点大恒历司……

第三面

---

 ① ［日］西田龙雄教授抄录了这一珍贵残片的首半页 3 行，见《西夏语韵图〈五音切韵〉的研究》（上），1971 年。笔者对译文已有改动。其余为笔者 2000 年再次赴俄罗斯查阅俄藏黑水城文献时发现。

①……小头监……②……小头监大恒历（司）……③……切韵建立……④……切韵典……⑤……切韵……⑥……切韵……⑦……（切）韵……

第四面

①……孝恭……②……三藏国师……③……（经略）承旨东南……④……授文孝东南……

上面的题款在《文海宝韵》之后，其中每一行都应是带有职官称谓的人名，他们应是主持或直接参加编辑《文海宝韵》的主要人员。可惜应具名的下部皆残，所有人名全部缺佚，造成很大的遗憾。但是我们仍能从残存的题款文字结合《文海宝韵》的序言透视《文海宝韵》编辑人员的一些情况，并且能得到有关西夏职官的很多重要资料。

题款中至少有6人有"提举"的称谓。"提举"宋朝始设，西夏沿用，是西夏职官中的差遣名目，属实授职务，是具体职事的总负责人的职称。又至少有6人有"提点"的称谓，"提点"也是宋朝始设，为西夏沿用，也是差遣实授职务。"提点"的西夏文原文是"言过处"，从俄藏西夏文献中同一佛经发愿文的西夏文与汉文本的对照，可知为"提点"意。此题款中有的人有"提举"和"提点"两个称谓，"提举"在前，"提点"在后，"提点"比"提举"更为具体，如"提举枢密提点入名"，"入名"是"枢密"的一种。

题款的称谓中除实授职务外有表示地位的"官"位，官位前往往有一"授"字。第一人、第二人所授官位残缺。第三人授"意教"，是西夏官爵封号的一种，为官位下品右列第十位，也表明是很高的级别。官位和职位的品级是不相当的，其职位的品级是上品中书位的第二位"业全"。第四人授"覆全"是官位下品右列第十一位，其职位"习能"品级是上品中书位的第四位。

题款职官称谓中除官位外，还有职务。中书和枢密为西夏职官中的上等司，品级很高，又各分六级。第一、第二人为中书的第二级的"业全"，第五、第六人分别是枢密第三、第四级的"西摄"、"东拒"。第七、第八人分别是同中书、枢密入名，是西夏职官上品中书第六位、枢密第六位。第九人职务是功德司正，属次等司。第十人职务是大恒历院，属中等司。第十一人至第二十人残存文字更少。① 尽管题款职称不全，人名残缺，但我们仍可得到以下几点认识：

1. 至少从第一人至第八人的职衔都很高，属于职官的上品，第八人以后有的属于次等司，有的属于中等司，地位也较高，这样一批身居高位的官员参与了《文海宝韵》的编纂工作，又一次证明了西夏对文字、对文化的重视。他们当中一些人可能只是挂名，不是具体编辑《文海宝韵》的人，但在这二十一人当中应该有这部重要著作的主要编者罗瑞智忠等人。

2. 第九位可能是罗瑞智忠，其前都是上品，属中书、枢密，他们不大可能去主持或直接参加编辑《文海宝韵》，这里的功德司当指佛教功德司，功德司正是僧人，而罗瑞智忠可能就是这样一位精通佛典、善于译经、通晓音韵的僧人。

3. 从第十三人至第十七人的称谓中都残留有"切韵"二字，"切韵"即指《文海宝韵》。这几人前后是否还有称谓中带有"切韵"字眼，因文献残失，难以确知。但至少可知题款中有这样多的人直接参与了撰写《文海宝韵》的工作。

4. 题款人名职称中有"提举功德司正经契译主"、"三藏国师"，可知参与《文海宝韵》编纂的有佛教界的高僧。译经时往往涉及音韵和字义，西夏的译经僧人应是熟悉西夏语言的专家。题款中还有"提点大恒历司"、"小头监大恒历（司）"的称谓，"大恒历司"西夏文为"礼典司"，大约是编纂历书等事务的机构，也属文化部门。中原地区熟悉历法的专家中，不乏熟悉音韵的人。

抄写者没有留下名字，但从他在抄写过程中对字形注释和字义的解释有部分改动，可以推测他也是一个熟悉西夏文字的学者。他可能自喻为序

---

① 史金波：《西夏文〈官阶封号表〉考释》，《中国民族古文字研究》第3集，天津古籍出版社1991年版。

言中的"后智",想校改前人的著述。如果将写本和刻本比较,可以发现写本不确和失误之处不少,遗字、错字、衍字较多,看来抄写匆忙,校勘不精。特别是在抄写中字形注释和字义注释部分省略,反切部分全部省略,失掉了很多重要资料,造成很大的遗憾。但抄写者毕竟给我们留下了一部珍贵文献,使我们得以窥见《文海宝韵》全书的骨架,弥补了刻本残缺的不足。

五 关于《文海宝韵》的内容和评价

序言第三面记载"五音字母已明,清浊、平仄分别,重轻分清,上下等明,切字呼问,韵母摄接,为文库本"。这一段应是对《文海宝韵》本身的编纂内容所说,也是目前所知西夏人描述西夏语音最详细的记载。其中有很多音韵学术语,如五音字母、清浊、平仄、重轻、上下等、切字、韵母等,这和当时中原地区的音韵学一脉相承,包括声(调)、五音、韵母、反切、等韵等方面。有些术语的内容结合《文海宝韵》等西夏文音韵书籍,很容易理解,有些术语的内涵是否和中原音韵学相同,如清浊、平仄、重轻等的含义还需要进一步研究,特别是在构拟西夏语音时可以从这些术语得到启发,从一些西夏语言学家已经十分重视而没有引起我们足够注意的问题切入探讨,或许会有新的长进。《文海宝韵》确实反映了在这些音韵学理论和方法指导下的卓越成就。就是现在看来,我们对其科学性、系统性仍会赞叹不已。难怪当时序言对其编撰水平高度评价,并视为"文库"之本。

以皇帝的名义作序,已彰显出本书在当时的重要地位,御制序中又强调《文海宝韵》的作用,认为他是"全国要害",是"增长智慧本",他可以用来解释佛法经藏、王礼、律令,又是儒诗、阴阳、凶吉、季记(历法)、歌本集等行文之本源。其实这里所说包括了西夏文字和文献的作用,但因为《文海宝韵》包括了所有的西夏文字,有字形、字义和字音的解释,在序言中强调此书在西夏社会文化中的作用也是很自然的事。序言还以比、兴的手法,以大海、高山为喻,明确指出在各行各业中以"字宝"为上,这与中原儒学一脉相承。西夏统治阶层对以民族语言、文字为代表的西夏文化的视角，值得我们高度重视和认真研究。

六　与《五音切韵》序的关系

《五音切韵》是出自黑水城的另外一部西夏韵书，此书原文六种版本也全部第一次收入《俄藏黑水城文献》第 7 册中。① 西田龙雄教授曾对其中一个版本作过专门研究。② 《五音切韵》甲种本（No. 620）有一篇完整的序言。其内容与上述《文海宝韵》序言颇多重复之处。为更好的理解《文海宝韵》序言，现把《五音切韵》序全文录出：③

> 《五音切韵》序
> 　　今观察（各）种文，西天、羌、汉之切韵已有，今文字之五音者，平上去入各自字母已明，清浊平仄分别，重轻分清，上下品明，切字呼问，韵母摄接，为文库本。集聚寻处，永远不忘，当传行也。
> 　　以朕之功德力，今因切韵者依时而竟，全国之要害，真智慧增胜本，佛法经藏、王礼律令、儒诗清浊、阴阳、吉凶、季记、道教、医人、算法、巫歌本集等，行文之本源也。
> 　　譬如大海深广，诸水积处不竭不涨，用寻皆有；日月普照，愚智悉解。各山中须弥最高，诸业中一切无比宝中文宝最上。是故建立《五音切韵》者，摄《文海宝韵》之字，名义不杂混用之纲纪也。此义当知。

《五音切韵》序也有"朕"的字样，也应是御制序。由其内容不难看出，与上述《文海宝韵》序文第二面，特别是第三面、第四面文句、词语

---

① 《俄藏黑水城文献》第 7 册，第 259—398 页。
② 《西夏语韵图〈五音切韵〉的研究》（上、中、下），1981 年 3 月—1983 年 3 月。
③ 此序西田龙雄曾全文翻译，见《西夏语韵图〈五音切韵〉的研究》（上），第 122—123 页。后在李范文《同音研究》（宁夏人民出版社 1986 年版）中也有译文（见该书第 23—26 页）。本文重译，译文多处有所不同，如本文"摄接韵母，为文库本"，原译文为"摄略搜集韵母，本为造句赋文"；又如本文译文"道士、医人"原译文"成法治人"等。

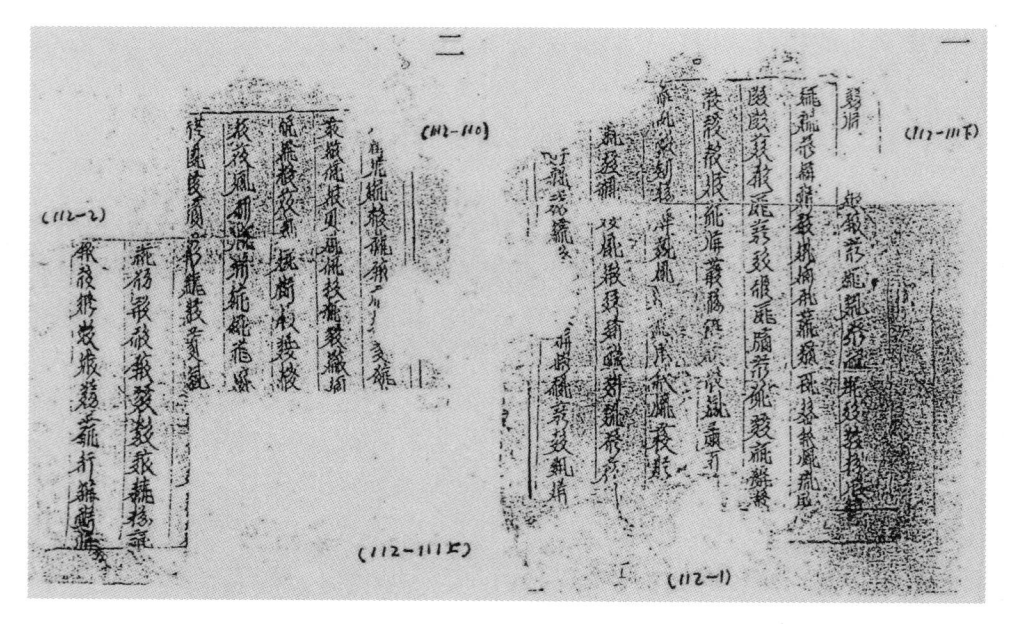

《文海宝韵》残序第一、第二面

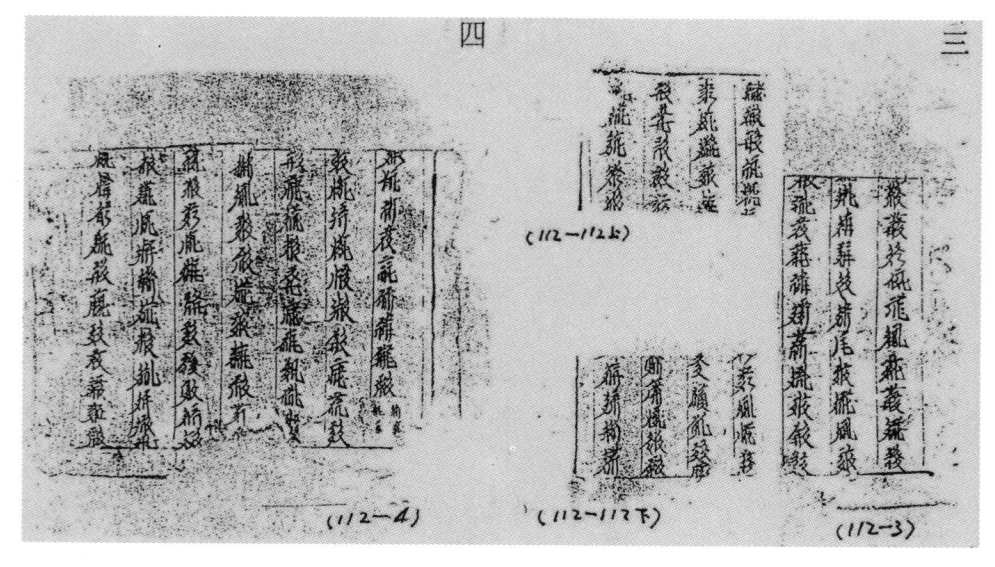

《文海宝韵》残序第三、第四面

多有相近处。唯其末句"是故建立《五音切韵》者，摄《文海宝韵》之字"，证明《文海宝韵》成书在前，《五音切韵》编纂于后。《五音切韵》的序言也是大部分抄录《文海宝韵》的序言。那么，《五音切韵》的序是谁作（抄录）的呢？答案似乎只有一个，惠宗抄录了惠宗自己的序，看来《五音切韵》也作于惠宗时期。《五音切韵》的编撰和《文海宝韵》一样，也是在"复蕃仪"这种文化背景下的产物。他们是西夏民族文化高度发展的产物，也是我们现在研究西夏文化的珍贵资料。

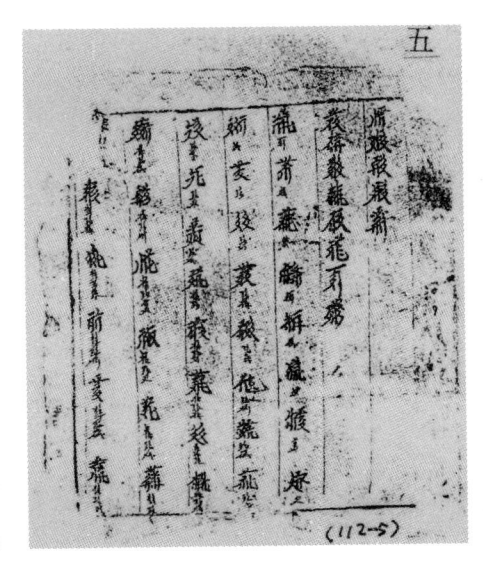

《文海宝韵》残序第五面

《文海宝韵》和《五音切韵》都是关于西夏语音韵的典籍，《五音切韵》摄《文海宝韵》之字，就是将《文海宝韵》中的字纳入韵图、韵表中。两书出于同一个朝代，有颇多重复的序言，内容相互关联，两相比较，就更容易认识和理解。

不难看出，《文海宝韵》的序言有丰富的内容，对了解《文海宝韵》乃至西夏文化发展有十分重要的价值，尽管他的残缺带来不少遗憾，但我们仍能从遗存的残片中得到一些前所未闻的知识。

（原载《宁夏社会科学》2001年第4期）

西夏语的构词和词的变化[①]

一　西夏语的构词

关于西夏语的构词，过去已有国内外西夏文专家进行过卓有成效的研究。[②] 以下除在吸收前人成果的基础上对西夏语词的构成作系统构架外，还着重论述新的心得和与以往专家不同的认识。

西夏语与汉藏语系其他语言一样，词按音节分为单音节词、复音节词。单音节词是由一个音节构成的词，复音节词是由两个或两个以上音节构成的词。复音节词又可分为双音节词和多音节词。词按结构又可分为单纯词和合成词两大类。

（一）单纯词

单纯词是由一个语素构成的词，其中有的由一个音节构成，有的由两个以上音节构成。西夏语中由一个音节构成的单纯词数量较多，如：

𘟂（天）［没］　𗢳（地）［勒］　𗢳（人）［尼辛］　𗢳（佛）［达］

[①] 本文西夏文字后面的括弧（　）内表示字义，有时根据需要后加对译。引号［　］内表示汉字注音，两个汉字注音下有横线表示为一个音节，后有"切"字为反切注音。本文所用例词较多，多采自《番汉合时掌中珠》、《文海》、《类林》、《天盛改旧新定律令》，除必要外，一般不注出具体出处。

[②] ［日］西田龙雄：《西夏语の研究》（二），座右宝刊行会，1966 年 4 月，第 264—288 页。Софронов. М. В. Грамматика тангутского языка 1 – 2. Москва. 1968. Кепинг К. Б. Тагутский язык морфолгия，Издательство НаукаА，Москва，1985. 126 – 154. 马忠建：《西夏语的复合词构词法》，《民族语文》1988 年第 6 期。马忠建：《西夏语派生词构词法之我见》，《宁夏社会科学》1989 年第 1 期。

※（口）[烈]　　※（虎）[勒]　　※（德）[彻]　　※（打）[丁谷]
※（为）[为]　　※（是）[兀]　　※（归）[梁]　　※（红）[你]
※（青）<u>[鱼骨]</u>　　※（我）[遏_轻]　　※（此）[特]　　※（一）[娄]
※（百）[易]　　※（不）[名]

  由两个或两个以上音节构成的单纯词，各音节都无意义，都不能单独成词。这类词很少，主要指拟声词、联绵词、译音词等。如※※（蝇）[梦积]，就可能是一个双音节单纯词。

  区分一个词是单纯词还是合成词似乎并不困难，但由于西夏文资料较少，对这一已死亡的语言了解不深，轻易确定某词是单纯词会发生误解。有时从一个词的文字表面看似乎各字都不能单独成词，但透过文字分析其语音，则会发现他们每一个音节都有与本词相关的意义，可单独成词，这种词并不是单纯词。

  过去我曾论述过《番汉合时掌中珠》中的※※（明日）[那啰] 不是单纯词，而是由※（夜）[那]和※（过）[啰]两个词素组成的合成词；※※（霓虹）[疾嚼]也不是单纯词，而是由※（列）[疾]和※（青）[嚼]两个词素组成的合成词；① ※※（汉人）[阔°危]也不是单纯词，而是由※（阔）[布]和※（穿）[°危]两个词素组成的合成词；② ※※（结婚）[乙口移_合]也不是单纯词，而是由※（舅）[乙]和※（甥）[口移_合]两个词素组成的合成词。③ 此外还有：

  ※※[阔、你]一词的两字皆不与其他字组成词，系一"草名"。乍看似单纯词。但查检其语音，第一字※与※（布）同音，第二字※与※（红）同音，两字结合，意为"布红"，两字又分别由※（草）字合成，此草可能是用于染红色的染料草。他不是单纯词，而是合成词。

  ※※一词也是草名，两字与※※（骆驼）同音[浪_口能]，且文字构成也由※※二字分别与※（草）字的一部分组成。此词应是骆驼草，也是合成词。

---

① 史金波：《西夏语构词中的几个问题》，《民族语文》1982年第2期。
② 史金波：《西夏名号杂考》，《中央民族学院学报》1986年第4期。
③ 史金波：《西夏语的"买""卖"和"嫁""娶"》，《民族语文》1995年第4期。

之所以多举数例，是因为现今已无会说西夏语的人，西夏语显得十分陌生，加之造西夏字时把同音同义的字造成了不同的字，往往不易识别其庐山真面目，揭示原有语言含义要费一番考证的工夫。

（二）合成词

合成词是由两个或两个以上语素构成的词。如𘜶𘟙民庶、𘝦𘜶（今日）、𘝯𘟄（勾管）、𘞃𘟙𘟄（干连人）等。

合成词主要分为复合型（即词根+词根）和附加型（词根+词缀）两种。有时词的重复也能产生新词。

1. 复合型

在复合型合成词造词方式中，各语素之间的关系往往不同。最主要的造词方式有联合式、偏正式、补充式、宾动式（支配式）、主谓式（表述式），即通过联合、修饰、支配、表述等关系复合构成新词。

（1）联合式

联合式一般都是两个语素（二音节），语素之间的关系是平等、联合的，其中主要有以下几类：

A. 名词和名词词根联合，如：

𘝕𘟙（虚空）　𘟄𘞒（阴阳）　𘟅𘟆（星宿）　𘝑𘞁（斗栱，对译：斗、升）

B. 动词和动词联合，如：

𘜶𘝄（住滞）　𘞟𘜶（裁缝）　𘟙𘟄（搜寻）　𘟈𘞁（受纳，对译：持、施）

C. 形容词和形容词词根联合，如：

𘝯𘜶（高下，对译：下、高）　𘞟𘟙（浅深，对译：浅、深）

𘟄𘞒（大小，对译：小、大）　𘞁𘞟（可靠，对译：识、信）

𘝑𘜶（主从，对译：正、副）　𘟄𘟙（背地，对译：宽、窄）

𘞁𘟄（时间、空闲，对译：狭、阔）

有的词从汉文译文看不是联合式构成法，但分析西夏文语意则很清楚。如在《掌中珠》21页有𘞁𘟄（数珠）一词，第一字为动词"念"，第二字为动词"诵"，联合而为念诵佛经时手持的数珠，系一名词，不仅词义变化，词性也发生变化。又如，󰀀󰀁（以为）一词，第一字为动词"变"，第二字为动词"算"，也是联合式构词。再如󰀂󰀃（禽兽）一词，第一字为动词"驰走"，第二字为动词"飞"，也是联合式构词，两个动词合成一个名词，词性也发生变化。

（2）偏正式

偏正式多数是两个语素，也有多语素的。语素之间的关系不是平等联合，而是有主有从，其中主要有以下类别：

A. 名词词根修饰名词词根：

󰀄󰀅（天体，对译：天、体）　　󰀆󰀇（玉兔，对译：玉、兔）

󰀈󰀉（佛法，对译：佛、法）　　󰀊󰀋（罪情，对译：罪、节）

󰀌󰀍（敌人，对译：兽、人）　　󰀎󰀏（情由，对译：语、体）

󰀐󰀑（事物，对译：事、唇）　　󰀒󰀓（凉笠，对译：夏、帽）

󰀔󰀕（水银，对译：水、银）　　󰀖󰀗（宣徽，对译：赏、院）

󰀘󰀙（蒸米，对译：气、米）

󰀚󰀛󰀜（统军司），此词前二字分别意"军、统"，为宾动式，组成名词󰀚󰀛"统军"后再修饰名词󰀜"司"。

B. 数词词根修饰名词词根：

数词词根修饰名词词根时，数词在前，名词在后。如：

󰀝󰀞（九霄）　󰀟󰀠（四季）　󰀡󰀢（八节）　󰀣󰀤（五行）　󰀥󰀦（六艺）

󰀧󰀨（十地）　󰀩󰀪（五刑，对译：五律）　󰀫󰀬（八议，对译：八平）

C. 形容词词根修饰名词词根，有两种形式：

一种是名词词根在前，形容词词根在后，以本语词为主：

󰀭󰀮（白虎，对译：虎、白）　　󰀯󰀰（莲花，对译：花、净）

󰀱󰀲（黑豆，对译：豆、黑）　　󰀳󰀴（双鱼，对译：鱼、双）

󰀵󰀶（小人，对译：人、小）　　󰀷󰀸（熟地，对译：地、熟）

󰀹󰀺（要事，对译：事、大）　　󰀻󰀼（要语，对译：语、大）

󰀽󰀾（苦役，对译：事、难）　　󰀿󰁀（乳香，对译：香、白）

󰁁󰁂（安息香，对译：香、黑）

一种是名词词根在后，形容词词根在前，多是后生成的词：

𗣼𗇮（净瓶，对译：净、瓶）　𘞌𗳌（熨斗，对译：润、斗）

D. 动词词根修饰名词词根：

动词词根修饰名词词根时，动词词根在前，名词词根在后：

𗑱𘟀（涂香，对译：涂、香）　𘟂𘟀（当铺，对译：典、库）
𗥤𗅁（注册，对译：接、簿）　𘅛𗏁（贪状，对译：贪、阶）
𗖵𘉋（学资，对译：学、赏）　𗥦𗤒（养子，对译：寻、子）
𘃎𘊐（中人，对译：卖、间）　𘟂𘊐（炒米，对译：炒、米）

E. 代词词根修饰名词词根：

代词词根修饰名词词根时，代词词根在前，名词词根在后：

𗒛𘘄（长期，对译：自、代）

F. 形容词词根修饰动词词根：

形容词词根修饰动词词根时，形容词词根在前，动词词根在后：

𘅃𘅃𘞌（偷盗，对译：悄悄、盗）

G. 副词词根修饰动词、形容词词根：

副词词根修饰动词词根：

𘏨𗫡（无理，对译：不、应）　𘏨𘙌（此外，对译：不、有）

副词词根修饰形容词词根：

𗗟𗢳（尽皆，对译：尽、全）

H. 其他：

𘈩𘎑𘟂（庶母，对译：夫、共、姨）。此词构成较为复杂，前二字组合为𘈩𘎑，"共夫"意，再与第三字组合成𘈩𘎑𘟂，"共夫姨"意，即与母亲共夫的姨。由此词还可看出西夏党项族有姊妹共夫的习俗。

𘈩𘎑𘟂（半春菜，对译：夏、半、菜）。此词构成也较为复杂，前二字组合为𘈩𘎑，第一字与𘟂（夏）同音［尼顷］，由𘟂和𘉋（菜）的各一部分组成；第二字和𘟂"半"同音［窟］，由𘟂和𘉋（菜）的各一部分组成，仍为"半"意，两字组合为"半夏"意，再与第三字𘉋组合成𘈩𘎑𘉋，意"半春菜"。

（3）宾动式

汉语的动宾形式是动词词根在前，宾词词根在后。西夏语与此不同，是宾语在前，动词在后。在组词时也是这种形式，称为宾动式。有的组成后为名词，如：

𗼇𗦳（汗衫，对译：汗、护）　　𗾈𗾒（医人，对译：人、医）
𗯨𗍊（局分，对译：职、管）　　𗴒𗰔（手铐，对译：手、锁）
𘏋𘟣（马夫，对译：马、侍）　　𗼺𘓨（虞人、向导，对译：地、识）
𘓯𗥀（主簿，对译：簿、持）　　𘘣𘊝（木梳，对译：头、梳）

有的组成后为动词，如：

𗹦𗍊（取则，对译：礼、取）　　𘜶𘟀（说项，对译：词、置）
𘟀𗸰（枉法，对译：律、曲）　　𘉍𗘃（逃跑，对译：野、入）
𘜶𘝞（许配，对译：词、有）　　𘟣𘐠（绞刑、上吊，对译：颈项、缚）
𘘣𗍊（译语，对译：语、传）　　𘞃𗍊（受贿，对译：贪、取）
𗸰𘍞（谋逆，对译：逆、行）　　𘓯𗦳（如此，对译：此、如）

其中有些词的确定也需剖析才可清楚。如《掌中珠》中𘘣𘊝（木梳），第一字"前、头"意，第二字似不与其他字组词，但检查此字知其与𗘽（梳）同音[挼]，两字合成"梳头"，为梳头的工具"木梳"意，因此知𘘣𘊝为宾动式合成词。

（4）主谓式

𗏁𘍞（田猎，对译：兽、行）　　𘟣𘞲（驻军，对译：军、寝）
𗴒𘟀（借，对译：手、置）　　𗤢𗴒（造意、主谋，对译：心、起）
𘃸𘃠（工巧，对译：匠、做）　　𘘣𘍞（投诚，对译：头、归）
𗏣𘍞（沿边，对译：边、遍）　　𗴒𗊲（足素、赤脚，对译：足、白）
𗯨𗴒（蜈蚣，对译：虫、斗）　　𗸰𗴒（短期徒刑，对译：日、显）

有时三个音节组成一个词，主、谓、宾皆有，像一个句子，如：

𗤢𗴒𘘣为"怀孕"意，对译为"子、腹、入"，即"子入腹"。

西夏语中宾动式和主谓式皆是名词词根在前，动词词根在后，在一般情况下依据词义可区分是宾动式还是主谓式，但有时难以区分。如：

𗴒𘟀（动手，对译：手、举），或可理解成主谓式，也可理解成宾动式。

（5）动补式

西夏语构词动补式较少，动词词根在前，补词在后。如：

𘉍𗴒（得达，对译：获、得）　　𘍞𘟀（提举，对译：察、过）

𗱈𗹬（典当，对译：典、闲）

2. 附加型

词根加词缀构词的方式为附加型。西夏语附加型组词可分为词根加前缀和词根加后缀两种。

（1）词根加前缀

如西夏语中往往在一些亲属称谓前加前缀词头𗙊［阿］组词：

𗙊𗋽（阿耶，即阿爸）　𗙊𗰜（阿孃）　𗙊𗘂（阿哥）　𗙊𗖎（阿姐）

（2）词根加后缀

后缀多为结构助词。西夏语的构词后缀有𘝞、𗖵、𗒂、𗪊等。这种后缀词能力较强，但后缀前放置何类词根，具体是哪一个词根不是随意的，而是约定俗成、比较稳固的。

A. 𘝞（所、当）［勒］，一部分动词词根后加𘝞，可组成名词。如：

𗇁（吃）加𘝞（所）组成𗇁𘝞，意为"食馔"；
𗧻（饮）加𘝞（所）组成𗧻𘝞，意为"饮料"；
𗤒（穿）加𘝞（所）组成𗤒𘝞，意为"衣服"；
𗤋（使）加𘝞（所）组成𗤋𘝞，意为"僮仆"；
𗐱（戴）加𘝞（所）组成𗐱𘝞，意为"帽"；
𗴀（卧）加𘝞（所）组成𗴀𘝞，意为"卧具"；
𗧊（用）加𘝞（所）组成𗧊𘝞，意为"用品"；
𗊢（燃）加𘝞（所）组成𗊢𘝞，意为"燃料"。

B. 𗖵（相、互）［尼顷］，一部分名词词根后加𗖵，可组成名词。如：

𗿒（国）加𗖵（相）组成𗿒𗖵，意为"邻国"；
𗵒（家）加𗖵（相）组成𗵒𗖵，意为"邻居"；
𗡞（友）加𗖵（相）组成𗡞𗖵，意为"朋友"、"眷属"。

动词后加𗖵，可组成新的动词：

𗟓（议）加商𗖵（相）组成𗟓𗖵，意为"同谋"。

C. 𗒂（用、具）［西］，一部分动词和形容词词根后加𗒂，可组成名词。如：

𤐖（显）加𗧘（用）组成𤐖𗧘，意为"记验"；
𘃛（显）加𗧘（用）组成𘃛𗧘，意为"鼓槌"；
𗒻（显）加𗧘（用）组成𗒻𗧘，意为"捕具"。

D. 𗪊（者）[能]，一部分动词和形容词词根后加𗪊，可组成名词。如：
𗼻（告）加𗪊（者）组成𗼻𗪊，意为"告者"；
𘃡（告）加𗪊（者）组成𘃡𗪊，意为"智者"；
𘊄𘊲（买卖）加𗪊（者）组成𘊄𘊲𗪊，意为"商人"；
𗧘𘟩（说为）加𗪊（者）组成𗧘𘟩𗪊，意为"说合者"。

一般来说，后缀的词义比较虚。有的专家认为𘊩（处）是构词后缀，其实此字应视为名词，其前可置名词、代词、动词等与之组成偏正式名词。有的认为𘕕（主）是构词后缀，其实此字也应视为名词，其前可置名词、动词等与之组成偏正式名词。有人认为𘖄（者）也是构词后缀，此词视为主格助词更为合理。有人认为𘃡（行、生）、𘎑（如、像）也是构词后缀，此二词皆应视为动词。有人认为𗪊（数）也是构词后缀，但此词应为名词，其前放置代词和名词时，表示复数，相当于汉语的"们"。

3. 词的重复

在西夏语中常常见到词的重复。词重复后，词义往往发生变化，有的加强原有词义，有的增加语意色彩，有的则表示周全或拓展范围。

（1）形容词词根重复

A. 表示程度的加深。如：

𘟀（艳），重复后𘟀𘟀，意为"艳赫"；
𘟙（悄），重复后𘟙𘟙，意为"悄悄"；
𗣼（沉），重复后𗣼𗣼，意为"沉沉"；
𗱲（昏），重复后𗱲𗱲，意为"呆呆"、"昏昏"；
𗢳（全），重复后𗢳𗢳，意为"一切"；
𘝞（邪），重复后𘝞𘝞，意为"妄"；
𘟣（暂），重复后𘟣𘟣，意为"须臾"；
𘖘（诚），重复后𘖘𘖘，意为"诚谛"。

B. 一些形容词词根后加相应形容词根并重复，程度加深，并增加生动色彩。在《文海》解释字义时，为确切、生动地反映词义，就多用这种形式，如：

𗈼𗋽𗋽（苦郁郁） 𗏹𗏹𗏹（津润润） 𗷰𗷰𗷰（脏分分）
𗋰𗋰𗋰（黑黢黢） 𗾞𗾞𗾞（冷飕飕） 𗾞𗾞𗾞（红艳艳）
𗗛𗗛𗗛（白生生） 𘟀𘟀𘟀（虚囊囊） 𗒛𗒛𗒛（昏沉沉）①

C. 有的动词词根或名词词根后加形容词并重复，也可以组成类似上述形式。如：

𗤶𗤶𗤶（匿深深） 𘗾𘗾𘗾（气腾腾）②

D. 有时两个近义形容词词根各自重复，组成四字格形式：

𘟀（轻）、𘟀（易）组成𘟀𘟀𘟀𘟀，意为"轻轻易易"。③

（2）动词词根重复

动词词根重复表示周全、互动或强调，如：

𗕑（有），重复后𗕑𗕑为"所有"意；
𘟀（为），重复后𘟀𘟀为"凡所修"意；
𘟀（得），重复后𘟀𘟀为"认真"意；
𘟀（合），重复后𘟀𘟀为"往往"意；
𘟀（助），重复后𘟀𘟀为"相助"意。

有时两个意义相关的动词词根各自重复，组成四字格形式：

𘟀（驰）、𘟀（奔）组成𘟀𘟀𘟀𘟀，为"疾驰速奔"意；
𘟀（怨）、𘟀（散）组成𘟀𘟀𘟀𘟀，为"唯唯诺诺"意。

（3）有些代词也可重复产生新词。如：

𘟀（诸），重复后𘟀𘟀为"诸处"、"诸人"意。如《番汉合时掌中珠》中有𘟀𘟀𘟀𘟀（诸处为婚）。

二 西夏语词的变化

（一）一词多义

语言中一词多义的情况很多。一般来说，一词多义的各个义项之间都有

---

① 史金波、白滨、黄振华：《文海研究》，中国社会科学出版社1983年版。分别见6.132、6.241、13.272、14.212、14.213、14.222、14.231、25.122、52.243（点前为页数，点后分别为面、行、大字数）。

② 《文海研究》，分别见13.271、54.171。

③ 《文海研究》，见40.171。

一定的联系。西夏语中一词多义和词义引申现象也很丰富。

如：𘜶字一字二意，《文海》解释此字"小也，语助也是"①。原来此字字义为"小"，又有"也"意，作"语助"用。

𘜶字也是一字二意，既有"行列"意，又有"诵读"，大约因诵读时要一行一行地读念。《文海》解释此字"行列也，又诵读之谓"②。

有的词两种词义不仅在于词义项的变化，还有词性的不同。这种现象在古代汉语中比较多，西夏语中也存在这种一词多性现象。如：

𘜶（雨），名词，如《番汉合时掌中珠》中有𘜶𘜶（雨降）。有时又做动词，"下雨"之意。如下例：

例1 𘜶𘜶𘜶𘜶（雨血，对译：血真〈助词〉雨）。③

例2 𘜶𘜶𘜶𘜶𘜶𘜶𘜶𘜶𘜶𘜶（后汉桓帝三年中雨肉，对译：后汉桓帝三年中肉真〈助词〉雨）。④

在西夏语中𘜶字一般多作介词（依、因），有时也作动词用，意"合、顺"，有时还是名词，如作音韵的"韵"字，𘜶𘜶，意"切韵"。

应注意并不是汉语中具有一词多性的词，在西夏语中也具有这样的特征。有人将"数风流人物"中的"数"（动词），用西夏文𘜶来译，这就犯了混淆词性的错误。原来在西夏语中数目的"数"𘜶［宜则］和计数的"数"𘜶［腮］是两个不同的词，不能混用。这种对西夏文不解或误解的译文，在西夏人看来可能是莫名其妙的词句。

（二）词义引申

在西夏语中由词义引申形成新词不是个别现象，很多引申词义由另字表示，原意和引申义字形往往有关。大致有以下几类：

1. 形容词引申出新词义，如：

𘜶（瘦）［庵］，引申出𘜶（枯）［庵］；

---

① 《文海研究》，见38.261。
② 《文海研究》，见42.222。
③ 史金波、黄振华、聂鸿音：《类林研究》，卷十"怪异篇·汉惠帝"，宁夏人民出版社1993年版，第238页。
④ 《类林研究》，卷十"怪异篇·后汉桓帝"，第239页。

󰀀（壮）［迷］，引申出󰀀（丰、稔）［迷］；
󰀀（津、润）［乃］，引申出󰀀（平、光）［余］；
󰀀（尖细）[尼祖]，引申出󰀀（豪强）[尼祖]；
󰀀（黑）［嘿］，引申出󰀀（深、污）［嘿］；
󰀀（苦）［客］，引申出󰀀（厌）［客］。

2. 动词引申出新词义，如：

󰀀（看、察）［余］，引申出󰀀（尝）［余］；
󰀀（固定有）［奴］，引申出󰀀（安、定）［奴］；
󰀀（置）［底］，引申出󰀀（酿）［底］。

3. 动词引申出新的名词词义，名词引申出新的动词词义，如：

󰀀（教）[尼星]，引申出󰀀（师）[尼星]；
󰀀（渡）［囗精］，引申出󰀀（船）［囗精］；
󰀀（集）[尼则]，引申出󰀀（顷）[尼则]；
󰀀（烤）［绝］，引申出󰀀（炉）［绝］；
󰀀（戳穿）［墨］，引申出󰀀（枪）［墨］；
󰀀（饼）[宜则]，引申出󰀀（烤饼）[宜则]；
󰀀（色）［啰］，引申出󰀀（染）［啰］；
󰀀（色）［嚼］，引申出󰀀（染）［嚼］。

4. 名词引申出新的名词词义，如：

󰀀（壶）［足］，引申出󰀀（铫）［足］；
󰀀（心）［。你］，引申出󰀀（中心）［。你］；
󰀀（中间）[六金]，引申出󰀀（掮客）[六金]；
󰀀（火）［嵬］，引申出󰀀（丁）［嵬］；
󰀀（语）［喔］，引申出󰀀（皇言）［喔］；
󰀀（童、子）［囗移则］，引申出󰀀（父子、母子的"子"）［囗移则］。

󰀀󰀀，乃是一番姓（西夏姓），在西夏文《杂字》的"番姓"和《碎金》的番姓部分中都有记录。然而这不是一个普通的番姓。西夏文中有一词为󰀀󰀀，音［特］、［吴］。《文海》在对󰀀（君）这一汉语借词的注释为󰀀󰀀󰀀󰀀󰀀󰀀󰀀󰀀󰀀󰀀󰀀󰀀󰀀，译为"君者，帝也，皇上也，天子也，国主是也"①，可知綐㧌二字为"君主"意。而这两个字与上述西夏番姓綐㦠语音相同，两词文字构造上也有关联，对他们应看作是词义引申。从此词语音看，有可能是西夏主体民族"党项"或"唐兀"的对音。若如是，我们就在西夏文文献中第一次找到了"党项"一词。他是民族名称，又演化为一个特殊的"番姓"，又成为"君主"的称谓之一。

这种多义现象逐渐发展成为同源的近义词。西夏人为本义词和引申词都分别造了字，因此不容易看出他们之间的联系，往往被人忽略。

（三）内部曲折形成新词

有的词用词本身的内部曲折变化产生新词，其中也可分为两类：

1. 声调变化产生新词

有的动词声调变化后，成为相应的名词。如：

𬻈（藏），音[续]，上声3韵；𬻉（柜，藏物之处），音[续]，平声3韵。西夏语平声3韵和上声3韵两者是对应韵（同居韵）。两词声、韵相同，只是声调不同，改变了词性。两字在词义和语音上都有密切关系。西夏人在创制合成文字时以𬻈（藏）的一部分加㧟（函、囊）的一部分构成𬻉（柜）。

𰀀（肩），音[榦]，平声63韵；𰀁（抗，用肩驮物），音[榦]，上声56韵。这两韵也是对应韵。在创制文字时𰀁（抗）字由𰀂（持）字和𰀀（肩）字的各一部分合成。

𰀃（置），音[底]，平声67韵；𰀄（处）音[底]，上声60韵。这两韵也是对应韵。在创制文字时𰀃（置）字由𰀅（立）字的一部分和𰀄（处）字的合成。

2. 韵母变化产生新词

在西夏语中一些动词在主语为不同的人称时语音发生变化。主语为第三人称时，动词是第一种形式；主语为第一、第二人称时，动词变为第二种形式。对此龚煌城先生做过很好的研究。② 现略举数例：

第一类　　　　　　　　　　　　第二类

---

① 《文海研究》，第622、497页。
② 龚煌城：《西夏语的音韵转换与构词法》，台湾《中研院史语所集刊》第64本第4分，1993年12月。

𘟣（作）[为]，平声10韵　　　𘞵（作）[为良]切，平声51韵
𘘣（闻）[名]，平声11韵　　　𘘤（闻）[名相]切，平声51韵
𘝞（食）[尼资]，齿音，平声10韵　𘝟（食），齿音独字，平声51韵
𘛛（珍贵有）[尼正]，上声32韵　𘛜（珍贵有）[尼丈]，上声44
𘟏（晓）[为]，上声60韵　　　𘟐（晓）[亡]左下圈，上声64韵
𘡊（置）[底]，平声67韵　　　𘡋（置）[多]，平声72韵
𘟦（怀有）[直叔]切，平声2韵　𘟧（怀有）[直你]切，平声51韵

以上各例第一类动词和相应的第二类动词的词义相同，他们的不同在于分别使用在不同人称主语的句子中。他们声母相同，声调相同，只是韵母发生了变化。这种动词在主语为不同的人称时语音发生变化，不仅发生在韵母上，有时也可以使调类的变化。如：

第一类　　　　　　　　　　　第二类
𘛎（得）[力]，平声79韵　　　𘛏（得）[力]，上声72韵
西夏语平声79韵和上声72韵式声韵母完全相同，只是调类不同。

这类词以内部曲折的方式产生新词，表示一定的语法关系，反映出西夏语在汉藏语系中属于形态变化比较有特色的语言。

（四）四音联绵词

语言词汇中固定词组是很重要的一类。在汉藏语系中固定词组比较常见的有四音联绵词，又称四字格。四字格的组成往往以对仗的格局，连成骈俪的形式，使语言更加形象、生动、丰富多彩，说起来朗朗上口、听起来优美动听，增强了语言的表达能力。西夏语也有这种四字格的形式，主要可分为以下几种类型：

1. 虚词、实词间隔对仗型

此形式往往是一、三字为虚词，多为助词和副词，二、四字是实词，多为动词和形容词。一、二字和三、四字先组成小单元，然后组合成工整、对仗的四字格形式，如：

𗧓𘝯𗖵𘝰（相合聚集，对译：〈虚〉、合、〈虚〉、集）；
𗖵𘈩𗖵𘝙（定居安稳，对译：〈虚〉、住、〈虚〉、安）；
𘘣𘝞𗖵𘝯（各自分享，对译：〈虚〉、明、〈虚〉、属）；

󰀀󰀀 󰀀󰀀（已然解悟，对译：〈虚〉、来、〈虚〉、明）；

󰀀󰀀 󰀀󰀀（不好未堪，对译：不、好、未、堪）。

2. 宾动对仗型

此形式是一、二字为一宾动式，三、四字为一宾动式，然后组合成四字格形式，如：

󰀀󰀀 󰀀󰀀（有水有草，对译：水、有、草、有）；

󰀀󰀀 󰀀󰀀（有恃无恐，对译：忧、无、势、有）；

󰀀󰀀 󰀀󰀀（杀生绝命，对译：生、杀、命、绝）。

3. 主谓对仗型

此形式是一、二字为一主谓式，三、四字为一主谓式，然后组合成四字格形式，如：

󰀀󰀀 󰀀󰀀（身体康宁，对译：血、活、脉、沸），《文海》16.252

󰀀󰀀 󰀀󰀀（身怠心滞，对译：腹、睡、心、滞）。

4. 动补对仗型

此形式是一、二字为一动补式，三、四字为一动补式，然后组合成四字格形式，如：

󰀀󰀀 󰀀󰀀（做成会办，对译：做、得、晓、办）；

󰀀󰀀 󰀀󰀀（放歌高唱，对译：唱、做、歌、修）；

󰀀󰀀 󰀀󰀀（受看顺目，对译：见、顺、目、顺）。

这些四音联绵词按一定形式缀连为一个前后对仗的稳固格局，结构严谨，自然生动，语音铿锵有致，脍炙人口，为人们喜闻乐见。在西夏语的亲属语言彝缅诸语言中多有这种四字联绵词的形式。

（原载《华西语文学刊》第一辑，四川出版集团、四川出版社，2009 年 11 月）

西夏汉文本《杂字》初探

1909 年俄国的科兹洛夫（П. К. Козлов）率领考察队，在我国黑水城遗址（今属内蒙古自治区额济纳旗）掘走了大批文献，多数为西夏文写本和刻本，其学术价值已为学界所熟知。[①]

除西夏文本外，尚有部分汉文文献，其中主要为佛教经典。世俗文献中只有一种手写汉文本《杂字》较为完整，有较高的学术价值。

《杂字》为我国古籍之一种，或释字义，或注字音，过去归入经学中的小学类。魏张揖撰《杂字》、周成撰《杂字》，原本久不传于世。今所见张飞周《杂字》为清代学者据散见于其他各书之零散条目汇集而成。清任大椿辑张氏《杂字》仅七条，辑周氏《杂字解诂》14 条。马国翰所辑较任氏为多，然而张氏《杂字》也不过 21 条，周氏《杂字解诂》不过 22 条而已。[②] 当然这离原书全豹相差很远。

西夏时期对《杂字》一类书的编纂十分重视。在今存四十多种西夏文世俗文献中，就有三种《杂字》。西夏《杂字》和张揖、周成《杂字》不同，他不是解释字义和字音，而是把当时社会上常用的词语分类编辑成书。有的以天、地、人分为三品，再于每品中分为若干部，各部中列数量不等的有关词语。如一种前后皆残的西夏文《杂字》，"天"品中有闪、雷、云、雪、雹、霜、露、风、天河等部，"地"品中有地、山、河海、宝、绢、男服、女服、树、菜、草、谷、马、骆驼、牛、羊、飞禽、野兽、爬虫昆虫等部；"人"品中有番族姓、人名、汉族姓、节亲及其余杂

---

① [苏] Э. Н. 哥尔芭切娃、Е. Н. 克恰诺夫：《西夏文写本和刻本目录》，东方文学出版社、莫斯科 1963 年版，参见《民族史译文集》第 3 集。

② （清）任大椿辑：《小学沟沉》卷第十《杂字》，卷第一三《杂字解诂》，清光绪十年（1884年）刻本；马国翰辑：《玉函山房佚书》，《经编·小学类》。

义、身体、屋舍、饮食器皿类等部。共含 1000 多词语。这种《杂字》内容十分丰富，很便于分类识字，也可以作为了解社会生活的启蒙读物。①

本文介绍的西夏汉文本《杂字》，在今藏列宁格勒东方学研究所西夏特藏中，编号为 Дх－2825，蝴蝶装，手写本，前似残一页，后部亦残缺，存 36 面，一般每面七行，满行十字或十二字。此汉文本《杂字》和西夏文《杂字》一样，是以事门分类的词语集，现存二十部，每部前有标题占一行，标明内容类别和序数。第一为汉姓，因残第一页，所以缺失标题。以下依次为番姓名第二、衣物部第三、斛豆斗部第四、果子部第五、农田部第六、诸匠部第七、身体部第八、音乐部第九、药物部第十、器用物部第十一、居舍部第十二、论语部第十三、禽兽部第十四、礼乐部第十五、颜色部第十六、官位部第十七、司分部第十八、地分部第十九、亲戚长幼第二十。

西夏曾翻译过中原地区汉文本《杂字》，据《宋史·夏国传》载：元昊"教国人纪事用蕃书，而译《孝经》、《尔雅》、《四言杂字》为蕃语"②。西夏第一代皇帝元昊时期创制了西夏文（即蕃文），尊为"国字"，颁行于境内。《孝经》、《尔雅》为学界所熟知的汉文典籍，唯《四言杂字》不知为何人何时所撰，亦不知其内容为何。但由此可知西夏在早期推行西夏文字之始，就从汉文文献中选出《四言杂字》译成西夏文。西夏为了发展民族文化，推行西夏文字，借鉴中原地区普及文化的某些做法，把内地的《四言杂字》转译成西夏文，使之流传于西夏地区，这可能影响和促进西夏人后来自己编撰《杂字》一类的书。但《四言杂字》为译本，其内容应是反映中原地区社会情况，而西夏汉文本《杂字》是西夏本土所撰，其内容多反映了西夏的社会生活。从这一点来说，两者是完全不同的。怎样得知汉文本《杂字》是西夏人编撰的呢？最明显的是其中有西夏主体民族党项族的姓氏（蕃姓）、西夏特有的职官和地名等。

汉文本《杂字》因前后皆残，未知有无序言、跋尾，书中未见年款，

---

① 此书共 21 页 43 面，书写形式多为二字一组，间有三字或四字一组者，但依其内容则有一言（如汉姓）、二言、三言、四言（节亲及其余杂义部）之分。我国武威下西沟岘所书《杂字》即为四言中之两页。

② 《宋史》卷四八五《西夏传》，中华书局 1977 年版，第 13895 页。

故难以遽定其具体编撰的时间。但据其官位、司分、地分部来看，其中有的词语只是到了西夏后期才可能出现，所以可以初步确定此书编于西夏后期。

综观西夏汉文本《杂字》二十部的内容，可大体上归纳为民族姓氏、生活用品、身体卫生、生产活动、文化生活、政治生活等几个方面。所涉及的词语为进一步了解西夏社会提供了新的资料，或对西夏的研究给予新的启示，具有十分重要的学术价值。笔者1987年初访问苏联时，在苏联科学院东方学研究所列宁格勒分所看到了这一文献，并作了笔录。后来又承蒙克恰诺夫教授的厚谊，给笔者寄赠一帧《杂字》原件照片。为了能使研究西夏的专家和广大读者全面了解、充分利用这一文献，现将《杂字》录文刊布于后。《杂字》涉及方面较广，在这篇字数有限的短文中只能于每一方面择一两个问题作一初步分析，以为引玉之砖。

一　民族姓氏

汉姓部存138个，皆单姓，两姓一组，可能是为整齐或便于诵读。已残页面至少还有几十个汉姓。所记为当时较为流行的、主要的汉姓。其中有些姓如漆、九、逯、羌、俄、柔、萌等现已少见。有的还可与西夏文献中的姓氏相印证，如"酒"姓，在西夏《凉州重修护国寺感通塔碑》中有僧人酒智清。[①] 又如"折"姓为宋代府州（今陕西府谷）党项族大姓，自唐末世袭府州地方官，为宋朝防卫西夏。此《杂字》将折姓列入汉姓，值得重视，可能当时西夏并不认为折氏是党项人，或《杂字》中折氏非指府州折氏而言。这对了解当时宋、夏关系和党项、汉族关系或有参考价值。

番姓各部皆为双音节，即两字一姓，共60姓。番姓之"番"，西夏语音"弭"，一般认为指党项族而言。蕃姓就是党项族姓氏。在西夏文《三才杂字》中有蕃姓244个，是汉文《杂字》中的六倍多。汉文《杂字》中的番姓，根据其读音绝大多数可在西夏文《杂字》中找出相应的姓氏，

---

① 《国立北平图书馆馆刊》第四卷第三号，1932年，第159、176页。

如皇族姓嵬名、后族姓没藏、大臣姓浪讹、吴啰、都罗、咩布、如定、妹勒、芭里、平尚、讹啰、骨勒等。

　　值得注意的是，蕃姓中有"回纥"一姓，相应的两个西夏文字又可音译为"嵬恶"，在西夏文字典《文海》中注释为"族姓回鹘±谓"①。但在西夏文《杂字》中却未收此姓。回纥即回鹘，本是一民族称谓。回鹘在西夏占领河西走廊前曾长期统治这一地区，后降于西夏，成为西夏的属民。蕃姓中还有"庄浪"一姓。庄浪为蕃族之一支，也为地名。② 这里也把他列为党项族姓。在西夏的汉文《杂字》和西夏文《杂字》中凡列姓氏类别时，都只列蕃姓、汉姓两种，并无西夏境内的其他民族如回鹘、吐蕃族的姓氏。又如"契丹"一词在《文海》中也解释成"族姓之谓"。③ 又西夏文《杂字》中有"西壁"一姓，两个西夏字在西夏文《类林》中译汉文"鲜卑"二字。④ 可知西壁即鲜卑。以上这些材料是否说明，西夏把蕃族（弭族）看成是包容了主体民族党项以及回鹘、契丹、鲜卑等族的共通称呼。这是一个值得研究的问题。

　　在几种西夏文《杂字》中都把"蕃姓"列于"汉姓"之前，而在此汉文本《杂字》中，却把"汉姓"列于"蕃姓"之前，这也是耐人寻味的。可能西夏文《杂字》多为党项人习读，所以把"蕃姓"置于前面；相反，汉文《杂字》多为汉人传诵，故而把"汉姓"置于前面。

　　此外，在论语部中有东夷、南蛮、西戎、北狄之称。这种当时中原王朝对四周少数民族的称呼，也被西夏借用了。文献记载，西夏对西边吐蕃有时称为"西羌"。⑤

二　生活用品

　　衣物部第一部分包括各种丝织品和一些织造方法的名称。名称之详尽

---

① 史金波、白滨、黄振华：《文海研究》，中国社会科学出版社1983年版，第446、590页。
② （清）吴广成：《西夏书事》卷七，第8—9页，清道光五年小砚山房刻本。
③ 《文海研究》，第448、591页。
④ ［苏］Кепинг К. Б. Лес категорий, Издательство НаукаА, Москва, 1983, 第184页。
⑤ 《国立北平图书馆馆刊》第四卷第三号，第152页。

为西夏文献之最。其中不仅有一般的绢、帛、绸、缎，还有表面起皱的縠，有花纹与花贝壳上的条纹相似的锦贝，有质地厚实的䌷，有用特制的小梭子盘织成精细花纹的尅丝。本《杂字》司分部中有"绣院"，西夏文《天盛旧改新定律令》中列西夏政府机构有"织绢院"①，说明西夏重视本地纺织业的发展。

当时宋朝的纺织十分发展，分工也更为细密，对西夏的纺织业影响很大，根据宋、夏协议宋朝每年都赐给西夏大批绢帛，此外，通过贸易宋朝精美的纺绢品也不断流入西夏。此部中的"川纱"、"川锦"当是宋代重要纺织产地成都一代的产品。

衣物部的另外一部分为服装，包括衣、帽飞鞋、袜共40多个词，而《番汉合时掌中珠》只有20多个。② 其中衣服种类较多，如裤中有毯裤、绣裤、宽裤、窄裤多种，衫中有汗衫、罗衫、褐衫等，为研究西夏服饰提供了更多的资料。

斛豆部中对食粮的记载也比较详细，仅米就有13种，豆8种，此外尚有西部高原盛产吐蕃民族喜食的青稞。此部所列加工过的粮食更具体地反映了西夏人民的饮食。如将麦破碎以后的"麸"，将麦蒸炒而成的"麨"，将食粮碾碎所得的颗粒"糁子"等。酒曲也有多种，有麦曲、清水曲、百花曲，这对研究当时西夏的酿酒有参考价值。

果子部包括干果、鲜果、蔬菜、瓜类。水果主要为当地所产，南方所产仅橘子一项，而《番汉合时掌中珠》中南方水果有龙眼、荔枝、橘子、甘蔗等。此《杂字》把龙眼、荔枝置于药物部。此部中有回纥瓜，应是现在所谓的哈密瓜。此部中又有大石瓜，可能是从波斯一带辗转传来的瓜。③

器用物部所列纸张类型较多，有表纸、大纸、小纸、三抄、连抄、小抄等，此外还有特用的金纸、银纸、镴纸、京纸，反映了当时纸业和纸张使用的情况。另有"纸马"一词，证明西夏祭祀时和当时的中原契丹等族一样，画纸马焚烧。

---

① ［苏］E. H. 克恰诺夫：《关于西夏国家管理机构的西夏文资料》，《亚洲民族研究所简报》第69册，1965年。

② 见（西夏）骨勒茂才《番汉合时掌中珠》，第24、25页。

③ 大石或为大食，同为波斯语译音，唐、宋时我国对包括波斯在内的阿拉伯帝国的称呼。

三　人体卫生

身体部列人体器官名品，比较详细。药物部记录 144 种药名，都是我国传统的中药，其中包括常用药，如豆蔻、柴胡、当归、牛膝、牛黄、人参、细辛、虎骨、葫椒、川芎、犀角、天麻、防风、厚朴、甘草、杜仲、半夏、贝母、麦门冬、枸杞子、陈橘皮、五味子、连翘子等。这是迄今所知西夏最全的药谱。这些药物中包括植物、动物、矿物。植物中有草本、木本，分别以根、茎、叶、花、籽、皮等入药。动物有陆地的和水中的，各利用皮、骨、角或全身入药。矿物也有多种。可见西夏所用药物十分丰富，而且是全部接受了中原地区的中医、中药学。这些药物对研究西夏乃至当时全国的医药学都是十分珍贵的资料。

原来党项人并无医药，有病则求助于神鬼、巫师①，后随着与汉族的交往，社会的进步，逐渐接受传统的中医学，使医疗事业有了长足的进步。西夏所辖地区宁夏、甘肃、陕西北部一带，多产中药，尤其是大黄、当归、党参、川芎、黄芪、甘草、枸杞等最为盛产。史载西夏乾定三年（1225 年）蒙古军攻西夏，破灵州（今宁夏回族自治区灵武）后，蒙古诸将争相掠夺子女财帛，唯独耶律楚材取书数部及大黄两驼。第二年蒙古军士多患疾疫，以其所得大黄医治，皆病愈。② 大黄分南大黄、北大黄和唐古特大黄。西夏主体民族党项族，又译称唐古特。西夏所产大黄应为唐古特大黄。然而此《杂字》中所列诸般药物中却没有"大黄"，药名中有"玄黄"或为此药？

药物部中所列药物，有的在全国各地都有出产，有的是西夏地区特产，而有的则是远离西夏的地方所出，甚至有的产自东南亚或印度。可以想见，当时西夏与宋、辽、金以及更远的地区、国家直接或间接的交往和互通有无的贸易关系。

西夏虽重医药，但比起同时代的宋、金还是有差距的。宋曾赐西夏医

---

① 《辽史》卷一一五《西夏传》，中华书局 1974 年版，第 1523—1524 页。
② 《元史》卷一四六《耶律楚材传》，中华书局 1976 年版，第 3456 页。

书，金不止一次为西夏权贵看病。如夏天盛十九年（1168年）十二月西夏权臣任得敬得病，仁宗遣殿前太尉芭里昌祖等至金请医治，金主应允，派保全郎王师道前往为任得敬治疗，不久痊愈。① 又夏天庆七年（1200年）皇太后罗氏生病，久不愈，桓宗遣武节大夫连都敦信等去金求医，金派太医判官时德元、王利贞来治病并赐药物。②

四　生产活动

农田部列有多种农具，通过这些农具可以了解西夏的农业生产力水平，进而可以透视西夏农业生产状况。其中除《番汉合时掌中珠》列出的钁、锹、铧、犁、耧、镰、锄、碾碌等重要农具外，还有并上吸水器"桔棒"。这种工具是在井旁树上或架子上系一杠杆，一端挂水桶，一端坠个大石块，一起一落，汲水可省力。文献中记载西夏为发展农业，修葺汉、唐旧渠，并开凿新的水渠，以得灌溉之利。③《杂字》中收有渠河、汉堰、浇灌、沟洫等词，就反映了西夏灌溉事业的盛况。《杂字》列有井灌汲水工具，在没有水渠的地方是一种抗旱、增产的有效工具，至今有些地方还在使用。《杂字》中还有"扬颴"一词，又称扬扇、扇车或风车，是利用机械扇风把谷类的壳和米粒分开的一种工具，这在当时是生产力较为发展的标志。

诸匠部所列匠作种类繁多，除银匠、金匠、铁匠、石匠、木匠、泥匠外，还有花匠、甲匠、索匠、桶匠、鞍匠、针匠、镞匠、笔匠、结丝匠等。此外还列有多种手工工艺如漆油、鞘鞴、伞盖、弓箭、销金、撚塑、砌垒、彩画、雕刻、铸钨等。这些工匠种类与西夏出土的文物相印证，表明西夏手工业分工细密，其制品达到了相当高的水平，手工业已十分发达。④

---

① 《金史》卷一三四《夏国传》，中华书局1975年版，第2869页。
② 同上书，第2871页。
③ （宋）李焘：《续资治通鉴长编》卷五四，"咸平六年五月壬子条"；（清）吴广成：《西夏书事》卷二〇。
④ 史金波：《略论西夏文物的学术价值》，《考古与文物》1984年第4期。

颜色部有颜料十多种，有植物颜料，也有矿物颜料。红色颜料向来以西北最有名，世传"凉州绯色为天下最"。本部中有颜色20多种，仅青色就有铜青、鸦青、大青、石青、沙青；绿有瓷绿、鸦绿、大绿、黑绿、铜绿等；红色有绯红、柿红、梅红、大砵等。这些绚丽多彩的颜色用于绘画和纺织品染色方面，起到了发展文化、美化生活的良好效果。敦煌莫高窟、安西榆林窟中有西夏壁画的洞窟近百个，其中不乏绘画精品，就染色一项来说，十分值得称道，不少壁画虽历经七八百年，依然五光十色、艳丽无比。[①] 可见西夏对颜料的研制、调配和使用已达到了炉火纯青的地步。西夏纺织品的染色也值得注意，在衣物部中有"缬罗"一词，"缬"为印染之意，看来西夏已行印染之法。

五　文化生活

音乐部列有多种乐器，在《番汉合时掌中珠》中多已收入，但其中所载"影戏"、"杂剧"、"傀儡"等文艺形式为其他有关西夏文献所不载。影戏即皮影戏，流行于宋代。杂剧在晚唐文献中已见其名目，宋、金比较流行。傀儡即木偶戏，传说始于汉代，唐、宋时已很发达。此部中还有舞蹈名称"柘枝"，原是唐代少数民族舞蹈，"曲破"为唐、宋乐舞名称，也为以前所未见。过去通过《番汉合时掌中珠》的词语"取乐饮酒"、"教动乐"、"乐人打诨"，以及西夏文《杂字》中的词语"乐人歌舞"、"鸣笛击鼓"等了解到西夏某些文艺集会的情况，而在此《杂字》中又列出了多种具体的文艺形式，使我们对西夏的文化生活有了更全面、更深入的了解。

在司分部中有"教坊"一词。教坊是管理宫廷音乐的官署，唐代始设，宋、元因袭，专门管理雅乐以外的音乐、舞蹈、百戏的教习、排练和演出等事务。西夏以偏安西隅的小国也设有教坊，说明西夏统治者对宫廷音乐、舞蹈的重视以及他们沉湎于享乐的情形。

在礼乐部中有酬酢、赏赐、聚会、游玩、唱喏等词，反映了当时人与

---

① 刘玉权：《莫高窟壁画艺术》（西夏），甘肃人民出版社1986年版。

人交往时的一些关系和礼仪。在官部位中有秀才、文人、举子等词，证明西夏确有科举之制。秀才一词为首次出现，对西夏的选举制度作了重要补充。

六　政治生活

在论语部中包括一系列刑审程序词语，从申陈、告状到取问、分析，至最后决断、入案共20几种。有的词语如受贿、受罚、徒役、裁评等都是《番汉合时掌中珠》中所没有的，为了解和研究西夏判案增加了新的资料。在本部和礼乐部中还收入了表示行为、意识以及人与人之间关系的词语，如烦恼、争论、斗打、愤恨、知见、协和、骚扰、辞让、谦下、约束、防备等，这对研究西夏社会也有所裨益。

特别值得指出的是，官位部和司分部比较全面、系统地罗列了西夏国家官职和机构名称。苏联所藏西夏文《天盛旧改新定律令》中有关于西夏官职较为系统的材料，从中知道西夏国家机构中以中书、枢密为首分为六等，各等中有多少不等的机构。① 而此《杂字》中却有自己的特点，在皇帝、后妃以下，记有监国、三师（太师、太傅、太保）、三少（少师、少傅、少保）、元帅等职，王位有国王平王郡王、嗣王等。汉文文献中曾有晋国王、秦晋国王、南平王、镇夷郡王的记载，可与之互相印证。这些官职名称比其他历史文献记载的要丰富得多。还有星勒一职系西夏官阶封号之一种，属中书位第一列。在众多封号中，官位部中只列此一种，是否具有代表性质，值得研究。更值得重视的是佛教官位中有帝师、国师、法师、禅师、僧正、僧副、僧判、僧录等职，最为全面。这里的帝师一职确证了中国的帝师在西夏已经存在，修正了过去认为帝师之设起始于元代的传统说法，这对中国佛教史的研究十分重要。

《杂字》中除佛教功德（司）外，还有道德（司）、道录等词，表明西夏除大力发展佛教外，同时也发展道教。

---

①　[俄] E. H. 克恰诺夫：《关于国家管理机构的西夏文资料》，载《亚洲民族研究所简报》第69册，1965年。

过去所见汉文、西夏文文献有关西夏机构的资料中，多属政治、军事方面，而此《杂字》中则列有不少有关经济、文化方面的机构，如甄匦、工院、绣院、平准、市卖、商税、曲务、农田、提振、酒务、监场、天监、教坊、养贤等，其中平准、市卖、商税、提振、曲务等机构，为此《杂字》所独载。这些机构对了解和研究西夏社会经济文化发展情况具有重要价值。

在地分部中列地名44个，包括了西夏首府中兴（列入司分部）以下的主要地名，其中多为宁夏、甘肃等地名，如灵武、保静、怀远、定远、定边、甘州、肃州、沙州、盐州、黑水、瓜州、隆州等。此部中还收入一些过去未见过的地名，如在黑水和瓜州两词中有"三角"一词。西夏监军司分右厢和左厢，此书中只有左厢。这些都值得研究。有的地名与其他汉文文献记载不合，也很值得重视。如保静，史载其治所在今宁夏永宁具境，唐至德元年（756年）始称保静县，宋改为镇，咸平四年（1101年）被元昊祖父李继迁攻占，后改为静州，未见再称保静。[①] 而此西夏人所作的《杂字》却有"保静"之称，这对研究西夏的地理沿革是很有价值的。

附：西夏汉文本《杂字》

（录文中数字点前为页数，点后为行次。空格为原文两词之间的空当。为排印方便，原文中的繁体字、异体字改为简体字和正体字）

汉姓第一（前残）
1.1 梁陈　苏辛　美丁　薛谋　曹江
1.2 寇耿　吉许　钟徐　葛范　柳齐
1.3 罗娄　孙时　韦卫　杯裴　唐南
1.4 田祝　穆慕　将牛　邹仲　尹蒙
1.5 车梅　同郗　温萧　郁庞　蔡楚
1.6 杜钱　度来　雷枝　蓋双　柴祈
1.7 鲁闵　晁黎　酒戴　漆逯　霍甘
1.8 殷邵　字落　秦燕　郊解　翟九

---

① 《旧唐书》卷三八，中华书局1975年版，第1416页。（清）顾祖禹：《读史方舆纪要》卷六二，中华书局2005年版，第2944页。

2.1 勒乔　　巨蓟　　重羌　　焦杨　　折兰
2.2 传慈　　魏廉　　成栾　　潘边　　滕笔
2.3 谢崔　　浑钊　　景索　　俄冀　　蔺聂
2.4 夏陶　　鲍开　　尚彭　　狄荀　　云员
2.5 刁艾　　甄翼　　仵封　　吴常　　敬邢
2.6 晋越　　仇家　　党门　　柔萌

蕃姓名第二
3.1 嵬名　　没藏　　药乜　　浪讹　　吴啰
3.2 都啰　　咩布　　细遇　　祐税　　野货
3.3 季卧　　乃来　　床啰　　赵啰　　啰令
3.4 磨讹　　铺主　　来里　　连奴　　吃乜
3.5 恃胡　　乩咩　　浑货　　毛乜　　逃讹
3.6 杂里　　杂咩　　如定　　吃垩　　妹勒
3.7 勒瓦　　勒啰　　路啰　　蔡令　　光宁
4.1 嵬迎　　卧没　　麻乜　　野马　　芭里
4.2 妹轻　　回纥　　令咩　　毛庞　　埶嵬
4.3 夜浪　　庄浪　　庞静　　并尚　　乃税
4.4 特啰　　拽税　　骨婢　　便啰　　讹啰
4.5 季啰　　轻宁　　卧利　　细卧　　骨勒

衣物部第三
4.7 绫罗　　纱线　　匹段　　金线　　紧丝
5.1 透贝　　开机　　川纱　　縠子　　线䌷
5.2 绵贝　　克丝　　绢帛　　麨线　　絣金
5.3 蟠线　　京纱　　圈纱　　隔织　　缬罗
5.4 线罗　　川锦　　式样　　公服　　披袄
5.5 襓襕　　袄子　　裆心　　褙子　　裺心
5.6 汗衫　　衬衣　　毡裤　　腰绳　　束带
5.7 皂衫　　手帕　　罗衫　　禅衣　　绰绣
6.1 大袖　　袈袋　　绣裤　　绣祐　　宽裤
6.2 窄裤　　袈裟　　袜头　　丝鞋　　朝靴

6.3 木履　草履　袜勒　披毡　睡袄
6.4 征袍　三祜　褐衫　毡袜　毡袄
6.5 暖帽　头巾　掠子　幞头　帽子
6.6 冠子　合子　束子　钗子　锛子
6.7 钏子　錠子　镜子　钚子　剪子
7.1 箱子　笼子　篚子　柜子　匣子
7.2 珍珠　璎珞　海蛤　碧珊　玛瑙
7.3 珊瑚　珞缝　金银　琉璃　砗磲
7.4 琥珀　玻璃　鍮石　铜银（加铁）　锡镴
7.5 钗花　火锥　锛花　篦梳　木梳
7.6 假玉　卞玉　无瑕　绣复　披衣

斛斗部第四

8.1 粳米（加糯米）　糙米　白米　粮米　糯米
8.2 折米　蒸米　炒米　秋米　粗米
8.3 黍米　大麦　小麦　小米　青稞
8.4 赤谷　赤豆　豌豆　绿豆　大豆
8.5 小豆　豇豆　荜豆　红豆　荞麦
8.6 秭子　黍稷　麻子　黄麻　麦䵮
8.7 麦麨　麦麸　麦麹　麦面　糁子
9.1 稻谷　黄谷　清水麹　百花麹

果子部第五

9.3 梨果　石榴　柿子　林檎　榛子
9.4 橘子　杏仁　李子　榛子　木瓜
9.5 葫桃　茄瓠　笋蕨　蔓菁　萝蒲
9.7 荆芥　茵陈　蓼子　薄荷　兰香
9.7 苦苣　葱蒜　乌枚　杏梅　桃梅
10.1 南枣　芸苔　饧果　越瓜　春瓜
10.2 冬瓜　南瓜　青蒿　桃条　梨梅
10.3 杏煎　回纥瓜　大石瓜

农田部第六

10.5 犁耧　罢磨　桔槔　铁铧　收刈
10.6 碡碌　笤帚　扫帚　涂洒　锹钁
10.7 杷杈　簾箕　栲栳　碓碨　剪刀
11.1 扬耰　持碾　舂持　仓库　囤苞
11.2 镪窟　锄田　踏碓　拨砲　耕耘
11.3 锤铄　积贮　耕耨　壤地　苃箔
11.4 渠河　汉堰　浇灌　夫草　子税
11.5 镰刀　大斧　地软　梯栜　绳索
11.6 幡竿　夹耳　垅培　堤墼　团头
11.7 提辖　沟洫　桑麻　作户　种莳
12.1 官渠　作家

诸匠部第七

12.3 银匠　鞍匠　花匠　甲匠　石匠
12.4 桶匠　木匠　泥匠　索匠　纸匠
12.5 金箔（加薄字）　银匠（加条字）　铁匠　针匠　漆油
12.6 喑哑　鞦辔　伞盖　赤白　弓箭
12.7 销金　撚塑　砌垒　扎抓　铸铪
13.1 结瓦　生铁　针工　彩画　雕刻
13.2 剜刀　镞剪　结绺　镞匠　笔匠
13.3 结丝匠

身体部第八

13.5 顶脑　胸前　口唇　牙齿　齆鼻
13.6 眉毛　眼眶　咽喉　腮颔　耳坠
13.7 髭髯　指头　五脏　心肺　肝肚
14.1 腰膝　皮肤　脾胃　肾脏　拳手
14.2 颡额　六腑　爪甲　肩臂　胫骨
14.3 跨臀　手腕　心腑

音乐部第九

14.5 龙笛　凤管　琴筝　琵琶（原文如此）　弦管
14.6 声律　双韵　嵇琴　笙箫　云箫

14.7 箜篌　七星　影戏　杂剧　傀儡
15.1 舞绾　柘枝　宫商　丈鼓　水盏
15.2 相扑　曲破　把色　笙簧　散唱
15.3 遏云　合格　角徵　欣悦　和众
15.4 雅奏　八佾　拍板　三弦　六弦
15.5 勒波　笛子

药物部第十

15.7 龙眼　荔肢　豆蔻　槟榔　柴胡
16.1 鳖甲　当归　茱萸　蛇皮　远志
16.2 生姜　地榆　牛膝　丁香　鱼苏
16.3 赤千　硇砂　阿魏　玄黄（加胡字）　芍药
16.4 硫黄　木香　牛黄　沉香　檀香
16.5 茅麝（加香字）　香　乳香　马芹　人参
16.6 苁蓉　缩砂　细辛　荳豆　虎骨
16.7 龙脑　黄蓍　黄芩　黄芩　枳壳
17.1 蝉枳（加壳字）　芭豆　木贼　鱼骨　麻黄
17.2 甘菊　菊花　茯苓　葫椒　桂皮
17.3 川芎　虎睛　蛮姜　茵草　沙苑
17.4 犀角　紫硬　泽兰　知母　益智
17.5 梧桐　天麻　白术　麻仁　九散
17.6 干蝎　虾蟆　防风　桂心　特丹
17.7 乌头　三楞　郁金　朴硝　厚朴
18.1 官桂　紫苑　蒺藜　獭肝　黄莲
18.2 甘草　菪莨　独活　地黄　肉桂
18.3 瓜蒌　蛤蚧　白芷　苦参　石膏
18.4 缘伊　苍术　杜仲　半夏　甘松
18.5 乌蛇　黛青　粉刺　虎丹　升麻
18.6 本草　贝母
18.7 麦门冬　麒麟竭　郁李仁　威灵仙
19.1 寒水石　穿山甲　马朋退　赤石子

19.2 没食子　车前子　枸杞子　白花蛇
19.3 破故纸　黄卢芭　黑牵牛　陈橘皮
19.4 贼鱼骨　桑白皮　野丈人　天胶木
19.5 禹余良　糯实子　孔公孽　马牙硝
19.6 露蜂坊　蚕晚沙　旋覆花　五味子
19.7 夜明沙　大鹏沙　白头公　自然铜
20.1 白药子　牛蒡叶　栀子仁　枇杷叶
20.2 白芥子　安息香　连翘子　疑冬花
20.3 行百步　王不留行

器用物部第十一
20.5 表纸　大纸　小纸　三抄　连抄
20.6 小抄　银碗　纸马　折四　折五
20.7 匙箸　灯草　金纸　银纸　镴纸
21.1 京纸　瓷碗　磁棕　瓶盏　托子
21.2 杓子　酒罇　酱橄　熨斗　铇子
21.3 垒子　注碗　柳箱　木槛　拂拭
21.4 针线　尺枰　度量　铁铛　筛子
21.5 毛连　衣袋　尘设　缴壁　帐薄
21.6 屏风　条床　筰床　桌子　榆柴
21.7 荬草　碾草　马蔺　糜穰　柴炭
22.1 雨伞　扇子　巾子　金觥　玉斝
22.2 交椅　笊篱　连袋　索子　麻线
22.3 灯树　蒲苫　簟子

屋舍部第十二
22.5 正堂　橛栅　挟舍　散舍　房子
22.6 房子（原文重）　厨舍　横廊　基阶　门楼
22.7 亭子　摄集　草舍　客厅　草庵
23.1 园林　砲舍　碓场　城郭　库舍
23.2 檐袱　材植　阔狭　橡檩　柱脚
23.3 斗拱　栏柜　板寸　框档　地架

23.4 构栏　舍脊　板榻　上梁　裁截
23.5 倒塌　崩坏　修造　壁赤　泥补
23.6 大圣　小圣　一片　一课　一粒
23.7 一枼　一把　一笛　一束　一轴
24.1 一副　一队　一群　一盏　一瓶
24.2 一盘　若干

论语部第十三
24.4 烦恼　争论　骂詈　申陈　告状
24.5 干连　勾追　因依　罪衍　取问
24.6 分析　公松　受贿　受罚　受承
24.7 决断　徒役　投状　裁详　入案
25.1 文状　关定　端的　隐藏　根柢
25.2 利害　犯法　疾速　迟延　催促
25.3 斗打　争竞　愤恨　知见　伤损
25.4 险峻　协和　烦冗　骚扰　侧近
25.5 东夷　南蛮　西戎　北狄　坚固
25.6 凶虐　谨慎　卒暴　疮肿　气候
25.7 测度　省会　铠弩　疾病　痊瘥
26.1 喑哑　聋盲　添减　医治　创制
26.2 修合　机关　旌旗　甲胄　干戈
26.3 兵戟　译语　风俗　叛乱　邂逅
26.4 退迻

禽兽部第十四
26.6 凤凰　麒麟　骐骥　鹔鸿　白鹤
26.7 鹰鹞　翡翠　鸳鸯　凫雁　鸠鸽
27.1 鹌鹑　鸦鹘　皂雕　野鹊　燕雀
27.2 蚯蚓　鹦鹉　鹭鸶　鹧鸪　䴙䴘
27.3 老鸦　鹃鹏　鲸鲵　蚰蜒　蝼蛄
27.4 蚊蚋　蛤蟆　蚖蛇　蜻蜓　蜗牛
27.5 蜘蛛　蜂蝶　蜣螂　猪豕　野豚

27.6 走兽　魑魅　魍魉　驮畜　驴骡
27.7 犊特　鳝鲈　驴马　牛羊　鸡犬
28.1 驺骉　孔雀　蝇蚋　大虫　狮子
28.2 虞豹　豺狼　斑鸠　鹋燕　鹅鸭
28.3 猫狗　虮虱

礼乐部第十五

28.5 威仪　进退　礼乐　辞让　谦下
28.6 差恶　约束　运奔　趋迎　稳便
28.7 贡献　酬酢　循法　防备　难艰
29.1 安危　邦国　治乱　边塞　乡党
29.2 城寨　器械　论说　讲议　感谢
29.3 仇雠　赏赐　饕餮　齐整　聚会
29.4 游玩　唱喏

颜色部第十六

29.6 紫皂　苏木　槐子　橡子　皂矾
29.7 莊花　青靛　䕺蓬　蘋芭　绯红
30.1 碧绿　淡黄　梅红　柿红　铜青
30.2 鹅黄　鸭绿　鸦青　银褐　银泥
30.3 大青　大碌　大碌　石青　沙青
30.4 粉碧　缕金　贴金　新样　雄黄
30.5 雌黄　南粉　烟脂　黑绿　卯色
30.6 杏黄　铜绿

官位部第十七

31.1 皇帝　陛下　皇后　皇子　皇母
31.2 太后　后妃　正宫　监国　太子
31.3 太师　太傅　太保　少师　少傅
31.4 小保　元帅　国王　尚书　令公
31.5 诸侯　太王　三公　大臣　平王
31.6 郡王　嗣王　公主　夫人　帝师
31.7 国师　法师　禅师　上天　驸马

32.1 太尉　皇姪　星勒　相公　宰相
32.2 皇女　皇妃　合使　合门　谒典
32.3 纠弹　光禄　夫大（有颠倒符）　令尹　少尹
32.4 副使　叛使　僧官　僧正　僧副
32.5 僧判　僧录　府主　通判　签判
32.6 宗亲　座主　儒人　僧人　学士　秀才
32.7 文人　举子

司分部十八

33.2 朝廷　中书　密院　经略　中兴
33.3 御史　殿前　提刑　提点　皇城
33.4 三司　宣徽　金刀　瓯匦　工院
33.5 瞻视　化雍　冶源　绣院　巡访
33.6 平准　天监　教坊　恩赦　街市
33.7 市卖　商税　留守　资善　养贤
34.1 麹务　巡捡　翰林　功德　道德
34.2 道录　勘同　磨勘　农田　提振
34.3 陈告　审刑　受纳　刺史　酒务
34.4 盐场　内宿　正厅　承旨　都案
34.5 案头　司吏　都监　狱家　大棒
34.6 小杖　家禁　打拷　勒抓　驱领
34.7 筋缚　局分　勾当　点察

地分部十九

35.2 灵武　保静　临河　怀远　定远
35.3 定边　西京　山人　大内　新内
35.4 火子　新衙　甘泉　甘州　肃州
35.5 鸣沙　沙州　盐州　污池　龙池
35.6 宁星　峨嵋　威州　左厢　督府
35.7 黑水　三角　瓜州　五源　隆州
36.1 卧啰娘　啰税火　啰庞领　吃移门
36.2 骆驼巷　骨婢井　龙马川　乃来平

36.3 三乍桥　麻蘸傩　贺兰军　光宁滩

36.4 安化郡　东都府

亲戚长幼二十

36.6 爹爹　娘娘　父母　兄弟　长幼

36.7 夫妇　姊妹　妻男　士女　伯……

附　照片一幅

（原载《中国民族史研究》（二），中央民族学院出版社1989年版）

敦煌莫高窟北区出土西夏文文献初探

敦煌是一座享誉世界的艺术殿堂，也是中国多民族文化的宝库。在中国历史上，河西走廊是汉族和少数民族往来频繁、交往活跃的地区，有很多少数民族先后居住敦煌一带。在长达千年的洞窟形成历史中，既有以汉族为主体的王朝统治时期，也有少数民族为主体的政权统治时期，而且后者时间更长。在敦煌，汉族和少数民族、少数民族之间交织影响、共同发展，形成了多民族文化的特点，这里深深地渗透着、积淀着多层次、多民族文化的内涵。因此，在敦煌学中充分重视少数民族文化内容的发掘、整理和研究是十分必要的。近些年来，在莫高窟南区敦煌壁画和彩塑的研究中，在敦煌石室发现的文书研究中，较多地注意到少数民族的历史文化成就及其影响，这是敦煌学研究的很大进展。

敦煌莫高窟北区虽然也有很多洞窟，但比起壁画琳琅满目、塑像栩栩如生的敦煌南区来，他除少数洞窟外，基本上没有壁画和彩塑，洞窟也显得凋零破败，长期以来受人冷落。然而敦煌莫高窟北区也是敦煌石窟的重要组成部分，其中蕴含的宝藏逐渐受到专家们的重视。近些年来，敦煌研究院在莫高窟北区进行了系统的发掘，发现了很多重要文物、文献。从出土的文物和文献看，莫高窟北区主要是敦煌僧人居住、坐禅的场所。在这些文献中，有很多少数民族文献，如藏文、西夏文、回鹘文文献。这些僧人生活区的少数民族文化遗存，从另一个侧面表现出敦煌的多民族文化色彩。其中西夏文献很有价值，很有特点。

西夏是中国中古时期的一个重要的多民族王朝，他以党项族为主体民族，境内还有众多的汉族以及回鹘、吐蕃等族。西夏是一个有影响的王朝，他历十代帝王，享国190年，他武功赫赫，文教兴盛，在宋、辽、金、吐蕃、回鹘之间，纵横捭阖，有着举足轻重的地位。西夏长期统治着河西走廊，敦煌也是西夏的重镇，不仅是西夏沙州的州府，也是西夏沙州监军司的所在地。西夏又似乎是一个被遗忘的王朝，元朝修正史时，只修宋、辽、金三史，西夏史仅于各史列传中略加叙述而已。西夏的文物典籍流失朽毁，长期湮没无闻。这种情况在19世纪后半期开始有所改变，特别是20世纪初在中国的黑水城遗址发掘出大批西夏文献，其中主要是400多种西夏文文献，使西夏文文献大为丰富。① 1958年在敦煌附近的古塔中发现了三种珍贵的西夏文佛经，使敦煌成了世界上收藏西夏文文献为数不多的几个单位之一。1964年敦煌文物研究所和中国科学院民族研究所合作，对敦煌洞窟中的西夏洞窟进行考察，发现了100余处西夏题记，改变了过去对洞窟时代布局的划分，使西夏洞窟由原来的几个增加到几十个，同时也使敦煌成为西夏研究的重要基地。②

近期敦煌莫高窟北区发现的西夏文文献中，尽管多为残片，但包含了不少重要的世俗和佛教典籍，其中有不少是国内仅存，有的是海内孤本，具有重要学术价值和文物价值。以下对这些文献作初步译释研究，还望专家不吝指正。

一　世俗书籍

目前所能见到的西夏文文献中，佛经占绝大部分，世俗文献只占很少的部分。在敦煌莫高窟北区洞窟中出土了几种世俗书籍，为国内珍贵的西夏文文献增添了新的品类，使莫高窟北区出土文献的含金量大大增加。

（一）《碎金》

北区56窟出土的若干残片是重要的西夏文文献《碎金》的一部分。这些残片多经人为剪裁，大部分呈尖刀状。或当时有人将此书页作为裁剪

---

① 史金波、魏同贤、[俄]克恰诺夫主编：《俄藏黑水城文献》，第1—5、7—10册，上海古籍出版社1997—1999年版。

② 史苇湘：《关于敦煌莫高窟内容总录》，《敦煌莫高窟内容总录》，文物出版社1982年版，第177—184页。刘玉权：《敦煌莫高窟、安西榆林窟西夏洞窟分期》，《敦煌研究文集》1982年第3期。史金波、白滨：《莫高窟、榆林窟西夏文题记研究》，《考古学报》1982年第3期。

鞋样用纸。由于剪得支离破碎，内容已很不完整，加之有的残片背面墨写文书，字迹渗透叠压，更难识别。经逐字译释后，再参考已有文献，反复拼接、核对、印证，恢复了原来顺序，使之成为可以了解其内容、可以进一步研究利用的文献。

《碎金》全名《新集碎金置掌文》，西夏宣徽正息齐文智编，约成书于12世纪初期以前，是类似中原地区汉文《千字文》体的字书。全文1000字，每句五言。编者巧妙地将1000个不重复的西夏字编成了长达200句、100联的五言诗，全书没有明显的章节，自然也无类目。《碎金》的编排方法和叙事列名的顺序与汉文《千字文》相仿，只不过本书每句五言，《千字文》每句四言。该书序言简叙编书目的：明文采、解律令、懂礼俗、教成功。实际上这是一本速成识读西夏文的蒙书。书中正文开始是自然现象、时节变化等，后为人事，包括帝族官爵、番姓和汉姓、婚姻家庭、财务百工、禽兽家畜、社会杂项等。不难想见，成书于800年前的西夏文《碎金》对研究西夏的社会、民族、习俗、文学有重要价值。如在第14联皇姓嵬名之后，罗列西夏王朝职官、职司，对研究西夏职官制度颇具参考价值。又如，在记录了众多西夏番姓（党项族姓氏）后，又描绘了西夏主要民族的特点："弥药（党项族）勇健行，契丹步履缓。羌（藏族）多敬佛僧，汉皆爱俗文。回鹘饮乳浆，山讹（党项族一支）嗜荞饼"，西夏人对各民族的看法跃然纸上。再如，在第39联后有12联120个汉姓，不仅有姓氏本身的意义，还有隐含的双关意义。如"金严陶萧甄，胡白邵封崔"，隐含着"金银大小珍，琥珀少翡翠"；"曹陆倪苏姚，浑酒和殷陈"，隐含着"秋露宜酥油，浑酒和茵陈"。作者于此匠心独运，形成本书一大特点。在第54联后集中介绍了西夏的风俗习惯、诸物百工，更是了解西夏社会的极有价值的资料。[①] 1909年此书的两种写本曾与其他大批文献出土于中国黑水城遗址（今属内蒙古额济纳旗），可惜被俄国探险队劫往圣彼得堡，现仍藏于俄罗斯科学院圣彼得堡东方学研究所。此二书编号分别为 ИНВ. No. 741、742。他们皆为蝴蝶装，各20页。741号字体工整清晰，画有墨线边栏，742缺最后19联半，因写在一佛经抄本背面，纸

[①] 聂鸿音、史金波：《西夏文本〈碎金〉研究》，《宁夏大学学报》1995年第2期。

张透墨而难以辨认，但卷首序言保存了一行编辑者的姓名，为741号所无。然而遗憾的是，这样一部重要典籍竟流失海外，在中国境内见不到此书的真身。此次敦煌发现此书，可以说填补了国内西夏文文献的空白。

此次敦煌发现的《碎金》残片，字体行楷，包括了部分序言和正文，在正文100联、200句中涉及60联、86句。现依《碎金》文字先后顺序列残片编号和所在联序号如下：

B56：14—1（正）：序言

B56：14—2（正）：1、2、3联

B56：14—3（正、左）：4、5、6联

B56：14—4：13、14、15联

B56：14—5：16联

B56：14—6（正）：21、22联

B56：14—7（正）：23、24、25、26、27联

B56：14—8（正、右）：27、28联

B56：14—9（正）：27、28联

B56：14—10（正）：33、34联

B56：14—11（正）：35、36联

B56：14—12（正）：35、36联

B56：14—13（正、右）：37、38、39、40联

B56：14—14（正、左）：41、42、43、44联

B56：14—15（正）：45、46联

B56：14—16（正）：45、46联

B56：14—17（正、右）：47、48联

B56：14—18（正、右）：51联

B56：14—19（正）：54联

B56：14—20（正）：55、56联

B56：14—21（正）：55、56联

B56：14—22（正）：57联

B56：14—13（正、左）：60、61联

B56：14—23（正）：67、68、69联

B56：14—17（正、左）：72、73、74、75 联
B56：14—24：74、75 联
B56：14—25：75、76 联
B56：14—26：77、78 联
B56：14—14（正、右）：80、81 联
B56：14—27（正）：85、86 联
B56：14—28（正）：87、88 联
B56：14—29（正）：87、88 联
B56：14—30（正）：89、90、91 联
B56：14—31（正）：89、90 联
B56：14—8（正、左）：92、93、94、95 联
B56：14—3（正、右）：100 联、结尾

图一　56：14—1《碎金》序言

因为残片支离破碎，多数不能缀连成文，为了使读者全面了解文献原意，下面录出《碎金》全文（？处表示原文缺字或字迹不清，敦煌残片中有字者为黑体字）：

碎金序
宣徽正息齐文智作

夫**人者，未明文采，则才艺**不备；不解律则，故罪乱者多。今欲遵循先祖礼俗，以教后人成功，故而节略汇集眼前急用要义一本。不过千字，说释**总摄万义。方便结合，斟酌系联**；**类非头隐，非持**明义。虽然如此，抑或求少求多，无不备述；寻易寻难，焉用旁搜？五字合句，四二成章。睿智弥月可得，而愚钝不过经年。号为《碎金置掌文》。愚不惭妄论，见疵勿哂！

天地世界出，日月尔时现。**明暗**左右转，热冷上下合。**诸物能**成苗，季节依次列。

春开寅卯辰，夏茂巳午未。**秋实**申酉戌，冬藏亥子丑。**今朝拂晓**东，卓午影正南。

晚夕暮昏西，睡卧夜晚北。明日先未过，后日后到来。年日一律有，岁者两相同。

变化时十二，月没再满赢。夜昼为年日，腊正旧新途。幼老寿增减，以此定限量。

其后智者出，为帝行律则。**鬼名姓类多，人众父子稠。四海已统**领，八山谁与争？

治国习学业，王臣大小分。头戴云冠美，身服腰带缠。内宫赞圣光，殿堂坐御位。

皇后后宫居，太子楼阁戏。谋臣先闻奏，官人敕谕旨。中边设拘司，诸城**抽商税**。

爵位文**中书，军马武**枢密。**宰相**裁公堂，御史断常务。**取舍**磨堪事，牧农二司管。

赏罚行正平，万民无不服。**贞卧**乃酪布，药乜墨令介。**只移**贺兰势，居地**河水乐**。

六哽梁千辣，息齐野余多。樱玉浪勿即，骨婢吉麻尚。乃令卧卫慕，连奴摄勒啰。

？坑然罗迹，芭里喻西壁。明药乃没年，味奴□敬齐。肖啰什兀庵，野隆**床移青**。

拽税坡**叔苍，良遇来卧利**。鲁赞药每契，穄讹永勿泥。铺主阗女斗，**特吴五柳来**。

操移小狗白，冷宁绿讹黑。桑罗薅阿香，播杯乃儿童。弥药勇健行，契丹步履缓。

羌多敬佛僧，汉皆爱俗文。回鹘饮乳浆，山讹嗜荞饼。张王任钟季，李赵刘黎夏。

田狄褚唐秦，温武邢袁枝。金严陶萧甄，胡白邵封崔。**息传茫廉罗**，司段**薄徐娄**。

江南蔡子高，羊鞠钱伯万。董隋贾迺卓，韩石方穆回。解周燕尚龚，何傅儿奚德。

耿郭君邱铁，史申嵇孙合。曹陆倪苏姚，浑酒和殷陈。牛杨孟杜家，吕马纪**不华**。

寇婴宗许虞，韦翟权薛安。吴九邹聂丁，侯窦左糜潘。为婚是旧仪，亲**戚从今非**。

媒人奉承美，集体问姿容。贫富福高低，吃穿处处至。民庶男女混，衣食已方谋。

爹爹子孙颂，娘娘女妹惜。迎媳婆母安，得婿岳公喜。门下妇人知，外情夫君管。

家内狗守护，家外盗贼离。贷支手勿入，禁亦不可偏。增者足加倍，获利独满贯。

搅海寻珊瑚，选择串璎珞。钿珠玉耳环，钗算簪腕钏。金银珍宝多，价高库进出。

绫罗锦褐裹，招工裁画缝。袄自短小合，裙裤长宽宜。兜肚围胸肋，鞋袜套脚胫。

寒裹皮□□，雨披毯褐衫。棉麻线袋细，毛毡褐囊粗。断树斧斤头，芟割壮工镰。

烧瓦要沙著，洗麻**须杖敲**。**铠鼎器皿盔**，碗匙筷子勺。**姻友茶酒先**，近食米面堪。

盐巴**椒芫荑**，**酥油菜乳酪**。耕牛遣童喂，**碓硙使仆槌**。和尚诵经契，斋毕待布施。

道士祷星神，唱名示边隅。筵上乐人呼，丧葬巫客侍。**珂贝鞍桥买**，帐幕马毡寻。

弓箭刀剑执，伴导运输往。来牟豆长大，粟黍秋熟迟，斛豆衡斗升，鍮铁称斤两。

褐绢量尺寸，大数**估算得**。分别号独**一**，**结合千百亿**。**熊罴食血肉**，**狐狸寻芳草**。

鹿獐树深逃，山羊**见而**出。**泉源兽奔绕**，**渠井牲畜饮**。**牦牛**射杀难，**羖沥屠宰易**。

运货骆驼强，驮重毛驴弱。鹰雕羽翼窄，顽羊角抵宽。鼠狼唇尖细，口巧齿牙灵。

索借贷归还，给予实接受。诉状陈告故，情愿令卜筮。准备对答时，指示催促？。

点集速予贿，注册重分别。成色虽迷惑，价钱参差明。官吏亦搜求，官册本当置。

倘若有住滞，敬相守护之。

碎金序一卷终。

图二　B56：14—2（正）西夏文写本《碎金》

当译释敦煌出土《碎金》完成后，又出现了一个新的问题，即其中 B56：14—3（正、左）号为 4、5、6 联，而其右边 B56：14—3（正、右）号却为 100 联；B56：14—18（右）号为 51 联，而其左边 B56：14—18（左）号却为 72、73、74、75 联等。原来西夏文书籍的装帧形式多种多样，远非有关古籍印刷书中介绍的若干种类所能包罗，尤以写本最为繁复，随意性较强。对这些《碎金》残片反复琢磨排比后，有了一个初步推想。大概抄写《碎金》的纸张用左右对折形式，共用 11 页纸，折叠后为 22 面。其中 4 页折叠后上下叠压，另 7 页分为 3 组，第一组 2 页上下叠压，第二组 3 页上下叠压，第三组 1 页，7 页折叠后按顺序排在前 4 页中间。如果每面前后都按顺序编排序号，第 1 面为序言，第 2、3 面空白，第 4 面接序言和 1—3 联，以下凡为 4 的倍数的页数如 8、16、20 等面，都有文字，每面一般写 5—7 联，最后两面为空白。这样似乎可解释同一残片中左右文字不相衔接的问题。

（二）《三才杂字》

《杂字》是中原古代"字书"的一类，最初大多用为乡塾的识字课本。这种书肇兴于公元 3 世纪张揖的《杂字》和周成的《杂字解诂》，其后便逐渐风行民间。《杂字》成书从体例到内容都是对汉代以来"经学"传统的背叛，他很少讲到古代"圣贤"的言论，而专门搜集日常口语，把一大批零散的词语堆在一起，构不成完整的文章，所以始终不列学官，也和科举无缘。到了元代，政府明令限制使用《杂字》来教授乡塾，更导致其地位的跌落。此后除了后来明清官方组织编纂的"译语"类字书（如《女直译语》、《西番译语》等）以外，各种各样的《杂字》到了清代均已亡佚殆尽。前人著书所引用此书内容，已被任大椿、马国翰分别辑入《小学钩沉》和《玉函山房辑佚书》，但最多的一种亦仅零星二十余条。敦煌石室所出汉文本《杂字》有 10 种，都是残缺的散页，作者不一，年代不详，篇幅短小，字数各异，编纂体例不尽相同，有的按词排列，有的似以偏旁归类，有的附带注音，多数则是"白文"。显然，仅凭以上资料尚难窥见《杂字》类书籍的全貌。

俄罗斯所藏我国黑水城遗址出土文献中有一种西夏时代的汉文本《杂

字》，保存相对完好，至此学界对"杂字"类识字课本的体例和内容才有了比较清楚的了解。① 西夏除汉文《杂字》外，还有西夏文本《杂字》，全称《三才杂字》。西夏文《杂字》以俄国科学院东方学研究所圣彼得堡分所保存最多，其号为 ИНВ. No. 210、2535、4151、4428、6340、8081 和 710，可归纳为 4 种版本，有西夏初刻本，有乾祐十八年（1187 年）、乾定二年（1224 年）写本等。此外，英国也藏有此书 7 纸残页。1972 年在中国甘肃武威张义公社下西沟岘也发现了两张西夏文《杂字》刻本残页。②

西夏文《三才杂字》是在西夏流行较广的一部字书。其内容包括了西夏语的常用词语，以天、地、人分为三品，每品分为若干部，每部又包括若干词。为了便于读者了解西夏文《三才杂字》的内容，下面将其内容目录分列如下：

三才杂字序

上天第一

天、日、月、星宿、闪、雷、云、雪、雹、霜、露、风、天河

下地第二

地、山、河海、宝、绢、男服、女服、树、菜、草、谷、马、骆驼、牛、羊、飞禽、野兽、爬虫昆虫

中人第三

蕃族姓、人名、汉族姓、节亲与余杂义合、身体、舍屋、饮食器皿、□日略类、诸司与余用字合、军珂贝跋

敦煌莫高窟北区出土的西夏文《三才杂字》共有三种，其中一种为序言，两种为正文；两种写本，一种刻本。

1. 写本《三才杂字》序言残页

此书存留版本虽多，但有序言的只有俄藏 ИНВ. No. 2535。此次莫高窟北区 56 窟出土了国内仅有的本书序言残页，共两纸，编号为 B56：60。下面录出《杂字》序全文汉译文，以使读者全面了解文献原意，敦煌残片

---

① 史金波：《西夏汉文本杂字初探》，《中国民族史研究》（二），中央民族学院出版社 1988 年版，第 167—185 页。

② 聂鸿音、史金波：《西夏文〈三才杂字〉考》，《中央民族大学学报》1995 年第 6 期。

中有字者为黑体字。

《三才杂字》序。序曰：今文字者，番之祖代，依天四而？毕字三天。此者，以金石木铁为首，分别取天地风水，摘诸种事物以为偏。虽与苍分字形不似，然如夫子诗赋，辩才皆可。后而大臣怜之，乃刻《音同》。新旧既集，**平上既正。国人归心，劝学用也。呜呼！彼村邑乡人，春时种田，夏时力锄，秋时**收割，冬时**行驿，四季皆不闲，又岂眠学多文深义？愚怜悯此等**，略为**要方**，乃作《杂字》三章。此者准三才而设，识文君子见此文时，文缘志使莫效，有不足则后人增删。

2. 写本《三才杂字》正文残页

莫高窟北区184窟中发现的残片一纸，写本，墨书，存4行，行3词，每词2字。根据已经发现的《三才杂字》的刻本和写本知道，其内容为"地品"的开始。① 此残片下残，每行还应有两词或三词。译文如下：

B184：11　大地　陆地　平地……

土地　已地……

永依　？本　一浊……

宽广　沟洫……

3. 刻本西夏文《三才杂字》

465窟出土西夏文刻本一面，编号为B465：5，为蝴蝶装的左半页，上、下、左双栏，面8行，行间有竖隔线。此面内容是《三才杂字》"人品""蕃族姓"部分的末尾和"人名"部分的开始。俄藏黑水城文献中有《三才杂字》的ИНВ. No. 210的13页即为此页，两相比较其内容和版面行款完全一致，但仔细对照，就会发现他们是不同的刻本，如俄藏本边框双栏差不多一样

图三　B184：11 西夏文写本《三才杂字》

---

① 李范文、[日]中岛干起：《电脑处理西夏文杂字研究》，日本国立亚非语言研究所，1997年。因其中只收残刻本，这部分存7字，此残片尚可补充数字。

粗细，而此本双栏是外粗内细；又如俄藏本题目"人名"上有荷叶、下有莲花为装饰，而此本有上下栏线。此面译文如下（译文中 [ ] 为音译，其余为意译）①：

　　［地宁　骨匹　妹勒　兀鲁底］
　　人名
　　［弥药］乐　宝塔势　　［大花］乐　吉祥山
　　［贺兰］金　［刻鬼］长　［释迦］众　［天都］金
　　［和食宁］　　［门口讹］　　如阳乐　［萨］阳势
　　［嵬嵬］众　［灵］城乐　斜［西］势　　［灵州宁］
　　［匜罗经］　斜兽说　角掌［经］　现有忘
　　［阿养］（友）立　［弃牟巴］　小狗［宁］　　小块妇

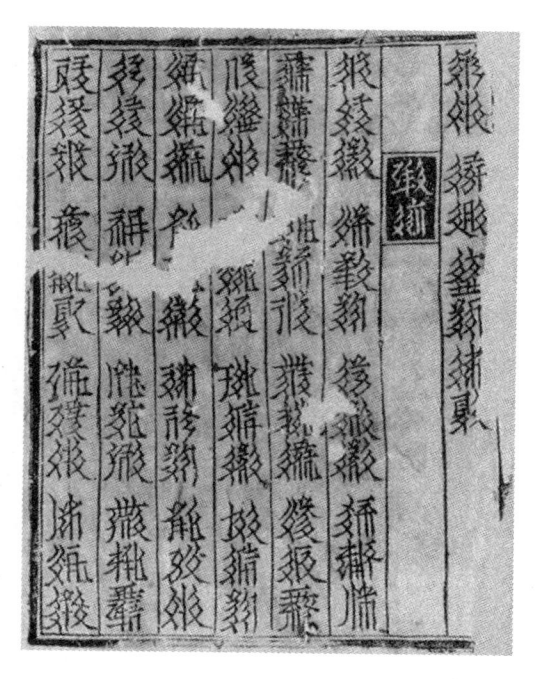

图四　B465：5 西夏文刻本《三才杂字》

---

① 本文译文与前书译文有所不同。

在莫高窟北区56窟、184窟、465窟3个洞窟发现西夏文《杂字》残片，他们是不同的版本，可见西夏文《三才杂字》是在敦煌流行较广的一部通俗读物。

（三）《番汉合时掌中珠》

《番汉合时掌中珠》是西夏乾祐二十一年（1190年）党项人骨勒茂才编撰，书中将常用词语以天、地、人分部，每部又分上、中、下三篇，各篇收录词语不等，以"人事下"为最多。每一词语皆有西夏文、相应的汉文、西夏文的汉字注音、汉文的西夏字注音四项。是当时西夏番人（党项人）和汉人互相学习对方语言的工具书。编者在该书序言中说："不学番言，则岂和番人之众；不会汉语，则岂入汉人之数。番有智者，汉人不敬；汉有贤士，番人不崇；若此者，由语言不通故也。"可见作者希望此书能促进西夏境内番汉交流，达到互相学习的目的。《番汉合时掌中珠》中有番、汉两种语言、文字对照的特殊功能，因此，他不仅是西夏时期学习语言、文字的重要工具书，在西夏文献湮没数百年、西夏文字成为无人可识的死文字后，又成了现代西夏学专家们识读、破解西夏语言、文字的门径，又由于其中收录了很多西夏常用词语，此书也是专家们研究西夏社会的重要资料。

《番汉合时掌中珠》的完本于20世纪初发现于黑水城遗址，今藏俄罗斯圣彼得堡东方学研究所。该书为刻本，蝴蝶装，共37页。早年曾有罗福成的抄本流传，近些年才有影印本问世。①

在莫高窟北区184窟发现的《掌中珠》，为该书第14页的第2面，编号为B184：9，刻本，上、下、左双栏，右残，应为此页的版心和右面，内容属"地用下"（地部的第三篇），中下部有残缺，一面竖分3栏，间有隔线。《西夏文物》上曾刊载一幅《掌中珠》的影印件，正好也是第14页的第2面，两相对照，应是同一种版本。② 这是目前国内仅存的一面比

---

① Luc Kwanten, The timely Pearl, A 12th Century Tangut Chines Glossary（Bloomington：India；nna Univetsity Press, 1982）。黄振华、聂鸿音、史金波整理、拼配本：《番汉合时掌中珠》，宁夏人民出版社1989年版。

② 史金波、白滨、吴峰云：《西夏文物》，文物出版社1988年版，第322页，图328。

较完整的《掌中珠》。内容为树木、蔬菜类，现录汉文内容如下，（　）内为残缺部分。

第一栏：桃　柳树　松柏　（菜蔬）香菜
第二栏：芥菜　薄荷　菠棱　茵（蔯）百叶
第三栏：蔓菁　萝卜　瓠子　茄子　蔓菁菜

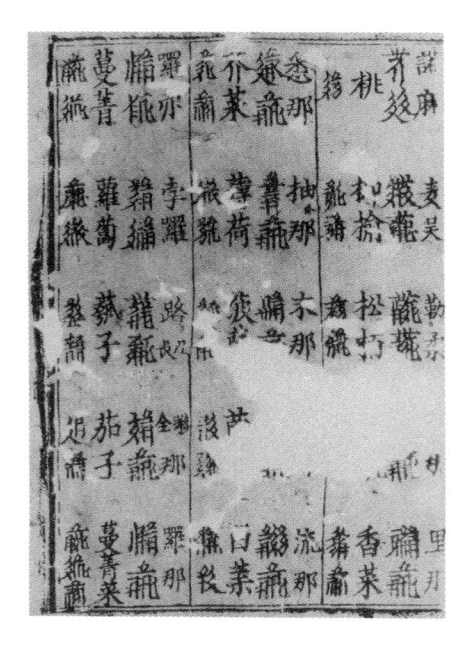

图五　B184：9 刻本《番汉合时掌中珠》

莫高窟北区出土了《碎金》、《三才杂字》、《番汉合时掌中珠》三种蒙书，他们都发现在敦煌僧人居住的生活区。可以推想，西夏时期居住在洞窟中的党项族和汉族僧人借这些通俗的启蒙著作学习西夏文和汉文，以便用来识读经文或做其他文字事务。在当时西夏文和汉文都是通用文字。西夏虽然接受并重视儒学，但传统的经学和科举的影响较中原地区为少，可以不拘一格使用蒙书，推行文字，发展教育，形成了蒙书比较繁荣的局面。这三种西夏文蒙书为国内仅存，不仅具有学术价值，也具有文物保存价值。

二 文书

籍账、契约等社会文书反映一个时期、一个地区的实际社会生活状况，是研究历史上社会状况极有价值的资料。敦煌石室发现的大量文献中有很多社会文书，对了解和研究唐代社会和敦煌地区的社会有巨大价值。唐代历史研究由于有了这些珍贵资料而大有进展。有宋一代包括同时代的辽、金、西夏都缺乏社会文书，这对于宋、辽、金、西夏的研究实在是一种遗憾。近些年来，西夏的社会文书不断有所发现，在宁夏、甘肃都有西夏文文书出土。特别值得一提的是我们在与俄罗斯合作整理出版《俄藏黑水城文献》过程中，1997年第三次到俄罗斯整理文献时，发现了大量西夏文社会文书，使得西夏的社会文书由过去的数量很少，变得十分丰富，甚至改变了12—13世纪缺少社会文书资料的状况。

敦煌地区发现西夏社会文书还是第一次，为敦煌所出文献增添了新的品类。可惜他们都是残片，多不能连缀成文。

(一) 56窟文书残片

敦煌北区56窟西夏文文献中有文书残页，可分为4种。

(1) 一种多是前述《碎金》的背面。皆为墨写，书法楷、行、草书皆有。同样由于被剪裁得七零八落，多是断文残句。下面选字迹可识、尚存词语者试译如下（[ ]内为音译）：

B56：14—1（背）　……二百四十斤

……特［金大］□属

B56：14—3（背）　九日昼

B56：14—3（背）　……月二十

筵礼……

B56：14—4（背）　……（画押）

B56：14—7（背）　二十日……

［尼朔啰］（番姓）

（画押）香……

［白尼则］（汉姓、番姓）

（画押）香……

B56：14—8（背、左）……玉四百一十块

（画押）一百钱小珠二……

（画押）小珠……

B56：14—8（背、右）……

玉一块

玉……（百）十一块

B56：14—9（背）　……［川］中麦……

B56：14—11（背）　四日（日）

B56：14—15（背）　（画押）……［铁］九十二（画押）［甄］……

（画押）令饮［提皮］二……

B56：14—16（背）　……十卷

……三卷

B56：14—20（背）　［酪布］（番姓）（画押）

B56：14—23（背）　清（人）

B56：14—27（背）　（画押）［甄］……

B56：14—28（背）　案头

已散……

B56：14—29（背）　……（画押）

……（画押）

……（画押）

B56：10　［酪布］（番姓）……

B56：13　五日昼

B56：23　十日昼……

吕狗……

（画押）玉一

B56：27　……十［块］

十一日

B56：28　九月（画押）

B56：47　……毕氏局分……

……中军匠与官……

B56：48　……文（画押）

B56：54　（画押）一块十五斤　（画押）一块五斤

……（画押）六

B56：55　八日昼……

（画押）一……

（画押）三……

B56：7—3　米四五升已遗……

上酒中三升

以上，有的可以缀连，如 B56：14—15（背）、B56：14—16（背）等。

因文书残损过甚，难以作出系统的考证。但从上述译文中仍可看出，文书中有时间月（九月）、日（二十日等）、人名（包括番人名和汉人）、低级职官（案头）、物品（玉、小珠、米、酒）、衡量单位（斤、升、卷）、货币数量单位（钱）、画押等，推测可能是按日期记录的记账簿之类。

（2）一西夏文残片，编号为 B56：8，存西夏文 3 行，字体为草书，一些字模糊不清。第一行上部数字译文为："[麻尼则]氏师女……。""麻尼则"是西夏番人姓氏。这也是一件社会文书。

（3）有数纸残片，分为 3 个编号，字体行、草不一，其中文字尚有可参考者试译如下：

B56：21　……布当为若？则重亦……

……何？帐谓唯沙州……

B56：30（正）……铁……

……下有

……铁狗死续□同

……宝下……

……结合属……

……［耶和］（番姓）……

……与结合属……

B56：30—2（背）……属一行

……明　月十……

……开……

……沙州口……

文中有番姓氏，并两次提到沙州，应是涉及当地党项民族的文书。又有 B56：26、B56：41 号，皆为小残片，草书漫熄，难读成词语。

（4）有 3 枚残纸字体、纸质相同，应为同一种文献。编号为 B56：34、B56：40、B56：50。因上下残损词语常不连贯，还有多处错字，但观其书法有一定功力，不似初学者所写。

（二）184 窟文书残页

（1）残片一纸，墨书，行草，上下皆残，试译如下：

B184（C28）：10—2　……许赐予

……九缗七百八十……

……许赐予

……小后引价……

……胡者土珠儿……

……四十九九……

……各赐

（2）17 枚被裁成长方形的残纸，草体西夏文，两面书写，字迹浸透，每纸所留文字两三行不等，每行仅存几字，难以释读成文，只能将可识部分词语译释如下：

B184（C28）：12—1（正）①……军溜边……

②……四十五卷……

③……监（军）司……

B184（C28）：12—2（背）①……八支……

②……八支各？支……

B184（C28）：12—3（正）①……支　阿……

②……三十六……

③……分……

……支……

……铁钉……

……十卷共……

B184（C28）：12—4（背）　⑤……铁钉二……

④……四十支……

……用大小……

从残存文字看，有"监军司"。西夏为了军事和战争的需要，把全境分成十几个监军司，沙州监军司是其中之一。"军溜"是西夏军队的一种建制。文书中物品、数字和量词（箭支的支），可能是军队中所用物品的账目。

此外，123 窟、194 窟、206 窟也出土了西夏文文书残页。

三　刻本佛经

（一）B53 窟西夏文《金光明最胜王经》封面

北区 53 窟出土，编号为 B53：9—1 右、下残，封面上的题签完整，印本，四周双框，中有西夏文楷书 11 字："金光明最胜王经契卷五第"，应译为《金光明最胜王经》卷第五。

《金光明最胜王经》宣称凡护持、流布此经的国土都将得到四天王的护持，可使该国安稳丰乐，因此在中土流传甚广。敦煌石室发现有多种汉文版本。

西夏翻译《金光明最胜王经》时在惠宗时期，后仁宗朝又复校疏。此经在西夏也广泛流传。①俄藏黑水城文献中有多种西夏文版本，皆为西夏时期。北京图书馆藏有西夏文刻本《金光明最胜王经》一、三、四、五、六、八、九、十卷 8 卷 13 册，系西夏灭亡后蒙古时期刻印。②此封面的发现证明作为当时佛教中心之一的敦煌也流传、保存此经的西夏文版本。据洞窟发掘专家介绍，该封面上揭出了盖有八思巴字印章的文书以及中统钞，此经被推定为元代版本。

（二）B53 窟西夏文《大方广佛华严经》封面

北区 53 窟出土，编号为 B53：10，基本完整，左上部有题签，也是印本，上、左、右双框，双框中间有装饰花纹、图案，中有西夏文楷书十二字："大方广佛华严经契卷二第　铁"，其中"二"可能是用活字压捺上去的，应译为《大方广佛华严经》卷第二（铁）。题签最后一字"铁"，系该经卷所标函号。西夏文大藏经的函号与汉文大藏经的《千字文》标号意义相同，但所用字不同于汉文《千字文》。

《大方广佛华严经》是中国佛教华严宗立宗所依经典，流传甚广，在敦煌也有很多汉文版本。在西夏此经也译成西夏文本，是流传较广的一部重要经典。俄藏黑水城文献中有多种西夏文刻本和写本。北京图书馆所藏西夏文佛经中有 50 多册，日本藏有 11 册，宁夏、甘肃等地也有入藏，皆为活字印本。然而俄藏和日藏第一至第十卷的函号为"解"，"铁"是第三十一至第四十卷的函号，与此封面有异。③西夏文此封面发现也说明敦煌地区流行此经的西夏文本，又因其有函号，或许他是敦煌所藏西夏文《大藏经》的一部分。

（三）B54 窟刻本佛经残片

北区 54 窟出土西夏文刻本残片一纸，编号为 B54：13。残片存文字六

---

① 史金波：《西夏文〈金光明最胜王经〉序跋考》，《世界宗教研究》1983 年第 3 期。
② 史金波：《西夏佛教史略》，宁夏人民出版社 1988 年版，第 374、375 页。
③ ［日］西田龙雄：《西夏文华严经》（一）、（二），日本京都大学文学部，1975—1976 年。

行，字体舒展，刻印俱佳，上有双栏。第一行文字译文为："……最喜，此种咒王阴大孔雀……"推测此经应是《种咒王阴大孔雀明王经》。此经为藏传佛教经典，也在西夏时期译为西夏文，俄藏文献中有多种刻本和写本。敦煌所出此残片，或为目前国内仅存版本。

（四）B121 窟刻本《金刚经》残页

北区 121 窟出土刻本残片 2 纸，编号为 B121：35、121：36，上下双栏，经折装，小本。为《金刚般若波罗蜜经》的开始恭请八金刚部分。

《金刚般若波罗蜜经》简称《金刚经》，谓世界上一切事物空幻不实，认为对现实世界不应执着留恋而达到体认般若实相的境地。此经流传广泛，影响很大，有多种汉文译本传世。敦煌也有 6—10 世纪多种版本，后期若干写本分为三十二分。

西夏早将《金刚经》译为西夏文本，有多种版本传世。1958 年敦煌曾出土两种西夏文刻本《金刚经》，为三十二分本，今藏敦煌研究院。敦煌地区出土的西夏文《金刚经》不仅增加了敦煌地区《金刚经》的文字种类，而且填补了敦煌地区 10 世纪以后的《金刚经》的空缺，为研究当地《金刚经》的流传和发展提供了新的资料。

（五）B159 窟刻本佛经《龙树菩萨为禅陀迦王说法要偈》残页

B159 窟出土西夏文佛经残页，编号为 B159：26，上下双栏，仅存经文 3 行，楷书，为一经之末尾，末行为"龙树菩萨禅陀迦王之说法要偈言"。"言"是该经卷所标函号。后尚有汉字"三"，或为后来所加。此经名称应为《龙树菩萨为禅陀迦王说法要偈》。汉文《大藏经》有唐义净译《龙树菩萨劝诫王颂》，异译本有刘宋求那跋摩的《龙树菩萨为禅陀迦王说法要偈》。此次敦煌发现的西夏文本与后者同名。最重要的是经末有一长方形压捺印记，有汉文两行，墨色浅淡，仔细辨认方可识得：

僧录广福大师管主八施大藏经于
沙州文殊师利塔中永远流通供养

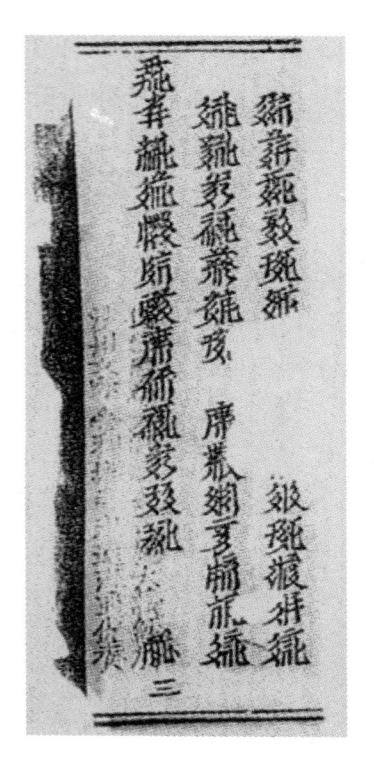

图六　B159：26 西夏文刻本《龙树菩萨为禅陀迦王说法要偈》

　　管主八是元代一位僧官，任松江府僧录，其名为藏文译音，意为经学大师。他曾主持印制西夏文《大藏经》，并施于敦煌佛塔中。可能在他所施经中都压捺了这样的印记。日本天理图书馆藏有一页西夏文佛经，也出自敦煌，上面也盖有同样形式和内容的印记。又日本善福寺所藏元代平江路碛砂延圣寺刊印的《大宗地玄文本论》卷三记载："于江南浙西道杭州路大万寿寺雕刊河西《大藏经》板三千六百二十余卷、华严诸经忏板，至大德六年完备。管主八钦此胜缘，印造三十余藏，及《华严大经》、《梁皇宝忏》、《华严道场忏仪》各百余部，《焰口施食仪轨》千有余部。"① 由此可见，当年敦煌曾藏有一藏3600余卷的西夏文刻本《大藏经》。是管主

---

① ［日］西田龙雄：《西夏语的研究》（二），座右宝刊行会，1966 年。史金波：《西夏佛教史略》，第 205—211 页。

八大师印施 30 余藏《大藏经》的一部。此残片当是施与敦煌的西夏文《大藏经》的一部分，为国内仅存，至为重要。

（六） B125 窟刻本佛经残片

刻本西夏文佛经一纸，页面完整，呈卷子式，四周单栏，内以大字刻佛名十一，佛名下以双行小字注释诵读功效。最后有两行刻款，记载行愿施经人名。译文如下：

B125：22 南无宝胜藏佛（一遍诵则一世乘马罪灭）
南无宝光王火焰明佛（一遍诵则一世常住物食罪灭）
南无一切香花自在力王佛（一遍诵则一世坏犯律罪灭）
南无百亿恒沙必定佛（一遍诵则一世生杀罪灭）
南无雷威德佛（一遍诵则一世斜淫罪灭）
南无金刚坚固降伏散坏佛（一遍诵则与诵一藏经契同）
南无宝光月殿妙尊音王佛（一遍诵则一世堕阿尽地狱罪灭）
南无宝聚［沙摩］身光明佛（一遍诵则说处无说处无罪灭）
南无心善藏摩尼宝聚佛（若闻名则四重根本罪灭复实诵则岂有可说）
南无药师琉璃光佛（一遍诵则贪吝昔因恶趣有亦因先曾闻重诵念依立便解悟妇人此佛皈依诵则女变成男）
南无阿弥陀佛（一遍诵则八十亿劫死生罪灭八十亿劫福德增盛）
行愿施者持金牌讹二三为首
行愿施者吴　令势

施经题款中"持金牌"为西夏的一种职官称谓，西夏有持金牌、持银牌者，持金牌者是地方上较高的官员。"讹二"是西夏的番姓。①

---

① 史金波：《西夏文化》，吉林教育出版社 1986 年版，第 183—190 页。

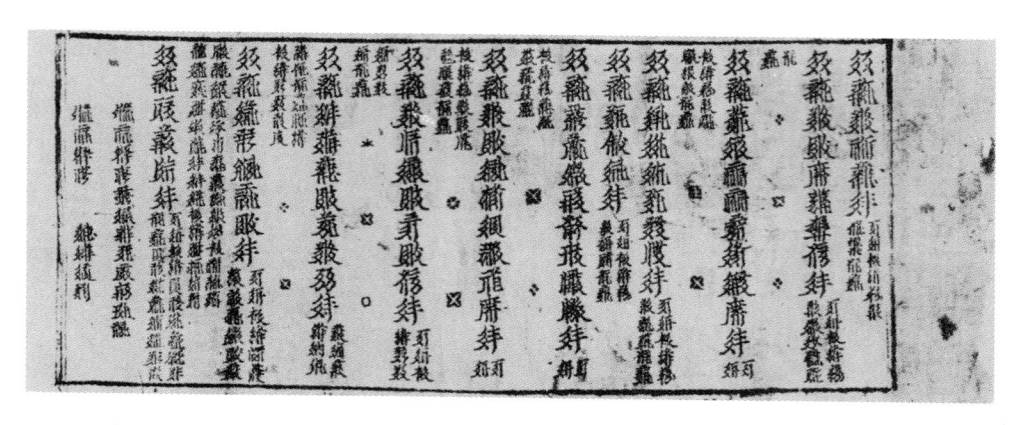

图七　B125：22 西夏文刻本佛经残片

（七）464 窟刻本佛经残片

西夏文残经一纸，编号为 B464A：53，上下双栏，存 5 行，足行 12 字。译文如下：

……盖白佛母……
晓者不有大逆拒母此受持则
寿及福德威力俱足子好……
高灭时最安世界中生……
……病及畜病及病患……

第一行有"盖白佛母……"，"盖白"在西夏文佛经中为"白伞盖"之意，此佛经名可能与"白伞盖佛母"有关。俄藏黑水城文献中就有几种，如《大白伞盖佛母之随国宫护顺要论》、《大白伞盖佛母之总持等诵顺要论》、《大白伞盖佛母之三面八手供养顺记》等。

此外，59 窟、123 窟、124 窟、128 窟、138 窟、142 窟、160 窟、464 窟都还有西夏文刻本佛经残页。

四 活字版佛经

（一）活字版《地藏菩萨本愿经》残页

《地藏菩萨本愿经》也是大乘佛教经典，宣扬一切众生凡信奉供养地藏菩萨，均可蒙拔济。敦煌石室出此经 3 种版本，皆为残本。此次敦煌北区有 3 个洞窟出土了西夏文《地藏菩萨本愿经》，共 9 纸。

1. B59 窟出土印本残页 4 纸，编号是 B59（E26）：62、63、64、65。综观这几纸，可大致见其形制：经折装，上下双栏，面 6 行，足行 16 字。其中 64 号仅存 1 行，但很重要，是经末经名，译文为："地藏菩萨本愿经契中卷竟"，65 号中经文内也有"地藏菩萨以百千方便……"之语，可知此经为《地藏菩萨本愿经》。此经在汉文《大藏经》中是二卷本，标为唐实叉难陀译，但后世认为是中国本土撰述。此西夏本有中卷，可知应是上、中、下三卷，与流行的汉文本不同。63、62 号应是相连的两页，其中有一面多咒语，而汉文《地藏菩萨本愿经》并无咒语。这里是西夏文经增加了新的内容，还是属其他经典残页仍需进一步研究。现将各页首末行的起止词语意译如下：

B59：62—1　地藏菩萨本愿经契中卷竟
B59：62—2　可吥没……　……讹呵□
B59：62—3　枝叶花果……　……呵室目菩（咒语）
B59：62—4　佛之弟子住家出家……　……增长一切众生威力
B59：62—5　与尊者遇下弱贫贱……　……如此等报承后地狱

唯该经印刷具有明显活字版特点：

（1）文字墨色往往以字为单位显现深浅不一。这是活字印刷时版面制作不甚平，有的字突出一些墨色就浓，其他的就淡一些。

（2）文字宽窄不等、大小不匀。这也是制作、雕刻活字时有欠精到的缘故。

（3）每一纵行左右不齐，有明显的弯曲，有的字有歪斜。这是活字排版、固版不精所致。

（4）文字上下绝无相交、相插现象。活字印刷一字一印，各字当然不可能相交、相插。

（5）经文背面以字为单位墨色深浅不同。

62号从第一面末行至第二面皆为咒语，因音译梵音，转译成西夏文时，为求得准确，采用附带小字的方法。由此可以看出排印此经时至少有大小两种字号，而且可以想见这样排版、印刷时必须要有更为高超、复杂的技术。

2. B159窟出土残纸3纸，编号为B159：24、B159：42、B159：31，版式相同，上下双栏，面6行，其中两面似为偈语，行2句，每句7言，另一面似为经文，下残，似为两面12行。其文字有活字印刷特点：

（1）字形大小不一，特别是宽窄相差很大；

（2）有时一行中上下字左右不齐；

（3）文字无相交、相插现象。

经文中有"地藏"字样，又页面形制和文字特点与59窟出土的西夏文活字版《地藏菩萨本愿经》相近，这3纸残页也应属《地藏菩萨本愿经》的一部分。

3. 464窟出土西夏文佛经1页，编号464侧室：51，上下双栏，6行，行16字。第2行空白处有图案装饰，还有一汉字"直"。此页具有活字版印刷的显著特点。其形制和59窟、159窟的西夏文活字版《地藏菩萨本愿经》相同，且此页5行有"地藏菩萨"4字，此经应是《地藏菩萨本愿经》。现将残经首末行的起止词语意译如下：

  1行 后多得解脱乃至梦及惊梦中永复不见
  6行 七日中菩萨之名诵一万通满则如是等

在其他地区发现的西夏文活字印刷品中还没有《地藏菩萨本愿经》，应该说敦煌本活字版《地藏菩萨本愿经》是海内孤本。

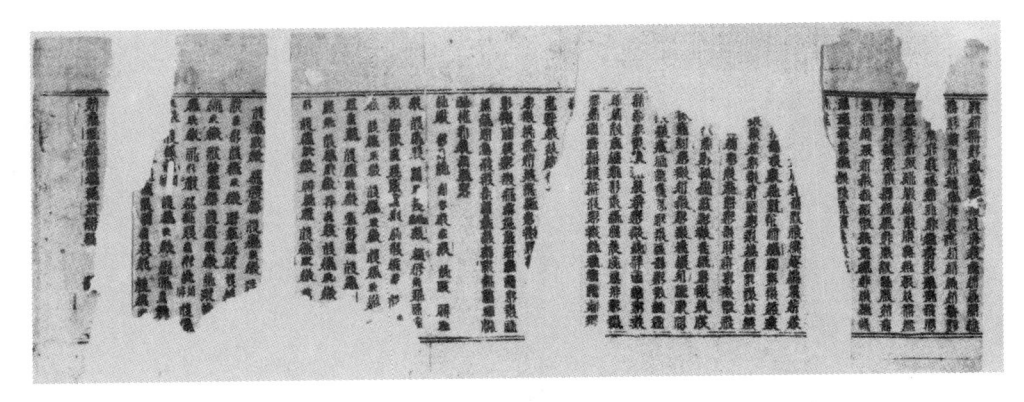

图八　B59：62—1—5　西夏文活字版《地藏菩萨本愿经》

（二）活字版《诸密咒要论》残页

B121窟出土有多枚西夏文佛经散页，有的为残片，有的页面完整或基本完整。编号为B121：18—27、29、31、34（1）（2）、36（1）（2），他们都是同一种文献，综观其形制，为蝴蝶装，四周双栏，一页分两面，中间为版口，版口中有页码，有时用西夏文，如第3页，有时用汉文，如第6、第8页。每面7行，行15字，字体方正，类隶书。

第20第3行为一经之末尾，最后印一"竟"字。第4行为一经名，译文是《近诵为顺总数要论》，应是这总经的一个分部的经名。在第36（1）号第1行残留一字"诸……"，他应是经名的第一字，第2行字全残，据残留空白看可能为经名后的作者或译者、序作者题款，第3行残留前4字"夫诸密咒……"，这应是佛经序言或发愿文的开端。推测这一佛经包括了多种经咒要论，《近诵为顺总数要论》是其中一种，佛经总名为《诸密咒要论》。其经文内容亦多密教修行仪轨之类。西夏藏密传播约在中期以后，推测此经属于西夏中晚期。此经完整的、残破的页面有16面，从页面看是很典型的活字印本。

（1）各页面边栏左右双栏抵住上下栏内栏，但不相接，形成上下栏开口、外栏不相交接的现象，有明显的边栏四面拼版痕迹。不似雕板印刷双栏时内栏和内栏相接、外栏和外栏相接。

（2）版口两竖线和上下栏也不相接，这也是活字印刷栏框、版口拼版

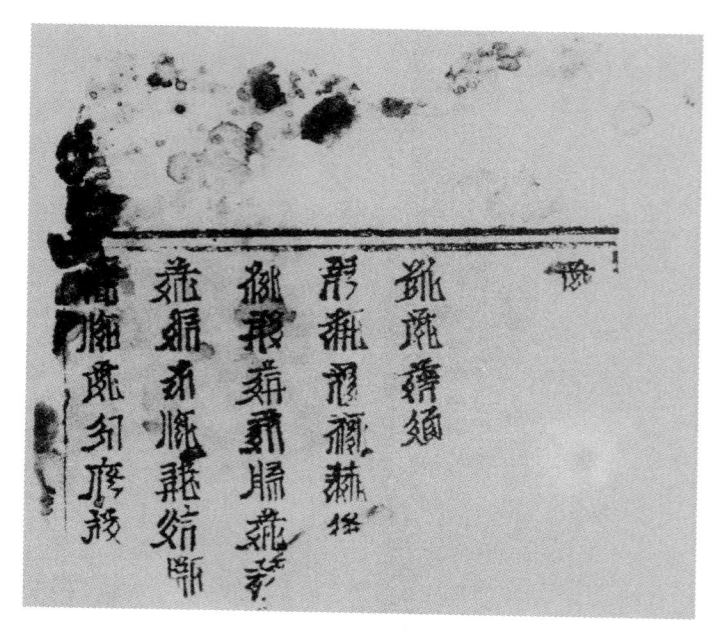

图九　B121：18—15 西夏文活字版《诸密咒要论》

的缘故。

（3）竖行有明显的弯曲，一行中的字左出右入，有的字歪斜。如 24 号、25 号都很典型。

（4）字形大小、宽窄不一，字体也不尽相同。这也是制作、雕刻活字时有欠精到的缘故。

（5）上下字之间无相交、相插的现象。

（6）字与字之间墨色差别较大，形成以字为单位的墨色浓淡不一。

（7）经背面透墨以字为单位深浅不一。

综观此经，文字清晰端正，版面舒展大方，是早期活字印刷品的上乘之作。从已发现的西夏活字印刷文献看，西夏活字印刷的使用在西夏中晚期，此经排印技术已臻成熟，约为西夏晚期。现将各页残经首末行的起止词语意译如下：

18 自修法上疑惑行相……　梦则密语……

19……相是……　不许夫此相者依先前梦修者自相
20 次梦中要论取示为……　依诵顺……
21 所第二……　成就得之近因是第三……
22 一亿遍……　……五十遍为三字咒五十……
23 若语虚假增已至无益……　……则不缺心大为则下
24 请不承微益者……　此后他咒诵行增等不为
25 所为则二遍出心疑虑……　……不定若诵咒……
26 与苦灾遇……　……若烧时无焰上方往牛
27 相是若诸为……　……骑不打击病人及
29 中道背家中恶犬住处……　……所近颂成就不……
此中数种梦……　……常善法爱
31……出……　……数者梦时
34（1）及……　见上妙饮食科……
34（2）……河池泉源……
36（1）诸……　情诸圣者愿……
36（2）［迦　宜］……　　［俺］……

敦煌北区出土西夏文活字版《诸密咒要论》也是海内孤本。

（三）其他活字版佛经

1. B159 窟出土残纸一页，编号为 B159：25，上、左残，右、下单栏。其文字有与上述印本相同的活字印刷特点。译文如下：

B159：25 ……为曾也欲则默多则前非为？
……二成用第一者十一地只本根
……校无以执法差异与？属之法
……解上说办也复十一地之后得
……解上？无及执法异解？校有
……之解顺令成二后？之解顺成
……十一地之本根者执法法界

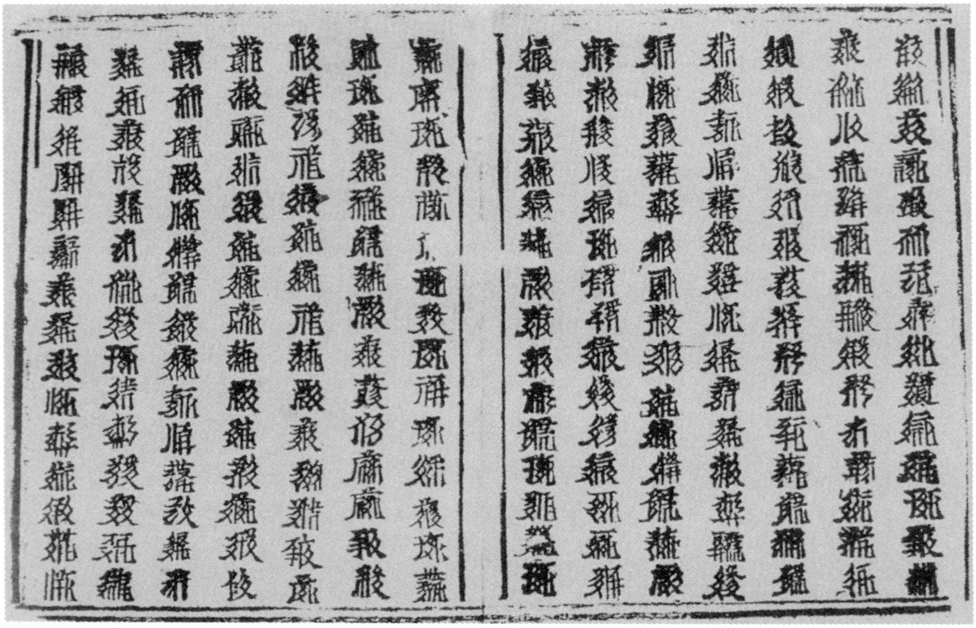

图十　B121：18—9 西夏文活字版《诸密咒要论》

……当绝之种子与？灭本根

2. 464窟出土西夏文残经一纸，编号为B464D侧室：119，似为经折装的一面多一行，下残，上双栏，共7行，具有活字版印刷的特点，特别是文字以字为单位浓淡不一、有的字形歪斜、字距差别较大，更为突出。译文如下；

　　□□有此佛名闻则……
　　遇法广说为必定菩提……
　　月佛山顶佛智胜佛净名……
　　上佛妙音佛月满佛月面佛……
　　无佛世尊有现在未来众……
　　人若男若女唯一佛之……

□□□多名诵者……

中国宋代毕昇发明活字印刷术，是中国乃至世界印刷史上之首创，意义重大。此项发明很快传播到与宋朝比邻的西夏王朝。近几年来，在西夏故地黑水城、武威、银川的西夏文文献中先后发现了活字印刷品。① 现在在西夏的另一个重要地区敦煌又发现了多种西夏文活字印刷品，更加说明了西夏使用活字印刷之广泛。包括敦煌北区发现的各种西夏时期的活字印刷品，都是世界上最早的活字印刷实物，十分珍贵。西夏的活字印刷为早期活字印刷术的传播和完善作出了重要贡献。联系到在敦煌先后发现了大量回鹘文木活字，推测在西夏和元代敦煌是中国活字印刷的一个中心，敦煌在活字印刷史上具有重要地位。②

五　其他写本文献

（一）　464窟泥金写经残页

464窟出土西夏文残片一纸，编号为B464A侧室：50，绀纸金书，仅有两行，完整的字只有4个，可译为"……诵持则命（绝）……"，后面应有否定词。此经可能是《高王观世音经》序言。

用泥金字书写的西夏文佛经，并不多见。过去知有流失海外的《妙法莲华经》，1976年发见于西安市的西夏文《金光明最胜王经》，后甘肃又见《大方广佛华严经》。③ 这种写经多为皇室、贵族发愿出资，请书法高手缮写，材料昂贵，书写费时，所以十分少见。敦煌地区首见西夏文泥金写经，丰富了敦煌西夏文文献的品类。

---

① 史金波：《现存世界上最早的活字印刷品——西夏活字印本考》，《北京图书馆馆刊》1997年第1期。

② 史金波、雅森·吾守尔：《西夏和回的对活字印刷的重要贡献》，《光明日报》1997年8月5日。

③ 罗福苌：《妙法莲华经宏传序》，《国立北平图书馆刊》第四卷第三号（西夏文专号），1932年。中国社会科学院民族研究所、西安市文管会：《西安市文管处藏西夏文物考》（史金波、白滨执笔），《文物》1982年第4期。陈炳应：《金书西夏文〈大方广佛华严经〉》，《文物》1989年第5期。

（二）十相自在图

464 窟出土一纸残页，编号为 B464A 侧室：49。中间墨书大字梵文，四周草书西夏文多处，里圈有 5 处用虚线与中间梵文连接。上为"全镜智"，右为"明清智"，左为"妙界智"、"法界智"，下为"获得智"。外围文字上部 4 行 8 字，为"全镜明见则性六智"；右为 4 行，（1）"字□一明清　定□谓"，（2）"明智地获待一爱□为"，（3）"阿□摄殊"，（4）"哈字安性"，3、4 行下有两字"摄安"；左上 3 行，（1）若有，（2）妙智法为显明垢□，（3）明月爽寒壁安令上。左下 2 行，（1）字者四分待体□□，（2）法界亦智四智体□；下部 2 行，（1）独心问□□□体驿为，（2）获智为□□得。

此图带有形象地诠释经文性质，其深刻含义有待进一步研究。

（三）B172 窟僧人职事名单

172 窟出土残页一纸，编号为 B172（74）：3—1，正面为回鹘文佛经，经折装，似为 3 面，背面墨书西夏文，译文如下：

B172（74）：3—1 晓日卧　三师
晓晚匀　张修者
光戊日　严师
月轮转　三师
（上）大节分白张修者
岁号算……师三
晚诵文三师
观妙……修者
四面遮蔽严师
河海味三师
……诸界至张师
……明……严师
（下）现生众起？师　蓄养？严师

种增因三师　约心救三师
异？修兄弟意张师
类……
生……
熟……
力……
凤……

根据以上不完整的内容推测，可能为敦煌寺庙中僧人职事名单。

（四）B132 窟西夏文六角形图

32 窟出土带图形的西夏文一纸，编号为 B32：3，两个上下方向相反的三角形叠压成一个六角形，六角间有六个卍形符号，中间有西夏文二字，皆为译音字：[半庵]，似为佛教咒语用字。上部左右角内有字，右似为汉字"张"，左不清。卍形符号为佛教密宗使用符号。此图形和文字当与佛教密宗有关。

（五）B121 窟诗词残片

此窟出土西夏文残页一纸，编号为 B12（D14）：28—2，墨书行楷，字迹深浅不一，加之背面有文字，相互浸透，不少字漫漶模糊。正面有文字约 11 行，文字时有间隔，似断句处，又有小圆圈，或为段落标志。试译如下：

……知得法广　佛法不二自僧宝　此……
者大师是　永常法轮转　竟
行留？音 O　劝君远处莫行走
山谷岭多夥？　千里？？起？
无……O 昨夜宿处桥边……
……实　梅树……
军鸣　后何时得归 O……已

神异　所取？一也无　？官七
宝已藏也　数出稀？问

从不完整的译文看，内容关系到佛教和世俗，形式上似有五言、六言、七言，推测为劝世的诗词或散曲之类。目前见到的西夏文文献中类似这种形式的作品还十分稀见。

（六）西夏文佛经封面

1. B159窟出土，编号为B159：27，封面，右下残，左上墨书西夏文二字，可译为"十地"或"十陆"。又编号B159（A侧室）：37，似为封面，残，左上也墨书西夏文二字，第一字残，第二字"坎"、"水"意。

2. B160窟出土，编号160：5—1、5—2，有4残片，其中一纸较大，有西夏文3字，译文："上 九 千"，另一纸有刻印西夏文，仅一"净"字清楚，其余二纸有墨书西夏文字，皆残。

3. 464窟D测室出土，编号B464D侧室：118，多张封面。左上角均有墨书西夏文，完整者有3字，第一字是数字，如一、三、六、七等；第二字是"第"，两字组成序数；第三字是标号，可能是佛经的函号，如智、高、万、俗等。

（七）B160窟泥塔婆咒语

1. B160窟出土泥质小塔婆（又称擦擦）内夹西夏文字条。编号160：11—2，内有西夏文3字，为"唵 阿 吽"，这是西夏文咒语。类似咒语字条，在黑水城、武威多有发现。

2. 462出土泥质小塔婆中所夹字条，编号462：21。上墨写西夏文17字，译音为：

唵没噻讹娑哈唵阿迷答阿由嗦怛宁娑哈

这应是佛经咒语，与前述160窟泥质小塔婆所出咒语性质相类。

（八）464 窟有关道教文献

464 窟出土残片一纸，编号为 B464A 侧室：52，墨写行书西夏文，存 4 行，译文如下：

法护法解……
法者说处何……
……无年幼……
……不敬……

在西夏文中，"法护"译为"护法"，而护法则是道教或道士的意思。如西夏法典中"护法功德司"就是"道教功德司"，他和佛教的出家功德司等相对应，在西夏法典中提到"护法"的经典，都是道教经典，如《太上北斗阴生经》、《太上老君说上东斗经》等。① 西夏崇尚佛教，也发展道教，在西夏法典中道教有着与佛教类似的地位，但其势力和影响要小得多。已经发现的西夏佛教经典，有数百种、数千卷之多，但道教文献在此之前尚未见到。此件虽残损过甚，却是一件与道教有关的文献。

此外，56 窟、119 窟、121 窟、184 窟、464 窟等也出土了西夏文写本残页。

六　题记

243 窟内墙壁上朱书西夏文数处，多不完整，有行书，有草书，有的字清晰可辨，有的年久淡漠，有的因泥皮剥落而字画残缺，有的书写时笔画粘连。试译如下：

243：1　天者……
　　　　人……

---

① 史金波：《西夏佛教史略》重版序，台湾商务印书馆 1993 年版。

243：2　则修真一切……

243：3　没有救拔缘也

圣高已殊贫富面等谓

上心起盛……晓谓

243：4　此之

243：5　肃瓜统军是……

二州事当之信助……

243：6　此修当前死丘定为

243：7　（西夏文中无此字，与其相类的字有"步"等）

243：8　沙（沙州之沙）

洞壁多处朱书题记，反映了此窟有特殊的内涵，可惜题字残缺，难以成文。"肃瓜统军"中的"肃"当指肃州（今甘肃酒泉），"瓜"当指瓜州（今甘肃安西），"统军"是西夏监军司的最高长官。敦煌洞窟中一再出现沙州、瓜州、肃州的"监军司"、"统军"名称，是否西夏时期或西夏某一时期，敦煌地区由监军司直接管理。监军司是西夏特有的军事机构，可以断定题记书写时间是西夏时期。从文字书法看，非出自一人之手；从内容看有的似为行愿，有的似为求修。此外，199窟、206窟、208窟也有少量题字。

七　其他

（一）B40窟葫芦片刻西夏文字

B40窟出土一葫芦片，编号B40：4（E50），上刻西夏字一个，阴文，楷体，字画清晰、朴实。该字为"步"、"行"意，音［聂］。

（二）B85窟西夏文木印

B85窟出土西夏文木印一方，编号B85B室（C12）：2），长方形，高16.2、宽9.7厘米，仅有一字，楷书，阴文，反字，字体浑厚朴拙，字义为"茂"、"盛"，音［嵬］。可能是寺庙将此印印成种象征吉祥的纸送给前来行愿的施主。已出土的西夏印章数量较多，已达 100 余方，为铜质官印，篆书铸字，也有小型私人印章。而此方大型楷书木质印，为首次发现。

图十一　B85B 室（C12）：2 西夏文木印

图十二　B85B 室（C12）：2 西夏文木印印文

（三）木版写西夏文

201 窟出土出土木版，编号 B201：1。上有西夏文，正面四字，皆为"文"字，反面可识字为"字、文"二字。

以上对敦煌北区出土的西夏文文献的译释研究仅属初步，不少问题还有待深入。根据上述探讨，似可得出以下几点意见：

——敦煌北区出土的西夏文文献涉及北区 27 个洞窟。西夏王朝除通行西夏文外，也广泛使用汉文，北区其他洞窟出土的汉文残片中也可能有西夏时期的文献，因此在北区涉及西夏文化的洞窟可能不止上述 27 个。西夏统治敦煌及其稍后的元代期间，在莫高窟南区开凿、重修洞窟的同时，西夏的僧人们在北区的众多生活洞窟中也留下了历史的生活足迹，并为我们留下了丰富的文化遗存。敦煌南北区的文化是相互联系，彼此呼应的。

——敦煌北区的西夏文文献虽多为残片，但品类很多。其内容有多种蒙书类书籍，有社会文书，有佛教、道教文献等，其中有不少文献价值很高，有的为国内仅有，如《碎金》、《番汉合时掌中珠》；有的为世界仅存，如泥金写经、大型西夏文木印等。

——敦煌北区的西夏文文献版本也多种多样，有写本，有印本，印本中又分刻本和活字本。敦煌所出西夏文活字版《地藏菩萨本愿经》、《诸密咒要论》不仅是世界上最早的活字印本，也是海内孤本。

——敦煌北区的西夏文文献中的《龙树菩萨为禅陀迦王说法要偈》的经末压捺印记，证明元代敦煌曾藏有一藏 3600 余卷的西夏文刻本《大藏经》。是管主八大师印施 30 余藏大藏经的一部。此残片当是施与敦煌的西夏文《大藏经》的一部分，为国内仅存，至为重要。

（原载《敦煌研究》2000 年第 3 期）

简介英国藏西夏文献

1909年以科兹洛夫（П. К. Козлов）为首的俄国探险队，在黑水城遗址（今属内蒙古额济纳旗）掘出大量文物、文献，掠运至俄都圣彼得堡。此次发现是20世纪继甲骨、汉简、敦煌遗书三次重要文献收获以外的又一次重大发现。随着俄国专家的不断介绍，各国专家的陆续研究，特别是20世纪90年代中国社会科学院民族研究所、俄罗斯科学院东方研究所圣彼得堡分所、上海古籍出版社合作全面整理、出版《俄藏黑水城文献》，使这批文献逐步揭秘。① 20世纪初涉足黑水城的还有英人斯坦因（M. A. Stein），他也掠走了大批文物、文献。

斯坦因在20世纪初曾三次率队进行中亚探险，在第三次探险（1913—1915年）时，于1914年也到黑水城遗址，于城内外7处掘挖，都有收获。1928年出版《亚洲腹地考古记》，共4卷，其中第一卷第十三章对黑水城探险事记载甚详。② 70年前《国立北平图书馆馆刊》西夏文专号中，刊出了向达先生所写《斯坦因黑水获古纪略》，根据《亚洲腹地考古记》书中所载对斯坦因所得资料作了大略介绍。③ 除西夏文献外，尚有汉文、藏文资料。文末附有"斯坦因氏黑水所获西夏文书略目"，主要介绍了带有佛画的文书，而对于西夏文文献的内容则未涉及。1932年在王静如先生的著作《西夏研究》第一辑中分别收入陈寅恪先生和王静如先生《斯坦因 Khara – Khoto 所获西夏文大般若经考》和《斯坦因 Khara – Khoto 所获大般若经残卷考》，考证、翻译了英藏斯坦因所得西夏文《大般若

---

① 史金波、魏同贤、［俄］克恰诺夫主编：《俄藏黑水城文献》第1—11册，上海古籍出版社1997—2000年版。
② ［英］M. A. 斯坦因：《亚洲腹地探险记》（*Innermost Asia*），牛津克拉兰顿出版社1928年版。
③ 《国立北平图书馆馆刊》第四卷第三号（西夏文专号），1932年版。

经》卷一九六、卷二百、卷三五三、卷三五八的部分残叶。自此以后70年来，鲜见披露英藏西夏文献情况。

1994年我们在圣彼得堡工作时，克恰诺夫所长热情地把他们保存的英藏西夏文献的复印件借我们参考。复印件很多页面虽不大清晰，但其大小与原件相同，对认识文书也很重要。

我所见到的英藏西夏文献复印件都有编号，自第1844号至3047号，中间略有短缺，约1000多号，大多数1号1件，有的1号有多件，多为残页或小型残片。《亚洲腹地考古记》书中所记斯坦因所获绘画残页很多，而所见英藏复印件中基本没有绘画。又据《亚洲腹地考古记》书中记斯坦因所获尚有不少藏文文献，而复印件中只有1页残片。英藏西夏文献多为残页或残片，识别、考证都比较困难。下面就复印件所反映的英藏西夏文书内容作一初步译释介绍，若以后有清晰照片，或增加新的内容再作补充。

一　世俗文献

（一）音同

《音同》是一部很重要的西夏文字书。因其收字多、保存较完整，每品末记有该品字数，书末记全书字数，因此该书是了解西夏文字数的重要参考文献。① 该书成书于西夏早期，系切韵博士令六犬长、罗瑞灵长编著，后至少修订四次。俄藏有几种刻本，可大致分为甲、乙两种，分为九品

---

① 西夏文究竟有多少字，是人们很关心的一个问题。过去李范文先生认为西夏字有7000字左右（见李范文《西夏文字》，《历史教学》1980年第1期）。《音同》序言记共收西夏文大字6133个，多数专家都遵循西夏人自己的这种提法。但从《音同》甲种本全书各品实际统计情况看，字数不超过5800字。甲种本《音同》记录字数和实际字数不符，可能是有的版本原有6000余字，后来修订后字数减少了，但未进行重新统计，仍用原来的统计记录。比如，乙种本和甲种本的字数就不一样，甲种本53页的字大部分在乙种本54页，乙种本因末几页残而无法统计其具体字数，但同类相比可能比甲种本字数多。又新近在俄藏黑水城文献中未登录的残卷中发现了《音同》残页第56页（暂编号040），残存5行。甲种本《音同》56页为最后1页，正文应有西夏字2行，实际仅存第2行一个半字。《音同》足行8字，也就是说，甲种本《音同》在第56页正文不超过16字。而新发现的残页5行中有第1面的第4行和第2面的第1行，因是每面7行，可以推算，此种《音同》的第56面至少有8行56字，后面还有多少页面、多少行因页面残损不得而知。这种版本可能比现在的甲种本字数要多。其他几种我们未见到的版本情况不知，也许其中有6000多字的版本。在这种情况下，我们还是以西夏人的记录为依据较好。李范文在《夏汉字典》中也收西夏文字6000，而不是5800。

音,每品音中又分若干同音字组,后列有 本品独字。每字皆有简短的释义。甘肃省博物馆、内蒙古考古研究所也藏有部分残片。英藏有《音同》残片6页,既有甲种本,也有乙种本。

2072号,残片1,刻本,高4.2、宽12.2厘米,6行,系《音同》甲种本正齿音类末,第41.167。

2698号,残片2,刻本,其一高4.7、宽5厘米,2行,系《音同》乙种本,31.161、31.162、31.171、31.172。另一也是《音同》残片,字迹不清。

2710号,残片1,刻本,高6、宽3.8厘米,1行,系《音同》乙种本,仅存两大字,甲、乙种本顺序相同,但据右行字脚知应是乙种本,10.176、10.177。

2909号V,残片2,刻本,①高3.7,宽6.4,3行,3大字,系《音同》乙种本15.137、15.147、15.157;②高3.4,宽6.2,3行,3大字,系《音同》乙种本15.237、15.247、15.257。

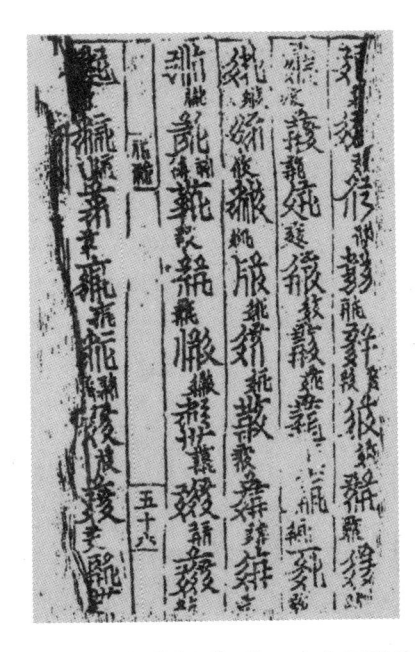

图一 俄藏《音同》第五十六页残片

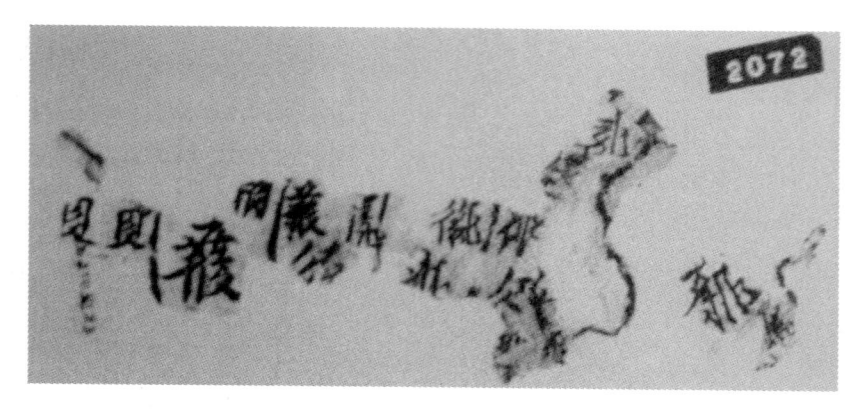

图二 英藏 2072 号《音同》甲种本残片

（二）韵书残页

西夏文韵书有《文海宝韵》，还有《五音切韵》。英藏西夏文韵书为一新的文献。

1844号，残页，写本，6行，高22，宽12厘米，试译如下：

①……五……②五母……母者……虽借用则其　已③定穿得，应成五母中，云何四得四母名得，若五得五④母虽为，则与余八声母一并成三十七母。与前说⑤三十六母相违也。答其三字母者正齿之虽借……⑥其正齿五得母……

1845号，残页，写本，6行，高22，宽14.5厘米，8行，有注释小字时为双行。复印件文字很多虚残，字迹不清，试译如下（[　]内为注释用小字）：

①（残甚，仅存残损注释字几个）②……以为五音以二合限……③……相行也。[二合者唇舌……中牙喉等限……] ④以五音为变转韵行……门是。[切⑤韵正实者阴属切韵变转者皆……故阴阳合和以得韵也] ⑥为五音以正实得韵，不有违背，此上阴⑦转门是。[阴转门者切韵正实中得韵无碍，此者阴入门是也] ⑧阳转门者以四得为三……

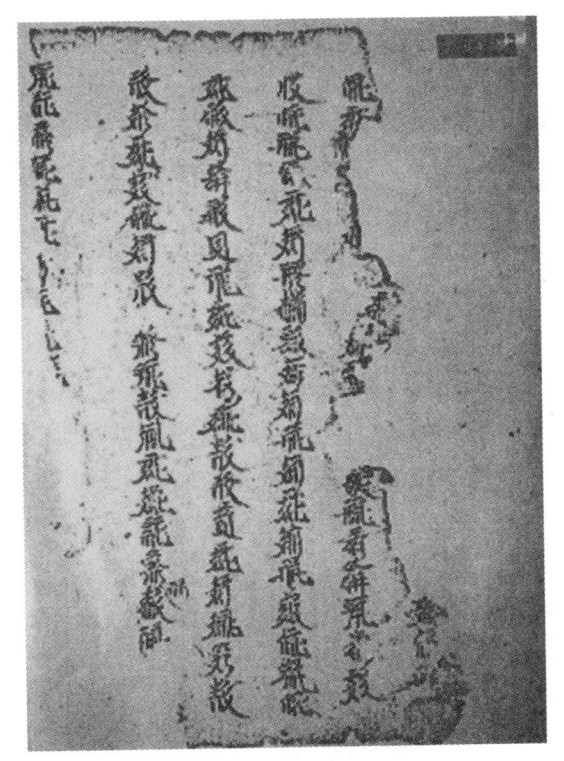

图三　英藏 1844 号西夏文韵书残页

（三）西夏法典

1. 《天盛改旧新定律令》（简称《天盛律令》）

俄藏西夏法典有《天盛律令》刻本和《新法》、《亥年新法》等多种写本。《天盛律令》是西夏仁宗天盛时期一部综合性王朝法典，共 20 卷，150 门，1461 条，是研究西夏社会、历史最重要的资料。现存西夏文本为 19 卷。[①] 英藏中共找出 53 个残片，多为刻本，也有写本。有的与俄藏本相合，内容重复；有的系俄藏本所缺，正可补充；有的是《天盛律令》以外的法典。以下按英藏原编号顺序介绍，俄藏本已有者从简，列出中译本

[①] 俄译本有克恰诺夫《天盛改旧新定律令》第一——四卷，苏联科学出版社、莫斯科 1987—1989 年版。汉文译本有史金波、聂鸿音、白滨译：《西夏天盛律令》，《中国珍稀法律典籍集成》甲编第 5 册，科学出版社 1994 年版；史金波、聂鸿音、白滨译注：《天盛律令》，《中华传世法典》本，法律出版社 2000 年版。

所在页数，以便参考。

1953号，残页1，高21、宽15厘米，刻本，9行，内容为《天盛律令》卷十派遣主管官员的规定，见中译本《天盛改旧新定律令》第369页。

1959号，残页1，残高17.2、宽15.5厘米，刻本，内容卷十八，存两条，为该卷舟船门最后两条，俄藏本残失。从《天盛律令名略》知是"造船及行牢等赏"条，正可补充缺漏。译文如下（□内的字系笔者拟补）：

①……八种数当得。②……木匠、铁匠者，三坨茶，二匹绢，等五种当得。□若自③二十年以上堪行用者，赐赏依前述④□法当得。又一官已升，其中木⑤匠、铁匠、船主、士兵不得官，二两银、绢⑥□□一等三种数当得。……前有渡船一乘以外，多利年日满……者，勾管人可堪几乘，依□□当得官，并当赐……

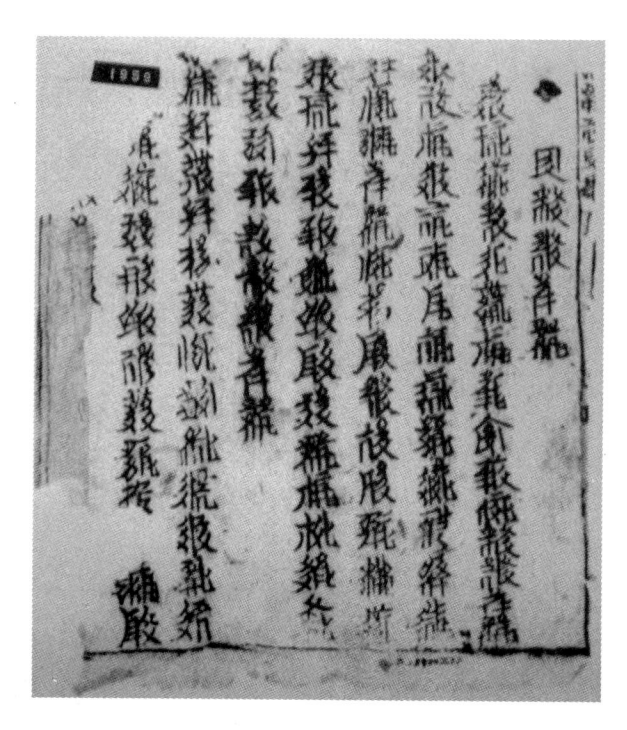

图四　英藏1959号《天盛律令》卷一八残页

2248号，残片4，最大者不超过高9、宽8厘米，每片5行、4行、1行不等。内容①可能为卷一二"失藏典门"第4条第1款。②为卷一二"失藏典门"第3条第2款。③为卷一二"失藏典门"第2条第11款。④"失藏典门"第2条第11款。

2248号V，残片2，①为卷一二"失藏典门"第3条第1、2款。②为卷一二"失藏典门"第2条第11款。

2249号—2285号，共37残片，上部皆残，大多残高9.5、宽15厘米左右，4—7行不等。内容为卷十"官军敕门"末和"司序行文门"第一条至第26条，主要是有关西夏政府各司的名称、等次、派遣诸司大人、承旨、监军、习判都案、案头的数量等。各残页多可前后衔接，涉及此门31条大部分。参见中译本第361—378页。

2565号，残片1，刻本，5行，残高13、宽12.3厘米，为卷六"抄分合除籍门"第3条，参见中译本260页。2565V号，残片1，刻本，5行，为卷六"抄分合除籍门"第4条，参见中译本260页。

2567号，残片1，刻本，残高12.3、宽12.5厘米，为卷三首页，此页俄藏刻本确，此残片可补。译文为：

①天盛改旧新定律令②盗亲（门）③杂盗（门）④群（盗门）

2568号，残片1，刻本，5行，残高9.5、宽11.9厘米，为卷一七"供给交还门"第6条，参见中译本538页

2622号，残片1，写本，5行，残高17、宽11.8厘米，卷九"事过问典迟门"第22条，俄藏残，此本也残，参见中译本320页。

2642号，残片1，写本，3行，残高23、宽10.6厘米，卷六"官披甲马门"第16条，参见中译本252页。

2903号，残片1，刻本，8行，残高8.7、宽16厘米，中间有版心，内容系俄藏刻本所无。译文为：

①已续……②若备……③司大……④二……⑤先有……⑥失乱……⑦已遣诸……⑧司人磨（勘）……

2903号V，中间有版心，左存3行：

①一（条目开始）……②令毕……③日不……

2073号，残页1，写本，高18、宽12.1厘米，7行，译文为：

①一等武业学子因前体在时削减，其上未满，自宰相以②下边主种姓中令增番二十、汉十人等共三十③人在，唇喉大小有作行奉令教学，当依头项④法所载施行。

⑤一等在续护驾勇男六品待命等中驮马得，⑥一种禁内使用时，当再得驮马，所有勇⑦行善养，为官巧勇，顺序依发顺各自职管金刀……

上2703号似法典类文献，内容为武业学子、护驾勇男的内容，是《天盛律令》卷十所缺的部分内容，还是其他法律、法规文献，有待进一步研究，但其内容无疑是现存文献中所无，值得重视。

2. 有关婚姻法典

2151号，文书残页1，高17、宽13.8厘米，行草书，6行，有关妇女婚嫁的规定，译文为：

……（不）①在后女妹为寡，有公爹、婆母时，②此等被父母二人避开前有主③出嫁，后有主门下已迎入：④一种前有主知觉后，当立即⑤向后有主知会，其中女妹⑥前丈夫□有，二人处……

这段内容也非《天盛律令》内容，可能关于婚姻方面西夏另有其他法规类文献。这一残片内容虽不多，却提供了新的重要资料。

3. 有关纳粮法典

2583号，文书残页，写本，7行，似为纳粮规定。译文为：

①一等月过……②处共合……③当令……其中一二种住（滞）……④全缴。住滞时有五斗杂（粮）中……⑤弃去。⑥（一等）日过时，五斗杂（粮），月过时一斛……⑦……中列座相聚时……

此件虽很残，难以串联成完整的文意，但从中也可以看到西夏对交纳粮食有十分具体的规定，若超时不缴，按超过的日、月给予处罚。这种文书还是第一次见到。

（四）《新集锦合辞》

《新集锦合辞》是西夏文谚语集，仁宗乾祐七年（1176年）梁德养初编，十八年王仁持增补，共有364条谚语，每条谚语由两句前后对仗的文字组成，其中反映了很多的西夏社会习俗。俄藏有乾祐年间蒲梁尼刻本，基本完整，已由陈炳应教授翻译、考证。① 另有写本两种。英藏《新集锦合辞》是英藏西夏文献中少有的长卷。

1841号，写本，复印件7张，据背面佛经知，漏印1张，应为8张，可接连为4纸，高18.4厘米，宽①83厘米，②46.5厘米，③42厘米，④28厘米。内容①纸自第216句始，上半句残存3字，另有一"身"字为背面佛经卷转到此，下半句全。译文为"千羊毛风已除，春毛<u>风除秋毛剪</u>；<u>百牛乳狗已饮，晨朝已饮中午挤</u>"②。其中狗、乳二字倒置。末为第262句，译文为"美目二妹，物心二弟"②。纸接①纸，自第263句始，译文为"兄弟续续，碧（王+田）珠串串"。末行为第313句和第314句上半句，全行字只有右半部，前句第312句译文为"子面不等无礼，妻面不等无仪"。③纸接②纸，自第313句始，译文为"食少所吃未满，话少所说不有"，下半句因纸边残卷而不全。接近卷末处缺少第361、第362两句，中缺第343—352句，可能是复印时漏印，应缺少5行。末缺第361、362句，译文为"水已清，蒲已死；巧已择，美已得。日及人，夜及狗；埂白牧，草黑视"。卷末有书题，译为"新集锦合辞一卷　竟"。后有序9

---

① 陈炳应：《西夏谚语——新集锦成对谚语》，山西人民出版社1993年版。
② 残文中实有字下画横线＊＊＊＊。

行，末尾稍残。

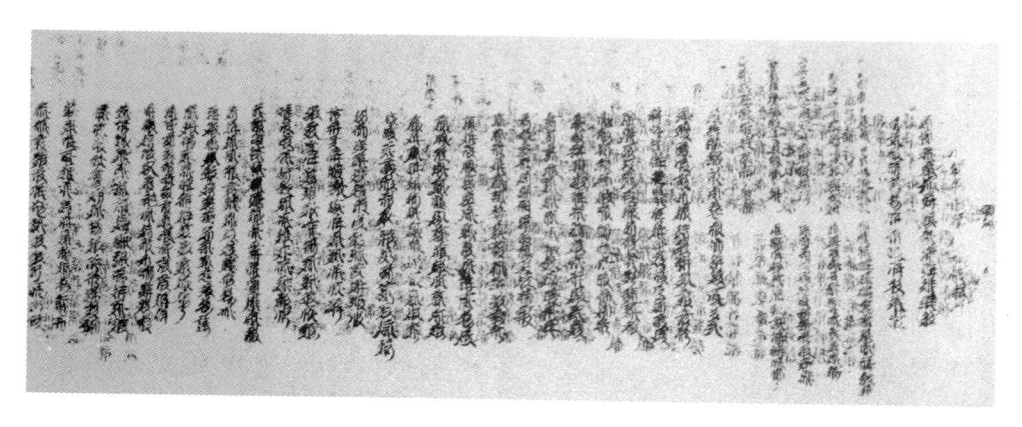

图五　英藏 1841 号《新集锦合辞》

此写本使西夏一部重要著作增加了新的版本，除俄藏刻本外，是保存谚语条目最多的版本，约占全书的五分之二。原刻本有缺字可据此补，如 360 句刻本上半句第 5 字缺，第 6 字残，过去译为"无忧思，胖有年"，现据英藏写本可补，译文为"无忧思，胖已出"，与下半句"无苦乐，肚已大"正可对应。特别是刻本序言两面皆有残损，原译文只能空缺，数处难以连贯成文，直接影响对序言的理解。现将英藏序尽力补足，序言虽文末仍有残缺，庶几完整：

序曰：今谚语者，人产生往昔言语自古至今，妙句流传。千千诸人不离礼式，万万民庶谚语何弃。虽如此爱信，然句数众多，诸本中因差异，依说者人已□□，　词义不准，助体章对不全。因此德养引用诸文中各事，辩才寻句；中顺诸义，要择语词；句句相承，说智者道；章章合和，演愚俗礼。如此各义诸事说用谚语虽大体已集，然首尾未全，及德养寿终去世，此书自然已晦搁置。今仁持欲□先智之□□，成后愚者利益，使□□首末成篇，序文具全，以流传世间，若文意非准，智者莫嫌。

此长卷的另一面为写本佛经，中有经题《十六修天母》、《亥母之根本高赞》、《聚轮食奉顺》等。

（五）《三才杂字》

西夏文本《杂字》，全称《三才杂字》，是在西夏流行较广的一部字书。有多处出土，以俄藏黑水城出土版本最多，至少有6种版本。其内容包括了西夏语的常用词语，以天、地、人分为三品，每品分为若干部，共40多部，每部又包括若干词。通过书中的字词可以了解西夏社会风俗的状况。[①] 英藏西夏文《三才杂字》皆为残片，共7纸，皆为刻本。

2236号，残片，高8.5、宽9.5厘米，刻本，存5行，较清晰的仅2行，内容为"饮食器皿"类，相当俄藏乙种本第19页第1面第8行、第2面第1—4行。此残片是一个新的版本。从第2行开始为俄藏所有版本残缺，可惜只有第2行4字清晰，译文为：充饱　安稳

2400号，残片，高13.3、宽10.3厘米，刻本，存3行，内容为"地"类，同乙种本第4页第2面第6、7、8行。

2401号，残片，高9.7、宽9.5厘米，刻本，存3行，内容为"天"类，相当于俄藏甲种本（写本）第4页第2面第4—6行的部分内容，是《杂字》除序言外的开始部分。俄藏刻本缺，此可补。

2402号，残片，高8.4、宽9.1厘米，刻本，存5行，内容为"番族姓"类，同乙种本第13页第1面第2、3、4、5、6行。

2920号，残片，高9.8、宽5.3厘米，刻本，3行，内容为"□日略类"，这部分只有丁种本有，但丁种本与此版本不同。更可贵的是丁种本有残缺，此可补充新的内容。译文如下（有字者下有横线）：

　　①……夜下……②……五更、今朝、昨日……③……来年、后年、年……

---

① 聂鸿音、史金波：《西夏文〈三才杂字〉考》，《中央民族大学学报》1995年第6期。李范文、[日] 中岛干起：《西夏文杂字研究》，第84页，日本东京外国语大学亚非语言文化研究所发行，1997年。

3031号，残片2，刻本。①高8、宽6.8厘米，存4行，内容为"野兽"类和"爬虫昆虫"类，相当乙种本第10页第1面第8行、第2面第1—3行。②存3行，内容为"番人姓"类，相当乙种本第12页第1面第5—7行。

3031V，残片2，刻本。①存3行，内容为"番人姓"类，相当乙种本第11页第1面第8行、第2面第1—2行。②存4行，内容为"番人姓"类，相当乙种本第11页第145—7行。以上形式类俄藏丁种本，而俄藏丁种本无此页，可补遗。

（六）《新集碎金置掌文》（简称《碎金》）

《碎金》是类似中原地区汉文《千字文》体的字书，全文1000字，每句五言。西夏宣徽正息齐文智编，约成书于12世纪初期以前，书中正文开始是自然现象、时节变化等，后为人事，包括帝族官爵、番姓和汉姓、婚姻家庭、财务百工、禽兽家畜、社会杂项等，对研究西夏的社会、民族、习俗、文学有重要价值。① 英藏西夏文《碎金》全为残片，共8片。

2476号，残片，下部残，写本，高6.6、宽11.8厘米，6行，涉及《碎金》第32、34、34句。2476V，7行，涉及《碎金》第35、36、37、38句。多为西夏党项姓氏。译文如下（有字者下有横线）：

<u>明药乃没年</u>，<u>味奴？敬齐</u>。　<u>肖啰什兀庵</u>，<u>野隆床移青</u>。
<u>拽税坡叔苍</u>，<u>良遇来卧利</u>。　<u>鲁赞药格契</u>，<u>移仓讹永勿泥</u>。
<u>铺主冈女斗</u>，<u>特吴五柳来</u>。　<u>操移小狗白</u>，<u>冷宁绿讹黑</u>。
<u>桑罗薅阿香</u>，<u>播杯乃儿童</u>。
其中有的可补遗。

2477号，残片，写本，6行，高9.4、宽9.8厘米，涉及《碎金》第58、59、60句。

---

① 聂鸿音、史金波：《西夏文本〈碎金〉研究》，《宁夏大学学报》（社会科学版）1995年第2期。

2477号V涉及第61、62、63句。译文如下：

爹爹子孙颂，娘娘女妹惜。　迎媳婆母安，得婿岳公喜。
门下妇人知，外情夫君管。　家内狗守护，家外盗贼离。
贷支手勿入，禁亦不可偏。　增者足加倍，获利独满贯。

2478号，残片，写本，高10、宽10.5厘米，6行，涉及《碎金》第55、56、57句。

2478V，5行，涉及第52、53、54句。译文如下（2478V在前，2478号在后）：

寇婴宗许虞，韦翟权薛安。　吴九邹聂丁，侯窦左糜潘。
为婚是旧仪，亲戚从今非。　媒人奉承美，集体问姿容。
贫富福高低，吃穿处处至。　民庶男女混，衣食己方谋。

2581号，残页，高19、宽7.8厘米，写本，3行，涉及《碎金》第83、84、85、86句。2581V，3行，涉及第80、81、82、83句，正与2581号衔接，译文为（2478V在前，2478号在后）：

筵上乐人呼，丧葬巫客侍。　珂贝鞍桥买，帐幕马毡寻。
弓箭刀剑执，伴导运输往。　谷麦豆长大，粟黍秋熟迟。
斛豆衡斗升，鎔铁称斤两。　褐绢量尺寸，大数估算得。
分别号独一，结合千百亿。　熊罴食血肉，狐狸寻芳草。

2623号、2624号，两纸可合并为1纸，习字纸残片，高18.5、宽19厘米，写本，共8行，每行系同一字，为《碎金》第38句，译文为：桑罗蘼阿香，播杯及儿童。

2625号V，文书背面习字纸残片，高18.2、宽11厘米，每行系同一字，为《碎金》序中语句：五字合句，四二成章。睿智弥月可得，而愚钝不过经年。

（七）辞赋

1938 号，高 18.2、宽 12.2 厘米，写本，面 8 行。内容系有关佛教的辞赋，前 7 行每首为七、五、七言，最后是一"愿"字。各首词间以○相隔。最后一首多 8 字。第 8 行是后面词的名称。试译如下：

①……得不修善，刹那几□□，此身已亡重得难。②愿。○你我争执未知倦，福利满日无，死亡无③悲将持承。愿。○死后鬼使欲天覆，阎罗面前④立，尔晓业果云何承。

愿。○三界火宅苦难中，⑤劝友速修行，不常怨□将持承。愿。○自之心⑥者调伏覆，大象狂沙□，□□游行压未覆。⑦愿。求净国，当见弥陀面。竟⑧虞美人。

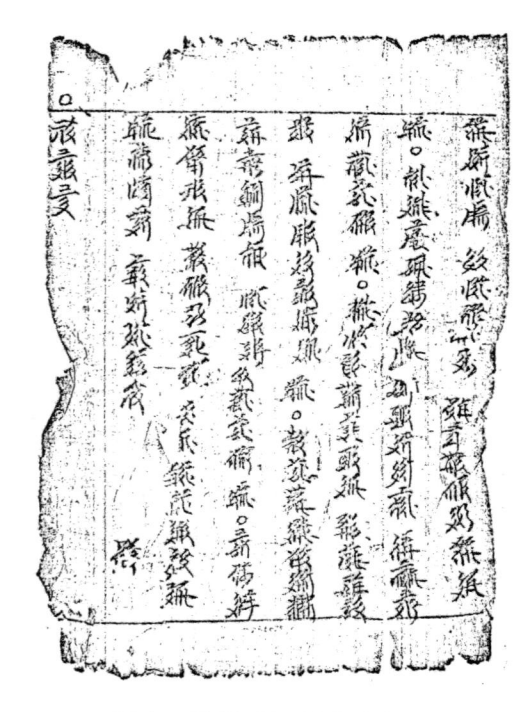

图六　英藏 1938 号辞赋残页

（八）西夏文历书

西夏历书已发现多种，多为表格式。有每年1页，每月1行；有的为具注历，每日1行。有的是汉文，有的是西夏文和汉文混注。英藏有1件。

英藏2919号，1残片，残高8、宽9.4厘米，表格式，存西夏文字1行，为历日中的"人神在位"，存三格，译文为：人神在膝、人神在阴、人神在膝胫。

用人神注历日始于于唐代，"凡历注之用六：一曰大会，……六曰人神"①。此记载为敦煌石室所出历日和西夏出土历日所证实。据这些实物知每日相对应人神在身体的某一部位。在残历日中若无日期可以此推断日期。此历日残片中人神在膝为二十七日、人神在阴为二十八日、人神在膝胫为二十九日。此种形式的西夏文历书系前所未见。

（九）巫术、星占、卜卦书

西夏流行巫术、信仰占卜。俄藏黑水城文献中有此类书籍，多为西夏文。英藏文献中也有残页和残片属于此类文献。

2648号，残页1，写本，高20、宽11.7厘米，西夏文6行，行间有栏线，内容为生活中种种失误会导致生病，要用包括黍、红绢、黑毡、盐巴等物冲侵。

2649号，残页1，写本，高20、宽11.3厘米，西夏文6行，内容为人生病要用九钱珠、白脂等弃置在驱鬼石东等处。还有水星行在立下处，护命北、福德东、断命南、五鬼西，男人有三种误，女人有四种误。

2660号，小残片，附着在较大残片上，草书西夏文6行，高6.8、宽4.3厘米。和2661号，小残片，草书西夏文6行，高8.2、宽7.3厘米。两残片可拼合为1纸，2661号在前，2660号在后。上有横线，横线下有"乾、坎、艮、震、巽、离、坤、兑"八卦名，下有小字解释，前二字皆为"寅卯"。

---

① 《唐六典》卷一四，中华书局1992年版，第413页。

（十）杂史

英藏 2579 号，1 页，写本，高 22.2、宽 13 厘米，8 行，行 17—18 字。2579 号 V，形制同正面，写本，8 行，行 17—18 字，是同一文献。其内容有"太宗问曰"、"德事当持"等语，与俄藏《德事要文》相类。《德事要文》为唐吴兢的《贞观政要》的节译本。俄藏有残刻本存四、五卷。①

（十一）《经史杂抄》

俄藏黑水城出土文献中有一部刻本书籍，为中原古籍语句汇抄，书中语句前记明出处，如《礼记》、《左传》、《周书》、《毛诗》、《论语》、《孙子》、《孝经》、《孟子》、《庄子》等，还有周公、太公、诸葛武侯等。②

英藏 2636 号，是与俄藏黑水城文献《经史杂抄》的另一种版本。仅 1 残页，刻本，高 23、宽 14.5 厘米，上、下、右有栏线，左有版心，1 面 8 行。相当于俄藏刻本的第 13 页第 2 面第 4 行至第 14 页第 1 面第 7 行。俄藏刻本面 7 行，行间有栏线。与此英藏本系两种版本。

（十二）社会文书

西夏社会文书过去所见不多，汉文有天庆年间借贷文书，西夏文有买地契、借贷契约、告近禀帖、上书等。近些年整理俄藏黑水城文献，发现其中有大量社会文书，其数量不下数百，有年号者也有数十。文书绝大多数系西夏文草书。国内也有少量西夏文文书出土。这些西夏文书对研究西夏社会历史的重要价值不言自明。英藏西夏文献中也有不少社会文书残片，现将部分译释如下：

2135 号，文书残页 1，草书，户籍簿，其中：

①一户饶尚……②男女大小五人，③畜④三骆驼、五牛、一马

---

① 《俄藏黑水城文献》第 11 册，第 133—141 页。
② 同上书，第 117—132 页。

另有"五十户……"。《天盛律令》规定，西夏农村十户遣一小甲，五小甲遣一小监，二小监遣一农迁溜。五十户正是一法定社区单位。英藏的户籍册可能是以五十户为单位登记的。

2781 号，文书残片，写本，草书，5 行，户籍册，其中有："一户□□乐宝族式男女……"，"畜：一骆驼、一马、五十羊。"另有"五十户……"《天盛律令》规定，西夏农村十户遣一小甲，五小甲遣一小监，二小监遣一农迁溜。甲——小监——农迁溜是西夏农村的基层组织。五十户正是一小监，英藏的户籍册可能是以五十户为单位登记的。

2141 号，文书残页 1，草书，4 行，粮账。译文为：

①……四斛五斗……令，一斛 ②……六斛麦……斛五斗……③……一斛五升麦……当还，短缺④……二斛麦……一斛……

2149 号，文书残片 1，行书，1 行。译文为：钟天嗣麻二斛。
除此以外，英藏西夏文书中还有不少文书残片也属于社会文书类。

二　佛教文献

英藏西夏文献中以佛教文献占大多数，其中也多是残页和残片。其中有写本，有印本，印本中不仅有刻本，也还有活字本。各种文献行款多种多样，字体大小不一，显示出英藏西夏佛经的种类繁多。以下择取部分经典简要介绍。

（一）《大般若波罗蜜多经》

在英藏西夏文献中《大般若波罗蜜多经》残页较多，皆为写本，仅有经名的就有多种。如 2022 号首有残经名"大般若波罗蜜多经契……"。2111 号首有残经名"大般若波罗蜜多经契卷第三百六十七"，并有西夏仁宗的残尊号"奉天显道"。2122 号末有残经名"大般若波罗蜜多经契卷第百二十"。2123 号末有经名"大般若波罗蜜多经契卷第百十九"。2130 号末有经名"大般若波罗蜜多经契卷第百三十"。2676 号末有经题"大般若波罗蜜多经契卷……"。2598 号首行有经题"大般若波罗……"，次行有残尊号"奉天……"。2643 号末行有："……百七十九第"，又 2633 号首行有"……四十八第"，据内容及形式推测为《大般若波罗蜜多经》。

（二）《金刚般若波罗蜜经》

在英藏西夏文献中《金刚般若波罗蜜经》残页也较多，多为刻本，也有写本。西夏的《金刚经》一般为三十六分本，残页或残片中有《金刚经》某一分的分名即可知其为《金刚经》。如 2893 号其一纸为卷首，第 1 行"……蜜经契"，第 2 行"……法师（鸠摩）罗什译"，3 行"大（白高国）大度民寺……"，第 4 行有"法会因缘分第一"。此经应是《金刚经》卷首。2712 号第 1 行有"善现起请分第二"。2716 号V第 4 行有"如理实见分第五"。2716 号第 4 行有"正信希有分第六"。2746 号V第 4 行有"（依法出）生分第八"。2746 号第 6 行有"一相无相分第九"。2945 号第 2 行有"庄严净土分第十"。3045 号第 2 行有"（无为福）胜分第十一"。3047 号V第 3 行有"尊重正教分第十二"。3049 号第 4 行有"如法受持分第十三"。2640、2640 号V，形制相同，其中一行有"持经功德分第十五"。2966 号末行有"能净业障分第十六"。2965 号末行有"能净业障分第十六"。3044 号第 2 行有"究竟无我分（第十七）"。2715 号第 4 行有"福智无比分第二十四"。2711 号第 6 行有"无断无灭分第二十七"。2937、2938 号末行有"威仪寂静分第二十九"，但非一版本。以上无疑都是《金刚经》的残页。其他无标题的《金刚经》残页还有不少。

（三）《佛说佛母出生三法藏般若波罗蜜多经》

1949 号，刻本，末两行有"（佛）说佛母出生三法藏般若……卷第二十五"，知为《佛说佛母出生三法藏般若波罗蜜多经》。2592 号，写本，首有经题"佛说佛母出生三法藏……三第"。2662 号，写本，首有经题为"佛说佛母三法藏（出生）……二第"。2651 号、2663 号为该经内容，以上皆应是《佛说佛母出生三法藏般若波罗蜜多经》之一部分。

（四）《佛说圣佛母般若波罗蜜多经》

2474号，残片，刻本，末行有"佛说圣佛母般若波……"，知为《佛说圣佛母般若波波罗蜜多经》。

（五）《大宝积经》

1920号，残页1，写本，5行，末有"大宝积经契……"。知为《大宝积经》。

（六）《佛说父母恩重经》

2757号，残页，活字印本，5行，末行有经题"佛说父母恩重经契竟"。

（七）《现在贤劫千佛名经》

1846号，残页1，刻本，首有经名"现在贤劫（千佛名经）……"，2行题款有部分西夏仁宗尊号"奉天显道耀武宣文……"。又1865号，残片1，大字刻本，经题有"现在贤劫千佛……"，尊号有："奉天显道……"。

（八）《金光明最胜王经》

2641号，佛经封面，经题1行"金光明最胜王经契卷第二"，另有草书"一遍校同"2行。2858号首行有残经题"金光明最……"，次行有残尊号"奉天显道……"。2860号，残片，系2858号同页的下部，有"……（皇）帝　御译"字样，为尊号的下部。

（九）《诸说禅源集都序干》

2239号，残片1，印本，首有"诸说禅源集都序干"。

（十）《佛说圣星母陀罗尼经》

2691号，残页，印本，5行，首行经题"佛说圣星母陀罗尼经契"，次行有尊号"奉天显道……"。

（十一）《圣观自在大悲心总持功德依经录》

2941 号，残页，刻本，第 3 行有经题"番语圣观自在大悲心总持功德依经录"，4 行有西夏高僧拶也阿难捺的称谓"西天大波密怛五明国师功德司正赐安式"。

（十二）《维摩诘所说经》

3016 号，活字本，残页，从内容看应是《维摩诘所说经》。

（十三）《金刚王亥母依睡眠定为顺要语》

1991 号，残页 1，末有经名"金刚王亥母依睡眠定为顺要语竟"。

（十四）《七佛围绕法事》

2490 号，残片 1，写本，经题 1 行"七佛围绕法事卷第三四五"，可能是 3 卷的封面。

（十五）《二谛入顺》

2626 号，残页，写本，7 行，内容为《二谛入顺》。

（十六）《药师琉璃光七佛之烧施法事》

2627 号，残片，写本，首行有经题"药师琉璃光七佛之烧施法事"，次行有"兰山师沙门（德）慧集译"。

2646 号，残片，写本，6 行，首行有"……药师琉璃光……"，据内容及形式推测可能为《药师琉璃光七佛之烧施法事》。

（十七）《正理滴特殊造现前品》

2145 号，残页 2，行书，V 第 6 行有题"正理滴特殊造现前品第一"。

（十八）《养云总持咒》

1930 号，残页 1，记有"养云总持咒"。

（十九）《十二宫吉祥颂》

2764号，残片，V刻本，3行，次行有"十二宫吉祥颂"，下有小塔画。

（二十）《佛顶心观世音菩萨经》

2102、2102号V，写本，2残页，2102号V第二行有"佛顶心观世音菩萨经上卷"。

（二十一）佛经发愿文

2880号V、2880号，残页，刻本，面5行，行11字，以下为发愿文译文："夫陀罗尼者是诸佛之顶，乃菩萨之心，功能广大，利益无穷。诵持者速圆六度，佩带者珍灭三毒。其犹还丹一粒，点铁成金。真言一字，转凡成圣，实为脱辛劳之捷径，越苦海之要津，有斯胜意，命工镂板，（以）此功德上报四恩，下资三有，法界含灵，同生净土。时天庆元年十月日印施"，左面为梵文，中间一横行汉字"不空羂索"。接前页，知为陀罗尼经发愿文。

（二十二）佛经咒语

英藏残经中有一些单条佛经咒语，如2148、2519、2520、2521、2665号等。

此外英藏佛经还有《十六修天母》、《聚轮食奉顺等》等。

三 其他

（一）汉文文书

2731、2732、2733、2734号，汉文文书残片，2731有"屈栗"、"加三利"，2733有"……人康嵬兀嵬"2733号背面有"嵬名那征"，应为典当文书。关于西夏时期的汉文典当文书，最先发现英藏斯坦因所得西夏天庆十一年典当文书，法国人马伯乐发表在《斯坦因在中亚细亚第三次探险的中国古文书考释》第一辑。后俄藏文献中也发现类似文书,且年代更早。①

(二) 佛画

2718 号,佛画残片,残高 6.8、宽 17 厘米,刻本,有人物(力士之类),有建筑,应是经首大型版刻佛画的一部分。斯坦因于黑水城所获佛画甚多,复印件仅见此残页。

(三) 汉文佛经

2719、2720、2722—2728、2730、2735—2737 号,皆为汉文佛经残片,有写本,有印本,大小不等,形式不一,证明当时流行多种汉文佛经。

(四) 藏文佛经

2481 号,藏文残页,写本,3 行;V 藏文残页,写本,3 行。

(五) 盖有印章的文书

2309 号,文书残片 1,高 12.4、宽 8.6 厘米,草书,盖有印章,系长方形,似为方印的一半,高 7、宽 3.5 厘米,印文西夏文篆书。

(原载《国家图书馆学刊》(西夏研究专号) 2002 年增刊)

---

① 《俄藏黑水城文献》第 3 册,第 37—38 页。

西夏书籍的编纂和出版

西夏是中国中古时期一个重要的多民族王朝，他以党项族为主体民族，境内还有人数众多的汉族以及回鹘、吐蕃等族。西夏先与北宋、辽朝鼎立，后与南宋、金朝对峙。西夏历十代帝王，享国190年，有广袤而大体稳固的领土，有完备的典章制度。

西夏武功赫赫，文教兴盛。在西夏的文化事业中，创制和推行记录党项族语言的西夏文字（番文或蕃文）具有突出的民族特点。在西夏境内，西夏文作为国字广泛流行，汉文也同时使用，在一定范围内也使用藏文。西夏灭亡后，党项族历经元、明逐渐消亡，西夏文也成为无人可识的死文字。后来由于人为的破坏和自然的朽毁，已难以见到西夏时期出版的书籍。20世纪初期，大批西夏书籍在中国的黑水城被发现，使部分尘封七八百年的西夏古籍重见天日。[①] 此后宁夏、甘肃、内蒙古又陆续出土不少西夏文献，使西夏书籍更加丰富。用西夏文、汉文和藏文书写、刻印的出版物是西夏文化最重要的载体。

现存的西夏图籍约500种，共有数千卷册。关于西夏图书的编撰出版，史书缺乏记载。研究西夏书籍的编纂和出版，一方面要尽量发掘和利用不多的汉文记载；另一方面主要是依靠出土的西夏出版物本身及其序言、跋尾和题款中的相关资料。[②]

[①] 自1993年开始中、俄开始合作整理俄罗斯藏黑水城出土西夏文献，已陆续出版。见史金波、魏同贤、[俄]克恰诺夫主编《俄藏黑水城文献》第1—11册，上海古籍出版社1996—2000年版。

[②] [俄]捷连基耶夫—卡坦斯基：《西夏书籍业》（1981年），王克孝、景永时译，宁夏人民出版社2000年版。该书介绍了俄藏西夏书籍的情况，以版本、质料、制作见详，有关编辑出版者涉猎较少。

一 中原地区典籍的翻译

西夏既能发展党项族的民族文化，也善于吸收其他民族的文化特长充实自己。在出版方面也是如此。西夏统治者深知中原王朝有源远流长的文化，有丰富的典籍，要提高和发展西夏的文化，必须大力吸收、借鉴中原地区的文化营养。因此，翻译、出版中原地区的著作成为西夏出版的重要组成部分。西夏不仅从中原汉族地区引进、翻译世俗著作和佛教经典，还把西部藏族地区的藏传佛教经典翻译过来，同时需要把本朝编纂的重要西夏文著作译成汉文。西夏译著的繁荣不仅与当时使用汉文的宋朝不同，与同是少数民族为主体的辽、金王朝也很不相同。辽、金王朝虽也创有民族文字，但民族文字的应用和出版都难以和西夏相提并论。

（一）儒学经典的翻译

西夏建国前，元昊命野利仁荣创制西夏文字后，"教国人记事用蕃书，而译《孝经》、《尔雅》、《四言杂字》为蕃语"。① 所译《孝经》、《尔雅》、《四言杂字》应是西夏最早出版的书籍。

西夏毅宗谅祚曾于嘉祐七年（1062年）向宋朝求赐字画和经史书籍，"夏国主谅祚上表求太宗御制诗章隶书石本，欲建书阁宝藏之。且进马五十匹，求《九经》、《唐史》、《册府元龟》，及本朝正至朝贺仪。诏赐《九经》，还其马"②。可见宋朝在西夏前期曾应西夏之求，赐给其《九经》。西夏是否将《九经》全部翻译成西夏文，不得而知。但在现存的西夏文文献中已经发现了刻本的《论语》，写本的《孟子》、《孝经》。

西夏人不仅翻译儒学经典，还为中原地区有影响的儒学著作注释解义。西夏仁宗时的国相斡道冲"八岁以《尚书》中童子举，长通《五经》，为蕃汉教授。译《论语注》，别作解义二十卷，曰《论语小义》，又

---

① 《宋史》卷四八五《夏国传上》。
② （宋）李焘：《续资治通鉴长编》卷一九六"嘉祐七年四月己丑"条，中华书局2004年版，第4745页。

作《周易卜筮断》，以其国字书之，行于国中，至今存焉"①。斡道冲是番族（即党项族）人。当时《尚书》可能已译成西夏文，并进入学校教学。斡道冲长大所通晓的《五经》也应是在西夏流传的书籍。斡道冲所作的《论语小义》和《周易卜筮断》属于西夏学者以中原经书为基础撰著的书籍。

(二) 史书、类书和兵书的编译

由于西夏统治者和社会的需要，西夏还将中原地区影响较大的史书、类书和兵书翻译或节译为西夏文本。唐代吴兢编撰的《贞观政要》，总结了贞观之治的经验，是一部历代统治者十分看重、流传很广的书。西夏在接受儒学的同时也接受了中原王朝治国的原则和理念。西夏把《贞观政要》节译为西夏文本，名为《德事要文》，刻印出版。②

西夏后期编印出版的另一部重要书籍是番大学院教授曹道安编译的西夏文《德行集》，根据节亲嵬名渊计的序言可知，此书是奉敕命为刚登基不久的桓宗皇帝治国参考而编辑的："因此圣旨已出，乃命微臣，纂辑古语，择抉德行可观者，备成一本。臣等……欲使圣帝察前后兴衰本，知古今治乱源。然无直人之门，无所行道，今悟不存。因得敕命，敬上顿首，欢喜不尽，结合众儒，纂集要领。……引古代言行以为本，名为《德行集》。谨以书写，献于陛下。"编辑此书的目的十分明确，即编译中原古代经史中有助于治国安邦的言论，供年轻的皇帝披览，以明治国之道，以利维护统治。此书的印刷出版又扩充了他的使用范围。③

还有一部同名西夏文《德行集》是从汉文本翻译而来，其书末题款有"此《德行集》者原本是汉本"，但至今未能找出他的汉文译本。其内容与前本不同，以儒学的观点阐述为人处世之道，是劝世著作。④ 叙述春秋

---

① （元）虞集：《道园学古录》卷四《西夏相斡公画像赞》。
② 《俄藏黑水城文献》第 11 册，第 133—141 页。[俄] 克恰诺夫：《吴兢〈贞观政要〉西夏译本残叶考》，《国家图书馆学刊》增刊（西夏研究专号），2002 年。
③ 《俄藏黑水城文献》第 11 册，第 142—155 页。参见聂鸿音《德行集研究》，甘肃文化出版社 2002 年版。
④ 《俄藏黑水城文献》第 10 册，第 195—200 页。

时代历史的《十二国》也编译成西夏文刻印出版。还编译引用了 20 多种汉文古籍的佚名著作。①

《类林》是唐代于立政编撰的一部重要类书，分类记古人事迹，分十卷五十目，每一目下包括若干故事。除引用常见书外，还有很多现已罕见或已遗失的古书，十分珍贵。西夏时期该书被全部译成西夏文刻印出版。在西夏文《类林》卷四末有题款记"乾祐辛丑十二年六月十二日刻字司印"，印书时间为乾祐十二年（1181 年），已近西夏晚期。因此书卷首已佚，序言不存，无从考察开始翻译出版此书的情况。此后中原汉文原书失传。近代在敦煌石室出土了汉文本《类林》残卷，但内容很少，不足以窥《类林》全豹。而西夏文本《类林》的发现并转译成汉文本，恢复了古《类林》本，起到了使《类林》失而复得的作用。②

党项民族俗尚武力，西夏以军事兴国，建国前后不断与相邻的宋、辽、回鹘、吐蕃发生战争，因此对用兵特别重视。于是西夏把中原地区的主要兵书翻译成西夏文刻印出版。如《孙子兵法三注》、《六韬》、《黄石公三略》。特别是《孙子兵法三注》不仅有刻本，还有抄本。目前已发现的西夏文兵书皆为残本。③

（三）佛经的翻译

西夏大力提倡佛教，统治者率先尊崇，在政策上加以保护，佛教始终是西夏的第一宗教。元昊在佛教的发展方面有重要的建树，他通晓"浮屠学"。西夏在 11 世纪 30—70 年代曾先后六次向宋朝赎取《大藏经》。当时宋朝刻印完毕的《大藏经》只有《开宝藏》一种，其他几种私刻《大藏经》均未印成。由此可知，宋朝赐予西夏的《大藏经》当是《开宝藏》。④

佛经是佛教传播最重要的手段。在以党项族为主体的西夏王朝中发展佛教，在一般不懂得汉语的党项族群众中宣扬佛教，只有汉文佛经而没有西夏文佛经是难以为继的。西夏赎取《大藏经》的目的一是珍藏供养；二

---

① 《俄藏黑水城文献》第 11 册，第 82—111 页。
② 史金波、黄振华、聂鸿音：《类林研究》，宁夏人民出版社 1993 年版。
③ 《俄藏黑水城文献》第 11 册，第 156—221 页。
④ 史金波：《西夏佛教史略》，宁夏人民出版社 1988 年版，第 59—63 页。

是作译为西夏文的底本。西夏文字创造不久，大规模翻译出版佛经的事业就开始了，这就为佛教在西夏境内进一步流传、发展打下了基础。

在元昊称帝当年，就已开始把汉文佛经译成西夏文。当时的译经主持人是国师白法信。西夏文《过去庄严劫千佛名经》发愿文中记有："夏国风帝新起兴礼式德，戊寅年中，国师白法信及后禀德岁臣智光等，先后三十二人为头，令依番译。"[1] 又藏于德国的西夏文《妙法莲华经》序明确记载"风角城皇帝，依本国语言，兴起番礼，创造文字，翻译经典"[2]。"风帝"和"风角城皇帝"都指元昊，"戊寅年"为元昊称帝的1038年。西夏建国初期用了50多年的时间将《大藏经》翻译成西夏文，称作"蕃大藏经"。这部《大藏经》共有820部，3579卷。他是西夏王朝数量最大的出版物，在西夏出版史上占重要地位，在中国佛教史上也有特殊的地位。西夏文《大藏经》形成的时间，在我国少数民族文字佛经中仅晚于藏文佛经。

西夏天授礼法延祚十年（1047年），元昊"于兴庆府东一十五里役民夫建高台寺及诸浮图，俱高数十丈，贮中国所赐《大藏经》，广延回鹘僧居之，演绎经文，易为蕃字"。西夏首府东郊的高台寺是储藏汉文《大藏经》和翻译佛经的场所。回鹘僧人在西夏早期对佛经的传译和佛教的发展中起到了特殊作用。[3] 国家图书馆所藏一幅珍贵的西夏译经图描绘了西夏惠宗时期译经的真实情况。[4]很多西夏佛经的题款表明西夏惠宗和崇宗时期是西夏译经的高峰。

第五代皇帝仁宗仁孝时期的50多年中，佛教比前代有了新的发展，其影响进一步扩大。这一阶段突出的佛事活动是校勘佛经和翻译藏传佛教经典。由于这时佛教的主要汉传经典基本上都译成了西夏文，校勘这些佛经就成了一件繁难而重要的任务。西夏文《过去庄严劫千佛名经》发愿文中，在叙述了西夏译经的情况后，接着提到了西夏校经的史实："后奉护城皇帝敕，与南、北经重校。"护城皇帝即仁宗。"南经"当指西夏之前

---

[1] 史金波：《西夏文〈过去庄严劫千佛名经〉译证》，《世界宗教研究》1983年第1期。
[2] 《西夏佛教史略》，第67页。
[3] （清）吴广成：《西夏书事》卷一八，清道光五年（1835年版）刊本。
[4] 史金波：《〈西夏译经图〉解》，《文献》1979年第1期。

的宋本，即《开宝藏》。西夏以北的辽、金先后刻印了汉文大藏经，一为《契丹藏》，一为《赵城藏》，此时均先后完工，所以"北经"应是辽、金的《契丹藏》或《赵城藏》。西夏系统地校勘佛经，同时以南、北两种藏经的版本为底本进行核正，其态度认真严肃于此可见。这是佛教在西夏高度发展的反映。出土的西夏文佛教文献表明，所校经典大都出自这一时期。

除仁宗一朝校经外，也还有另外的皇帝在位时校过佛经。《佛说佛母出生三法藏般若波罗蜜多经》卷首有西夏文题款："天力大治、孝智净广、宣德纳忠、长平皇帝嵬名御校。"这一尊号属哪一代皇帝尚难断定，但据这一尊号不同于已知的景宗、惠宗、崇宗、仁宗尊号，而校经又不可能很早，估计为仁孝以后的一位皇帝。

西夏大量出版佛经除社会上佛教信众很多，对佛经的需求量很大外，西夏佛教内部制度也是佛经大量需要的原因。原来当时僧人不仅不劳作，还能蠲免赋税，很多人希望进入佛门。为防止滥度僧人，西夏法典规定：要想成为在家僧人必须能诵读《莲华经》、《仁王护国》等二部及种种敬礼法，而要成为出家僧人更为严格，应能熟练诵《仁王护国》等 11 种经颂，并要当场考核。① 法典规定对僧人读经的要求在一定程度上刺激了西夏佛经的出版。

总之，西夏翻译、出版中原地区的典籍，为其所用，满足了社会文化发展的需求，首开西夏出版的先河，并从中取得出版其他典籍的经验。

二　西夏撰著书籍的编纂

反映西夏编撰出版特点的还是西夏人自己编撰的书籍。从出土的西夏图书可以看出西夏本土撰著的书籍种类多、数量大，展示出西夏出版的规模和繁荣程度。

---

①　史金波、聂鸿音、白滨译注：《天盛改旧新定律令》，第一一"为僧道修寺庙门"，法律出版社 2000 年版。

（一） 西夏语文著作的编撰

西夏为了发展民族文化，推行西夏文，规范和扩大西夏文字的使用，便效法中原王朝和其他民族，编印多种类型的字书和韵书。

西夏文韵书《文海宝韵》是类似汉文《切韵》的韵书，但他又有解释文字构造的内容，这一点又和汉文《说文解字》类似，可以说，他具有《切韵》和《说文解字》的共同特点。《文海宝韵》包括平声、上声、入声、杂类几部分，解释了每一西夏字的字形、字义和字音。[①] 这种韵书的编辑形式在中原地区的韵书中尚无先例。《文海宝韵》具有很高的学术价值，他反映了西夏学者对本民族语言认识和研究的深度。刻本《文海宝韵》卷首残失，缺序言，正文保存有平声和杂类的大部分，缺上声和入声。有幸的是有一种《文海宝韵》的略抄本，还保留有书前的序言和卷末的题款。尽管序言和题款已成多枚残片，经拼合后仍可知其大意。其序文中有"朕"的字样，知为御制序，可见西夏皇帝对编辑、出版西夏文字书的重视。以皇帝的名义作序，已彰显出本书在当时的重要地位，御制序中又强调《文海宝韵》的作用，认为他是"全国要害"，是"增长智慧本"。序言还以比、兴的手法，以大海、高山为喻，明确指出在各行各业中以"字宝"为上，这与中原儒学一脉相承。在抄本《文海宝韵》上有书名全称"大白高国文海宝韵"[②]。书名前冠有国名，应是官修书。可见西夏统治阶层对民族语言、文字基本书籍编纂出版的重视。

《文海宝韵》的编纂时间据残序记载和推断，西夏毅宗龑都辛丑五年（1061年）受梵文、吐蕃文和汉文字的影响，开始酝酿编纂此书，成书在天赐礼盛国庆年间，即11世纪中期，属西夏前期。此御制序可推断为惠宗的御制序。惠宗时母后梁氏摄政，一反毅宗崇尚汉礼的政策，而是"复蕃仪"，推行党项族文化。系统地记录和解释"蕃文"和"蕃语"的《文海宝韵》，其编纂出版就是在这种大力推行蕃文化的背景下完成的。

[①] К. Б. Кепинг、В. С. Колоколов、Е. И. Кычанов、А. П. Терентьев‐Катанский：Море письмен（文海），1969年，莫斯科。史金波、白滨、黄振华：《文海研究》，文物出版社1983年版。《俄藏黑水城文献》第7册，第122—176页。

[②] 史金波：《〈文海宝韵〉序言、题款译考》，《宁夏社会科学》2001年第4期。

西夏文《音同》是一部流传很广、版本很多的字书。现存版本大体上可分为两种，即义长的整理本和梁德养的校勘本。一般把前者称为甲种本，把后者称为乙种本。甲种本共56页，全书将所有西夏字以声母分为9类，每类中又分为若干语音相同的字组，每组中包含多少不等的西夏字，也有部分没有同音字的独字。每字下以同义词、反义词和注释等方式解释字义。这种字书的编排方式也很独特。此书由切韵博士编著，几经学者改编、整理，特别是受到身为节亲主（皇族）、中书、知枢密院事的嵬名德照的关注和参与，可见当时对此书的重视。据甲种本序言中称："依音立字，语及句成，乃世中大宝，为庶民所看之典。"《音同》的编纂目的乃出于西夏语言、文字的学习和规范的需要。①

两种《音同》版本都是同一种著作的整理、校勘本，因此体例上是一致的。但他们在同音字组的划分和独字的区别上有很大不同。《音同》乙种本的校勘者梁德养当时是西夏的著名学者，有多种著作流传于世，对西夏文化贡献颇多。他在《音同》重校序中明确指出："德养见此书（含有）杂混，乃与《文海宝韵》仔细比勘。"② 原来的《音同》没有比照《文海宝韵》校勘，平声、上声不分，自梁德养校勘后才出现了新的变化。《文海宝韵》编成100多年后，西夏的语言学家仍需要以他来校勘《音同》，使之更加符合西夏语的语言实际。《音同》编成后一再修改、校勘，除学术上研究进展的原因外，也表明了社会的需求量大。

包括韵图和韵表的《五音切韵》是西夏另一部重要的西夏文韵书。他有6种写本。③ 其中甲种本有一篇完整的序言。其内容与上述《文海宝韵》序言颇多重复之处："今观察（各）种文，西天、羌、汉之切韵已有，今文字之五音者，平上去入各自字母已明，清浊平仄分别，重轻分清，上下品明，切字呼问，韵母摄接，为文库本。集聚寻处，永远不忘，当传行

---

① 李范文：《同音研究》，宁夏人民出版社1986年版。史金波、黄振华：《西夏文字典〈音同〉的版本与校勘》，《民族古籍》1986年第1期。
② 史金波、黄振华：《西夏文字典〈音同〉序跋考释》，《西夏文史论丛》（一），宁夏人民出版社1992年版。
③ ［日］西田龙雄：《西夏语韵图〈五音切韵〉的研究》（上、中、下），京都大学文学部研究纪要，1981年3月—1983年3月。《俄藏黑水城文献》第7册，第259—398页。

也。以朕之功德力，今因切韵者依时而竟，全国之要害，真智慧增胜本，佛法经藏、王礼律令、儒诗、清浊、阴阳、吉凶、季记、道教、医人、算法、巫歌本集等，行文之本源也。譬如大海深广，诸水积处不竭不涨，用寻皆有；日月普照，愚智悉解。各山中须弥最高，诸业中一切无比宝中文宝最上。是故建立《五音切韵》者，摄《文海宝韵》之字，名义不杂混用之纲纪也。此义当知。"① 序中有"朕"的字样，也应是御制序。末句"是故建立《五音切韵》者，摄《文海宝韵》之字"，证明《文海宝韵》成书在前，《五音切韵》编纂于后。《五音切韵》的序言也是大部分抄录《文海宝韵》的序言。看来《五音切韵》也作于惠宗时期。《五音切韵》的编撰和《文海宝韵》一样，也是在"复蕃仪"这种文化背景下的产物。他们是西夏民族文化高度发展、出版事业兴盛的产物。

还有一种集编西夏文同义词的《义同》，集同义词或近义词为句，每句七言，间有八言者，共存32页，有西夏字4000余，无其他注释。② 从其书末题款有书者、年款、校阅者，后又有抄写者，前者应为刻本的书写者，后者是抄录刻本者。此书是著名学者御史承旨番学士梁德养阅校，原应有刻本，但至今发现的只有写本。此书便于举一反三地了解西夏文字义。

（二）西夏史书和法典的编撰

西夏设有掌管文字的番汉二学院，应对修撰本国历史有所作为，至少会积累、搜集相关的资料。西夏毅宗谅祚于嘉祐七年（1062年）向宋朝求赐《九经》、《唐史》、《册府元龟》，但宋朝只赐予《九经》而不给《唐史》，因为其中记载了有关少数民族的史实，宋朝统治者不愿让西夏知晓。当时西夏求赐中原史书也可能有参考借鉴编辑本国历史的用意。记载西夏正式编次史书是仁孝时期。天盛十三年（1161年）仁宗"立翰林学士院，以焦景彦、王签等为学士，俾修《实录》"。③ 然而西夏编辑《实

---

① 此序西田龙雄教授曾全文翻译，见《西夏语韵图〈五音切韵〉的研究》（上），第122—123页。后李范文教授录入《同音研究》，见该书第23—26页，本文译文有所改动。
② 《俄藏黑水城文献》第10册，第70—107页。
③ 《宋史》卷四八六《夏国传》，中华书局1977年版，第14025页。

录》的具体情况并无详细说明，甚至这部《实录》也未流传下来。西夏的翰林学士院在西夏法典《天盛律令》所有职司中并无记载，他也可能就是番汉二学院的一种汉文译法。

仁宗时三次出使金朝的官员李师白尽得金国民风土俗，著《奉使日记》三卷。① 内容当有夏金关系和金国社会状况。可惜此书也未传世。

西夏晚期罗世昌曾编撰《夏国世次》。罗世昌在西夏晚期三朝为官，桓宗时任观文殿大学士，献宗时曾出使金国，后辞官"谱《夏国世次》二十卷藏之"②。看来这部重要的西夏史书当时没有印行，也未流传到后世。

编纂西夏法典是西夏出版史中的大事。《宋史·夏国传》载元昊"案上置法律"③。这种法律书籍，是西夏自己编辑出版的本朝法典，抑或借鉴其他王朝的法律著作，难以确定。在出土的西夏文献中确实有比较完整的西夏王朝法典《天盛改旧新定律令》（以下简称《天盛律令》），西夏仁宗时期修订的《天盛律令》是一部系统、完备的王朝法典。④ 此外又有以《天盛律令》为基础的《新法》、《法则》等。此外还有军事法典《贞观玉镜统》。

《天盛律令》卷首的《颁律表》，不仅提到编修和进呈，还涉及颁行出版："奉天显道耀武宣文神谋睿智制义去邪谆睦懿恭皇帝，敬承祖功，续禀古德，欲全先圣灵略，用正大法文义，故而臣等共议论计，比较旧新《律令》，见有不明疑碍，顺众民而取长义，共计成为二十卷。奉敕名号《天盛改旧新定律令》。印面雕毕，谨献陛下，依敕所准，传行天下，着依此新《律令》而行。"以上尊号所指皇帝为西夏仁宗。《天盛律令》既称"改旧新定"，在此之前西夏应已编定法律。西夏军事法典《贞观玉镜统》第三卷中有一条规定：对隐藏缴获敌对物者，按《律令》中受

---

① （清）吴广成：《西夏书事》卷三七，第7—8页，清道光五年小砚山房刻本。
② （清）吴广成：《西夏书事》卷四二，第6页，清道光五年小砚山房刻本。参见《金史》卷一三四《西夏传》，中华书局1975年版，第2876页。
③ 《宋史》卷四八五《夏国传》，中华书局1977年版，第13993页。
④ 史金波、聂鸿音、白滨译注：《西夏天盛律令》（以下称《天盛律令译注》），《中国珍稀法律典籍集成》甲编第5册，科学出版社1994年版。

贿从犯判断。① 可见西夏至少在崇宗贞观年间（1101—1113 年）就有王朝法典《律令》，这要比天盛年间（1149—1169 年）早四五十年。《颁律表》中有"用正大法文义"、"比较旧新律令"、"着依此新律令而行"等文字，皆可作为西夏早有《律令》的佐证。《颁律表》又指出，旧律有"不明疑碍"处，故而要加以修订。看来，西夏重新修律的目的是依据实际情况，使律令便于理解和实施，更加有利于王朝统治。

"天盛"为西夏仁宗年号，共二十一年。由于《天盛律令》中未记有具体年款、干支，因而难以确定此律令颁行的具体时间。西夏天盛年间正是权臣任得敬入朝、专权、分国、覆灭的时期。从《天盛律令》的内容看，这部法典是极力维护皇权的，除规定对种种有碍皇权的行为处以重刑外，还规定得封王号者须是皇族嵬名氏，在番、汉官员的排列上，官位相同时，番人在前，汉人在后。这些规定对汉人任得敬来说，都是其升耀、篡权的障碍。从纂定《天盛律令》人员构成还可看出修律的主要负责人为皇族嵬名氏，在前 9 位有封号的官员中嵬名氏占 6 位，在全部参加纂定的 19 人中党项人居多数，其中无一人为任氏。修律者以党项人为主，皇族嵬名氏占主导地位。《天盛律令》很可能是在任得敬入朝不久、影响尚不很大的天盛初年颁行的。《天盛律令》是一部系统的王朝法典，是中国中古时期唯一保存基本完整原本的法典，十分珍贵。他也是中国历史上继《宋刑统》以后又一部印行出版的王朝法典，也是第一部用少数民族文字刻印、颁行的法典。②《天盛律令》20 卷中有 9 卷完整，10 卷各有不同程度的残缺，1 卷全佚，现保存约为全书的六分之五。书前有所谓"名略"，是各律条的名称，为全书的总目录。通过"名略"可大致了解残失条文的主述内容。

《天盛律令》从形式到内容都接受了中原王朝成文法的成熟经验，特别是《唐律疏义》和《宋刑统》都对西夏《天盛律令》产生了重大影响。然而西夏是以少数民族为主体建立的王朝，所修律令也有自己的特点。在

---

① 陈炳应：《贞观玉镜统研究》，宁夏人民出版社 1995 年版，第 90 页。《俄藏黑水城文献》第 9 册，第 345—365 页。
② 史金波、聂鸿音、白滨译注：《天盛律令》，《中华传世法典》之一，法律出版社 2000 年版。史金波、魏同贤、[俄] 克恰诺夫主编：《俄藏黑水城文献》第 8 册，上海古籍出版社 1998 年版。

内容上具有民族和地方的特色，更为丰富，并且在形式上也与唐、宋律有很大不同。《天盛律令》在篇目设置上很有特点，他未明确区分为若干律，各部分内容排列次序与唐、宋律差别很大。他与《宋刑统》相近的是每卷有多少不等的门，共150门，分1461条。形式上另一特点是全部为统一格式的律令条目，既没有条后附赘的注疏，也没有条外另加的令、格、式、敕。这样不仅使律条眉目清晰，易于查找，也可避免律外生律，敕条紊乱、轻视本条的弊病。西夏律法能依据本朝实际情况，别开生面，将律（刑法）、令（政令）、格（官吏守则和奖惩）、式（公文程式）系统地编入律令之中，使之成为整齐划一、条理清楚、比较完备的法典，便于使用翻检。

《天盛律令》的又一个特点是创立了分层次的条款格式。一条中若包含几项不同情况，则分几小条叙述，若小条下再有几项内容，则再分几小款叙述，分条降格书写，其他依此类推。这种条文形式使内容纲目分明、层次清楚，很近于现代的法律条文形式。在中古时期西夏创造了这种一目了然、便于掌握使用的律令条目形式，是中国法制史和出版史上一次大胆的、成功的革新。可以说，《天盛律令》在出版形式上的系统性、层次性在当时是绝无仅有的。西夏王朝虽也是封建社会，但他没有中原王朝那么多传统束缚，因此在编纂出版法典时能在融会贯通前代法典的基础上，突破旧的形格势禁，在编辑出版法典方面取得新的进展，在中国法制史上占有重要地位。①

《贞观玉镜统》是西夏贞观年间的一部专门的军律，黑水城出土有残刻本，蝴蝶装版心有西夏文页码，各卷自成起讫。该刻本保留了残序半页，指明此军事法典的制定为正军令，明赏罚，规范将帅至士卒在用兵、行军、作战时的行为。内容有为将帅受命、牌印旗鼓、行军布阵、作战中杀敌、俘获的功赏、损失兵马、虚报隐瞒俘获罪、进攻和胜利的规定。②这种军法制定的目的是为刺激将士用命，保证战争的胜利。他具有很大的

---

① 史金波：《西夏〈天盛律令〉及其法律文献价值》，《法律史论集》第1卷，法律出版社1998年版。

② ［俄］E. I. 克恰诺夫、H. 弗兰克：《十一—十三世纪西夏和中国军事法典的渊源》，1990年。陈炳应：《贞观玉镜将研究》，宁夏人民出版社1995年版。

权威性，只能是官修。

中国的军事著作很丰富，主要是兵书和兵制。至今稀见类似《贞观玉镜统》这样的专门军法文献。北宋曾公亮等奉敕撰《五经总要》载"罚条"70多条，文字仅数页。西夏的《贞观玉镜统》虽是残本，至少分为四卷，条款内容丰富，有罚有赏，且有具体时代。可以说是中国现存最早的一部专门军事法律著作，丰富了中国法律文献的内涵，具有重要的文献价值。

（三）西夏类书的编撰

西夏有一种大型西夏文类书《圣立义海》，他记录了西夏的自然状况和现实社会制度与生活。该书为5册，十五卷，每卷分为多少不同的类，共合142类，每类中有若干词语，每一词语下有双行小字为之注释。第一卷至五卷为星宿、天象、时令、山川、草木，第六卷、七卷、九卷为农田、物产、耕具、畜产、野兽，第八卷、十卷至十二卷为服饰、饮食、皇室、官制、佛法、司事、军事，第十三卷至十五卷为人品、亲属、婚姻、贫富等。全书约计200页。该书存有残刻本，仅存原书四分之一左右。[①]

《圣立义海》书前有诗序，其中有关编辑出版意图的有："……世事名广以文记，国业多义以字显；佛法世经德行礼，王仪式歌诗赋中；选界察典顺辩才，决断义论依知做；天下诸物空边等，地上名号如大海；臣等智微讷辩才，义章不准后智合。"意为世上事物名目繁多，物品、国事、佛事、仪礼、典章等都要记录下来。残本中未见这部重要著作编著者的具名，只知是一些大臣。这样内容丰富的类书，特别是其中有西夏的山川地理和包括皇室在内的典章制度，也应是官修书籍。第一卷末有题款记为乾祐十三年（1182年）新行印制，证明此书前已有刻本问世。

（四）西夏蒙书的编撰

由于西夏社会教育的需要，除官修的经、史、类书外，又有多种蒙书

[①] 《俄藏黑水城文献》第10册，第243—267页。[俄]克恰诺夫、李范文、罗矛昆：《圣立义海研究》，宁夏人民出版社1995年版。

出版。其中西夏文—汉文双解词语集《番汉合时掌中珠》很有特点。全书共37页，以天、地、人分类，将社会上常用词语按天形上、天相中、天变下、地体上、地相中、地用下、人体上、人相中、人事下分为九类，其中以人事下内容最多。每一词语都有四项，中间两项分别为西夏文和相应意义的汉文，左右两项分别为中间西夏文和汉文的相应译音字。懂汉语文不懂西夏语文的人可通过此书学习西夏语文，而懂西夏语文不懂汉语文的人也可通过此书学习汉语文。《番汉合时掌中珠》是番人、汉人互相学习对方语言文字的一部工具书。正如作者在序言中说："然则今时人者，番汉语言，可以具备。不学番言，则岂和番人之众；不会汉语，则岂入汉人之数。番有智者，汉人不敬；汉有贤士，番人不崇。若此者由语言不通故也。"作者还直接阐明编纂此书的原则和目的："准三才集成番汉语节略一本，言者分辨，语句昭然，言音未切，教者能整。语句虽俗，学人易会，号为《合时掌中珠》。"[①]显然这是一部用于番、汉民族学习对方语言、文字的通俗著作。此序末记载时间为乾祐二十一年（1190年），属西夏后期。尽管这时距西夏灭亡只有37年，此书也非一次出版，中间也有修订。现所见至少有两种版本。在第7页有"此掌中珠者三十七面内更新添十句"。可见这是一个增补本。

  《新集碎金置掌文》也是蒙书的一种，简称《碎金》，约成书于12世纪初期以前，全文1000字，每句五言。编者巧妙地将1000个不重复的西夏字编成了长达200句、100联的五言诗，编排方法和叙事列名的顺序与汉文《千字文》相仿，只不过本书每句五言，《千字文》每句四言。书中正文开始是自然现象、时节变化等，后为人事，包括帝族官爵、番姓和汉姓、婚姻家庭、财务百工、禽兽家畜、社会杂项等。《碎金》反映了西夏的社会、民族、习俗、文学状况。在第39联后有12联120个汉姓，不仅有姓氏本身的意义，还有隐含的双关意义。如"金严陶萧甄，胡白邵封崔"，隐含着"金银大小珍，琥珀少翡翠"；"曹陆倪苏姚，浑酒和殷陈"，隐含着"秋露宜酥油，浑酒和茵陈"。作者编辑此书匠心独运，形成本书

---

  ① 《俄藏黑水城文献》第10册，第1—37页。黄振华、聂鸿音、史金波整理：《番汉合时掌中珠》，宁夏人民出版社1989年版。

的大特点。

关于《碎金》的编纂目的和方法，序言中已经阐明："夫人者，未明文采，则才艺不备；不解律则，故罪乱者多。今欲遵循先祖礼俗，以教后人成功，故而节略汇集眼前急用要义一本。不过千字，说释总摄万义。……五字合句，四二成章。睿智弥月可得，而愚钝不过经年。号为《碎金置掌文》。"该书编书目的是明文采、解律令、懂礼俗、教成功、聪明者一月可以学会，不聪明的人一年也可以学成。实际上是一本速成识读西夏文的蒙书。①

西夏文《三才杂字》（简称《杂字》）黑水城出土有多种版本，其中有刻本。后来在甘肃武威和敦煌也发现了西夏文《杂字》刻本残页。《杂字》在中原古代属字书一类，最初大多用为乡塾的识字课本，后逐渐风行民间。但因其很少讲到古代"圣贤"的言论，始终不列学官，导致其地位跌落，书籍散失。敦煌石室曾出土汉文本《杂字》，虽有 10 种，都是残缺不堪的散页，难窥见《杂字》类书籍的全貌。

西夏文刻本《三才杂字》内容包括了西夏语的常用词语，以天、地、人分为三品，每品分为若干部，每部又包括若干词。其各部目录为："上天第一"，包括天、日、月、星宿、闪、雷、云、雪、雹、霜、露、风、天河；"下地第二"，包括地、山、河海、宝、绢、男服、女服、树、菜、草、谷、马、骆驼、牛、羊、飞禽、野兽、爬虫昆虫；"中人第三"包括番族姓、人名、汉族姓、节亲与余杂义合、身体、舍屋、饮食器皿、□日略类、诸司与余用字合、军杂物。其序言中强调此书为民庶学习而作："彼村邑乡人，春时种田，夏时力锄，秋时收割，冬时行驿，四季皆不闲，又岂暇学多文深义？愚怜悯此等，略为要方，乃作《杂字》三章。此者准三才而设，识文君子见此文时，文缘志使莫效，有不足则后人增删。"此书有多种版本，可见他的出版适应了社会的需要，是流行较广的一部书。②

西夏还编辑了一种汉文本《杂字》，这是西夏保存至今为数不多的汉

---

① 史金波、聂鸿音：《西夏文本〈碎金〉研究》，《宁夏大学学报》1995 年第 2 期。
② 聂鸿音、史金波：《西夏文〈三才杂字〉考》，《中央民族大学学报》1995 年第 6 期。史金波：《敦煌莫高窟北区出土西夏文文献初探》，《敦煌研究》2000 年第 3 期。

文世俗著作之一。该书以事门分类的词语集，分为 20 部，有汉姓、番姓、衣物、诸匠、音乐、居舍、官位、司分地分、亲戚长幼等，反映了西夏的民族姓氏、生活用品、生产活动、文化生活、政治生活等西夏社会生活的方方面面，为了解西夏社会提供了很多第一手资料。①

西夏人还别出心裁地编撰了一部奇特的西夏文辞书，名为《纂要》。该书以事门分类，残本存第五类"器皿"，第六类"乐器"，第七类"花名"。其中每一个西夏文词语都用汉语注释，但这种注释并不用汉字，而是用为汉字注音的西夏字。此书对懂得汉语又粗通西夏文的人了解西夏词语的准确含义很有帮助。编辑出版这样的辞书同样表明当时西夏境内番、汉语言同时使用、互相交流的需要，也反映了编著者的匠心。

（五）西夏文学作品的编撰

西夏重视民族文化，把流行于社会的谚语，编辑整理成《新集锦合辞》。此书是仁宗乾祐七年（1176 年）初编，作者去世后于乾祐十八年（1187 年）增补，共有 364 条谚语，每条谚语由两句前后对仗的文字组成。西夏谚语内容十分丰富，反映出西夏的社会习俗，特别是党项民族的聪明睿智和生活理念。如"权者宅门设恶人，富者院中闹恶犬"；"无德富贵天中云，非道贮财草头露"；"不敬有智敬衣服，不爱持信爱持钱"。这些富有哲理性的文句中，包括了不少具有民族特点、充满生活气息的内容，特别是一些与游牧生活有关的内容更具有浓厚的地方、民族、时代特点。

刻本《新集锦合辞》基本完整。在作者梁德养死后，接续完成整理者王仁持写的序言也提及编纂此书的宗旨："千千诸人不离礼式，万万民庶谚语何弃。虽如此爱信，然句数众多，诸本中因差异……因此德养引用诸文中各事，辩才寻句；中顺诸义，要择语词；句句相承，说智者道；章章合和，演愚俗礼。如此各义诸事说用谚语虽大体已集，然首尾未全，及德养寿终去世，此书自然已晦搁置。仁持欲□先智之□□，成后愚者利益，

---

① 史金波：《西夏汉文本杂字初探》，《中国民族史研究》（二），中央民族学院出版社 1988 年版，第 167—185 页。

使□□首末成篇，序文具全，以流传世间，若文意非准，智者莫嫌。"① 作者编辑谚语集的目的为"说智者道"、"演愚俗礼"，使之在世间流传。这种书籍的编纂、出版在中国的中古时期也很有特点，其宣扬民族文化、开启民智的意图显而易见。

西夏重视本土文学也反映在西夏出版诗歌集上。黑水城出土文献中有用西夏文撰写刻印出版的诗歌集。其中包括《赋诗》、《大诗》、《月月乐诗》、《道理诗》、《聪颖诗》等，题款载明为乾祐十六年（1185年）刻印。诗歌集背面是佚名的写本诗歌集，包括《巡行西方烧香歌》、《同乐万花堂歌》等28首。还有一写本诗歌集中有《有智无障歌》等7首，每首题目下有作者。② 在无法知晓西夏诗歌全貌的情况下，这些诗作是透视西夏诗歌最重要的窗口。

（六）西夏历书和医书的编撰

党项羌建立的夏州政权是中原王朝的一部分，奉中原正朔，采用汉地历法。西夏前期所用历法为宋朝颁赐的历法。宋乾兴元年（1022年）曾向西夏"遣合门祗候赐冬服及颁《仪天具注历》"。③ 表明西夏遵从中原王朝的"正朔"。元昊称帝，宋朝视为叛逆，自然停止了颁历。这时，元昊"自为历日，行于国中"。后随两国关系的好坏，历书也时颁时停。④ 这就促使西夏自己编制历书。现存的西夏历书有多种，其中有写本西夏文—汉文合璧历书，为表格式，每年一表，右上角有该年的干支。其中一种是从西夏元德二年（1120年）至天庆十年（1203年）连续84年的历书，历经西夏崇宗、仁宗、桓宗三朝。表中每月一行，各行分为很多横格，自上而下为月序、该月朔日干支、日、木、火、土、金、水、罗睺、月孛、紫炁等星宿与该月时日的关系。⑤ 由此历书可知，各年的日干支和中原历书

---

① 陈炳应：《西夏谚语——新集锦成对谚语》，山西人民出版社1993年版。
② 《俄藏黑水城文献》第10册，第267—315页。
③ 《宋史》卷四八五《夏国传上》，中华书局1977年版，第13992页。
④ 《宋史》卷一一《仁宗纪三》，中华书局1977年版，第221页。（宋）宇文懋昭：《大金国志》卷一一，中华书局1986年版，第167页。
⑤ 俄罗斯藏黑水城出土文献，8085号。

完全一致。这种用西夏、汉两种文字制作的历书，也许说明在西夏党项人和汉人共同研究编辑历法。

历书是民间广泛使用的书籍，每年都要更新，属于发行量很大的出版物。西夏为适应社会需要，不断印刷出版历书。已发现的多种汉文印本历书，皆为残片。其中既有刻本也有活字本。据这些历书残片知为具注历，一年中每月开始有一大竖格，又分为若干横格，横格自上而下为正月至十二月的月序、月九宫、月建、节气时刻等。一月中每日占一竖格，也分为若干横格，横格自上而下为各日日期、日干支、以五行表示的纳音、建除十二神、二十八宿、月上下弦、蜜日注、物候、吉凶注、日出日入时刻、人神所在等，内容十分丰富。这与敦煌发现的宋代具注历日的形式基本一样，并且增加了二十八宿。① 又有汉文乾祐十三年（1186年）刻本历书残页。② 两种历书残片都有多处"明"字缺笔避讳。这是避讳李德明名字中的"明"字。说明这些残历书都是西夏出版的历书。当时中国的历法计算和历书的制定具有先进水平。西夏出版的历书借鉴中原历法的成就，也有和中原地区相同的科学水平。

西夏的政府机构中有专门医治疾病和制药的医人院、制药司。③ 表明西夏重视医学和医药。出土的西夏文献中有多种医书。如西夏文《治热病要论》存38页，主要内容是治疗妇女病、恶疮病等，中有病名、药品、药量、煎法、服法，一般不用多种药配伍，似属单方、验方之类。又有封面题《明堂灸经》，首页标题《新译铜人针灸经》，存19页。其序言提到"依孙思邈明堂经中说"，又有"诸人莫生疑，当依此作"，应是权威针灸著作，可能是西夏据中原著作改编的著作。还有西夏文医方残卷，有的包含有治疗牙齿病痛、消瘦不止、热寒恶暑、腰痛及胃寒、肾虚耳鸣、妇人乳痛、口疮、目眩、目赤等。每一药方中都有所治病症，若是成药还有药名，有的则没有成药名，后列所用中药名及所用药量，最后是制作方法和服用注意事项。黑水城遗址还出土有形式类似的汉文医方残页。④

---

① 邓文宽：《敦煌天文历法文献辑校》，江苏古籍出版社1996年版，第513—672页。
② 史金波：《黑水城出土活字版汉文历书考》，《文物》2001年第10期。
③ 《天盛律令》第十"司序行文门"，第372页。
④ 《俄藏黑水城文献》第4册，第174—189页。

1971年在甘肃武威发现的西夏遗物中，有一件西夏文写本药方残页，内容是治疗伤寒病的药方，内列传统中药牛膝、椒、秫米等，煎法、服法也与传统中医一致。① 西夏的医书表明其医学知识主要学习中原的传统医学。这些书籍的出版、流行扩大了医书的传播和使用范围，是西夏医学发展的证明。

（七）西夏佛经的编撰

西夏不仅翻译汉文佛经，一些僧人还编撰了不少佛学著述，有的以汉文出版，有的以西夏文出版。现在所见西夏编辑的佛教著作多为西夏后期的版本，其中又以藏传佛教内容为主，参加撰作的有西夏的帝师、国师、法师等高僧。可能西夏后来随着佛教信仰的深入，造诣较高佛学人才的成熟，特别是藏传佛教的传入，西夏本土撰著出版的佛教著作便丰富起来。

贤觉帝师是仁宗时的佛教领袖，他的撰著有《圣观自在大悲心依烧食法事》、《圣观自在大悲心依净瓶摄受顺》、《一切如来百字要论》等十多种保存下来。《大乘要道密集》是一部由元、明、清宫廷流传的密藏佛法珍本，原被认定为元朝初年帝师八思巴给元世祖传法密宗法本的汉译本。此集经整理后共有83篇，其中有传、译者的36篇中八思巴集撰的只有4篇，已知17篇是西夏僧人所作。参加传译的有西夏的大乘玄密帝师以及其他国师、法师等。这样一部在中原地区流传的重要藏传佛教经典中，竟有这样多的西夏时期的作品，从经典的传播角度不难看出西夏对藏传佛教的撰著中所起的重要作用。② 此外述作藏传佛教著述的还有觉照国师法狮子，他传有《魔断问答要论》、《道之中禁绝顺要论》等著作多种五明国师拶也阿难陀传《番语顶尊胜相总持功德依经录》、《圣观自在大悲心恭顺》等，寂照国师传《净土求生顺要论》等。

黑水城出土西夏文文献中还有不少因明学著作，系与藏传佛教一起传入西夏。作为古代印度逻辑学的因明，11世纪传入西藏，西夏很快接受了

---

① 史金波：《〈甘肃武威发现的西夏文考释〉质疑》，《考古》1974年第6期。
② 陈庆英：《西夏及元代藏传佛教经典的汉译本》，《西藏大学学报》2000年第5期。史金波：《西夏的藏传佛教》，《中国藏学》2002年第1期。

因明学，并编译有关著作。其西夏文传译流传的著作如《正理滴之句义显用》、《正理滴特殊造》、《正理空幢要语》、《正理滴第一义释记》、《正理滴第三义释记》等。说明当时西夏已经有比较深厚的因明学基础。

天庆七年（1200年）西夏僧人金刚幢译，僧人智广、慧真所辑的《密咒圆因往生集》一卷，辑录了31种经咒。这是后来列入汉文大藏经的西夏人著述。集前有西夏中书相贺宗寿所作序。西夏人自己编辑的这部佛教著作，虽不过万言，但从序中得知当时还请西域和西夏的僧人，用汉本和梵本反复校译，以汉文和西夏文两种文字雕印流行。①

西夏僧人兰山慈恩寺护法国师一行沙门慧觉在夏元之交编辑了《大方广佛华严经海印道场十重行愿常遍礼忏仪》，简称《华严忏仪》，共42卷。《大方广佛华严经》是一部重要的佛教经典，后世所做的注、疏、论、解，种类繁多，但此经的忏仪到夏、元之际才由西夏僧人作出。西夏后期大量接受藏传佛教，讲求仪轨，所以编撰《华严忏仪》正是当时的佛教信仰的特点。

三 刻本书籍的出版

西夏出版的形式也受到中原先进而多样的出版形式的重要影响。西夏重视图籍出版的复制技术，大力发展了刻印出版事业。西夏在当时宋朝发达的刻印出版的影响下，不仅应用了汉文书籍的出版，同时开创了西夏文字图籍的雕印出版。西夏境内的一些地区，早在五代和宋初，就已经有了发达的刻印事业。如在敦煌发现的五代后晋时期的观音像和《金刚经》，就是当时归义军节度使、瓜沙等州观察使曹元忠发愿刻印的。证明西夏地区早有刻印书籍的基础。宋、辽、金发达的刻印事业和高超的刻印水平，也会对西夏产生直接的影响。黑水城出土的文献中就有不少宋朝出版而流传到西夏的图籍。与西夏邻近的山西平阳（平水），在金代印刷作坊林立，是当时的刻印中心。平阳出版的精美印刷品也流传到了西夏，有的还保存至今，如从西夏黑水城遗址出土的《四美图》上标明"平阳姬家雕印"，

---

① 《大正新修大藏经》卷四六，第1007页。

此外还有《关羽图》和剧本《刘知远诸宫调》等。

西夏刻本书籍十分丰富，在文化发达的中古时期，西夏存留下这样多种类的刻本出版书籍，在少数民族王朝中是很突出的。西夏刻本出版文献反映着西夏书籍出版的总体水平，是西夏文化发达程度的重要尺度，同时也反映出西夏出版事业的重要特点。西夏的刻本书籍从文字种类分主要有西夏文和汉文两类，此外还有少量藏文刻本。

（一）西夏文刻本

西夏文刻本出版书籍品类多样、内容丰富。很多有重要价值的世俗著作都以刻本出版。已发现的刻本出版书籍有100余种。如语言文字类的《文海宝韵》、《音同》等，法律类有王朝法典《天盛改旧新定律令》、军事法典《贞观玉镜统》、官阶封号表、识字蒙书《番汉合时掌中珠》、《三才杂字》，类书《圣立义海》，谚语《新集锦合词》，诗歌集，劝世文《贤智集》，翻译著作《论语》、《十二国》、《经史杂抄》、《德事要文》、《德行集》、《孙子兵法三注》、《六韬》、《黄石公三略》、《类林》等。

刻印出版的佛教著作更是种类繁多，如《金刚般若波罗蜜经》、《仁王护国般若波罗蜜多经》、《佛说阿弥陀经》、《妙法莲华经》、《金光明最胜王经》、《大方广佛华严经》、《大方广佛华严经普贤行愿品》、《观弥勒菩萨上生兜率天经》、《佛说圣大乘三归依经》、《维摩诘所说经》、《现在贤劫千佛名经》、《大智度论》、《慈悲道场忏罪法》、《顶尊相胜总持功德依经录》、《圣胜慧到彼岸功德宝集偈》、《种咒王阴大孔雀明王经》、《圣大乘大千守护国土经》、《圣大悟阴王随求皆得经》、《大寒林经》、《十一面神咒经》、《达摩大师观心本母》、《西方净土十疑论》、《佛说百寿解结怨陀罗尼经》、《业障清净总持和令恶趣净顺总持》、《佛说调伏三灾经》、《大方广圆觉修多罗了义经略疏》、《佛说消除一切疾病陀罗尼经》、《佛顶心陀罗尼经》、《瑜伽师地论》、《正法念处经》、《药师琉璃光七佛之本愿功德经》、《佛说禅源集都序》、《等持集品》、《龙树菩萨为禅陀迦王说法要偈》等。西夏刻印出版的佛教著作中有显宗经典，也有密宗经典；有的译自汉藏，有的译自藏文，有的还是西夏人自己编著的著作。

从现存的西夏文刻本出版文献不难看出，西夏刻印书籍有较强的实用性。语言文字类书籍为推行民族文字，强调民族文化；法典类书籍更是明显为政府统治之用；儒学著作为推行统治者所重视的儒家文化；兵书显然是为了用于频繁的征战；佛教典籍为了推行统治者提倡的佛教。这些书籍在社会上有相当大的需求量。

目前所知有年代可考的西夏文刻本书籍，最早的是惠宗大安十一年（1085 年）刻印的《佛说阿弥陀经》，其后有很多标明崇宗、仁宗年款的刻印书籍。有的刻本书籍虽未载明出版时间，但据其他线索可大体推断其出版时间，如《圣立义海》、《六韬》、《黄石公三略》与《类林》的刻工颇多重复，可定为同时代，即乾祐年间。从以上有年代的西夏文刻本大致可以看出，多属崇宗、仁宗时期，特别是仁宗天盛、乾祐年间最多。西夏晚期应天、光定年间的印刷作品尚未见到。大约西夏晚期社会动荡，难以组织程序较为复杂的刻印工作。

（二）汉文刻本

西夏的汉文刻本多为佛经，其中不少印制精美，也是西夏出版的书籍中很精彩的部分。

按目前已知有年代可考的书籍最早的为惠宗天赐礼盛国庆五年（1073 年）的《夹颂心经》、大安十年（1083 年）的《大方广佛华严经普贤行愿品》。此后仍然是大量崇宗、仁宗时期的刻本。[①] 已见西夏时期刻印出版的汉文佛经不少，但西夏时期是否刻印过汉文大藏经全藏，还是值得进一步探讨的问题。[②]

在有年代可考的西夏汉文刻本书籍中，尚未见到有世俗文献。可能有些西夏出版的汉文世俗文献，由于没有或残失了年款，目前又难以通过其他线索确定其时代。还有一种可能是西夏王朝出版世俗书籍以西夏文为主，汉文较少，因而留存于世的就很难见到了。

俄藏黑水城文献中较完整的书籍大多发现于城外的一座塔内，看来是西夏末期所封存，其中的书籍多是西夏使用流传的书籍。但内中也保存着

---

① 《俄藏黑水城文献》第 1—6 册。
② 李际宁:《关于"西夏刊汉文版大藏经"》,《文献》2000 年第 1 期。

一些宋朝和金朝出版后流传到西夏的书籍。如宋大中祥符五年（1012年）的《金刚般若经抄》卷5、宋元丰六年（1083年）的《佛说竺兰陀心文经》、宋崇宁三年（1104年）的《镇阳洪济禅院慈觉和尚劝化集》、宋宣和癸卯年（1123年）的《真州长芦了和尚劫外录》以及《吕观文进庄子义》、《注清凉心要》、《大方广佛华严经梵行品》、《大方广佛华严经普贤行愿品》、《妙华莲华经观世音菩萨普门品》、《平水韵》、《广韵》、《汉书》、《新唐书》、《具注历》残本等。金刻本有《南华真经》、《心经注》、《大方广佛华严经普贤行愿品》、《金刚般若波罗蜜经》、《摩诃般若波罗蜜多经》、《六壬课秘诀》、《新雕文酒清话》、《刘知远诸宫调》等。这些从宋朝、金朝流传进入西夏的刻本汉文书籍，表明当时中原地区与西夏密切的文化交流，以及中原王朝对西夏出版事业的影响。

（三）藏文刻本

西夏不仅临近藏族地区，境内也有很多藏族居民。藏族有发达的文化事业，有自己的文字。藏族信仰藏传佛教，形成了大量的佛经。藏传佛教的发展，已经有了刻印佛经出版的需求，而在西夏地区又有发达的印刷事业，这就为藏文佛经在西夏的刻印创造了条件。然而以前能见到的最早的藏文刻本出版书籍是明永乐版《甘珠尔大藏经》，一直未发现15世纪以前的藏文早期印刷品。

在黑水城遗址发现的文献中除西夏文和汉文出版物外，也有一定数量的藏文文献。这些藏文文献中有写本，也发现有刻本。已知的藏文刻本出版书籍多为佛经，内容有"向莲花生祈祷的经文"、"坚赞子莫公坚"、"杰东巴经"等，还有单叶"护轮图"。[①]

这些藏文雕板图籍形成于西夏时代，发现于西夏的故城，他们却反映着当时当地的藏族文化。更为重要的是他们是迄今为止最早的藏文印刷品，反映了藏文早期印刷出版的特点。看来藏族也较早地应用印刷技术于出版事业，与西夏文、汉文雕印出版书籍相映成辉。

[①] 俄罗斯冬宫博物馆：《丝路上消失的王国》（台湾中文版），1996年，第274—278页。

（四）刻本书籍的数量

西夏雕印出版的书籍不仅种类很多，有的一种刻本就有很多卷册。如西夏法典《天盛改旧新定律令》共有 20 卷，类书《圣立义海》也有 15 卷之巨。不少佛经也是多卷本。有的刻本书籍还有不同的版本。如世俗著作《音同》、《番汉合时掌中珠》都非只一种版本，西夏文佛经《金刚般若波罗蜜多经》、《现在贤劫千佛名经》、《大乘圣无量寿经》、《佛说阿弥陀经》、《种咒王阴大孔雀明王经》、《圣大乘大千国土经》等，汉文佛经《金刚般若波罗蜜多经》、《大方广佛华严经普贤行愿品》、《观弥勒菩萨上生兜率天经》等，也都有多种版本。可见现存的西夏刻本书籍数量之多。西夏当时出版的刻本书籍的数量就更难以估量了。

通过一些佛经的序言和发愿文可以了解部分西夏刻本，主要是佛经刻本的出版数量。西夏刻本发愿文中有的只记雕印，未记印数。如天赐礼盛国庆五年（1073 年）陆文政施印汉文《夹颂心经》的发愿文、人庆三年（1146 年）王善惠等人印施汉文《妙法莲花经》的发愿文，就只记了请工刻印施经，未载明出版数量。有的则记载了出版数量，如天盛四年（1152 年）印施的《佛说父母恩重经》发愿文记载，"因发愿令雕印板，先已印一千卷"。又天庆七年（1200 年）哀子仇彦忠等印施汉文《圣六字增寿大明陀罗尼经》，"印施此经六百余卷"。

官刻本出版印施佛经较多，往往在发愿文中记明印施数量，一般印刷数量很大。崇宗天祐民安五年（1094 年）印施《大乘圣无量寿经》发愿文记载，"遂发大愿，内宫雕刻印板，印一万卷，手绢一万帧，施放诸民庶处"。天盛元年（1149 年）仁宗刻印《圣观自在大悲心总持》和《顶尊胜相总持功德依经录》御制后序发愿文记载，"命工雕印番汉一万五千卷施放全国臣民"。天盛十九年（1167 年）西夏仁宗为皇太后去世一周年而印施《佛说圣佛母般若波罗蜜多心经》的发愿文中记载："仍集《真空观门》、《施食仪轨》附于卷末，连为一轴，于神妣皇太后周忌之辰，开板印造番汉共两万卷，散施臣民。"又乾祐十五年（1184 年）仁宗于本命之年印施番汉文《佛说大乘三归依经》的御制发愿文中记载，"仍敕有司，印造斯经番汉五万一千余卷，彩画功德大小五万一千余帧，数串不等五万一千余串，普施臣吏僧民，每日诵持供养"。五年以后，乾祐二十年（1189年）仁宗在大度民寺作求生兜率内宫弥勒广大法会时，在《观弥勒菩萨上生兜率天经》发愿文中记载"散失番汉《观弥勒菩萨上生兜率天经》一十万卷，汉《金刚经》、《普贤行愿经》、《观音经》等各五万卷"。在仁宗去世一周年之际，即天庆二年（1195年），罗氏皇太后发愿在三年之内兴种种利益，包括"散施八塔成道象净除业障功德共七万七千二百七十六帧，番汉《转女身经》、《仁王经》、《行愿经》共九万三千卷"。

由上可以看出，西夏刻印佛经总量很大，在西夏这样一个地域较窄、人口较少的王朝，印经数量动辄数万，甚至几十万卷，数量是很可观的。西夏刻经以官刻数量大，尤以皇室下令刻印数量最多。西夏刻经以中后期数量大，尤以仁宗和皇太后罗氏印经次数多，数量大。

四　活字印刷书籍的出版

和中原王朝一样，西夏随着印刷品需求量的增大，在发展雕板印刷的同时，逐渐认识到雕板印刷的不足，并寻找更为科学便捷的印刷方法。在北宋毕昇发明泥活字印刷不久，西夏人就开始使用活字印刷出版。西夏活字印刷出版书籍已发现有十多种，西夏使用活字印刷术在汉文文献中没有直接的记载。目前只能从已发现的西夏文活字印刷品本身进行研究。

（一）活字本出版书籍的特点

西夏活字版印本出版书籍有明显的特点。因其以单字拼为一版，这些字并非一人、一时所写，造成同一页面字体肥瘦不同，笔画粗细不一，甚至大小有别；由于活字聚版不精或活字不规范而造成部分字字形歪斜；因版面不十分平，形成文字以字为单位浓淡有别，经背透墨也往往以字为单位深浅不一；个别字的边缘有因活字稍微倾斜而造成活字印文痕迹，有的空字处印出空活字的边缘印痕，甚至近于墨钉；文中上下字之间一般距离较宽，上下字笔画无雕板印本中撇捺相接、相触，甚至相交的情况；有边栏线或版心线时，竖线和横线间往往有间隔；边栏线为双线时，栏线交角处内线和内线、外线和外线不相衔接；有的印本中的字有倒字，这是排字时不经心错排所致，是活字印刷特有的现象。① 以上特点往往是早期活字印刷的"缺点"，这些"缺点"现在成了识别活字印刷品的依据。有的西夏印本直接记载了"活字"、"碎字"，有的把活字印刷的拣字、排字者直接记为"选字出力者"，确凿地证明西夏活字印刷出版的事实。

（二）泥活字本出版的书籍

已经发现的西夏活字版书籍有共同的活字版特征，但在印刷出版方面又各有特点，从多方面反映出西夏活字印刷出版的繁荣发展。泥活字印本带有初期活字印本的特点。

黑水城出土的西夏文献中有活字版《维摩诘所说经》（上、中、下卷），共330余面。武威市亥母洞遗址也出土了西夏文活字版《维摩诘所说经》（下卷），共54面。两地所出都有西夏仁宗尊号题款"奉天显道耀武宣文神谋睿智制义去邪惇睦懿恭"。仁宗有此尊号时为仁宗大庆二年（1141年）。② 这一时间可定为此经的上限。此经印刷可定为12世纪中期。

该经不仅有一般活字印刷的特征，还显现出有泥活字印刷的特点。很多字笔画生硬变形，竖不垂直，横不连贯，有的笔画中间断折，半隐半现。这是由于在尚未干燥的泥活字上刻字时，刀刃挤迫笔画而偏斜变形。有的字有明显的边角、笔画缺损痕迹。甚至有的字由于缺角而显得近于浑圆。这是因为活字虽经烧制陶化，比较坚固，但比起木活字和金属活字，泥活字性脆，容易破损，特别是边角处更易伤残。有些行字列不直，是泥活字印刷行间尚无夹条、聚版又难以紧凑的缘故。印面文字墨色不匀，笔画中有类似气泡、沙眼的痕迹。表现出泥活字吸墨不均匀的特点。有的字迹模糊，边缘形成蜡泪状，这是烧制活字时温度太高，造成流釉现象。这些都体现了泥字印刷的特点。这是目前世界上现存最早的活字印本。③

西夏文活字版《维摩诘所说经》卷首的西夏仁宗尊号"奉天显道耀武

---

① 牛达生：《西夏文佛经〈吉祥遍至口和本续〉的学术价值》，《文物》1994年第9期。史金波：《现存世界上最早的印刷品——西夏活字印本考》，《北京图书馆馆刊》1997年第1期。
② 《宋史》卷四八六《夏国传》，中华书局1977年版，第14024页。
③ 孙寿岭：《西夏泥活字版佛经》，《中国文物报》1994年第3期。孙寿岭：《武威发现最早的泥活字版本西夏文佛经》，《陇右文博》1997年第1期。

宣文神谋睿智制义去邪惇睦懿恭"，字体较小，其中有的字上下字有相接或相交插现象，字左右部的撇捺，特别是右部的捺伸出较长，笔端尖细，这些特点和经文正文的文字风格迥异，具有木雕板的特点。这行字应是被刻在一整块长条木印上，检字排版时，将整条木印置于活字版的适当位置。这种雕版木条在《维摩诘所说经》三卷中都可以使用，其他有仁宗题款的佛经进行活字印刷时也都可以使用。这种以字为单位的活字版中加有木雕板，是活字版印刷出版在特殊条件下的灵活运用，是聪明的西夏人对活字印刷出版的一种创新和发展。

值得注意的是《维摩诘所说经》同一经既有写本，又有刻本，还有活字本。这表明此经在西夏需要量很大，也表现了西夏印刷出版形式不拘一格，具有多样性的风采。

（三）木活字本出版的书籍

西夏在继承北宋泥活字印刷出版的同时，还创造成功木活字印刷出版。毕昇发明泥活字印刷时也实验了木活字印刷，但没有成功。沈括在《梦溪笔谈》中记载了毕昇泥活字成功的过程，也如实地说明木活字印刷不成功的原委："不以木为之者，木理有疏密，沾水则高下不平，兼与药相粘，不可取。"[①] 然而从已经发现的西夏木活字印刷出版物来看，当时西夏已经成功地创造了木活字印刷，而且达到很高的水平，其印刷质量也大大超过了泥活字印刷。

（1）黑水城出土的活字版书籍

黑水城出土西夏文《三代相照言文集》是一部禅宗著作，发愿文为僧人道慧和其尊友慧照所作。从此书字形、行款、透墨、补字等方面分析都具有成熟活字印本的特点。最重要的是发愿文末尾有三行题款，明确记载了"活字"二字。这三行题款译文是："清信发愿者节亲主慧照，清信相发愿沙门道慧、活字新印者陈集金。"[②] 发愿文题款没有像其他刻本书籍题

---

① （宋）沈括：《梦溪笔谈》卷一八，"技艺·板印书籍"条。
② 俄罗斯圣彼得堡东方学研究所的西夏学专家克恰诺夫教授首先发现了此书中的"活字"记载，并认为西夏时期有活字印刷。

款那样，除发愿者外记载书写者和雕刊者的名字，而是明确记载"活字新印者陈集金"，由此更可确切的证明此经为活字版本。发愿文题款中记发愿者慧照是僧人，身份是"节亲主"，系皇族。节亲主这一称谓只有西夏才有。确切地证明这部活字版书籍属西夏时期。

前述黑水城出土西夏文活字版《德行集》，不仅印面有明显的活字特点，此书卷末题款中有三条人名题款，也能证明此书是活字印刷出版。题款为"印校发起者番大学院择明学士讹则信照、印校发起者番大学院学正学士未奴文佩、印校发起者番大学院学正学士节亲文高"。题款同样没有像其他刻本书籍题款那样，除发愿者外记载书写者和雕刊者的名字，而是以"印校发起者"这样笼统的称呼来概括印刷出版的负责人。雕板题款中多记写者和雕者，一般不记印者，特别是没有只记印者而不记写者、雕者的。而活字印刷与雕板印刷大不相同，活字不一定由一人写、刻，活字造好后可多次使用，在排印后已不能分清是哪个人的手笔。活字印刷时工序多，其重要程序已经变成排印和校对，因此"印校发起者"的称谓符合活字印刷的特点。第三人发起校印者之一文高有"节亲"的身份，是西夏皇族嵬名氏。又根据书前序言知此文献形成在西夏桓宗时期（1194—1205年），应属于西夏晚期印本。①

黑水城遗址出土的西夏文佛教著作《大乘百法明镜集》卷九、《圣大乘守护大千国土经》也是夏时期出版的活字版印本。②

（2）宁夏拜寺沟方塔出土的活字出版书籍

宁夏贺兰县拜寺沟方塔废墟中清理出一批西夏文物，其中有西夏文佛经《吉祥皆至口和本续》等共9册。其中有《吉祥皆至口和本续》卷第三、第四、第五，《吉祥皆至口和本续之干文》一卷、《吉祥皆至口和本续之障疾文》、《吉祥皆至口和本续之解生喜解补》第一、第二、第三、第五，共449面。③ 这些印本除版面印刷的活字版特征外，在文中标示页

---

① 《俄藏黑水城文献》第10册，第142—155页。聂鸿音：《西夏文德行集研究》，甘肃文化出版社2002年版。
② 俄罗斯藏黑水城出土文献，5133、8085号。
③ 宁夏回族自治区文物考古研究所、宁夏回族自治区贺兰县文化局：《宁夏贺兰县拜寺沟方塔废墟清理纪要》，《文物》1994年第9期。

码的汉字中，正字、倒字形近的字如"二"、"四"等有倒置现象，系排字时不经心错排所致。这些是雕板印刷中不会出现，而在活字印刷中才有的现象。此经不仅有上述形式上的特点，还有文字方面的佐证。例如《千文》最后一页有题款，译文是："印本勾管为者沙门释子高法慧。""印本勾管为者"，是强调印本的组织者，正符合活字印本的题款惯例。"勾管"二字体现了活字印刷整体复杂过程，除制作活字外，还有拣字、排版、固版、印刷等工序。此题款文字为其定为活字印本提供了新的证据。①

方塔清理的共出文物中有西夏仁宗御制施经发愿文，其年款为乾祐十一年（1180年），为此经的时代提供了参考依据。② 另外，我们从文献本身也可找出可供参考的时代标志。在《吉祥皆至口和本续》正文首页经名后各有三行小字，记录"集经"、"羌译"、"番译"的职务和人名。"羌译"指译成藏文，"番译"指译成西夏文，可知此经先由梵文译成藏文，再由藏文译成西夏文。在《吉祥皆至口和本续之障疾文》正文首页经名后，也各有三行小字，记录"集"、"传"、"番译"的职称和人名，此经也是由藏文译成西夏文。这两种经首题款形式都是西夏时期自藏文翻译经典、书写或印制成书的常见形式。由此可见，宁夏方塔所出此套西夏文印本佛经，应是西夏时期所制。

（3）宁夏灵武出土的活字出版书籍

1917年在离西夏首都中兴府不远的宁夏灵武县发现了一批西夏文佛经。其中有西夏文《大方广佛华严经》。③ 30年代初，罗福苌第一个指出这是活字印本。④ 这批《华严经》以中国国家图书馆所藏最富，共60卷。日本京都大学藏11卷。甘肃、宁夏也有部分入藏。⑤ 这批佛经都具有典型的活字版特点。有的页面中一行之内有字形歪斜现象，背面可以看到一些印字透墨深浅不一，系活字排版版面不平所致。有不少常用字与上下左右

---

① 牛达生：《西夏文佛经〈吉祥遍至口和本续〉的学术价值》，《文物》1994年第9期。史金波：《现存世界上最早的印刷品——西夏活字印本考》，《北京图书馆馆刊》1997年第1期。
② 宁夏回族自治区文物考古研究所、宁夏回族自治区贺兰县文化局：《宁夏贺兰县拜寺沟方塔废墟清理纪要》，《文物》1994年第9期。
③ 张思温：《活字版西夏文〈华严经〉卷十一——卷十五简介》，《文物》1979年第10期。
④ 《国立北平图书馆馆刊》第四卷第三号（西夏文专号），第182页，1932年。
⑤ 史金波：《西夏佛教史略》，第203—204页。

墨痕深浅差别明显，系后来补印的单字。这是因为在排字过程中常用的活字（熟字）用量很大，但备用不多，不够用时只好暂时空缺，后来再个别补印。

国家图书馆藏此经卷第四十末有西夏文题记两行，译文是："实勾管作选字出力者，盛律美能慧共复愿一切随喜者，皆共成佛道"。"选字"应是拣字、排字，"选字出力者"应是拣排活字的工匠。又日本京都大学所藏此经卷第五有西夏文题记两行，译成汉文是："都发愿令雕碎字勾管为印者都罗慧性，复共一切发愿助随喜者，皆当共成佛道。""碎字"，即为活字。这两条西夏文题记是证实这种《华严经》为活字本的确凿证据。①

仔细审视这些佛经的卷首还会发现，第一行的经名，第二行和第三行的译者和校者题款，上下字之间有相交相插现象，其文字排列和字体与后正文文字显然不同。这3行显然不是单个活字所印。原来此种《大方广佛华严经》有80卷，每卷卷首的经名、译者和校者都相同。印刷者便把这些每卷都不变的字雕制成一块版，排版时整个嵌入版中，等于一次拣排几十个字，然后再将各该卷的数目字以活字排上，前三行就这样十分便捷地排完了。这种以字为单位的活字版中加有木雕板，和上述《维摩诘所说经》活字版中嵌入雕版木条性质是一样的。

西夏文《华严经》究属元代，抑或西夏时期，尚难遽定。他们有可能属于西夏时期。但无论是属于西夏时期，还是属于元代，他都是早期活字版本。②

（4）敦煌莫高窟出土的活字出版书籍

敦煌研究院在敦煌北区洞窟进行清理、考察时，发现多种西夏文献。其中也有西夏文活字印本，除一些页面完整外，多为残片。其中《地藏菩萨本愿经》共8纸，另有一些残页考订为《诸密咒要语》。此外，还有其他活字版佛经残页。联系到在敦煌又先后发现了大量回鹘文木活字，推测

---

① 史金波、黄润华：《北京图书馆藏西夏文佛经整理记》，《文献》1985年第4期。
② 罗树宝：《中国古代印制史》，印刷工业出版社1993年版。曹炯镇：《中韩两国古活字印刷技术之比较研究》，台湾学海出版社1986年版。

在西夏和元代敦煌可能是当时活字印刷出版的一个中心。①

（5）黑水城出土汉文历书残页

俄藏黑水城出土文献中有汉文历书残页，为表格式，其中多为活字版。②这些历书不仅印面文字有明显的活字版印刷特征，表格的横竖线往往不相交，系以相应长度横竖线的活版木条排版所致。特别是有的文字倒置，如5469号第2竖行"吉日"二字中的"日"字、第14竖行九月一日栏下"白虎"二字中的"白"字倒置，更证明为活字版印刷出版。残历书中多处讳"明"字，且出土于西夏管辖的黑水城，可推断为西夏印制的历书。考证残历时间为西夏神宗遵顼光定元年（1211年），可称作《西夏光定元年（1211年）辛未岁具注历》。因历书是为新的一年使用的，所以此历书印刷年代应是西夏襄宗安全皇建元年（1210年）。据此可知，当时西夏已经就使用活字印刷具注历书了。在过去出土的文献中还没有见到有确切年代的早期汉文活字印刷品。此残历书上距活字发明印刷术的北宋庆历年间160多年，是目前最早的有确切年代的汉文活字印刷品。

五　西夏写本书籍及其流传

尽管西夏印刷事业发达，仍然有不少书籍以写本的形式出现、流传。在已经发现的西夏图籍中，写本占有很大比例，总数有200多种。其形成有以下原因：有的书籍是编撰、翻译的手稿，尚未正式出版流行。这种孤本无论在当时还是现在都弥足珍贵。西夏虽然早已刻印书籍，但不可能所有的书都刻印出版，有的书籍没有刻本，只以写本流传，这种书籍版本稀少，很多目前也成为孤本，同样具有很高的价值。就是刻印的书也不是想得到的人都能得到，有人需要世俗或佛教的书仍然需要抄写。西夏写本中相当一部分就是为了自己学习或诵读使用的。不少人虔诚信仰佛教，亲自抄写或发愿请人抄写经书是修习功德的一种方式，这也刺激了西夏佛经写

---

①　史金波：《敦煌莫高窟北区出土西夏文文献初探》，《敦煌研究》2000年第3期。史金波、雅森·吾守尔：《西夏和回鹘对活字印刷的重要贡献》，《光明日报》1997年8月5日。

②　《俄藏黑水城文献》第6册，第315—318、326页。

本的增多。

（一）世俗著作的写本

西夏文字创造伊始，就曾翻译《孝经》，至今尚未发现西夏文的《孝经》印本。现存西夏文《孝经》是草书写本，系北宋吕惠卿注释的《孝经》译本，除最后一页稍残外，全书保存基本完整。文中多处用朱笔校改过，似为改校原本的手稿。前五页为吕惠卿注《孝经》序的译文，内记吕氏姓名、官职及宋"绍圣"年号。更为可贵的是吕惠卿注释的《孝经》汉文本已失传，他的内容却大体完整地保存在西夏文文献中。①

西夏文译《孟子》是儒学的又一部重要经书，至今也未见其印本。西夏文译《孟子》有三种写本，皆为蝴蝶装残本。一种《孟子传》，西夏仁宗年间译稿，有朱笔校改，也可能是一种稿本。现存《孟子》传注中未见此书底本，字体粗犷，似用竹笔写成。第三种卷装，卷末题款：天盛丁丑九年（1157年）。②

有一种写本名为《新集慈孝传》，是《德行集》的编撰者曹道安从《列女传》及中原正史中节译或改写成篇，辑译成书，文中间有校改。

作为刻本《文海宝韵》略抄本的《文海宝韵》，前有残序，正文分平声、上声和入声、杂类三部分，包括了所有的西夏字。此书因刻本《文海宝韵》只残存半部而具有特殊的重要价值。③

还有一种佚名字书残抄本，暂名"音同文海合抄"。字序依梁德养校本《音同》，而字下注释如刻本《文海宝韵》，同时注名声调。此书把两本各有特点的重要字书和韵书结合起来，更便于使用。

西夏文重要韵图和韵表《五音切韵》由皇帝作序，序言中未提及是否刊印。目前所见六种《五音切韵》都是写本。

西夏法典《天盛改旧新定律令》除刻本外，还有多种抄本。可能这种常用的法律书，刻本数量不足，有人要抄写使用。有的写本名为《亥年新

---

① 《俄藏黑水城文献》第11册，第2—46页。
② 同上书，第60—81页。另见 No. 6850。
③ 史金波、[日]中岛干起等：《电脑处理〈文海宝韵〉研究》，日本国立亚非语言文化研究所，2000年。

法》或《新法》，存多种版本，体例与《天盛律令》稍异，正文不立门类，文中多引《天盛律令》条文，并有补订之处。还有的法律著作名为《法则》，内容为《天盛律令》部分条文的补充和改订。从西夏法典的写本之多，可见其流传之广。

西夏汉文本《杂字》为手写本，保存相对完好，前后稍残，存36面。据此书内容分析，估计此书有刻本，但至今未见。西夏文《杂字》除前述刻本外，尚有乾祐十八年（1187年）、乾定二年（1224年）写本。此外，英国也藏有此书7纸残页。

俄藏黑水城出土的《新集锦合辞》除刻本外，另有写本两种，分别保存谚语53条、14条。英藏《新集锦合辞》系一长卷，前残，也是写本，除俄藏刻本外，是保存谚语条目最多的版本，原刻本有缺字可据此补。特别是刻本序言两面皆有残损，数处难以连贯成文，将英藏序补足后，庶几完整。

（二）佛教著作的写本

佛经的缮写、刻印和散施，是佛教流传的重要环节。西夏最大量的抄本书籍是佛经。其中最重要、数量最大的是西夏文《大藏经》。有记载的抄写全部《大藏经》是在西夏后期的桓宗时期，由皇太后罗氏发愿实施的。西夏仁宗皇后罗氏是一个笃信并大力提倡佛教的人。仁宗死后，多次印施佛经，并命人精工缮写西夏文《大藏经》一藏。出土的西夏文《佛说宝雨经》卷首和《佛说长阿含经》卷第十二卷首经名下有一长方形押捺牌记，内有西夏文五行，汉译文为"大白高国清信弟子皇太后罗氏新写全增番大藏经契一藏，天下庆赞，已入寺内经藏中，当作为永远读诵供养"[①]。抄写《大藏经》的目的既为供养，也为诵读流通。此二经皆楷书写经，字体精绝，系书法上品。西夏文大藏经在西夏中期就已有3700余卷，晚期卷数会更多。可见当时抄写全部西夏文《大藏经》是一件浩大的工程。除此两卷佛经其余数千卷罗氏发愿写经都已散失。西夏统治者一方面把佛经的缮写作为发展佛教，传布佛法的手段，另一方面也把缮写佛经

---

① 俄罗斯藏黑水城出土文献，第87、150号。

作为自己信仰佛教、崇经行善的功德。抄写佛经的人，一般皆为虔诚的佛教信徒。他们无论是僧人还是世俗人，往往都经过较好的书法训练，加之他们书写佛经时都怀着虔诚、认真的态度，所以所缮写佛经大都极工整，特别是为皇室抄写的佛经，抄写精工，纸质优良，已成为优美的书法艺术品。

除上述《大藏经》外，多数保存至今的还是分别抄写的各种佛经。其中有的译自中原的汉藏，有的译自藏传佛教，有的则是西夏人自己的著述。传世的一些大部头重要佛教著作是抄本，如《大般若波罗蜜多经》在俄藏黑水城文献中至少有五种以上的抄本，约2000卷，成为西夏写本的大宗。写本《大宝集经》有500卷，《大般涅槃经》有200余卷，《大方广佛华严经》约400卷，此外还有《妙法莲华经》、《慈悲道场忏罪法》、《佛说甘露经》、《佛说生来经》、《佛说诸佛经》、《十王经》、《圣摩利天母总持》、《大悲心总持》、《四十种空幢要语》、《正理滴之句要语》等多种。

西夏时期还有一种特殊的写本，就是泥金写经。富有的佛教徒为了表示对佛教信仰的虔诚，有时用昂贵的金泥书写佛经。这种佛经不仅是极具价值的文献，也是珍贵的书法作品和艺术品。这种佛经主要是由皇室和贵胄之家出资缮写。西夏的泥金写经已发现多种。

西安市博物馆藏有泥金写西夏文《金光明最胜王经》卷第一、第五和第十的部分片断，用优质的绀色纸，书以精美的金泥西夏文字。经末有西夏第八代皇帝神宗遵顼的御制发愿文，文末有"光定四年"（1214年）年款。神宗遵顼在内外交困、国力衰微之际，以皇帝的名义发愿缮写金泥字经，以图解除危难。①

甘肃省定西县藏有泥金写西夏文《大方广佛华严经》8面，为该经卷第十五《贤首品》中的偈。②敦煌研究院在北区石窟中发现了西夏文《高王观世音经》泥金写本1纸。内蒙古自治区文物考古研究所也在黑水城遗址发现西夏文泥金写本1纸。俄藏黑水城文献中也有泥金字写经。

---

① 史金波、白滨、吴峰云：《西夏文物》，文物出版社1988年版。
② 陈炳应：《金书西夏文〈大方广佛华严经〉》，《文物》1989年第5期。

八国联军入侵中国时，法国人毛理斯于北京得西夏文泥金写经《妙法莲华经》3册，绀纸金书，装潢华丽，青绢面上有被覆为薄函，里衬黄绢，外衬蓝绢，上描金花叶，经首有佛像一页，缮写精绝。当时法人贝尔多亦得是经3册。① 后皆入藏法国巴黎国民图书馆。这是西夏文现存泥金写经的大宗。

综观所见有年代可考的西夏文写本书籍凡数十种，成书时间最早的是天盛四年（1152年）的《圣慧到彼岸八千颂》，世俗著作有乾祐四年（1173年）的《五音切韵》。其他为天盛、乾祐、天庆、应天、光定时期所写。西夏汉文写本书籍目前所见到的数量不多，且大部分为佛经残卷，不知其何时成书。如《大般若波罗蜜多经》、《心经》、《小西方赞》、《佛眼母仪轨》、《梦幻要门》等。记有成书年代的很少，如天庆三年（1196年）的《亲诵仪》。世俗写本汉文书籍有《杂字》，可谓凤毛麟角。

从有年款的西夏写本书籍可以大致推定，现存西夏写本多为西夏中晚期，以仁宗天盛、乾祐、桓宗天庆、神宗光定年间所占比例最大。

六　西夏书籍编撰出版的价值和意义

1. 民族古籍是民族文化的重要载体。西夏出版的书籍是西夏文化的重要载体。西夏的主体民族早已消亡，存留于世的西夏书籍是透视西夏历史文化的最重要窗口。特别是当我们认识到汉文文献记载的西夏历史资料十分有限，元朝修正史时只编修了宋、辽、金三朝历史而未修西夏史时，尤其感到近代出土的这批西夏书籍的可贵。这些珍贵的文献从多方面展示了西夏的历史文化面貌，有助于我们重新认识、考究西夏的历史。从以上介绍的部分西夏书籍不难看出，他们对研究西夏的语言、文字、历史、法律、文学、宗教、民族、民俗、医药、历法等社会文化的各个方面有多么重要的学术价值。不仅如此，西夏书籍还深刻地反映出西夏文化和中华民族文化内在的、密切的联系，表明了西夏文化对中华民族文化的重要贡

---

① 罗福苌：《妙法莲华经弘传序释文》，《国立北平图书馆刊》第四卷第三号《西夏文专号》1932年，第189—190页。

献。西夏书籍的史学价值显而易见。

2. 西夏出版的书籍皆为中世纪古本，图书馆、博物馆都以珍本、善本入藏。可以说，大批西夏书籍的发现改变了中国古籍的格局。中国是一个有几千年文化传统的国家，历代都形成了很多文献，但保存下来的已为数不多。因为敦煌藏经洞的发现，使唐代古籍大为丰富。与西夏同时代的宋朝保存至今的古籍虽有相当数量，也不过1000多部。辽代书籍更是寥若晨星。金代书籍由于《大藏经》《赵城藏》的发现使其数量大增，然而世俗文献很少。而目前存世的西夏书籍有近500种、数千卷之多，其中仅世俗文献就有数百卷。80多年前，世上还见不到一部西夏出版的书籍，现在西夏书籍已占中古时期书籍的很大比例，使学术界为之瞩目。从近些年出土的情况看，西夏出版的图籍还处于增加的趋势。这些七八百年前的出版物十分难得，不难想象其重要的文献、文物价值。

3. 西夏书籍不仅数量多，品类也十分丰富。西夏书籍从写印形式看有写本和印本。写本中又有楷书、行书、草书和篆书，有毛笔、竹笔写的书籍，还有极为珍贵的泥金字经书。印本有木刻版印本和多种极为罕见的活字印本。从装帧形式看几乎囊括了中国中古时期出版图书的各种形式，如卷装、蝴蝶装、经折装、粘叶装、缝缋装、梵夹装、线装等。书籍的附件也丰富多彩。这些都是研究中国古代印刷、装帧、出版不可多得的资料，可见，西夏书籍也还具有重要的印刷和版本价值。

4. 多种民族文字书籍的编纂出版是西夏图书出版的重要特点。中国境内使用民族文字编纂书籍，汉代以后多种文字竞出于西域，而后式微；唐朝时期繁荣于吐蕃，仅为一种。有宋一代，辽金虽创制民族文字，但使用不广。唯在西夏以民族文字编纂出版书籍实用推广，常出不衰。不仅编辑出版西夏文书籍，还出版汉文和藏文书籍。不同文种的书籍在同一王朝中争奇斗艳，实为中国中古时期一大文化景观。多种民族文字书籍的出版，繁荣了民族文化，促进了各民族文化的交流。

5. 西夏活字本书籍的出版是西夏的一大特色。他在西夏有一个发展过程。泥活字出版书籍时间较早，虽也表现出活字印刷的优势，但仍有简略和粗糙的痕迹。随着西夏的活字印刷技术的发展，便逐渐产生了印制优良的木活字印刷书籍。有的西夏活字印本包含四种大小不同型号的活字，还有比较复杂的表格，格中排字，技术含量更高，达到了很高的工艺水准。西夏活字印本书籍是中国活字印刷术发明不久的早期活字印刷出版物，十分珍贵。西夏活字版书籍是研究中国早期活字印刷出版的制作、排版、印刷等工艺的主要资料。在今宁夏银川一带，甘肃武威、敦煌，内蒙古的额济纳旗等广大地区，都发现了西夏的活字印本书籍。沈括在《梦溪笔谈》中记录活字印刷的过程后指出："昇死，其印为余群从所得，至今保藏。"[1] 毕昇发明活字印刷后，当时宋朝并未得到大力推广。宋代虽也有关于活字印刷出版个别事例的记载[2]，但从遗存的出版物来看，西夏的活字印刷出版在当时各王朝中是最发达的。西夏借鉴中原地区活字印刷术印刷出版自己的民族文字文献，并且从泥活字演进为木活字印刷出版，是西夏在活字印刷出版上的突出贡献。中国的汉族和少数民族在活字印刷出版方面，衣钵相传，发明创新，后向东西方传播，表现出中华民族在出版领域对世界文化发展的重要贡献。

（原载《国学研究》第 11 卷，北京大学出版社 2003 年版）

---

[1] （宋）沈括：《梦溪笔谈》卷一八，技艺·板印书籍条，中华书局 1959 年版，第 598 页。
[2] （宋）周必大：《周益国文忠公全集》一九八（一二八）卷"札子"第十。《文渊阁四库全书》第 1149 册，第 260 页。

国家图书馆藏西夏文社会文书残页考

中国国家图书馆珍藏有一大批七八百年前的珍贵西夏文文献，是具有民族和地域特色的藏品。其中主要是 1917 年出土于宁夏灵武县的西夏文文献。①大部分于 1929 年入藏当时的北京图书馆（今中国国家图书馆）。少部分辗转传藏于甘肃、宁夏，一部分流失于日本，另一部分是原为俄国探险队从黑水城掘获的 21 卷佛经。20 世纪 50 年代印度维拉博士拍摄少数民族文献，其中也包括拍摄部分苏联藏黑水城出土的西夏文文献。这批文献拍摄完毕后就留在了国家图书馆。② 这两批文献多年来经先后几次整理并刊布目录，其内容已为学界熟知。③

最近在国家图书馆善本部的组织下，对馆藏西夏文文献重新作了整理，并同时进行修复，使页面散乱的文献得以连缀，使破损的页面得以坚牢。在整理、修复过程中，还在一些文献的封面和封底以及背面裱糊的纸张中发现了一些新的文献残页，共有 170 多纸，其中有很多属于西夏时期的社会文书，如卖粮账、贷粮账、税账、户籍、人口簿、贷钱账、契约、军抄人员装备文书、审案记录、告谍文书等。这无疑是一项新的、令人惊喜的收获。

译释、研究这些文献有相当的困难。首先文献中很多是以西夏文草书书写。西夏社会底层中常用的户籍、账目、契约等，反映西夏社会生活实际，书写时要求快速、及时，往往是以人写人异的草书写就。笔画清晰的

---

① 慕少堂主编：《甘宁青史略正编》卷二九，俊华印书馆 1936 年版。张思温：《活字版西夏文〈华严经〉卷十一—卷十五简介》，《文物》1979 年第 10 期。

② 国家图书馆档案 1955 年善字第 598 号发文附件。参见王梅堂、谢淑婧《北京图书馆藏民族文字部分佛教经典简述》。

③ 周叔迦：《馆藏西夏文经典目录》，《国立北平图书馆馆刊》第四卷第三号《西夏文专号》，1932 年。史金波：《西夏佛教史略》，宁夏人民出版社 1988 年版，附录三，第 370—384 页。

西夏文楷书解读尚有相当难度，要释读云龙变换、书写不易规范的草书就更加困难。另一特殊的困难是这些多是残页，不仅没有完整的文献，而且连一纸完整的页面都没有。这些残篇断纸，缺头少尾，多难以连读成句，自然不易诠释。此外有不少残片正、背两面皆书写文字，笔画透墨，相互叠压，使字迹更加难以辨认。笔者自前几年摸索俄藏西夏文社会文书草书的解读，小有收获。现不揣简陋，对国家图书馆新发现的西夏文残页中有补于西夏社会研究者的分类列举，作初步译释和分析，以飨同好。

一　卖粮账

新发现的残片中有卖粮账 2 纸。其中一纸有突出的文献价值。该残片黄麻纸，上下皆残，草书 13 行，译文如下：

010 号（7.04X—1）[①]，存 13 行

　　　　五月十六日郝氏?? 麦糜四斗……[②]
　　　　八月八日一贯二百来
　　　　五月十日祁氏舅舅安糜五斗……
　　　　五月十一日西普小狗那糜四斗……
　　　　六月四日张氏犬乐一贯借九……
　　　　五月十六日贾乌鸠麦二斗价四（百）……
　　　　播盉般若宝　麦斗价……
　　　　五月十六播盉般若宝麦三斗价……
　　　　五月十一?? 小狗七斗糜价一贯……
　　　　五百来　又五百来
　　　　五月十一张经乐、经斗麦糜一石……
　　　　八月八日……

---

　　① 010 号为国家图书馆在西夏文文献中发现的所有残页的顺序号，7.04X—1 为连同所在文献的编号。以下同。

　　② 译文中的问号表示原文缺字、字迹不清或未能识读。

八月……

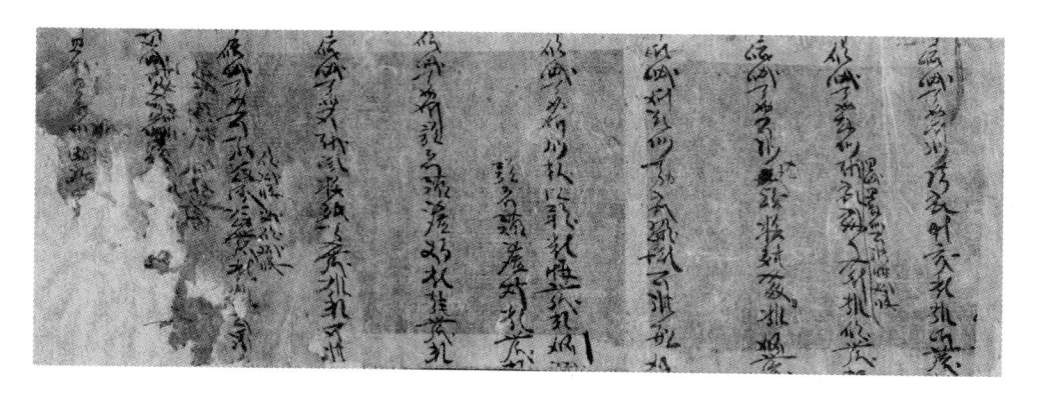

图一　010号（7.04X—1）西夏文卖粮账残页

这件卖粮账，有售粮日期、人名、粮食品种、价钱。各行多不完整，有的缺粮数，有的缺价钱，但第4行、第7行的粮、价大体保留。第4行"麦二斗价四（百）"，第7行"七斗穈价一贯……"。二斗麦价等于或超过400钱，而不足500钱。我们由此可推断出当时麦价最低200钱，最高不超过250钱。穈比麦价钱低，7斗价钱等于或超过1贯，但绝不会超过1贯750钱。推断每斗穈价在150—200钱左右。

此件虽残损，但他能提供有关西夏社会的重要内容，即西夏的粮价。在此之前我们还不知西夏的粮食价格。在俄藏黑水城文献中也发现了很多西夏社会文书，但至今尚未见到这样可明确推断出西夏主要粮食价格的文献。这种直接反映西夏社会生活的第一手资料，显然有重要文献价值。

012号（7.04X—3）也是西夏文草书卖粮账残页，因残损过甚，虽分别有人名、日期、粮食数目和钱数，但文义已难连贯。

二　贷粮账

新发现的残片中有贷粮账十多纸，大多是同一账簿中的残页，薄麻纸，草书，两面书写，有的残下部，有的残上部。以下就内容较多者翻译如下：

国家图书馆藏西夏文社会文书残页考　181

042 号（7.10X—8），残存 7 行

　　嵬名老房大麦本五（石）……
　　利二石……
　　麦本二（石）……
　　利一石……
　　刘山狗大麦本三（石）……
　　利一石
　　麦……

图二　042 号（7.10X—8）西夏文贷粮账残页

043 号（7.10X—8），残存 6 行

　　利五斗
　　麦本五斗……
　　利二斗五
　　嵬名氏双宝大麦本一石五……

麦本一石五斗

利杂一石……

045 号（7.10X—8），残存 2 行

董正月狗麦本五斗……

利二斗五升

051 号（7.13X—2），残存 5 行

刘阿车麦本七斗

利三斗五升

朱腊月乐麦本五斗

利二斗五升

噶尚　麦五斗

061 号（7.13X—8），残存 7 行

西禅定吉麦一斗

利五升

波年正月犬糜本一石五斗

利七斗五升

麦本一石

利五斗

062 号（7.13X—8B），残存 7 行

赵阿富豌豆本五斗

利二斗五升

麦本五斗

图三 061号（7.13X—8）西夏文贷粮账残页

利二斗五升
唵屈那征铁糜本一石
利五斗
麦本二石

055号（7.13X—4），残存5行

……？城？？
……大麦本一石五斗
利七斗五升
麦三石五斗
荜豆一石一斗　荜豆一石四斗

056号（7.13X—4B），残存6行

……大麦一石五斗　麦一石

利七斗五升
麦本一石　麦一石三斗
利五斗
大麦本二石　大麦二石二斗
利……

039 号（7.10X—5），残存 5 行

本……本三百五十
……麦豆共　五斗糜　二斗麦借
……月一日　十五捆草
……利有　三斗？大麦本借，四斗五……
……钱？一百五十

同类的还有 48、49、50、51、52、53、54、57、58、59 等号。由上可以看出，这是一种借贷粮食的账目，记载了放贷主的名字、借贷粮食的品类，原本数量以及利息等项。他既不是借贷契约，也不是借贷契约的誊录账目，而似乎是着重记录各放贷主及其放贷粮食的账目。可能是存粮的放贷主将粮食放到质贷铺之类的放贷场所，然后统一对外放贷。这类账目可能是经营放贷的质贷铺的底账。从借贷主的姓名看有党项人，其中不乏名门望族，如有两人是西夏皇族嵬名氏，有后族野利氏，有望族骨勒氏，此外还有播盉、喻屈、噶尚、波年等姓氏，汉族则有赵、刘、朱、董等。这些人都是有余粮可贷的富裕户。

更为重要的是从中可以了解到当时的贷粮利息。比较完整的本利账有 043 号"麦本五斗，利二斗五"；045 号"董正月狗麦本五斗，利二斗五升"；055 号"大麦本一石五斗，利七斗五升"；051 号"刘阿车麦本七斗，利三斗五升"；051 号"朱腊月乐麦本五斗，利二斗五升"；061 号"西禅定吉麦一斗，利五升"；061 号"波年正月犬糜本一石五斗，利七斗五升；麦本一石，利五斗"；062 号"赵阿富豌豆本五斗，利二斗五升；麦本五斗，利二斗五升"；"喻屈那征铁糜本一石，利五斗"；056 号"大麦

一石五斗，利七斗五升；麦本一石，利五斗"。可见无论是何种粮食，麦、大麦、荜豆、豌豆，无论贷粮多少，都是50%的利息。这里没有指明借贷的时间。根据俄国所藏黑水城出土的西夏文社会文书得知，西夏的粮食借贷时间一般是在每年青黄不接的二月，还本利时间是秋后的八月。借期基本上是半年。半年的利息是50%，可谓不折不扣的高利贷。借贷的贫困农民每年秋收后除缴纳地租外，还需要偿还春天借贷粮食的本利。他们维持一年生活的粮食总量将大打折扣，其生活贫困、艰难的状况可想而知。

斯坦因在20世纪初曾3次率队进行中亚探险，在第3次探险（1913—1915年）时，于1914年也到黑水城遗址，有不少收获。[①] 其中有15件汉文典当残契，典当的是袄子裘、新旧皮裘、马毯、白帐毡、苦皮等物品，换取的是粮食，当期仅有3个月，借当的利率是加三利。如第三件旧皮毯当大麦七斗粮食，加三利，将来赎取时要付九斗一升大麦。[②] 在西夏的黑水城地区无论是借贷，还是典当，都具有高利贷性质。只不过他们的利率不同，典当的利率是30%，而借贷的利率更高，是50%。然而典当的期限只有3个月，比较起来其利率甚至超过了借贷的利率。

又43号有"麦本一石五斗，利杂一石……"。看来借细粮可以还杂粮，但须增加利息。按上述利率麦本一石五斗利息应是麦七斗五升，但借贷者还的不是麦，而是杂粮，利息不少于一石，依此推算，借细粮还杂粮要增加不少于1/3的利息。上述斯坦因所获典当残契中有典大麦还大麦加三利，典小麦还大麦则加四利的实例，也是不同粮食品种转换加利的反映。

三　税账

新发现的残片中有3件难得的税账，黄麻纸，草书，上下皆残。译文如下：

125号（7.17X—43），残存11行

---

① ［英］M. A. 斯坦因：《亚洲腹地探险记》（*Innermost Asia*），牛津克拉兰顿出版社1928年版。
② 陈国灿：《西夏天庆间典当残契的复原》，《中国史研究》1980年第1期。

……二月四日……
……一升杂已？借……
……生酒买税四升
……肉税一斗二升
……肉税一斗二升
……肉？税一斗
……肉？税一斗
……肉？税五升
……有实税四升
……买一牛？税二斗四（升）……
……增一骆驼税三斗……

126 号（7.17X—44），残存 5 行

……年三月　乐盛
（画押）
……（乐）盛告
……十三？一石八斗杂
……买奴仆税六斗
……肉税二斗
……三月　乐盛

127 号（7.17X—45）

一人那征乐肉？税八升杂
一人金？万牛肉税一斗八升杂
一人洪罗金铁买牛骆驼皮税
一斗二升杂

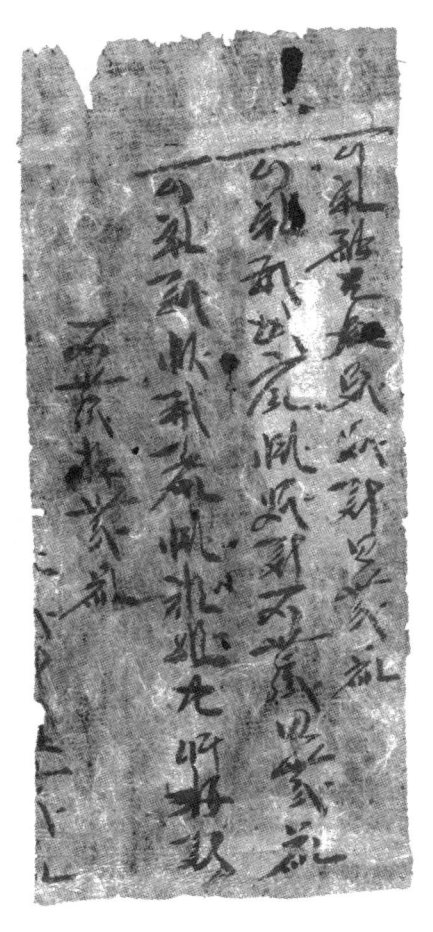

图四　127 号（7.17X—45）西夏文税账残页

　　首先可以看到，在西夏买卖要缴税，如 125 号"买一牛？税二斗四（升）"、"增一骆驼税三斗"。买肉、牲畜、牲畜皮等都要缴税。西夏法典《天盛律令》卷十八中有一门是"缴买卖税"，但可惜这一门全部遗失，所以具体纳税规定难知其详。有了这些税账，可以管窥西夏纳税的具体情况。

　　其中有一种特殊的买卖，即人口的买卖。126 号有"买奴仆税六斗"的记载。西夏虽已进入封建社会，但还保存着奴隶社会的某些残余。西夏社会中除有官人和普通庶人外，还有所谓使军和奴仆，他们处于半奴隶和奴隶状态，缺少人身自由。西夏法典《天盛律令》中多次提到有关买卖使军子女及奴仆的事。① 126号文书这条重要资料反映出西夏买卖奴仆的真实情况。在西夏人口买卖交易完成后，和买卖牲畜一样要缴纳税，只不过所缴税款要比牲畜买卖高。

另外还可由此得知这些交易所纳税是实物粮食。西夏有自己的货币，也使用宋朝钱币。这些以粮食缴纳买卖税的做法，反映出西夏货币的流通远不如中原王朝广泛。这一方面是西夏的商品经济尚欠发达的表现；另一方面也是西夏地区缺少铜铁矿藏、宋朝对西夏又实行铜铁禁运的结果。

另022号（7.08X—3B）是另一类型的西夏文草书粮账残页，记载了"税三十九石三斗一升二合半"，又记载"现转一万一千六百七十四石六斗"。转粮数目很大，值得进一步探索。

四　军抄人员装备文书

新发现的残片中有西夏文军抄文书，共两件，黄薄麻纸，每行皆有朱笔点画。译文如下：

060号（7.13X—7），下部残，存19行

一小　势功双……
一抄罗势功酉族式……
正军势功酉六十……
番甲胸五，背六，胁二……
下三，护额结
番披颅六，项五，前胸……
铁头袋结袋
辅主九强势功……
啰尚吉二十二……

---

① 史金波、聂鸿音、白滨译注：《天盛改旧新定律令》，《中国传世法典》之一，法律出版社2000年版，第343、417页。

啰尚宝十九……

一抄橁讹铁面累……

正军铁面累……

番披颅六，项……

铁头袋结袋绳用……

辅主六强　铁盛……

罨斡成……

一抄讹力铁势族式……

正军铁势四十……

番披颅六，项五……

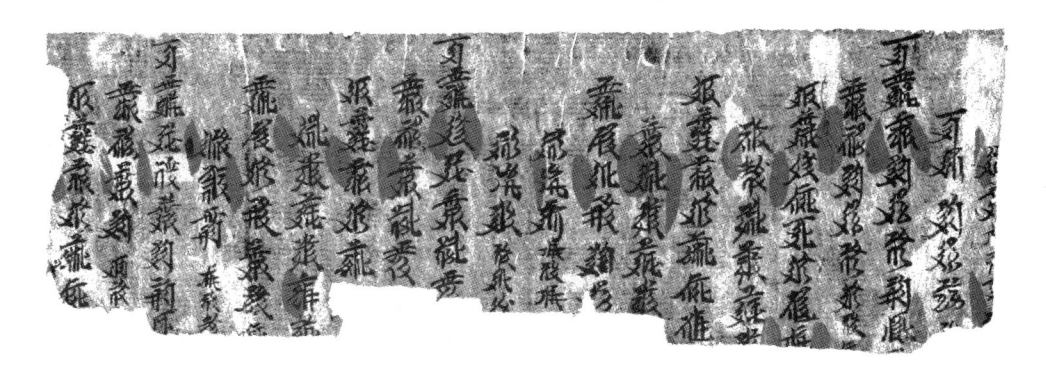

图五　060号（7.13X—7）西夏文军籍文书残页

046号（7.13X—10），上部残，10行

……六，下……

……臂十，突目下四，护额结……

……六，项五，背一，胸前三，喉二

……二，马头笼头缰绳等全

……六

……强　千蛙五十一　那征？三十二……

……红马……

……三，臂十……
　　……全
　　……十盖
　　……常盛三（十）……

　　上述060号文书中涉及4个军抄，保存人名的正军3人：罗势功酉（60岁）、穄讹铁面累（年龄残失）、讹力铁势（40？岁），罗、穄讹、讹力为人姓；保存人名的辅主4人：啰尚吉（22岁）、啰尚宝（19岁）、铁盛？（年龄残失）、罨斡成（23岁），他们往往省略姓氏。046号文书中？强、千蛙（51岁）、那征？（32岁）、常盛（30？岁）为人名，根据文书格式判断，他们都不是正军，也省略姓氏。

　　关于西夏的军抄，汉文文献有记载。西夏立国后，元昊制定兵制，规定二丁中取正军一人、负担（杂役）一人组成一抄。负担者，随军杂役也。四丁为两抄，余号空丁。愿隶正军者，得射他丁为负担，无则许射正军疲弱者为之，故壮者得正军为多。① 抄是西夏最基层、最小的军事单位，是组成西夏军队的细胞，反映着西夏军队的特点，其作用十分重要。这种军事单位把军队和社会、家庭紧紧地联系在一起，形成了兵民一体的军事制度，强化了党项军队的组织，使部队有可靠的后勤保证，便于执行较长时期的作战任务，更能发挥他们善战的长处。军抄这种组织形式加强了西夏军队的战斗力。

　　西夏法典对军抄也有比较详细的规定。西夏军抄中以正军为主，战斗力最强，地位最高。正军基本是世袭。从《天盛律令》看，至西夏中后期西夏的军抄组织已经发生了新的变化。抄内的丁已经不一定是2丁，其丁数可以很多，甚至超过8丁。《天盛律令》卷六"抄分合除籍门"规定："诸种军待命、独诱族式：住八丁以上者，正军亦实不乐在同抄，四丁当合分抄。其中有馀，则当留旧抄组，若旧正军自愿，亦可随新抄后。族式

---

① （宋）曾巩：《隆平集》卷二〇《夷狄传·夏国》，第7页，康熙辛巳年（1701年）刊本。《宋史》卷四八六《夏国传下》，中华书局1977年版，第14028页。

八丁以下现有六七丁者，正军自愿，亦许分抄。"① 可见一抄有时达到 8 丁以上，这时可以分抄。060 号文书中一抄中除正军外有 9 个辅主，另一抄中除正军外有 6 个辅主，各抄分别是 10 丁和 7 丁。说明当时西夏的军抄与西夏立国前后比较，有了很大变化，甚至比西夏法典规定还要复杂。这两抄中没有随军杂役"负担"，这也是一个显著的变化。

《天盛律令》规定，军抄的人员、装备要登记入籍，抄的分合变化应及时改注于册中。若不按规定登记，要受到处罚。《天盛律令》中详细记载了不同身份军人的各种装备，除武器外，主要是甲、披、马，并规定对主要装备每年都要校验。② 国家图书馆新发现的军抄文书就是基层军抄人员和装备的登记簿册，是军抄登记的典型实例。

060、046 号记载的装备部分主要记载番甲和番披的特征。番甲中所谓"胸五、背六、胁二"等，可能是记铠甲各部位的甲片数目，而番披中所谓"颅六、项五、前胸……"，可能是番披各部位的皮片的数量，每人所属皆不相同。由此可推想西夏铠甲和披的大致结构。这种作战用的装备，因人而异，穿着得体，便于行军作战使用。

五 审案记录

共四纸，薄黄麻纸，楷书，墨色浅淡，皆残。译文如下：
111 号（7.17X—35），3 行，上、左、右皆残

……依耶和西讹成告语：西讹成今年已过十
……一月二十三日自属三十牛过时，牛一队
……行处问中，一白母牛怀子一已出，其上始已寻

109 号（7.17X—34），6 行，上、左、右皆残

---

① 《天盛改旧新定律令》卷六"抄分合除籍门"，第 259 页。
② 《天盛改旧新定律令》卷五"军持兵器供给门"，第 223—230 页；"季校门"，第 230—232 页。

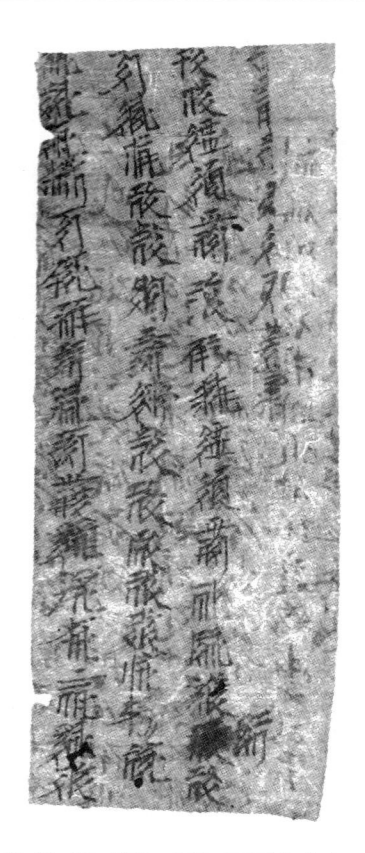

图六 111号（7.17X—35）西夏文审案记录残页

……中，此十日日耶和舅舅方家处住，
……成，自实已见，畜实已为皮上知，
……铁吉及耶西郭来子等是无理为，
……盗牛并实已取畜，不肯还等，另不
……顺，律令何寻问，分别找，西讹成
……依西讹成告语 西讹成今年已过十
……

123号（7.17X—42），2行，上、左、右皆残

图七 109号（7.17X—34）西夏文审案记录残页

……（铁）吉及耶和郭来子等是，无理将舅舅处牛
……盗窃，并实已取走畜，不肯还等，且不服

087号（7.17X—16），4行，四面皆残

……寻未……
……西讹（成）……
……命（屈）……
……行……

其中"耶和西讹成"为人名，"耶和"为党项族姓；"铁吉"和"耶

酉郭来"为人名，"耶酉"为党项族姓；123号"耶和郭来子"可能为"耶酉郭来子"之误。

此文书是一案件证人的证词记录，记名为耶和西讹成的人，在其舅舅家亲见铁吉和耶和郭来之子，盗窃其舅舅家的牛，并不归还的事实。从记录看是反复录证。其审理结果不得而知。同是国家图书馆藏的瓜州审案记录两纸，连同其他地方所存同类文书，共12纸，也是反映了西夏时期的经济纠纷案件。

西夏的双语双解词语集《番汉合时掌中珠》有关审理案件的段落中，记载当罪犯"不说实话"时，需"令追知证"。[①] 根据西夏法典《天盛律令》的规定，丢失畜物，盗窃嫌疑人不肯招承，又找不到赃物时，需要另找举告。本案的耶和西讹成就属于举告证明人。举告者还有赏，《天盛律令》对举告强盗和偷盗的赏赐有明确的规定，总的原则是鼓励举告强盗、偷盗的等犯罪者。举告强盗比举告偷盗者赏钱数目要多。[②]

西夏畜牧业发达，牲畜对西夏社会生活有举足轻重的作用。牲畜是西夏人民特别是包括党项人在内的游牧民族的生活必需品，而大牲畜还是农业生产畜力来源，又是商业、交通的运输动力，还是军队骑兵军事运输主要装备。可以说牲畜在西夏既是生活资料，又是生产资料，因此西夏对于牲畜的蓄养、管理给予特殊的重视。《天盛律令》中有关牲畜的条文很多。从这些规定可知西夏对违法放牧、屠宰、盗窃牲畜的管理和处罚十分严厉。同时也由此知道西夏这类犯罪案件之多。上述审案记录和瓜州审案记录都涉及牲畜并不是偶然的。

六　其他

国家图书馆新发现的西夏文书残片中，除上述列举外，尚有多种类型。

---

① （西夏）骨勒茂才著，黄振华、聂鸿音、史金波整理：《番汉合时掌中珠》，宁夏人民出版社1989年版，第62页。
② 《天盛改旧新定律令》卷三"自告偿还解罪减半议合门"，第174—175页；"追赶捕举告盗赏门"，第178—179页。

如 094 号（7.17X—22）是西夏文天庆甲寅年文书残页，楷书，12行。其中有年款"天庆甲寅年"，该年是西夏桓宗天庆元年（1194年），属西夏晚期。文书中还有"黑水监军司"、"枢密经略使"、"北院刺史"等职司、职官，还有"（般）若珠"（人名）前已告状的语句，可以推测其内容涉及重要告状案。但该文书上下皆残，每行仅余六七字，殊难解读更多文义。

又如，029 号（7.08X—8B）是西夏文户籍粮账，其中有3户的记载，有户主人名及粮食数量等。071 号（7.16X—16）也是西夏文户籍残页，其中记载了纳粮数量和户主人名。030 号（7.08X—9）是西夏文人员账残页。

再如，007 号（7.02X—4）是西夏文草书九年六月、七月的借钱账。011 号（7.04X—2）也是西夏文草书借钱账残页，有日期、人名、利钱等项。041 号（7.10X—7）是西夏文借钱账残页，有三钱增利、二钱增利等语，记载了借钱的利率。文书残页中还有契约残片。如 032 号（7.10X—1）是西夏文草书契约后部残页。

总之，新发现的这些西夏社会文书，大多在国内藏品中是首次发现，填补了国内西夏文献品类和内容的空白。这些文书虽都是残页，但具有很高的研究价值，有助于对西夏社会的深入了解，十分珍贵。

（原载《文献》2004年第2期）

中国藏西夏文文献新探

西夏（1038—1227年）正式立国前夕创制了记录西夏主体民族党项羌语言的文字，当时称为"蕃文"，后世称为西夏文。西夏文创制后在境内广泛使用。西夏文的创制和应用是西夏文化发展的重要特点。西夏文随着西夏的灭亡而逐渐消亡，明、清以降成为无人可识的死文字。100年前世上竟没有一本西夏文书籍。西夏这样一个重要王朝的历史并未列入中国"正史"之中，致使有关西夏的汉文史料十分贫乏。所幸近百年来西夏文文献不断出土，给西夏研究带来转机。

1909年俄国的科兹洛夫（П. К. Козлов）率领探险队在中国黑水城遗址（今属内蒙古自治区额济纳旗）发现了大批文献和文物。其中以西夏文文献最多，共有数千卷册。这些流失海外的珍贵文献长期封藏于俄国圣彼得堡东方学研究所。英人斯坦因（A. Stein）、法人伯希和（P. Pelliot）、瑞典人斯文赫定（Sven hedin）都自中国获得数量不等的西夏文文献。

其实国内存藏的西夏文文献也很丰富。1917年宁夏灵武县知事余鼎铭修城时，于城墙内掘获出土一大批西夏文文献，多数入藏中国国家图书馆，少部分辗转传藏于故宫博物院、甘肃、宁夏，一部分流失于日本等地。

新中国成立后，甘肃的敦煌石窟、天梯山石窟和炳灵寺石窟，武威小西沟岘和亥母洞，内蒙古的黑水城和绿城，宁夏的贺兰县宏佛塔、贺兰山方塔以及陕西、新疆等地，又陆续发现和收藏不少西夏文献。这样全国所藏总计在万面以上，皆为珍贵古籍，多以善本入藏，是西夏研究的重要资料，有很高的学术价值和文物价值，引起专家们越来越多的关注。

对国内所藏西夏文献，过去虽进行过整理，并编制目录，进行考释，但从未系统、全面刊布出版。因这些文献分散各处并深藏密库，国内外专家查找、利用十分不便。宁夏大学在 2001 年将编纂、出版《中国藏西夏文献》申报为教育部重点基地项目，得到批准。2004 年宁夏大学、国家图书馆、甘肃五凉古籍整理研究中心，联合中国社会科学院西夏文化研究中心等全国各地十几个部门，共同出版《中国藏西夏文献》，以便利用这些文献弘扬学术。

《中国藏西夏文献》系大型系列文献丛书，将分藏各地的西夏文文献制成清晰的图片出版，提供珍贵原始文献，同时对各地文献分别以"综述"介绍，对每一文献又有"叙录"记其形制、内容。该书分北京编、宁夏编、甘肃编、内蒙古编、陕西编、金石编。北京编包括中国国家图书馆藏卷、故宫博物院、国家博物馆、中国社会科学院考古研究所、北京大学藏卷；宁夏编包括宁夏博物馆藏卷、宁夏文物考古研究所藏卷、罗雪樵藏卷；陕西编包括西安市文物局藏卷；甘肃编包括敦煌研究院藏卷、甘肃省博物馆和定西县文化馆藏卷、武威博物馆藏卷；内蒙古编包括内蒙古博物馆藏卷、内蒙古文物考古研究和额济纳旗文化馆藏卷；金石编包括西夏陵残碑卷、碑刻、题记卷以及官印、符牌、钱币卷。[1]

在笔者从事西夏研究的 40 多年中，对国内各地所藏西夏文文献大多数作过调查、整理和研究。在此次修复和出版过程中，笔者作为总主编之一，重新进行整理和研究，又有新的收获和体会，一些心得已经注入《中国藏西夏文献》的"综述"和"叙录"中，但由于统一体例的限制，一些对文献的认识、研究又未能在书中得到反映，现择其部分分述于下。

一 元代曾在建康（南京）印刷西夏文佛经

西夏灭亡后，蒙、元时期西夏人称作河西人，为色目人一类，有相当高的民族地位，有强大的政治势力。元代尚使用西夏文，被称作河西字。过去知道元代曾在杭州刊印西夏文佛经。根据元平江路碛砂延圣寺刊印的《大宗地玄文本论》卷三发愿文记载："管主八誓报四恩，流通正教，累

---

[1] 史金波、陈育宁总主编：《中国藏西夏文献》第 1—20 册，甘肃人民出版社、敦煌文艺出版社 2005—2006 年版。

年发心，印施汉本大藏经三十余藏，四大部经三十余部……心愿未周，钦睹圣旨：'于江南浙西道杭州路大万寿寺，雕刻河西大藏经板三千六百二十余卷，华严诸经忏板，至大德六年完备。'管主八钦此胜缘，印造三十余藏，及《华严大经》、《梁皇宝忏》、《华严道场忏仪》各百余部，《焰口施食仪轨》千有余部，施于宁夏、永昌等寺院，永远流通。"[1] 管主八原是西夏后裔，任松江府（今上海）僧录，其名为藏文译音，意为经学大师。这一记载确切地印证了元代曾雕刻西夏文《大藏经》以及其他单部佛经的事实。有元一代多次印刷西夏文《大藏经》。近年敦煌北区发现的西夏文刻本佛经残页《龙树菩萨为禅陀迦王说法要偈》经末有一长方形压捺印记，上有汉文两行："僧录广福大师管主八施大藏经于沙州文殊师利塔中永远流通供养。"[2] 此题款证实管主八主持印制西夏文《大藏经》，并施于敦煌佛塔中。可能在他所施经中都押捺这样的印记。此外管主八对刊刻《普宁藏》、《碛砂藏》也贡献很大。[3]

国家图书馆藏有西夏文刻本《慈悲道场忏罪法》，存卷第一、第三、第四、第五、第六、第七、第八、第九、第十，共9卷，缺卷第二。经折装，原各卷皆有封面、题签，卷首皆有梁皇宝忏图一幅4面，现有的部分残损，图右有汉文"俞声刊"三字。后有佛名4面，卷前经名后有译者题名，译文为"天生全能禄蕃式法正国皇太后梁氏御译，救德主世增福正民大明皇帝嵬名御译"，是为西夏惠宗和母梁氏的尊号。俞声是元代杭州地区刻工，曾为宋两浙茶盐司雕刊的《礼记正义》和杭州刻本《尔雅疏》补板。[4] 可证馆藏西夏文《慈悲道场忏罪法》的《梁皇宝忏图》为元代刊印。那么，此经是在哪里刻印的呢？

在卷第一序文最后一行下有西夏文双行小字刻款，每行11字，译文为"此忏罪法出处地界者江南金陵建康府城中奉敕所集"。[5]

---

[1] 该卷今藏中国国家图书馆，山西崇善寺和日本善福寺也入藏是经。
[2] 史金波：《敦煌莫高窟北区出土西夏文文献初探》，《敦煌研究》2000年第3期，第1—16页。《中国藏西夏文献》第16册，第148页。
[3] 陈高华：《元代南方佛教略论》，《中国社会科学院学术咨询委员会集刊》第2辑，社会科学文献出版社2006年版，第312—324页。
[4] 王肇文：《古籍宋元刊工姓名索引》，上海古籍出版社1990年版，第283页。
[5] 《中国藏西夏文献》第4册，第91页。

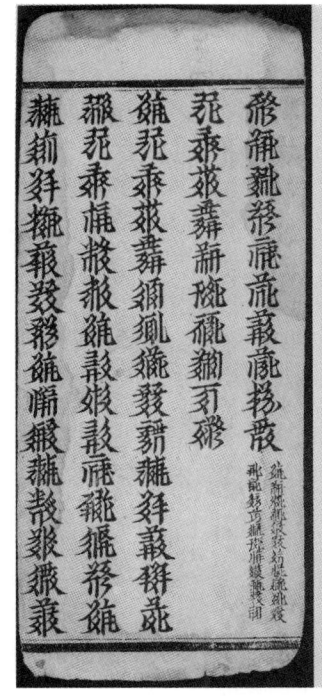

图一 《慈悲道场忏罪法》西夏文题款

南宋和元代都曾设建康府（今江苏南京市），但南宋与西夏各为王朝，西夏是从宋朝分裂出去而建立的国家，宋夏关系历来紧张，曾发生多次战争。宋朝不仅不承认西夏是独立王朝，还不承认其文字。双方战争中宋朝还以西夏文书作为战利品。康定初（1040年），宋大将任福攻陷西夏白豹城"悉焚其伪署李太尉衙署、酒税务、粮仓、草场及民居室、四十里内禾稼，积聚诸将分破族帐四十一……虏牛、马、羊、橐驼七千余头，器械三百余事，印记六面，伪宣敕告身及蕃书五十通"[①]。所谓"伪宣敕告身及蕃书五十通"，应指西夏文字文献。西夏以西夏文上表，宋朝拒不接受。宋元丰元年（1078年）西夏使臣到宋朝，"以蕃书附之入谢"。"蕃书"

---

① （宋）司马光：《涑水记闻》卷一二，中华书局点校本1989年版，第224页。

即西夏文。宋接待官员赵瑴收下谢表,宋神宗下诏毁书表,并令开封府治赵瑴之罪。① 可见宋朝对西夏文的忌讳。有宋一代,从未见在宋朝境内刊印西夏文文献。因此宋朝不可能在建康府印西夏文佛经。

  元代是大一统国家,西夏地区已成元朝的一部分,西夏党项后裔成为地位较高的色目人,西夏文为当时行用文字之一。元顺帝至正五年(1345年),在大都北居庸关的通道上,修筑了一座著名的过街塔。在过街塔门洞内的高大石壁上,用六种文字镌刻了《陀罗尼经》,西夏文为其中一种,有77行。其余五种是汉文、梵文、八思巴文、藏文、回鹘文。无独有偶,元代另一方有西夏文字的六体石刻,即莫高窟速来蛮西宁王的梵、藏、汉、西夏、蒙古、回鹘文的六字真言碑,建于至正八年(1348年)。② 这是元代有确切年代可考的、最晚的西夏文字资料。笔者曾到甘肃省永昌县的西夏圣容寺附近考察,其山冈左侧河崖山石上也见以西夏文等上述六种文字镌刻的六字真言。这些石刻反映出元代多民族文化的典型特质,表现出党项人及其文化在元朝的地位,说明当时汉文、八思巴文、藏文、回鹘文、西夏文都是国家认可的通用文字。

  因此,可以肯定国家图书馆藏西夏文《慈悲道场忏罪法》是在元代雕印。"此忏罪法出处地界者江南金陵建康府城中奉敕所集",所谓"出处"、"集"者,应为集结印刷出版之意。

  此经高32.8、宽13厘米,上下双栏,栏高27.9厘米,面5行,行15字。馆藏元代在杭州刊印的西夏文佛经多种,一般高33、宽12.2厘米,上下双栏,栏高23.8厘米,面6行,行17字。此经栏高且行少,字体硕大,每字约2厘米见方,而杭州刻经字体较小,约在1.2厘米见方。板式的明显区别,可作为不同时同地刻经的佐证。

  元代除杭州外还在建康印经,说明元代西夏文字和佛经的继续流行并不限于一时一地,当时不仅是因在杭州有党项人杨琏真加这样炙手可热的释教总统能刊印佛经,在其他地方也有刊印佛经的可能,这对认识元代西

---

 ① (宋)李焘:《续资治通鉴长编》卷二九六,"元丰二年正月丁酉"条,中华书局2004年版,第7203页。
 ② 史金波、白滨、吴峰云:《西夏文物》,文物出版社1989年版,图118。

夏文佛经的印制、流行有重要意义。

二　国家图书馆藏西夏文《金光明最胜王经》刊印地点

国家图书馆藏有西夏文刻本《金光明最胜王经》，为蒙古时期刻本。存卷第一至卷第十共 15 卷，其中卷第一、第四、第五、第六、第十有复本，缺卷第二、第七。

此经经折装，卷首有佛画 4 面，有的卷遗失；有画像记 1 或 2 面。卷第一有忏悔灭罪记 18 面，面 6 行，行 17 字。流传序 10 面，面 6 行，行 16 字。题款译文为"兰山石台岩云谷慈恩众宫一行沙门慧觉集"。"兰山"即贺兰山。"慈恩众宫"即慈恩寺，是贺兰山中的一座寺庙。一行沙门慧觉是夏末元初的高僧，是《大方广佛华严经海印道场十重行愿常遍礼忏仪》的录传者，也是大夏国弘扬《华严经》诸师的最后一位。[①] 经题后校经题款译文为"奉白高大夏国仁尊圣德珠城皇帝敕重校"。"仁尊圣德珠城皇帝"为西夏仁宗尊号。流传序记载了《金光明经》流传东土后先后五次由梵文译为汉文的经过，还特别记述了西夏时期翻译、校勘此经的经过以及在西夏倡导、传播此经的情况，"后始奉白高大夏国明盛皇帝、母梁氏皇太后敕，渡解三藏安全国师沙门白智光，译汉为番"。指出惠宗时由国师白智光从汉文译成西夏文。最后还提及西夏灭亡后此经的遭遇与序言作者的发愿。此经卷十末尾有刻印跋文及人名 4 面，跋文汉译文为：

> 今释迦圆寂，付法传而至于今时，佛法住盛荣者，以此经是。故大界国世界信众施主陈慧高，念此语故，发出大愿，番国旧印板国毁中失，因此施舍净物，令雕新字，乙巳年八月十五日始起，丁未年中刻毕，净纸上得以印施。以此善根，上报四恩，下救八苦，德法重盛，佛事为新。慧高等十恶五罪孽令灭，三恶八灾苦极莫受。欲现最安生，而成佛道也。[②]

---

① （元）一行慧觉录：《大方广佛华严经海印道场十重行愿常遍礼忏仪》卷第四十二。
② 《中国藏西夏文献》第 4 册，第 85 页。

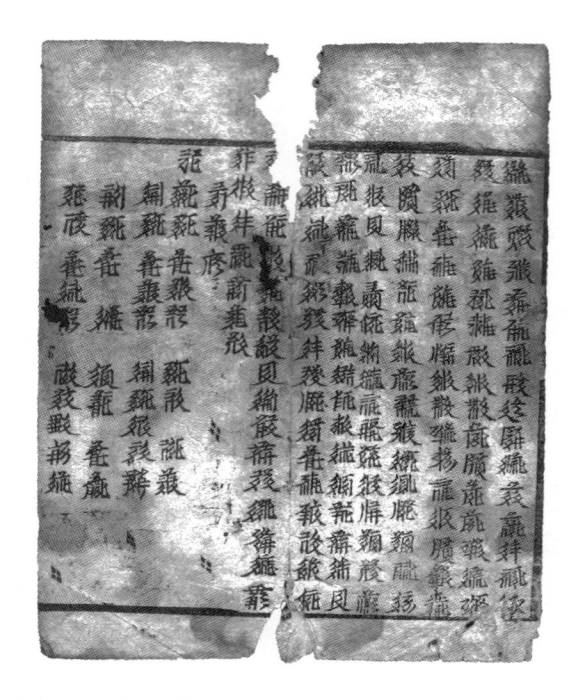

图二　西夏文《金光明最胜王经》卷一○末尾跋文

跋文记载了刊印时间起自乙巳年，完成于丁未年，应是蒙古乃马真称制尚无年号的 1245—1247 年。① 跋文中的"大界国"即指疆界宽广的蒙古国，"世界"在西夏文中有二解，一是指时空意义的世界；二是指"朝廷"、"京师"意。在西夏文法典《天盛改旧新定律令》中多种条文中"世界"二字是"京师"之意。这时的京师是否是蒙古的京师大都呢？大都在元太祖成吉思汗十年（1215 年）时已被蒙古军占领，太宗窝阔台 7 年（1235 年）方置版图，元世祖忽必烈至元元年（1264 年）成为中都，始为元朝首都，至元九年（1272 年）改为大都。乃马真称制时，蒙古首都尚在开平，那时不可能在那里印刷西夏文佛经。因此这里的京师很可能是指西夏的旧都中兴府，即现在的宁夏银川市。跋文提到"番国旧印板国

---

① 史金波：《西夏文〈金光明最胜王经〉序跋考》，《世界宗教研究》1983 年第 3 期，第 90—111 页。

毁中失",番国即指西夏,可能因为是在西夏故地,所以对西夏《金光明经》在国家灭亡的战乱中损毁,记忆犹新,对此次重新雕板印刷有怀旧情感。其主要发愿者为陈慧高,似为一汉姓僧人,但在发愿人名中出现的人名中除部分是汉姓外,还有很多党项人姓。如兀则慧刚、讹利慧德、折木氏三姐、酩布氏成舅、没西慧会、讹慧盛、讹二氏福德子、多氏导导、嗲则布氏冬冬、契没朱迦鸠等。

三　国家图书馆藏泥活字版西夏文文献的整理、分析

国家图书馆藏西夏文《现在贤劫千佛名经》分上下两卷(编号3.15、3.16),皆是残本,因其断折严重,背面以其他废弃经纸裱糊。裱糊用纸不只一种,其中有西夏文泥活字印本《大方广佛华严经》卷第五十一、七十一两卷,面高32.3、宽12.1厘米,上下单栏,栏高26厘米,面6行,行17字。卷第五十一仅存2面(3.15、3.16各1面),此外尚有两残纸。这些页面无任何经名、页码标志,系依据经文内容认定的。卷第七十一存44面,也分属3.15、3.16两个编号,因系裱糊用纸,裱贴混乱,经仔细核校经文,方理清顺序,并知所缺页面。有的页面未能从被裱糊页上揭开,将正面粘贴于被裱糊页后面,仅从背面看到反字。此卷按佛经内容将原图版顺序重新调整如下(方括弧内为图版原编号):3.15号的首2页、[24　25B](重复1行)、[22　23B]、(下缺1面)、[04　05](背面)、[34　35B](背面)、[24　25B](背面)、[38　39B]、[37B]、[36B]、[26　27B]、[28　29B]、[42　43B]、[40　41B]、[44　45B](下约缺30面),下接3.16号[38　39B](右2行)(下约缺6面)、[05　06B](左6行)、[03　04B]、[07　08B](左11行)、[05　06B](右9行)(下缺1面)、[17　B](右6行)、[11　12B](下缺2面)、[07　08](右4行)、[15　16B]、[13　14B](下约缺10面)、[25　26](左11行)、[23　24](下约缺10面)。完整经文约104面,此经存44面,约缺60面。[1]

经题后有译、校经题款,译文为"唐于阗三藏实叉难陀译,奉天显道

---

[1] 《中国藏西夏文献》第6册,第293—316页。

耀武宣文神谋睿智制义去邪惇睦懿恭皇帝御译"。题款下有朱色宝塔式梵文押捺印记。

又馆藏西夏文残页中还有泥活字本《大乘本生心地观经》卷第三 1 面，存 5 行（1、5 行仅存半行）。①

原已知国家图书馆藏有西夏文木活字本《大方广佛华严经》共 63 卷，其中有的有复本，不重复者 52 卷。这些佛经的活字本特点已有论列。但观《现在贤劫千佛名经》背面裱糊的上述活字印本，与此 63 卷活字本相比较，则又有明显的不同。

仔细观察这些文献的版面、字迹，具有泥活字印刷特征。其中很多字笔画中间断折，不少字有明显的笔画缺损痕迹，有的字边缘不整齐，有断残现象。仔细观察，不少于三分之一的字有笔画断缺现象，这在木活字印刷品中是不会发生的。甚至有的字由于缺角而显得近于浑圆，有的笔画中有类似气泡、沙眼的痕迹，有的文字模糊，字的边缘形成蜡泪状，这是烧制活字时温度太高，造成的流釉现象所致。这些都体现了泥活字印刷的特点。

中国北宋庆历年间（1041—1048 年）毕昇发明了省时省料、方便快捷的活字印刷术②，这是印刷史上又一个伟大的里程碑。然而中国早期活字印刷实物在中原地区都没有保存下来。毕昇发明泥活字印刷不久，西夏人便开始使用泥活字印刷，并由泥活字发展到木活字印刷。此前只知一种西夏文泥活字印刷品《维摩诘所说经》，此经在内蒙古黑水城遗址和甘肃武威市亥母洞遗址都有出土，分别藏于俄罗斯圣彼得堡东方学研究所、武威市博物馆。国家图书馆所藏三种泥活字版佛经是新发现的泥活字印刷品类，有重要文献和文物价值。

四　国家图书馆藏西夏文文献的时代

国家图书馆藏西夏文文献包括了西夏时期、蒙古时期和元代，先后至

---

① 《中国藏西夏文献》第 12 册，第 340 页。
② （宋）沈括：《梦溪笔谈》卷一八"技艺·板印书籍"条，中华书局 1962 年版。

少有240年，在国内外保存西夏文献的部门中，西夏文献时间跨度最长。

馆藏有两页瓜州审案记录，是西夏天赐礼盛国庆元年（1070年）瓜州（今甘肃省安西县）审理民事经济纠纷案件的笔录。这些稀见的文书对研究西夏早期的经济和法律很有价值。

馆藏有不少写本，其中以《大般若波罗蜜经》为主，共21卷，皆是七八百年的古本，也很珍贵。此应是西夏时期写经。

馆藏民国时期出土的西夏文献如上所述有蒙古乃马真时期刊印的《金光明最胜王经》。

元朝立国后刊印西夏文佛经事经过了一番周折。西夏灭亡后，党项人对于作为民族文化重要标志的西夏文还有感情，仍在保留使用，力图使其不废。元政府为笼络少数民族上层，对此也提供了条件。世祖时曾下令雕刊河西字藏经板，准备印刷西夏文《大藏经》。史书上对此没有更多的记载，估计与当时西夏后裔"河西人"有较高的地位、忽必烈崇信佛教有关。此外当时帝师八思巴的弟子河西僧杨琏真加备受重用，他投靠、贿赂权臣桑哥，担任江南释教总统应与此关系极大。而雕刊地点正是在杨琏真加任职的杭州。世祖刚刚去世，成宗继位后很快停止了雕刊西夏文《大藏经》，其原因史书也未记载。若分析当时的政局也可看出其中的端倪。世祖忽必烈后期桑哥被罢黜，杨琏真加重赂桑哥、擅发宋诸陵、取其财宝、戕人性命、盗诈钱财、掠夺田产等种种不法也被揭露，至元二十八年（1291年）追究其罪行，并抄没非法所敛财产。但忽必烈于第二年又给还其人口、土田，处分轻微。成宗即位后当年便实行了与过去不同的政策，至元三十一年（1294年）十一月"乙卯，令河西僧人依旧助役"。这是专门针对过去西夏僧不服劳役而作出的规定，透露出新帝对河西僧人的不满。两天后又下旨"丁巳，……罢宣政院所刻河西《藏经》板"，[①] 取消正在进行的雕刊西夏文《大藏经》的工作。可能考虑要把杨琏真加以及少数不法河西僧人的恶行与整个被朝廷倚重的党项族分开，因此成宗不久又恢复了雕刊西夏文《大藏经》的工作，并于大德六年（1302年）完成。

[①] 《元史》卷十七《世祖纪十四》，中华书局1976年版，第362页；卷十八《成宗纪一》，第388—389页。

这是我国第一部用少数民族文字刻印的《大藏经》。武宗、仁宗又陆续印制，董理此事的党项上层有拥立武宗即位有功、仁宗时官为御史台侍御史的杨朵尔只等。① 元代刻印西夏文佛经花费了巨大的人力、物力。

馆藏西夏文《说一切有部阿毗达磨顺正理本母》卷第五、《悲华经》卷第九、《经律异相》卷第十五各有祝赞 4 面，祝赞中西夏文题款译文为"奉大元国天下一统世上独尊福智名德俱集当今皇帝圣寿万岁敕，印制一全大藏经流行，当今皇帝圣寿万岁，太后皇后与天寿等，奉敕大德十一年六月二十五日，皇太子使见千秋，印大藏经五十部流行"。知此 3 卷经为元大德十一年（1307 年）印制。又《妙法莲华经》有祝赞 3 面，其中题款译文为"当今皇帝御印，仪天兴圣仁慈昭懿寿元皇太后御印，正宫皇后御印"。仪天兴圣仁慈昭懿寿元皇太后是元武宗和仁宗的母亲。知此经为武宗或仁宗时印制。馆藏元代西夏文佛经展示出元代刻印西夏文经的形制。又《过去庄严劫千佛名经》卷末有元皇庆元年（1312 年）西夏文发愿文，板间接纸处有刻工名"台周"。西夏文《金刚萨埵说频那夜迦天成就仪轨经》的刻工中也有"台周"，尽管该经中没有记载刊印时间，也可推定与《过去庄严劫千佛名经》大致同时雕板。再有《金刚萨埵说频那夜迦天成就仪轨经》的刻工有"周子俊"，而《不空罥索神变真言经》中也有刻工"周子俊"，也可证两部经是同时代的刻本。《菩萨地持经》卷第九、《大智度论》卷第四的版本形制与上述元代佛经相同，可定为元代版本。《妙法莲华经》虽与上述佛经版本有异，但卷首有祝赞 3 面，其中西夏文题款译文分别为"当今皇帝御印"，"仪天兴圣仁慈昭懿寿元皇太后御印"，"正宫皇后御印"，而"仪天兴圣仁慈昭懿寿元皇太后"系元武宗和仁宗母亲，知此经也是元代印制。《佛母大孔雀明王经》下卷板式与《妙法莲华经》相同，也可推测为元代印制。

《佛说佛母出生三法藏般若波罗蜜多经》卷第十五、《佛母大孔雀明王经》下卷、《地藏菩萨本愿经》中卷与上述形制有所不同，是否杭州雕印

---

① 史金波：《西夏文〈过去庄严劫千佛名经〉发愿文译证》，《世界宗教研究》1981 年第 1 期，第 64—76 页。

图三　西夏文《悲华经》卷第九祝赞

有待进一步考证。①

五　国家图书馆揭裱出的西夏文、汉文文献分析

在修复馆藏西夏文文献时，国家图书馆的专家在层层裱糊的封皮中揭

---

① 《中国藏西夏文献》第3—6册。

出了一批西夏文和汉文残页。在此次出版《中国藏西夏文献》时，西夏文残页已随所在主文献分别刊布于各册，汉文部分则集中置于第 12 册国家图书馆藏卷的后面。①

由这些残页的概述和叙录可以看到，从俄罗斯圣彼得堡东方学研究所转来黑水城出土的《大般若波罗蜜多经》封皮揭出的西夏文文献无论是世俗文书还是宗教文献，都属西夏时期。其中少量汉文刻本佛经，不一定是宋代文献，也很可能是西夏文献。西夏王朝在使用西夏文的同时，也使用汉文；在刻印西夏文佛经的同时，也刊印汉文佛经。当然西夏也有宋朝和金朝刻印的佛经，例如黑水城出土的大批文献中就有宋朝和金朝的刻本文献。灵武出土西夏文佛经中揭裱出的全部是汉文文献，国家图书馆林世田教授等对汉文文献作了考证和定名。他们认为：（1）灵武出土西夏文献护封中所出汉文文献均是明代刊写，这既为确认这部分西夏文献的刊刻年代提供了进一步的佐证，同时也提出了一些问题，即这部分汉文文献是明代修补西夏文献时放进去的，还是明代印制西夏文佛经时放入的，还是二者兼而有之，这有待于对每一部文献作进一步的分析研究。（2）这批汉文文献有很多可能是同一版本。说明这批西夏文佛经的装帧或修复大致是在同一时期。（3）这些汉文文献可识别的均为佛道二教文献，而佛教文献又占绝大多数，特别是佛教仪式文书，或许可以帮助我们断定其为某个寺院的藏书，因残缺而成为"废弃物"，后被寺院或经坊用来制作或修补西夏文佛经的护封。（4）这批文献中有一些未入藏的藏外佛教文献，多是在佛事活动中应用的仪式文书，这对研究明代西北地区的民间佛教具有重要意义。（5）苏联政府捐赠国家图书馆的《刘知远诸宫调》及其他黑水城汉文文献的年代，与俄藏黑水城文献大致相当，除《刘知远诸宫调》为金代刻本外，其他均为宋代刻本，有的甚至能从俄藏黑水城文献中找到相同的版本。② 这些认识很有见地，同时也提出了可进一步研究的问题。

分析馆藏西夏文《现在贤劫千佛名经》很有意义，因为此经既在各页

---

① 《中国藏西夏文献》第 1、2、12 册。
② 林世田主编：《国家图书馆藏西夏文献中汉文文献释录》"前言"，北京图书馆出版社 2005 年版。

面后有托裱，在封皮中又有衬纸。此经上下两卷经纸厚实，页面很少损伤，估计托裱的原因是折面断开，而以托裱的方式粘连各页面。但因托裱的纸张较薄，经常翻阅仍会在折叠处断开，日久不免前后错乱颠倒。此二经托裱用纸皆为西夏文佛经，从《现在贤劫千佛名经》上卷析出的有刻本《菩萨地持经》卷第九6面，刻本《大智度论》卷第四8面；从《现在贤劫千佛名经》下卷析出的有刻本《大方广佛华严经》卷第十九13面，写本《大方广佛华严经》卷第四十八6面；从两经共同析出的有泥活字本《大方广佛华严经》卷第五十一2面，泥活字本《大方广佛华严经》卷第七十一44面。

西夏文刻本《现在贤劫千佛名经》上卷墨书汉文4行"发心表经释子子李耳卜，上报四恩，下资三有，法界有情，同成正觉。师父李耳塞、母韦氏太平姐，舍纸王氏，亡过父李七什"。卷末裱纸上有西夏文墨书题款4行，译文为"师耳塞李，净信发愿者释子耳卜李（李慧胜），现在者韦氏，赐食者王氏，转身者李七什"。下卷裱纸上有两处西夏文墨书题款，皆3行，内容大体相同，一处译文为"净信发愿令经契全者耳卜李、现在发愿者纸此师母，赐食王氏，转身者父李七十"，另一处译文为"净信发愿令经契全者耳卜李、现在纸此者师母赐食王氏，转身父李七十"。这四条西夏文和汉文题款是同一人为同一事所书，系因佛经散乱而发愿裱经者所书，发愿裱经者名李耳卜，"耳卜"为西夏语音，译成汉文为"慧胜"，此人名李慧胜，西夏语称李耳卜或耳卜李，系一僧人。其父李七什，为转身者，即已亡故。李慧胜的师父是李慧净，西夏语称李耳塞，师母韦氏，名太平姐。汉文题款记舍纸王氏，而西夏文题款记施食王氏。两处西夏文题款记"纸此"，疑西夏文"此"字为"舍"字之误，此二字西夏文形近。题款所书裱纸裱元代佛经，裱经时间当不是西夏时期，而可能是元代。推想当时在灵州尚有懂得西夏语文者，可以用西夏文、汉文书写题款，且所写西夏文行书字体熟练，但仍可见其有疏误之处，除上述将"舍"误写成"此"字外，在上卷的西夏文题款中，"韦氏"、"王氏"的氏字都没有写成姓氏的"氏"，然而在下卷"氏"字又写对了。这是否说明当时虽尚有用西夏文者，但有些生疏。

图四　西夏文《现在贤劫千佛名经》汉文题款

一方面《现在贤劫千佛名经》托裱的衬纸中无一纸明代佛经；另一方面包括《现在贤劫千佛名经》、《金光明最胜王经》、《慈悲道场忏罪法》以及活字版西夏文《大方广佛华严经》在内的灵武出土佛经，封皮揭出的全是明代汉文佛经。这可否推论《现在贤劫千佛名经》的托裱和灵武很多佛经的修补封皮是两个时期完成的。《现在贤劫千佛名经》的托裱在元代，用的是西夏文旧经，当时还有懂得西夏语言和文字的人；而灵武很多佛经的修补封皮是在明代，用的是明代汉文旧经。明代是原建立西夏的党项族迅速走向消亡的时期，懂得西夏语和西夏文的党项人更加稀少。但从宁夏灵武所存西夏文佛经在明代仍能得到修复，特别是封面得以重新加固保护，可知当时当地对西夏文佛经仍然重视，或可推想当时还有少许懂得西夏文的西夏后裔。灵武是西夏故地，是西夏东部的重镇，这里的西夏后裔也随着历史延伸而逐步退出历史舞台。西夏文佛经的修复或许是一个可以参考的例证。

六　故宫博物院藏西夏文文献的来龙去脉

1974年我在故宫博物院著名金石学家罗福颐老先生事先安排联系下，到故宫博物院看阅西夏文文物和文献。当时除看到院藏的西夏文印、钱、牌等文物外，还看到西夏文《高王观世音》一卷，并被允许拍摄了局部照片。后史金波、白滨发表论文《明代西夏文经卷和石幢初探》，初步介绍、研究了此经卷。①

此次出版《中国藏西夏文献》之际，我重到故宫博物院联系出版文献事宜，在罗福颐先生公子罗随祖先生和古书画部傅红展先生的帮助下，不仅复制到已经介绍过的西夏文《高王观世音经》，还复制了过去未介绍的西夏文《大方广佛华严经》卷第七十四。②

这两种西夏文文献，原为近代著名画家、篆刻家、文物收藏家徐宗浩（1800—1957年）收藏。徐先生字养吾，号石雪，祖籍江苏常州，久居北京，民国期间曾任北京古物陈列所顾问。1958年其家属将此两种文献捐献国家文物局，后调拨给故宫博物院收藏。

院藏木活字本《大方广佛华严经》卷第七十四，系1917年宁夏灵武县知事余鼎铭修城时，于城墙内所得西夏文文献之一种，其来源及其版本、价值已于本书第一卷国家图书馆卷综述中论及。③国家图书馆也藏有木活字本《大方广佛华严经》卷第七十四，但卷首无经图、祝赞牌，故宫所藏此卷则有经图一幅5面和空白祝赞牌1面。此卷末有北京广济寺主持现明所书后记，其开始称"己卯菊月二十三日无畏周居士携来广济寺，同观者江公宇澄、埠公宝惠、杨公韵伯，欢喜赞叹，生希有心，宏慈退隐现明谨记"。现明法师（1880—1941年）俗姓王，号永芝，湖南省衡州（今

---

① 史金波、白滨：《明代西夏文经卷和石幢初探》，《考古学报》1977年第1期，第143—164页。
② 《中国藏西夏文献》第12册，第369—408页。
③ 《中国藏西夏文献》第1册，第1—14页。

湖南省衡阳市）人。1916 年为京中诸山长老推举为广济寺住持，1924 年创设宏慈佛学院，退居潜修。他两次修造广济寺，九次传戒，办佛学院六班，为当时名僧。后记所书"己卯"年观西夏文经为 1939 年，在其创立宏慈佛学院、退隐 15 年后，时年 60 岁，故书"宏慈退隐现明谨记"。

所记周居士周肇祥（1880—1954 年），字嵩灵，号养庵、无畏居士，又名退翁，浙江绍兴人，清举人，曾任山东盐运使，湖南省财政厅厅长，署理湖南省省长，后任北京古物陈列所所长，晚年从事绘画，任东方绘画协会干事、委员，在北京主办中国画学研究会。该经册后附有周肇祥题跋 2 页，首记："此西夏文佛经，出自宁夏，后入北京华古堂雨亭，为余收得。以《番汉掌中珠》及《西夏国书类编》考之，当为《华严经》卷八十四。华严法海，言博义深，遥荒小国，乃能译刊流布。"后引大德十年管主八在杭州印西夏文《大藏经》题记，并感慨："西夏亡于南宋宝庆三年，大德初相距已七十余年，犹用其文字雕藏，何其文字之深固若是耶？"又简述西夏历史及文字创制使用史实，再记："辽金元清皆外族入居中土，未闻以其国书译刊大藏，独西夏有此盛举，国亡之后犹能重刊印行，西夏虽亡而文字不亡，与元相终始，远至居庸关至正八年镌刻五国书陀罗尼，西夏文尚俨然在列，岂不伟哉！"最后记此经："叠折稍有损断，仍复粘修完好。封面黄绢，残缺处以明藏剩页缀补。"后署"中华民国第一戊寅六月十九日，佛弟子周肇祥谨跋"，再署"是卷计佛画三页经文二十八页，己卯夏六月……周记无畏"。可知此经曾由周肇祥所得，并于 1939 年携至广济寺与原主持、退隐僧人现明等人共赏，时年亦 60 岁。题跋中有"无畏"、"肇祥"朱印。后转入徐宗浩手中。

故宫藏西夏文刻本《高王观世音经》，为明代刊印。经卷后有发愿文 34 行，其中有年款，译文为："大明朝壬子须能斗盈五年正月十五日。"根据壬子五年以及发愿文中"皇太子千秋依见"的语句，定为明洪武五年（1372 年）也有人认为"须能斗盈"是明代年号"宣德"的反切译音。然而明宣德时期壬子并不是五年，而是七年。刻印时间为"大明朝壬子"，查明朝壬子五年有二。一为明太祖朱元璋洪武五年，另一为明孝宗朱佑樘弘治五年。发愿文 13、14 行又载："当今皇帝万岁俱来，皇子太子千秋依见。"据《明史·太祖纪》记载，朱元璋洪武元年立世子标为皇太子，洪武二十五年朱标死去。又《孝宗纪》载，朱佑樘在弘治五年三月立皇太子。此经刻印在正月十五日。可以初步定发愿文所指太子不是朱佑樘之子，而是朱元璋之子朱标。此经刻印年代也可相应断定为明洪武五年，即公元1372年。①

文中发愿刻印者多为音译人名。其中姓氏穋讹、耶和、平尚等皆为党项族姓。这些党项人的后裔占发愿刻印佛经人数的绝大部分，特别是第一人党项人穋讹氏官居都督，秩从二品，是高级军事将领。以他为首的这些党项人仍用本民族文字印制佛经，祈福禳灾。经卷文字整齐、清晰，字体流利、纯熟，证明西夏灭亡一个半世纪后，西夏语还是活的语言，西夏文作为党项族的交际工具还在本族中流传。这一经卷是党项人消亡前最后的历史见证之一，具有珍贵的文物和文献价值。

七　宁夏博物馆藏西夏文残木雕经板初识

1990年重修宁夏贺兰县宏佛塔时，发现大量西夏时期的残木雕板2000多块，现藏于宁夏博物馆。宏佛塔位于贺兰县金贵镇红星村东南，西南距银川20公里，距贺兰县城约9公里，始建于西夏，是一座砖筑三层八角形楼阁式、覆钵式兼构的复合式建筑。西夏文木雕板皆出于宏佛塔槽室内，有的一面刻字，也有的双面刻字，多已碳化变黑。从字形大小看，可分为大、中、小三种，大多字体方正，刻工娴熟有力，其内容均为佛经。

这批木雕板过去从未系统刊布过，此次出版《中国字西夏文献》将其全部刊印出版，一方面使这些重要文献公诸学界，便于利用研究；另一方面这些碳化的雕板残块，容易损伤，难以保存，印制刊布后能起到保存原始资料的作用。

在木雕板残块中大字号雕板较少，仅7块，大小不等，多为一面刻字，每字约有1—1.2厘米见方，笔画较粗，行距6—8毫米，字距1毫米。

---

① 李范文：《关于明代西夏文经卷的年代和石幢的名称问题》，《考古》1979年第5期，第472—473页。史金波、白滨：《明代西夏文经卷和石幢再探》，《西夏史论文集》，宁夏人民出版社1984年版，第595—622页。

其中有一件最大的雕板残块长13厘米、宽23.5厘米，一面刻字，版面中间有1厘米宽中缝，中缝两侧各竖刻6行西夏字，最长的一行有10个西夏文字，中缝上还刻有三个略小的西夏文字。雕板背面平整无字。中字号雕板数量最多，约占西夏文字雕板总数的一半以上，残块大小不等，其中双面刻字的雕板，一面西夏文字大小有1厘米见方，行距在6—8毫米；另一面字较小，有8毫米见方。所刻西夏文字方正秀丽，笔画细腻清晰有力。小号字雕板约占西夏文木雕板总数的40%左右，残板大小不等，字板厚1.5厘米，两面刻字，两面字体的大小基本相同，每字6毫米见方，字体娟秀，笔画较细。其中最小的残长和残宽不足1厘米，仅存一个字半边。①

这些残木雕板皆残损过甚，且为反字，更难以释读，过去尚未译释出一种经名。此次出版之际，试译一些文字较多的经板，竟释读出6块，皆为中号字，分别为《释摩诃衍论》卷第二（［10057］·021）、第三、第五、第八、第十。《释摩诃衍论》为《大乘起信论》之注释书，简称为《释论》，10卷，印度龙树菩萨造，姚秦筏提摩多译。本论就《起信论》的因缘分、立义分、解释分、修行信心分、劝修利益分等分，解释其意。第十卷性德圆满的思想，与密教极为一致。已释读出的6块残雕板涉及该论五卷的内容，估计当时已从汉藏翻译并雕板印刷了全部10卷。现将其中卷八一块经板文字相应汉文经文摘录如下，黑体字为残雕板相应的西夏文字。因西夏文和汉文语法不同，每行文字大体相符，但字数会稍有出入：

若此神咒诵四千六百五十遍已讫。即彼像**中付二字轮**。谓若邪人付邪字轮。若正**直人付正字轮**。**以之**为别。言植善林树因缘者。谓若为修彼**止轮门人**。**自室前中植二种**大吉祥草故。云何为二。**一者松木**。**二者石榴木**。是名为二言字轮服膺因缘者。谓若**为修彼止轮门人**。**必当服［口］字轮**而已。服何处耶。谓方寸处故。**以何义故必付此轮**。**谓此字轮**三世诸佛无量无边一切菩萨。**大恩师长大恩父母大恩天地大恩**海故。此因缘故。为修**止人当付此轮**。**如是因缘**

---

① 《中国藏西夏文献》第13册，彩版，第69—308页。

虽有无量。而今此摩诃衍论中。明**第一因缘**。**不明馀者**。举初
摄后故。如是而已。如本若修止者住于**静处故已说成就**止轮**因**
缘门。

次说直示修行止轮门。就此**门中则有七门**。云何为七。
一者存心决定门。不生不灭。真**空理中其心定故**。**如本**
端坐正意故。二者不著身体门。能善通达**此身空无**。**其本自**
性不可得故。如本不依气息不依形色不依于空**不依地水火**……

可见残雕板每行文字占足行的约一半，推算原每行22字左右，还可估算出原雕板的高度。

宏佛塔集中存放大量西夏文木雕板，推测此处可能是西夏一印刷佛经的场所，是一座重要的皇家寺院。

图五　西夏文《释摩诃衍论》残雕板

八　敦煌研究院藏新见西夏文文献

敦煌研究院收藏的西夏文文献很丰富。

（1）1959年敦煌研究院的前身敦煌文物研究所对大泉河东岸的元代舍利塔进行维修、加固时，发现了西夏文佛经《妙法莲华经·观世音普门品》、《金刚般若波罗蜜多经》等。1964年我参加由中国科学院民族研究

所和敦煌文物研究所联合进行的敦煌西夏洞窟考察组，随导师王静如先生到敦煌工作期间，曾见到上述西夏文佛经。1985 年刘玉权和陈炳应教授撰文介绍、研究《妙法莲华经·观世音普门品》。① 20 世纪 80 年代敦煌文物研究所因所藏西夏文《金刚般若波罗蜜经》页面散乱，邀我整理。当时我依据寄来的照片将此经散乱页面依序连缀复原，基本完整，卷尾稍有残失，把整理结果交敦煌研究所，此次得以全文刊布。

（2）1988—1995 年，敦煌研究院的专家对北区洞窟进行了大规模考古发掘工作，出土不少文物，其中包括一批西夏文文献。② 主持发掘工作的彭金章教授委托我将出土的西夏文文献进行考证译释。因其多为残页，花费了相当一段时间至 1999 年才基本完成。译释、研究成果首先发表在《敦煌研究》2000 年第 3 期，后又按洞窟顺序刊布于彭金章、王建军二位主编的《敦煌莫高窟北区石窟》第一、第二、第三卷中。

此次集结出版时，见敦煌洞窟北区出土的西夏文文献中，又有不少新的文献。如世俗文献中有北区 184 窟中的文书残片，其中有物品账残页数纸：B184：12—5（正）、B184：12—6（正）、B184：12—8（正）、B184：12—9（正）；另有钱物账残页 B184：12—10（正），有西夏文朱印一方；还有粮物账 B184：6，借贷文书 D752：—19。③ 此外还有不少目前难以确定内容的文书残片。这些文书对研究西夏社会、西夏时期敦煌社会状况很有价值。

此外还有汉文文书，如一件借贷文书残页（B206：1 V），仅存文字 1 行："……本利三十七缗半，如限日不还，当承倍还。"又如一件鬼名法宝达卖地契残页（B59：1），上部残损，但仍保留不少内容，文书有 3 方朱印，其中两枚文字较多，应为官印，知此为红契。

佛教文献除过去已知的西夏文刻本《妙法莲华经·观世音普门品》、

---

① 刘玉权：《本所藏图解本西夏文"观音经"版画初探》，陈炳应：《图解本西夏文〈观音经〉译释》《本所藏图解本西夏文〈观音经〉版画初探》，《敦煌研究》第三期（总第五期），1985 年，第 41—58 页；史金波、白滨、吴峰云：《西夏文物》，文物出版社 1988 年版，图版 375。

② 史金波：《敦煌莫高窟北区出土西夏文文献初探》，《敦煌研究》2000 年第 3 期，第 1—16 页。彭金章、王建军：《敦煌莫高窟北区石窟》第一、第二、第三卷，文物出版社 2000、2004 年版。

③ 《中国藏西夏文献》第 16 册，第 29—46 页。

《金刚般若波罗蜜经》、《龙树菩萨为禅陀迦王说法要偈》、《大方广佛华严经》卷第二、《金光明最胜王经》卷第五等外，又发现有《佛说圣佛母般若波罗蜜多经》、《文殊师利问地经》、《佛说大白伞盖总持陀罗尼经》、《大方广佛华严经》卷第四十四等。

活字本印本除已知的《诸密咒要语》、《地藏菩萨本愿经》外，又发现有《大乘大集地藏十轮经》5 纸 8 面 ［B59：75 - 2］、［B59：62 - 2］、［B59：62 - 1］、［B59：75 - 1］、［B59：62 - 5］。此外还有一纸《月灯三昧经》［B124：12］，仅存 2 行，但犹能看出明显的活字本特点。①

有一页西夏文写本佛经为梵夹式 ［B121：28］。梵夹装起源于印度的贝叶书，后来藏族借鉴这种书籍装帧方式书写藏文，现在藏族称之为长条书。长条书由很多规格相等的长条纸页组成。在西夏书籍装帧中梵夹装很有特点。西夏文书籍的梵夹装不同于藏文的长条书，它是自右向左排行，自上而下竖写，这是由于两种文字书写方式不同的缘故。这种书纸质较厚，皆为两面书写。一种是写完第一面后，在背面继续书写。过去这种装式只见于黑水城出土的文献，现在敦煌也发现了这种梵夹装西夏文献，这是目前所见国内唯一保存的一页，高 8.1 厘米，宽 31 厘米，栏宽 27.5 厘米，一面左右双栏，西夏文字较小，有 17 行；另一面有西夏文较大，有 15 行。② 这种把用来书写横行拼音文字的长条书式改进成书写竖行方块字书籍的装帧形式，是西夏人的一种创造，目前这种书籍在世上是绝无仅有的。

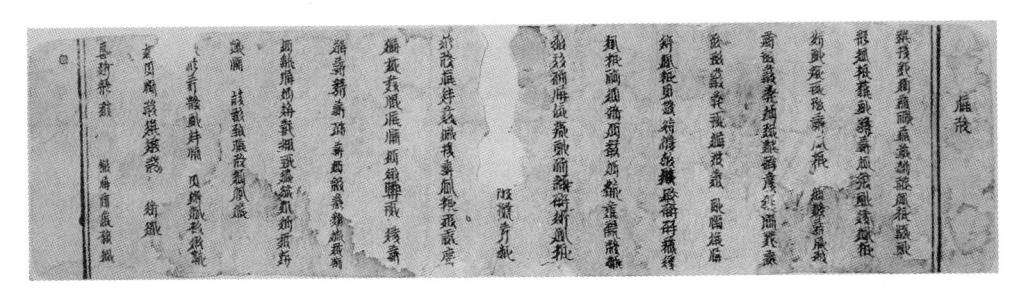

图六　西夏文梵夹装佛经

---

① 《中国藏西夏文献》第 16 册，第 198—202 页。
② 同上书，第 237—238 页。

（3）敦煌研究院还收藏有据说是出自元代塑像的一件西夏文佛经，以及原由周炳南收藏的"敦煌石室遗墨一百二十五种续编"中的西夏文文献残片，由辛普德收藏的"历代写经残片集锦"中的西夏文文献残片，钤有"任子宜"朱印的西夏文残片等。钤有"任子宜"朱印的西夏文残片中有刻本《慈悲道场忏法》等佛经。又有一纸刻本佛经［D.0208］，为卷尾2面，1面有西夏文6行，另一面为封底。6行文字两行是经末咒语，第3—6行译文为：

　　　　大朝戊午年九月十五日印毕
　　　　净信发愿者罗氏净觉
　　　　书者僧王宝幢

　　净信施主五百部印，发愿者都罗氏韩氏宜罗①
　　"大朝"西夏文为"大界"，西夏文"界"、"世界"可译为"朝"、"朝廷"、"京师"，这里应是指疆域很大的蒙古国。"大朝戊午年"，无年号。应是蒙古时期尚未有年号的时期，戊午年应是1258年，值蒙古宪宗蒙哥八年，时距元世祖忽必烈首建中统年号还差两年。发愿者中有都罗氏，"都罗"为党项大姓。九月十五日又是西夏的一个重要节日。《圣立义海》"九月之名义"中"善月中会"条："九月十五贤圣聚日，禅僧兴日，君德民孝，敬爱皇王。"可知西夏灭亡30多年后，西夏后裔仍在佛教节日前刻印西夏文佛经，以发宏愿。

九　甘肃省博物馆藏新见西夏文文献

　　甘肃省博物馆藏西夏文文献有四种来源。（1）1952年发现于天梯山石窟的一批西夏文文献。（2）1972年武威张义西夏修行洞遗址出土一批西夏文文献。（3）发现于永靖炳灵寺石窟的12件墨写行草书体的西夏文陀罗尼和1件墨写正书体藏文陀罗尼。（4）从"文化大革命"中"破四旧"书堆中捡到的西夏文文献。

---

① 《中国藏西夏文献》第16册，第154页。

在世俗文献中除过去已知的《杂字》、会款单、欠款条、占卜辞、历日、医方和汉文、西夏文官府文书外①，又发现又多种西夏文社会文书残页，其中有光定午年（1222年）告牒［15519］，系名为宝明的人所书，共15行，右下角残，末书"光定午年九月　宝明"。此外还有光定巳年（1221年）告牒［15389］、光定午年（1222年）文书残页［15383］。

此外还有西夏文刻本劝世诗3面［13194：1］、［13202］，每面6行，每行上下两句，每句7字，诗歌体。如最后8句：

　　由此男性苇骑马，不觉已老六十过。
　　荣弱两种如闪光，来来往往事真空。
　　岁岁买卖游山水，年年寻利无倦日。
　　凶？贪安弃佛道，物稀复随事真空。
　　今闻……②

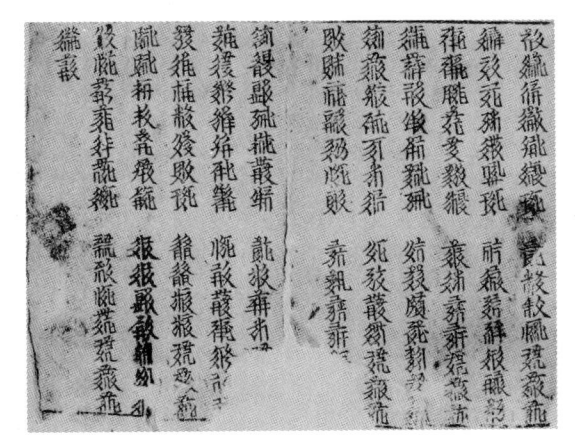

图七　西夏文劝世诗

---

① 甘肃省博物馆：《甘肃武威发现一批西夏遗物》，《考古》1974年第3期，第200—204页。王静如：《甘肃武威发现的西夏文考释》，《考古》1974年第3期，第205—207页。史金波：《〈甘肃武威发现的西夏文考释〉质疑》，《考古》1974年第6期。第394—397页。陈炳应：《西夏文物研究》，宁夏人民出版社1985年版。陈炳应：《西夏探古》，《武威历史文化丛书》之一，甘肃文化出版社2002年版。

② 《中国藏西夏文献》第16册，第255—256页。

由末尾"今闻"二字知后面有跋文或后记。

佛教文献中除过去已知的写本西夏文《妙法莲华经》、《陀罗尼》、刻本《佛母大孔雀明王经》、《大般若经》、《圣胜慧到彼岸功德宝集偈》、《圣观自在大悲心总持》、《三胜之说缘》、《观弥勒菩萨上生兜率天经》等外，又见有刻本《佛说圣佛母般若波罗蜜多经》2面、《妙法莲华经》卷第七2面、《金刚般若波罗蜜经》8面、《大方广佛华严经》卷第四十2面（四十卷本）、《大方广佛华严经》卷第三十五2面。

更为引人注意的是有一卷活字本《大方广佛华严经·入不思议解脱普贤行愿品》，这是在1966—1967年"文化大革命"初期所谓"破四旧"运动中，兰州市有些单位把收缴的古书刊、书画交到甘肃省博物馆，在一堆文献中有此西夏文佛经，被陈炳应教授发现、捡出，并毫无保留地交给博物馆历史部库房登记珍藏。此经经折装，高31.7，宽12.2厘米，上下双栏，栏高24.4厘米，页6行，行17字，与宁夏灵武发现的大批活字本《大方广佛华严经》形制相同。可知当时在用活字本印刷八十卷本西夏文《大方广佛华严经》时，还以相同的形制单行印刷了活字本《大方广佛华严经·入不思议解脱普贤行愿品》。此经大体完整，前有疏序8面多，经文56面，后约缺5面。在经文中有前12面和中间偈语5面，在西夏字旁用墨笔书写对译的汉字，在天头时有眉批，指出西夏文和汉文文意或顺序之不同。显然后世有持此经者试图释读经文。[①]

新见的写本西夏文佛经有《佛说圣星母陀罗尼经》、《德王圣妙吉祥之胜慧意盛用总持》等。《德王圣妙吉祥之胜慧意盛用总持》4纸，其中1纸为经首，有经名，另一纸为经末，有西夏文年款"天盛己巳元年　月　日"，时为1149年。后有仁宗施经题款"奉天显道耀武宣文神谋睿智制义去邪惇睦恭皇帝　谨施"，后复有年款"同年七月二十四日　竟"。这些款识对此批文物的断代具有重要意义。

[①] 《中国藏西夏文献》第16册，第386—392页。

十　武威市博物馆藏新见的西夏文文献

　　1987年5月武威市新华乡缠山村群众在亥母洞寺遗址施工中，发现一批西夏文文书，共34件，有世俗文献和佛教文献。1995年我曾到武威博物馆考察，见到了出土的大部分文献。对这些文书，孙寿龄先生曾作过介绍。此次集结出版又发现一些新的文献。

　　世俗文献中除过去孙寿龄先生识别出西夏文字书《音同》1面，以及乾定申年（1224年）典糜契、乾定酉年（1225年）卖牛契等外①，此次我根据照片中又识读出乾定戌年（1226年）卖驴契［6726］、乾定酉年（1225年）文书［6730］以及稽讹慧宝告牒文书［6729］等。乾定戌年卖驴契记名为斡善的人，自愿卖掉驴子，价50缗钱，现付25缗。唯此件前后所记时间不一，亦无当事人署名画押，可能是一件草稿或练习稿。② 大多数西夏文契约文书为草书，或较流利的行书，而此件为不太规范的行楷。这些西夏晚期的社会文书对研究当时民间的经济关系、社会习尚等都是宝贵的资料。其中两件盖有西夏文印章，是国内已发现的西夏文文书中少有的，对研究西夏社会政治、经济制度有重要价值。

　　佛教文献除孙寿龄先生早已释读出的重要文献——西夏文泥活字本《维摩诘所说经》等外③，此次又释读出写本《大千守护经中说五种守护吉祥颂》［6732］，此本线装，应是书脊在右，向右翻读，原有封面，经文共106面。另有写本《支贡大师十二时歌注解》［6750］、多种刻本《金刚般若波罗蜜经》［6736、6735、6744、6737、6742、6748］、《佛说百寿解结怨陀罗尼经》［6747、6762］、《佛说调伏三灾经》、《毗卢遮那法身顶相印轮文众生三灾畏怖命物取作恶业救拔经》［6764］、《星宿母陀罗

---

　　① 孙寿龄：《西夏乾定申年典糜契约》，《中国文物报》1993年第5期。史金波：《西夏粮食借贷契约研究》，《中国社会科学院学术委员会论文集》第1辑（2004年），社会科学文献出版社2005年版，第186—204页。
　　② 《中国藏西夏文献》第16册，第321—352页。
　　③ 孙寿龄：《武威亥母洞出土一批西夏文物》，《国家图书馆学刊》增刊《西夏研究专号》2002年8月。

尼》［6734］、《佛说大白伞盖总持陀罗尼经》［6745］、《佛说佛名经》［6761］、《净国求生礼佛盛赞颂》［6749］、刻本《集颂》［6739、6746］等。① 以上佛经中有的为国内外西夏文经卷收藏中所仅见，对研究西夏佛教经典和佛教在西夏的传播都有重要价值。

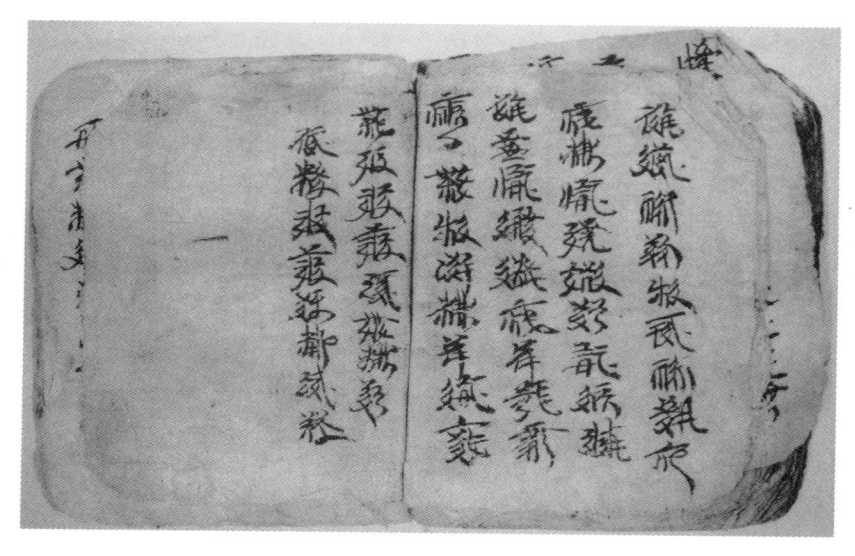

图八　西夏文写本《大千守护经中说五种守护吉祥颂》

十一　内蒙古博物馆藏新见写本西夏文《佛顶无垢总持》

中央电视台在拍摄大型纪录片《望长城》的过程中，在内蒙古额济纳旗绿城遗址内发现了一批重要的西夏文物，有两尊彩绘泥菩萨像、多种西夏文佛经。中央电视台在播出此专题节目前，曾邀请我审看纪录片，对发现的文物进行鉴定。这次发现的文物后来交由内蒙古博物馆收藏。1993年内蒙古博物馆翁善珍同志将此次发掘的西夏文文献、文物照片交我整理、译释，翁善珍同志又赴额济纳旗绿城遗址进行考察，后我们共同撰写文

---

① 《中国藏西夏文献》第16册，第395—456页。

章，介绍了这些西夏文物的发现、内容和价值。①

已介绍的绿城出土文献包括《金刚般若波罗蜜多经》、《圣观自在大悲心总持功德依经录》、《胜相顶尊总持功德依经录》、《佛说消除一切疾病陀罗尼经》、《慈悲道场忏罪法》封面等。

2005 年为出版《中国藏西夏文献》重新复制照片时，又发现一种新的写本西夏文写经。我得到全部复印件，经翻译知为《佛顶放无垢光明入普门观察一切如来心陀罗尼经》，简称《佛顶无垢总持》。此经为宋朝北印度僧人施护由梵文译成汉文。施护当时与从印度来宋朝的法天、天息灾在宋太宗的倡议和支持下，重建译经院，接续唐中期停顿下来的译经事业，法天、天息灾去世后，施护成为译经院的主译者。此经是施护翻译的密教经典之一。那时译场的布置参酌了密教仪轨，场内设一金刚界种子圆坛，分布诸尊种子梵字，称为"大法曼拏罗"。宋朝为表彰其译经的功绩，加给他朝散大夫试鸿胪少卿的官衔，并有"帝释宫寺三藏传法大师赐紫沙门"的称号。

此经无自汉文译为西夏文的译者款识，译者失名。缝缋装，有封面，题签"佛顶无垢总持二卷"，卷上 18 面，卷下 20 面，连封面共 39 面。面高 14 厘米、宽 17 厘米，每面一般 11 行，行 13—16 字不等，有时末行小字多达 18、19 字，甚至 20 余字。卷尾经题后有西夏文小字题款 1 行，译文为："亥年二月六日日写竟。"末页背面西夏文题款 2 行，译文为："宝塔匠人及发愿者行善康监富、真智"，"大宝［拶我］上师之手取敬现也。"发愿写经者为康监富、真智，可能此经原借自大宝［藏］上师。②

此经为过去国内外所存西夏文文献中所无，是海内外孤本，且基本完整，属缝缋装，无论从佛经内容还是版本形制上，都具有很高的学术价值。特别是上卷有 4 面多陀罗尼，下卷有半面陀罗尼，这有助于研究西夏字、汉字、梵文对音，探讨西夏语音。

此外还新见刻本《妙法莲华经观世音菩萨普门品》残页、世俗文献军抄文书残页等。

---

① 史金波、翁善珍：《额济纳旗绿城新见西夏文物考》，《文物》1996 年第 10 期，第 72—80 页。
② 《中国藏西夏文献》第 17 册，第 84—122 页。

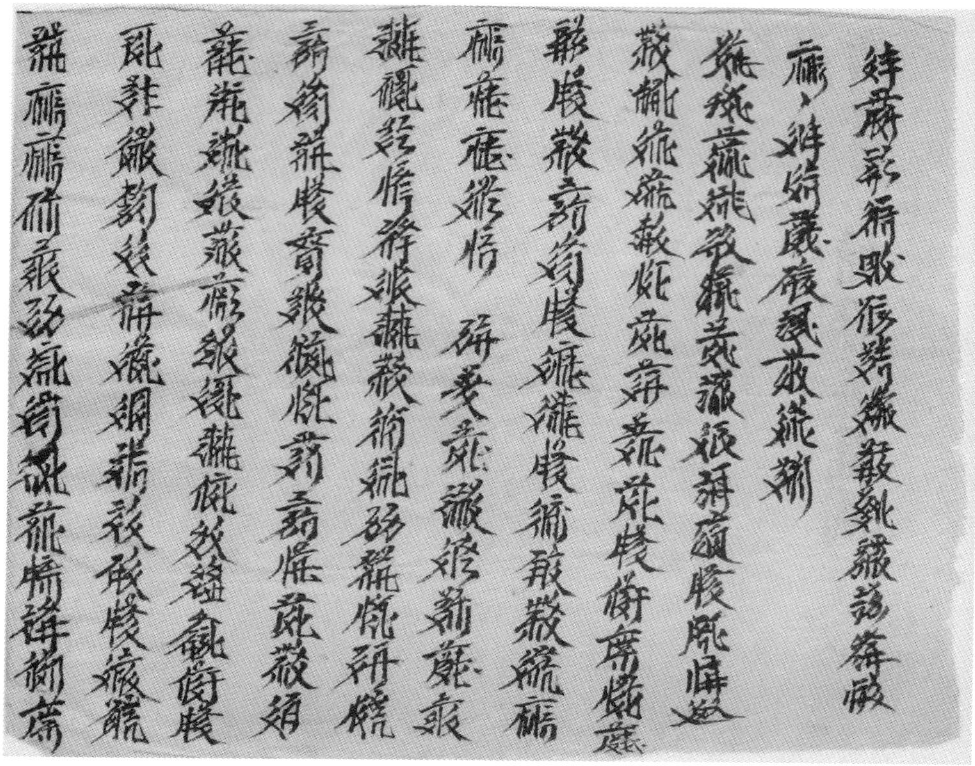

图九　西夏文写本《佛顶无垢总持》

十二　内蒙古文物考古研究所藏西夏文文献的价值

　　1983—1984 年，内蒙古自治区文物考古研究所会同阿拉善盟文物工作站组成以李逸友研究员为队长的考古队，对黑水城遗址进行全面、科学考古发掘，出土大量文物，其中文书近 3000 件，汉文文书数量最多，共计 2200 余件，还有西夏文、畏兀儿体蒙古文、八思巴文、藏文、亦思替非字、古阿拉伯文等多种民族字文书。这批文书是西夏至北元极为珍贵的史料，反映了黑水城地区政治、经济、文化和社会各方面的情况。

　　此次发掘出土西夏文书均为残页，共计 279 纸。20 世纪 80 年代李逸友先生将其中的《音同》残片 25 纸，交我和黄振华先生考证成文，在《文物》

杂志上与发掘纪要和汉文文献考证研究成果一并发表。① 90 年代中期李逸友先生又将所有发掘的西夏文文献委托我译释研究。当时计划将此次出土的汉文文献、西夏文文献和蒙古文等文献分别整理、研究后出书。汉文部分由李逸友先生先期完成，并已问世。② 我承担的西夏文部分 1999 年完稿，并交李逸友先生准备出版。不幸李先生于 2002 年溘然去世，出版事也有所延宕。此次集结出版刊布原件，基本上是新的文献，并通过综述和叙录作了简要介绍。

其中在《文物》上已经撰文介绍的西夏文《音同》残页，后又发现 4 纸，共 29 纸，分属于甲、乙两种版本，主要是乙种本。其中一纸是《音同》乙种版本中第 54 页（F6：W57），复原后可得大小字近 40 字，是国内外藏品中的孤本。

有西夏文《三才杂字》两纸。一残页（F57：W1/0849）存西夏文 6 行，前 4 行系 "地章" 的末尾，内容为 "昆虫爬虫" 类的一部分，后 2 行是 "人章" 的开始。又一残片（F6：W13）存西夏文 2 行，每行 4 字，两字一组。从其字词排列方式和词义内容看，是《杂字》"地" 类的一部分。有《碎金》系 3 纸残页，一为序言（F6：W4），二为正文（F6：W5 83H28、83H57）。

有西夏文社会文书。一件是乙亥年贷粮（麦）契，较为完整。该契约立契时间为乙亥年二月五日，因无年号，所以具体年代不明确。西夏乙亥年有三：天祐民安六年（1095 年）、天盛七年（1155 年）、光定五年（1215 年）。目前所见西夏文书绝大多数是西夏晚期，因此推测此契约时间为光定五年。借粮人即立契人嵬移功合，嵬移是西夏蕃姓之一，文末签字画押处为 "借麦接收者"，既此借贷人，他 "因需要麦" 而借贷；借贷者嵬移阿胜，借麦一石五斗；每月一斗中有一升半利，即月息 15%，如借半年即高达 90%，差不多翻了一番，这是典型的高利贷。契末记相借者子功合犬巴，即父亲借债，家里儿子也签字画押，若父亲外出或亡故，要父债子还。最后还有担保者名字。借者、相借者和担保者都要画押。③ 此文契真实地反映了西夏的借贷方式

---

① 内蒙古文物考古研究所、阿拉善盟文物工作队：《内蒙古黑水城考古发掘纪要》，《文物》1987 年第 7 期，第 1—23 页。史金波、黄振华：《黑水城新出西夏文辞书〈音同〉初释》，《文物》1987 年第 7 期，第 24—35 页。李逸友：《黑水城文书所见的元代纳怜道站赤》，《文物》1987 年第 7 期，第 36—40 页。

② 李逸友：《黑城出土文书》（汉文文书卷），文物出版社 1991 年版。

③ 《中国藏西夏文献》第 17 册，第 153 页。

和借贷关系，是西夏绿城一带社会借贷的真实写照。

有诉讼文书己卯年告状案（F79：W88），大小两件，书法、字体相同。皆残，原件应分若干条，大残片保存三条 10 行，前后两条残，小残片仅存 3 行，文末有年款"己卯年腊月二十九日"以及立文人的部分款识。内容为立文人叙述婚嫁中婚价纠纷，列出嫁妆总数，包括家中撒 10 石种子的耕地一块、牛马（马可能为衍字）10 头、羊 35 只、马 5 匹，反映了当时的婚姻制度和习俗。①

户籍粮账系 1 残页，是以户为单位登记的纳粮账，记载了纳粮的具体种类和数量，反映了在西夏法律规定的范围内，农村缴纳租税的实际实施情况，对研究西夏钱粮赋税制度有重要参考价值。时间是"壬午年"，推测为西夏晚期光定壬午十二年（1222 年）。

有占卜文书一残片纸（F220：W2），楷行书，存西夏文 6 行，第 1 行上残，译文如下：

……命男癸丑岁十月二十四夜丑时承庆
也，三命依本根四柱
年癸丑木自身成柱
月癸亥水苗日戊午火花
时癸丑木果胎甲寅水根
大轮七年权巨蟹今记酉木官住

其中"自身成柱"、"苗"、"花"、"果"、"根"字较小。② 西夏占卜由来已久，与其原始宗教信仰相关。早期党项人迷信鬼神，崇尚诅咒和巫术，盛行占卜。③ 但在西夏时期已经接受了中原地区的占卜方法。武威张义下西沟岘出土一件以地支推断日期吉凶的占卜残片。④ 此占卜文书残片为一生于癸丑岁的男子算命，其中"四柱"是星命家以年、月、日、时的

---

① 《中国藏西夏文献》第 17 册，第 158—159、154 页。
② 同上书，第 154 页。
③ 《宋史》卷四八六《夏国传》，中华书局 1977 年版，第 14029 页。《辽史》卷一一五《西夏外记》，中华书局 1974 年版，第 1523 页。
④ 史金波：《〈甘肃武威发现的西夏文考释〉质疑》，《考古》1974 年第 6 期，第 394—397 页。

干支为八字排成四柱,即年柱、月柱、日柱、时柱,用以推断人的命运,称为八字推命术或四柱推命术。占卜时以每 12 年按照大轮出现相同的宫,按照小轮出现不同的行。此件中"大轮七年权巨蟹今记酉木宫住"即 12 年中的第七年,是巨蟹星宫,住酉木宫。此法源自中原,可见西夏也借用此种推命术作占卜。

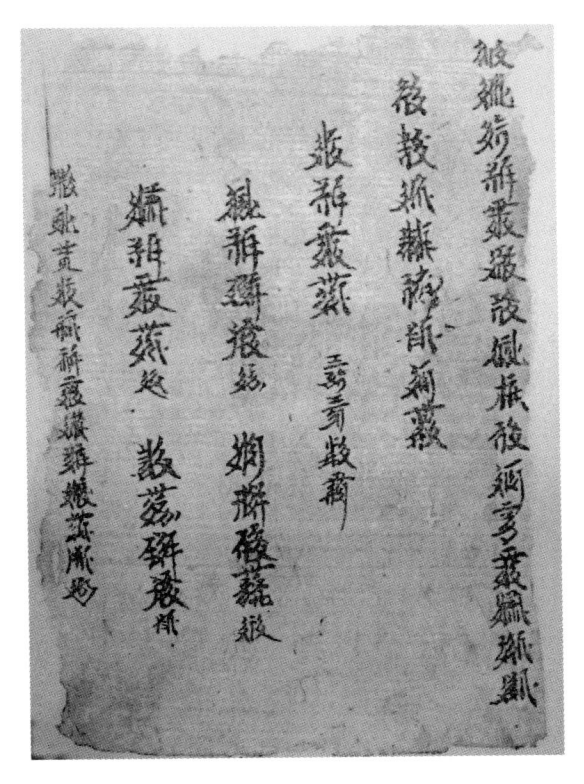

图十 西夏文占卜文残片

宗教文献数量多,绝大部分为残页,种类有佛经、经文注疏、要论、经咒、发愿文、僧人名单、帛幡等,能查明文献的有西夏文刻本《大悲总持》、《金刚般若波罗蜜多经》、《大般若波罗蜜多心经》、《调伏集义补》、《大智度论》、《地藏菩萨本愿经》、《佛顶心陀罗尼经》、《大方广佛花严经·光明觉品第九》,另有《妙法莲华经观世音菩萨普门品》、《佛说天散节下经》、《慈悲道场忏罪法》、《圣胜慧集颂经》等封面或封面题签。

此次发掘出土的宗教类文书反映了西夏佛教流行的盛况，其中不乏珍品。用泥金书写的西夏文佛经《大般若波罗蜜多心经》是罕见书法精品。汉文佛经《大方广佛花严经·光明觉品第九》刻工刀法纯熟，字体方正端庄，堪称刻经上乘。

有一面《大般若波罗蜜多经》（F17：W7/0535）残片，右边有 1 行为小字汉文"大若二百二十三巳"，"大若"当系《大般若波罗蜜多经》的简称，此经当系佛经《大般若波罗蜜多经》，"二百二十三"，系卷数，"巳"为卷字的简写。此行汉字也是两经板连接处的经名（简称）。其后 6 行为西夏文经文，行 18 字，文字笔画自然朴实，刻工流畅。查汉文经典，果为《大般若波罗蜜多经》卷第二百二十三之内容：

> ……苦圣谛清净故耳界清净。耳界清净故一切智智清净。何以故。若苦圣谛清净。若耳界清净。若一切智智清净。无二无二分无别无断故。苦圣谛清净故声界耳识界及耳触耳触为缘所生诸受清净。声界乃至耳触为缘所生诸受清净故一切智智清净。何以故。若苦圣谛清净。若声界乃至耳触为缘所生诸受清净。……①

过去发现此经很多，但都是写本。因此经共有 600 卷之巨，西夏是否刻印此经因未见刻本而难以定论。由此残刻本经可知《大般若波罗蜜多经》确雕刊印刷问世，这是一面举足轻重的西夏文文献。

在经卷残页中有多种西夏文活字印刷品，其中很多字四角圆钝，笔画不甚流畅，边缘不整齐，笔画古拙，缺少尖锋，有残断现象，文字大小不一，一行中字列不齐，有的字左突，有的字右出，在多数行中有此现象，一行中上下字距离较宽，无相触、相交现象，栏框双线交角处不相连接，版心单线和上下栏线也不相连接，应是泥活字印本。② 这些十分珍贵的活字本再次证明西夏曾比较广泛地使用活字印刷。

---

① 《中国藏西夏文献》第 17 册，第 166 页。
② 同上书，第 201—238 页。

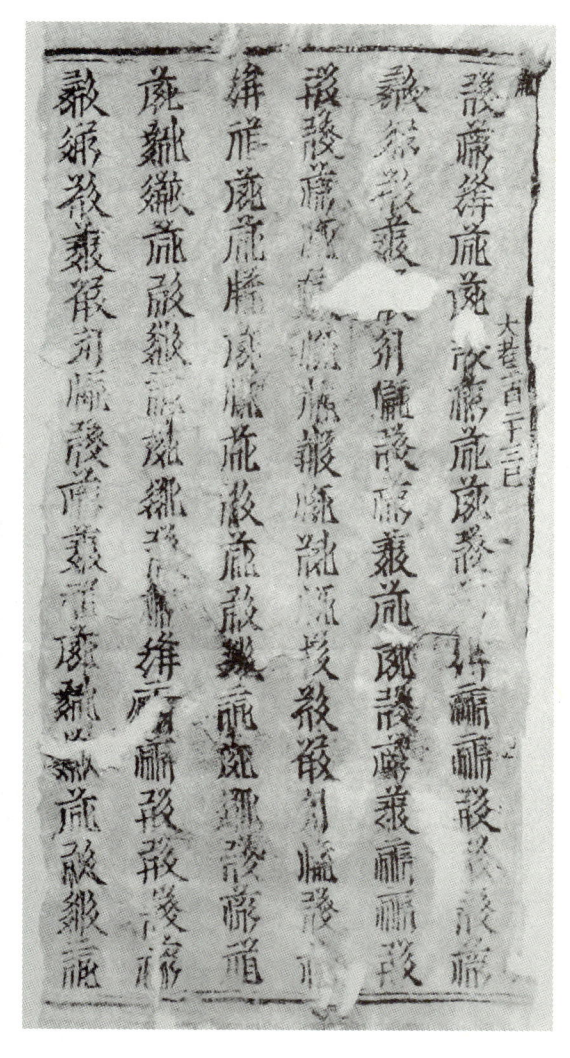

图十一　西夏文刻本《大般若波罗蜜多经》

　　目前国内外收藏的绝大多数西夏文文献已经刊布，并作了初步整理，有的还进行了初步研究，为今后的西夏和相关学科的研究提供了丰富的资料，必将大大推动西夏学的长足进展。但要看到，整理、研究西夏文文献，是一件长期的工作。一些文献尚未定名，特别是不少社会文书和佛经残片定名更为困难；对文献的译释、考证需要下更大力气，深入钻研。在此次出版中，我感到在编辑经验方面，多家合作协调方面，以及编辑排版技术性方面，都有不足之处，希望今后能得到改进。

(原载《中国社会科学院学术咨询委员会集刊》第 3 辑，社会科学文献出版社 2007 年版)

西夏文物的民族和宗教特点

北宋宝元元年（1038年）在中国西北地区一个新的王朝正式建立，名为大夏国，后世称为西夏。西夏的建国使中国出现了又一个三国时期，开始是北宋、辽、西夏的鼎立，后是南宋、金、西夏的对峙。西夏以兴庆府（后改为中兴府，今宁夏回族自治区银川市）为首都，立国近两个世纪，前后有十代帝王。西夏立国前后不断扩大领土范围，多次奏响军事胜利的凯歌。西夏创造出经济进步的奇迹，制定出颇为完善的法制和军制，发展了有特色的民族文化，绘制出可圈可点的生动历史画卷。然而，内容丰富的西夏史并未入"正史"。元代修前代历史时，撰修了《宋史》、《辽史》、《金史》，独未修西夏史，致使历史上有关西夏的记载很少，为后世了解西夏历史带来了困难。

近代以来对西夏的关注越来越多，对于文献资料相对稀缺的西夏史来说，西夏文物的重要性是不言而喻的。近百年来西夏文物不断问世，为研究、认识西夏提供了全新的、形象的资料。这些珍贵的西夏文物反映着西夏的历史、社会、文化，更突出地表现出西夏的民族和宗教特点。

一 西夏的民族和宗教

中国历史上，不仅中原王朝是多民族的，在各地区建立的王朝或政权，也都是多民族的。西夏王朝也是一个多民族王朝。

西夏主体民族是党项族，称为番族，其语音称〔弥〕。早期的党项族主要分布在今青海省东南部、四川省西北部广袤的草原和山地间，唐朝时陆续迁徙到甘肃、宁夏、陕西北部一带。开始时党项族多从事传统的畜牧业，后来部分党项人也从事农业。在西夏境内以西夏皇族嵬名氏为首的党项族地位最高。西夏法典《天盛改旧新定律令》（以下简称《天盛律令》）规定在西夏任职的各民族官员，如职务相同、地位相当，应以番人为大。[①] 但西夏没有实行强力的民族歧视、压迫政策，更不像辽朝、元朝把各民族划分为高低不同的等级。

在中国历史上，不仅各王朝内具有多民族性，就是在一个民族内也往往包含着不同民族的成分。西夏的番族也表现出历史上多种民族成分的融汇现象。番族在历史上与鲜卑族有密切的关系。可能在西夏时期番族是一个界限不很严格的人类共同体。

西夏境内另一个重要民族是汉族。当地很早以前就有汉人与其他少数民族共同开发。这一地区靠近中原，是汉族和其他民族往来密切、交错杂居之处。西夏时期汉族主要从事农业，与从事农业的党项族居住地接近，形成广泛的杂居态势。汉族在西夏处于特殊、微妙的地位。西夏初期因和以汉族为主体的宋朝不断战争，对汉族有敌视情绪。在西夏的汉族也处于受歧视的地位。在创制西夏文字时，"汉"字由"小"和"虫"字组成，便是证明。[②] 但汉族经济、文化水平相对较高，西夏的统治者对汉族士人的政治经验、文化素养十分倚重，以汉族为主的农业生产在经济生活中占据越来越重要的作用。因此在很多方面汉族又受到特别的重视。

西夏王朝中很多重要事项都是番、汉并列，如番汉大学院、番汉学士、番汉学子、番汉乐人、番汉僧人等。在提及多民族时，番在前，汉在后，然后是其他民族。西夏多方位地学习汉族文化，翻译了很多汉文典籍。在西夏境内，番族和汉族互通婚姻。汉族在西夏也是举足轻重的民族。

吐蕃，即后来的藏族也是西夏的一个重要民族，在西夏的汉文文献中也译成西番、西羌或羌。吐蕃世居青藏高原，宋初以青唐（今青海省西宁市）为中心形成了吐蕃地方政权。这时西夏已经占领了河西陇右一带，境内也有一定数量的吐蕃人。由于西夏早期与吐蕃关系紧张，吐蕃人在西夏

---

① 史金波、聂鸿音、白滨：《天盛改旧新定律令》第一〇"司序行文门"，法律出版社2000年版，第378—379页。

② 史金波：《西夏名号杂考》，《中央民族学院学报》1986年第4期。

的地位并不很重要。西夏惠宗时期调整了与吐蕃政权的关系,与吐蕃来往密切,双方互为婚姻。后来西夏版图中包括了更多的吐蕃人的居住地,吐蕃人在西夏的人数显著增加。特别是西夏中、晚期吸收和发展了藏传佛教,聘请吐蕃高僧翻译藏传佛教经典,大大提高了吐蕃人的地位。藏传佛教在西夏有很大影响,西夏封设的帝师都是吐蕃人。但吐蕃人在西夏政坛上地位并不突出。很少见吐蕃人在西夏政府中任显要世俗职务。《天盛律令》中凡提到境内多种民族时,西番排在第三。[①]

回鹘是我国北方和西北地区的一个民族。北宋初期,甘州回鹘除甘州(今甘肃张掖)、沙州(今甘肃敦煌)外还向北、南部伸延。[②] 西夏时尽有河西之地,甘州回鹘族成了西夏的属民。河西走廊是佛教由西域向东部中原地区传播的通道。地处河西一带的回鹘人早就信奉佛教。西夏在回鹘居住地实行了有效的统治。在《天盛律令》第十卷中记载西夏政府机构中有"回夷务",属中等司。[③] 此机构成为管理河西走廊回鹘地区某些民族或宗教事务的机构。西夏在境内大力推行佛教时,回鹘僧人作出了重要贡献。《天盛律令》中凡提到境内多种民族时,回鹘排在第四。随着伊斯兰教的东渐,回鹘人由西至东先后由信奉佛教改信伊斯兰教。

西夏先后与辽、金为邻,并臣属于辽、金,因此与契丹族和女真族接触频繁。政治、经济、文化的联系,军事上的冲突,边界的不稳定,使一些党项人归附辽、金,而一部分契丹、女真人也进入西夏。契丹曾三次将宗主女下嫁西夏,契丹和西夏皇族的关系更不一般。辽亡后,很多契丹人纷纷逃亡入西夏,崇宗乾顺将这些契丹人处之北边,别立监军司统管。可见西夏有不少契丹人居住。[④]

西夏后期与金交往很多,也有女真人进入西夏。如西夏晚期光定三年(1213年)蒙古主成吉思汗攻金,西夏神宗遵顼乘机于八月破金邠州(今

---

① [俄]克恰诺夫(Е. И. Кычанов)著,杨元芳、陈宗祥译:《唐古特西夏国的藏族与藏文化》,《甘肃民族研究》1985年第2期。史金波:《藏族文化和西夏王朝的历史渊源》,《中国西藏》1989年第2期。

② 程朔洛:《甘州回鹘始末与撒里畏兀儿的迁徙及其下落》,《西北史地》1988年第1期。

③ 《天盛改旧新定律令》第一〇"司序行文门",第363页。

④ (清)吴广成:《西夏书事》卷十七、卷三二、卷三四。清道光五年(1825年),小岘山房刻本。

陕西省彬县），降其节度使乌林答琳。又如光定十年（1220年）西夏破金会州（今甘肃省靖远县），降其将乌古论世显，致使金关右大震。①

西夏与周边其他民族也有联系。元昊建国时给宋朝的表奏中说："塔塔、交河、张掖、回鹘莫不事从。"这里交河、张掖、回鹘皆指回鹘，而塔塔则指漠北的鞑靼民族。可见西夏早期就与鞑靼发生了关系，而且有部分鞑靼人为西夏征服。后西夏惠宗大安八年（1084年）河西塔坦国攻西夏甘州。塔坦也是鞑靼的一部分。西夏陵园出土的汉文残碑中不止一次出现"鞑靼"名称，也证明西夏和鞑靼之间有往来关系。

当时各国之间也有相对和平时期，特别是西夏的仁宗时期，对内发展经济、文化，对外大体上保持和好，是对外民族关系相对稳定的时期。②《天盛律令》反映了这一状况，其中规定与沿边异国西番、回鹘、鞑靼、女直要"相和倚持"，但不允许对方过防线。③

西夏不仅是一个多民族王朝，也是一个多种宗教流行的国度。党项人原来是自然崇拜和鬼神信仰，巫术流行。西夏时期形成了以佛教为主，佛教与道教、原始宗教并存的局面。

西夏立国前，佛教在当地早已流行了六七百年，有很大的影响。对迁到这一地区来的党项族来说，佛教有着潜移默化和直接继承的关系。党项族周围的民族多已信仰佛教，处于汉族、契丹、回鹘、吐蕃几个信仰佛教民族中间的党项族，比较快地接受了佛教的影响。西夏立国前后，统治者大力提倡佛教，佛教成为西夏的最主要的宗教。西夏政府为发展佛教，对佛教实行加意保护和优容照顾的政策。西夏时期境内形成了上下崇佛、寺庙林立、僧人众多、信徒广布的局面。西夏政府中管理佛教的机构是僧人功德司、出家功德司。地方上有僧录、座主等僧职。西夏佛教有封号制度和赐衣制度。特别是西夏王朝用西夏文翻译了大量佛经，建设了很多寺庙、佛塔和石窟，西夏中后期还大力发展了藏传佛教。④

---

① 《西夏书事》卷四〇、卷四一。
② 史金波：《西夏境内民族考》，《庆祝王钟翰先生八十寿辰学术论文集》，辽宁大学出版社1993年版。
③ 《天盛改旧新定律令》第四"边地巡检门"，第211页。
④ 史金波：《西夏佛教史略》，宁夏人民出版社1988年版。

道教在西夏也是合法宗教。景宗元昊笃信佛教，但其太子宁明则曾向定仙山道士路修复学习道教的避谷法。① 西夏惠宗时，宋军进攻西夏，当逼近灵州时，西夏人纷纷逃避，灵州城仅留"僧道数百人"。② 说明西夏既有佛教，也有道教。西夏政府设道教功德司管理道教。在《天盛律令》中往往把道教与佛教相提并论，一般佛教在前，道教在后。西夏自上而下以佛教信仰为主流，道教势力较弱。

二　西夏文物的民族特点

人物形象和服饰可以突出地表现出民族特点。西夏党项族的体质特征和服饰特点在汉文文献中记载很少。而在西夏文物中却能找到西夏党项族人物的形象。在敦煌莫高窟和安西榆林窟有 80 多个西夏洞窟，其壁画中有不少西夏人物。就中以榆林窟第 29 窟西壁的西夏供养人群像最富有代表性。壁画南侧和北侧各有男女供养人像两列，窟主及其眷属皆以西夏文题记标明职官、姓名、身份。男供养人上列以高僧鲜卑智海为先导，后有施主沙州监军赵麻玉等供养人七身，后三身为侍者，下列是施主的长子等供养像。人物面部丰满，鼻梁较高，身材魁梧，与史料记西夏人面部特征"圆面高准"正相吻合。③

黑水城（今内蒙古自治区额济纳旗内）是西夏黑水监军司所在地，那里出土的一幅西夏人物绘画中，一位身材魁梧的尊者被众人拥簇，有王者风范，戴直角高金冠，身穿圆领窄袖红里白长袍，无花饰，腰束有团花图案的带，足蹬靴。两旁有武将和后妃，后有侍者。前置金银珠宝和象征权力的犬。专家研究，认为，中间的尊者是西夏第一代皇帝元昊的画像。④ 这幅图中的主像合乎元昊"衣白窄衫"的特点，威严庄重中显示出简朴，

---

① （宋）李焘：《续资治通鉴长编》卷一二六，"庆历八年正月辛未"条，中华书局 2004 年版，第 3901 页。
② 《续资治通鉴长编》卷三一八，"元丰四年十月庚午"条，中华书局 2004 年版，第 7684 页。
③ 刘玉权：《略论西夏壁画艺术》，《西夏文物》，文物出版社 1988 年版。
④ ［俄］萨玛秀克：《西夏艺术作品中的肖像研究及史实》，《国家图书馆学刊》西夏研究专号，2002 年。

这种装束应是西夏皇帝的便服。

图一　榆林窟第 29 窟西壁西夏供养人

图二　黑水城出土西夏帝王像

西夏文物的民族和宗教特点　237

　　在莫高窟西夏洞窟第409窟东壁门南有一高大男供养人，面形浑圆，头戴高冠，身穿圆领窄袖袍，上绣大型团龙，两侧开衩，腰束革带，上悬多种饰物。后有侍从持御用华盖、羽扇等物。在《天盛律令》中规定包括国王（节亲主）在内的诸大小官员一律禁止穿戴有团龙的衣服。① 又规定"官家（皇帝）来至奏殿上，执伞者当依时执伞，细心为之"。② 可见，此男供养人应为西夏帝王形象。

　　榆林窟第29窟西壁的西夏供养人中有三身武官供养像，他们是沙州和瓜州监军司高级官员，头戴云镂冠，垂结绶，身着窄袖圆领紫袍，下摆有褶皱。第一、二身腰围有带宽边的绣护髀，护髀连接有宽带束在腹前，并下垂与袍齐，腰束带，足穿黑�靿。第三身戴黑冠，无云镂装饰，穿窄袖圆领袍，腰无护髀。③ 这些形象的描绘和史书上的文字记载西夏武职服饰相符。④ 图中既显示出少数民族特色，也表现出中原王朝服饰影响。

　　元昊为了突出党项民族的特点，在他未称帝前的显道元年（1032年），一改银州、夏州诸羌的旧俗，下令使国中所属党项人尽都秃发，三日不从命者，让众人共同杀死，并自己率先秃发，于是在西夏普遍推行了秃发的风俗。⑤ 至于秃发是何样式，史无明载。在西夏文物中可明显见到秃发的样式是剃去顶发而留边发。上述榆林窟第29窟戴冠的武官后，有侍从三人，其中有两人无头饰，显现出明显的秃发形象，从图中可知秃发样式是将头顶及后脑头发剃去，仅留前发如刘海垂额前，两鬓各有一绺头发于耳旁。第二身、第三身武官之间有一小童子像未戴冠，也是这种秃发形式，此小童据榜题知是官员之孙，可以佐证贵族也是按规定秃发。中国国家图书馆藏有黑水城出土的写本《大般若波罗蜜多经》卷第三十四前有"如来说般若图"，图中如来跏趺高坐正中，下方跪一人听法弟子面朝如来。其头部两侧留发，顶部露出额发，头顶和脑后秃发，从头后部清晰地

---

① 《天盛改旧新定律令》第七"敕禁门"，281页。
② 《天盛改旧新定律令》第一二"内宫待命等头项门"，第431页。
③ 敦煌研究院编：《中国石窟·安西榆林窟》，第116—119图，文物出版社1997年版。
④ 《宋史》卷四八五《西夏传》，中华书局1977年版，第13993页。
⑤ 《续资治通鉴长编》卷一一五，仁宗景祐元年十月载："元昊初制秃发令，先自秃发，及令国人皆秃发，三日不从令，许众杀之。"中华书局2004年版，第2704页。

展示了西夏秃发的形式。黑水城出土的一幅密宗陀罗尼西夏木板画左下角有一男供养人，前有西夏文墨书题记"发愿者耶口六松柏山"，头顶髡发，额上留发，两侧留发，鬓发一绺头发垂于耳前，[①] 与榆林窟西夏男子秃发形式相同。

图三　黑水城出土陀罗尼木版画中的男供养人像

黑水城出土的《鲜卑国师说法图》中左下角跪六人，前刻西夏文字"听法众"，皆为平民形象。其中后面一人戴高冠，面目清秀，应是女性。前面一人披发，可能西夏的秃发规定只限于党项人，此人应不是党项人。另三男人戴冠，不知是否秃发。余一人无冠、巾，为秃发，头左露边发，额头无发。[②] 证明西夏平民秃顶者也是中间秃发，留边发。宁夏石嘴山市

[①] 史金波、白滨、吴峰云：《西夏文物》，文物出版社1988年版，图85。
[②] 俄罗斯圣彼得堡东方学研究所黑水城出土文献，ИНВ. No. 3706、2538号。

西夏省嵬城遗址出土有瓷人头像，也是头顶秃发的形象。①

尽管是在少数民族王朝中，汉族仍然保持着自己的服饰特点。如榆林窟第3窟东壁五十一面千手观音变中有八幅两两对称的西夏生产图：犁耕图、踏碓图、锻铁图、酿酒图。图中形象而真实地反映出西夏普通劳动者的服制。因西夏从事农业和手工业劳动的多为汉族，所以图中人物的服饰也多反映了汉族的风俗。在犁耕图中扶犁农夫穿交领大襟短衣褐襦，卷袖，下穿窄裤，卷裤口，头扎白头巾，足穿麻鞋，穿着俭朴。在踏碓图中踏碓人身着交领大襟短衫，腰束带，下着窄裤，卷裤口，头扎黑头巾，足穿草鞋（或麻鞋）。锻铁图中有三男子，其中两锻铁者站立，皆着短褐襦，腰系带，一人上衣深色，袒左臂膀，一人着浅色上衣，两人下身穿裤，束绑腿，足穿草鞋；另一人坐操风箱，着较宽大上衣，下穿窄裤，卷裤口，足穿草鞋。三人皆扎头巾。他们形态不同，服饰各异，但又有共同的特点：服装料质一般，从衣纹褶皱情况看，只是褐布而已；服装颜色简单，一件衣服为一种颜色，或深或浅；服装装饰简单，几乎无佩饰。这种反映汉族普通劳动者形象和服饰的绘画是不可多得的文物精品。

最引人注目的是西夏陵园出土的作为碑座的奇特石雕形象。这种碑座共出土11件，皆近正方体，每边长60厘米左右，为圆雕人像。其中一石座男性，面部浑圆，颧骨高突，粗眉上翘，双目突出，鼻梁短粗，獠牙外露，下颚置于胸前，胸有兜肚，肩与头齐，肘部后屈，双手抚膝，下肢屈跪，背部平直。上部一角阴刻西夏文三行，其中有"志文支座"四字。碑座背面有阴刻汉文一行六字"砌垒匠高世昌"，留下了西夏工匠的名字。此件被定为国宝级文物。雕像以夸张的手法表现了负重者的神态。人像石座中还有女性人像。② 在佛、道教中，在汉族、藏族、回鹘等民族中都不见这种形态的雕像。多座同类型的雕像表明他们不是偶然出现的，而是表现了一种习俗和一种传统的精神，是党项族艺术风格在西夏时代的体现。这种浑厚朴实的石雕，典型地反映了西夏雕塑的民族特点。

---

① 《西夏文物》图37、38、39、40。
② 《西夏文物》图233、234。汤晓芳主编：《西夏艺术》，宁夏人民出版社2003年版，第76、77页。

图四　西夏陵园出土的碑座石雕像

党项羌原主要从事畜牧业，自迁入甘肃、宁夏、陕北等地后，部分人逐渐接受汉族的农业技术，然而畜牧业始终是西夏的主要产业之一。牲畜是西夏农业生产畜力的来源，又是商业、交通的运输动力，还是军队骑兵、军事运输主要装备，同时也是生活中的肉食品。牲畜在西夏既是生活资料，又是生产资料，因此西夏对于牲畜的蓄养给予特殊的重视。

银川西夏陵园墓葬中出土了硕大的鎏金铜牛，是一精湛的铸造艺术品，卧式，长120厘米，重188公斤，体型硕大，造型生动，比例匀称，形象逼真，也是国宝级文物。这件炉火纯青的铸造艺术品集美术、模型、浇铸、鎏金等技艺于一身，显示出西夏工艺水准的高超。陵园出土的大石马是西夏雕刻艺术中的珍品，长130厘米，重355公斤，通体圆雕，形体较大，比例适宜，可视为西夏石雕中的代表作。陵园还出土了几个较小的石马，其中一个马鬃散披至肩部，刀法粗犷，表现了烈马的形象。宁夏灵武西夏窑出土了褐釉卧式瓷骆驼，高6.5厘米，长11.8厘米，昂首，双目圆睁，神态逼真。在黑水城出土的绘画中有山羊图。出土文献《天盛律令》中明确指出西夏的官牧是马、牛、驼、羊"四大种群"，西夏文物则形象地反映了西夏对畜牧业的重视。

图五　西夏陵园墓葬出土的鎏金铜牛

  西夏的生活用具也反映出民族特性。近些年在宁夏、甘肃等西夏故地陆续出土多件西夏时期的瓷扁壶，很有特色。釉色多为褐釉，也有黑釉或茶叶末釉。釉面露胎剔刻牡丹花纹，线条流畅，构图大方。壶体一面或两面有圈足，为放置起平稳作用。壶的两侧有两耳或四系，便于穿绳携带。这种器物适宜游牧民族外出放牧时携带水浆，反映了西夏游牧民族的生产、生活特点，具有很强的实用性和很高的艺术性。[①]

  最能反映西夏民族文化特点的当属民族文字。西夏文的创制是西夏文化史上的一件大事。西夏立国前已经形成了稳固的政权，其内部的交际很需要一种记录党项民族语言的文字。创制西夏文字不仅是西夏社会的需要，也是当时政治局势、民族心理、佛教推行的要求。西夏文字随着党项民族的快速发展而诞生，而他又成为催生西夏立国、发展民族文化的积极因素。西夏皇帝将西夏文尊为国字，下令推行，诸如政令、军令的颁行，文字的往还，社会文书的应用，佛经的翻译等，都使用西夏文字。西夏时期形成了大量文献。西夏灭亡后，党项族渐被同化而消失，西夏文也逐渐成为无人可识的死文字。近代大批珍贵西夏文献不断发现。经过几代专家的努力解读，现西夏文献已基本可以翻译。这改变了西夏资料匮乏的状

---

①《西夏文物》图283、284、285、286。《西夏艺术》，宁夏人民出版社2003年版，第132、135页。

况，使西夏研究柳暗花明，不断取得新的成果。出土的西夏文文献包括：

1. 西夏文字典、辞书。如兼有《说文解字》和《广韵》特点的西夏文韵书《文海宝韵》、以声母分类的字书《音同》、西夏文韵图和韵表《五音切韵》、同义词典《义同》等。

2. 法律著作。有20卷的西夏王朝法典《天盛改旧新定律令》、军事法典《贞观玉镜统》以及《新法》等法律著作。

3. 类书、蒙书。有西夏文、汉文双语双解词语集《番汉合时掌中珠》，有反映西夏自然地理、风俗民情的大型西夏类书《圣立义海》、西夏千字文《碎金》、分类词语集《三才杂字》等。

4. 文学作品。有西夏谚语《新集锦合辞》，有宫廷诗歌集，有民间诗歌。

5. 社会文书。如户籍簿、纳粮文书、买卖契约、典当契约、军抄文书、告牒等，其中很多记有西夏的年号。

6. 医书、历书。其中不仅有多种药方、医书，还有连续80多年的珍贵历书。

7. 译自汉文的典籍。如《论语》、《孟子》、《孝经》等经书，《十二国》、《贞观政要》等史书，《孙子兵法三注》、《六韬》、《黄石公三略》等兵书，有类书《类林》，以及《新集慈孝记》等。

8. 佛教经典。这部分占西夏文文献的最大宗，共有400余种，数千卷册。有的译自汉藏，有的译自藏传。①

出土的西夏文文献十分珍贵，有特殊的文献价值和文物价值。例如西夏文《文海宝韵》是一部很重要的西夏文韵书，他编排和注释有汉文字书《说文解字》和韵书《广韵》的双重特点影响，约成书于西夏中期。书中以韵列字，每字下以双行小字注释，内容包括分析字形构造，注释字义，以反切法注音。表明随着西夏文化的发展、西夏文字的使用，对西夏文形、义、音的研究和注释越来越全面、细致。有手写简本和木刻本。此书对研究西夏语言和释读西夏文字十分重要。②

---

① 史金波：《西夏古籍略说》，《传统文化与现代化》1996年第3期。
② 史金波、白滨、黄振华：《文海研究》，中国社会科学出版社1983年版。

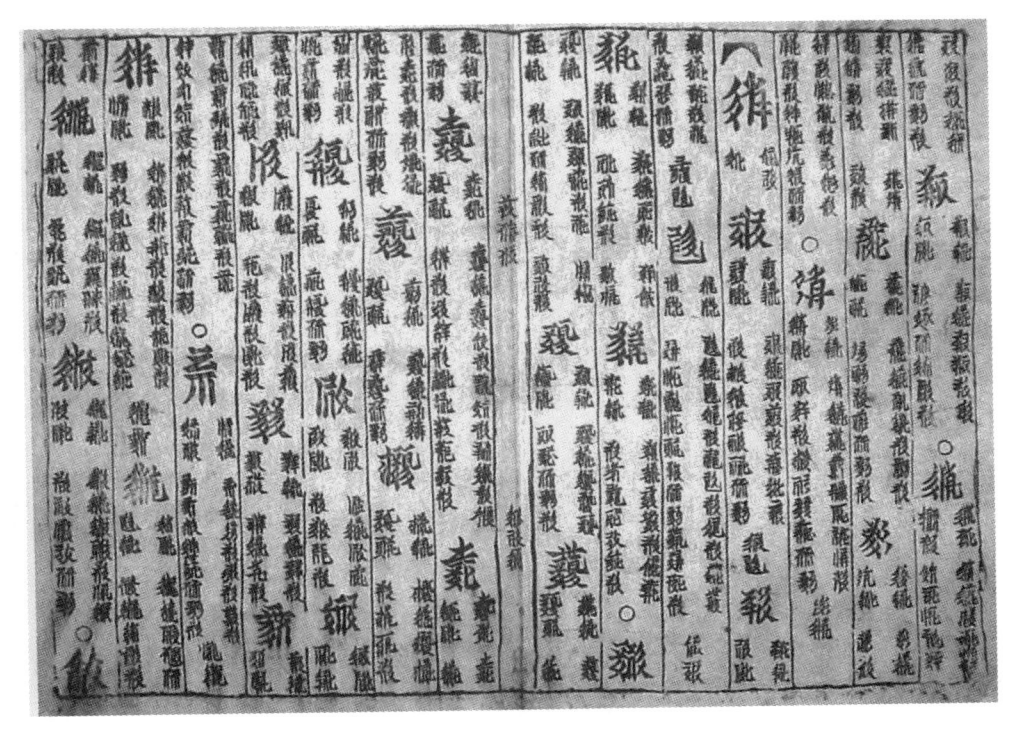

图六 西夏文韵书《文海宝韵》平声

《天盛改旧新定律令》是西夏仁宗天盛时期的王朝法典，共 20 卷，150 门，1461 条，现存 19 卷，包含了刑法、诉讼法、行政法、民法、经济法、军事法的内容，包罗宏富，是中古时期一部诸法合体的重要综合性法典。他不仅吸纳了唐、宋等律书以忠和孝为核心维护封建专制统治的法制思想和基本内容，还继承了在刑法、诉讼法方面丰富、严谨、细密的传统，同时在很多方面充实、发展了唐、宋律的内容，更显现出综合法典的性质。形式上全部为统一格式的律令条目，创立了分层次的条款格式，是研究西夏社会最重要的资料。[①]

[①] 史金波:《一部有特色的历史法典——西夏〈天盛律令〉》,《中国法律史国际学术讨论会论文集》, 陕西人民出版社 1990 年版。史金波:《西夏〈天盛律令〉略论》,《宁夏社会科学》1993 年第 1 期。

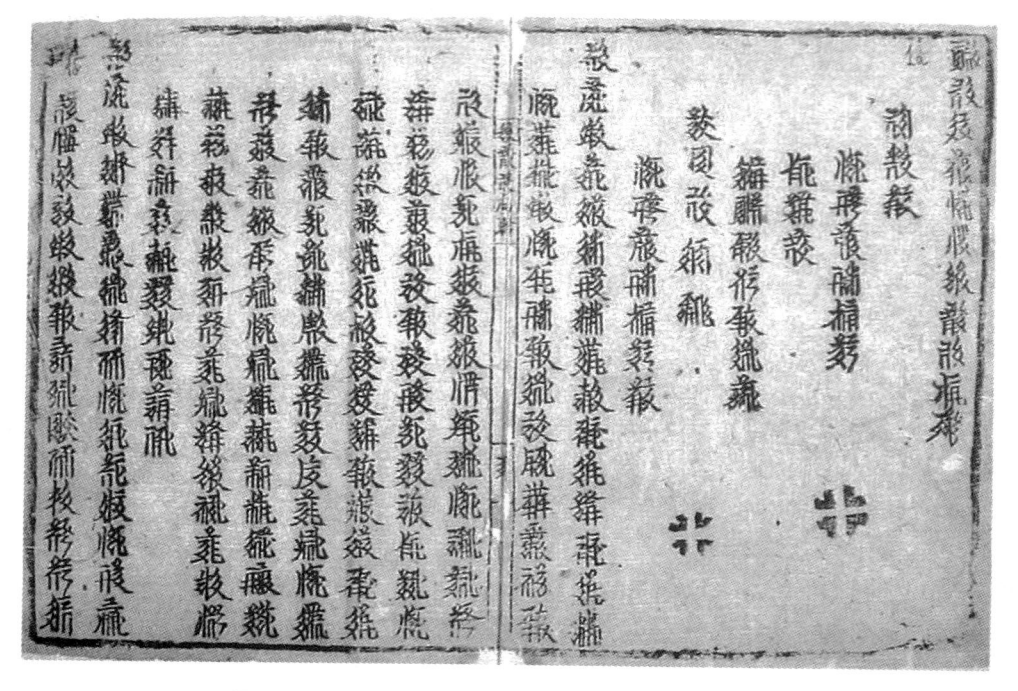

图七　西夏王朝法典《天盛改旧新定律令》第十二

近年在黑水城出土的文献中整理出的1000余件西夏社会文书，反映西夏社会基层的方方面面，具有重要的历史文献价值。比如西夏的户籍真实地反映出当地的人口、民族、土地、财产、婚姻状况。西夏文文献可弥补西夏历史资料的严重不足，推动西夏研究的新进展。西夏文作为记录党项族语言的文字，他突出地反映着这一古代少数民族文化，具有特殊的学术价值。可以看出，西夏时期的党项族文化素质很高。

西夏文物在科学技术上也表现出民族特点。中国在隋唐之际发明了雕板印刷，又在宋代发明了活字印刷。这是中国对世界文化发展的巨大贡献。西夏不仅学习了中原地区的印刷术，而且有了发展和创新，在继承和发展雕板印刷的同时，还大力推行活字印刷，使西夏成为当时活字印刷最繁荣的地区，对活字印刷的发展作出了突出贡献。陆续出土的西夏文物中有多种西夏文泥活字版、木活字版文献。西夏文泥活字版如黑水城和武威出土《维摩诘所说经》，国家图书馆所藏《大方广佛华严经》卷第七十一。西夏文木活字版如黑水城出土的《三代相照言文集》、《德行集》、《大乘百法明镜集》、《圣大乘守护大千国土经》等①，宁夏贺兰县拜寺沟方塔废墟中出土的《吉祥遍至口合本续》②，敦煌北区洞窟发现的西夏文《地藏菩萨本愿经》、《诸密咒要语》等。此外，黑水城文献中的汉文历书《西夏光定元年（1211年）辛未岁具注历》残页是目前所知最早的汉文活字印刷品。③ 这些中国乃至世界上最早的活字版印刷品填补了早期活字印刷实物的空白。

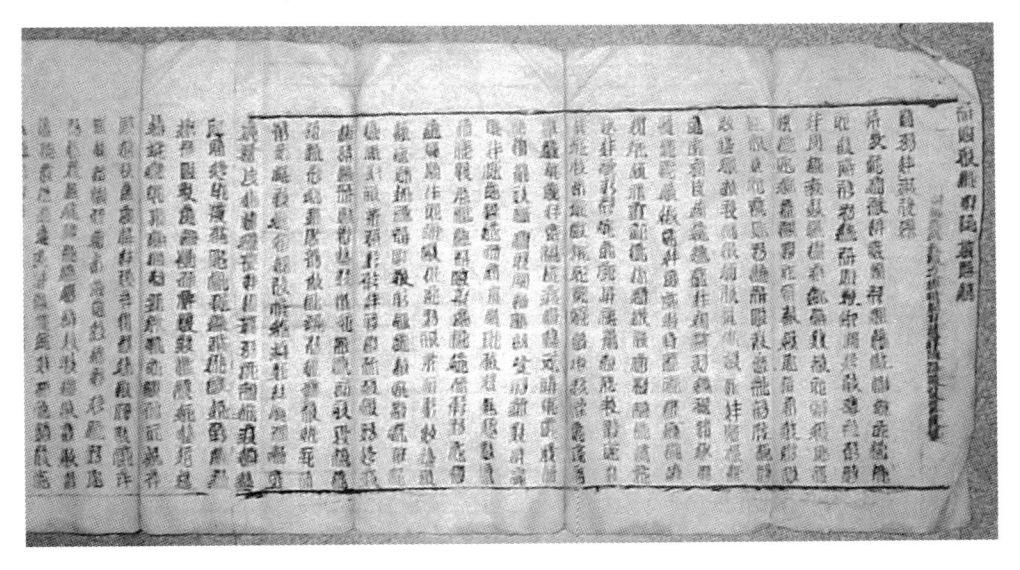

图八　甘肃武威出土西夏文泥活字本《维摩诘所说经》

西夏对汉文化十分重视，这与汉族社会发展水平以及在西夏的人数和地位相适应。西夏时期党项族文化和汉文化长时期并行不悖，西夏文和汉文同时并用，两种文字都是使用范围很宽的应用文字。在类似中原王朝翰林院职能的大学院中，除番大学院外，还有汉大学院；除番学外，还有汉

---

① 史金波：《现存世界上最早的活字印刷品——西夏活字印本考》，《北京图书馆馆刊》1997年第1期。
② 牛达生：《西夏文佛经〈吉祥遍至口和本续〉的学术价值》，《文物》1994年第9期。
③ 史金波：《黑水城出土活字版汉文历书考》，《文物》2001年第10期。

学。通过重要的西夏法典《天盛律令》纂修和翻译人员可知，此书除西夏文本外，还有汉文本。黑水城出土的西夏时期汉文本《杂字》是一部重要著述，是西夏保存至今为数不多的汉文世俗著之一。该书是以事门分类的词语集，分为 20 部，有汉姓、番姓、衣物、诸匠、音乐、居舍、官位、司分、地分、亲戚长幼等，反映了西夏的民族姓氏、生活用品、生产活动、文化生活、政治生活等西夏社会生活的方方面面，为了解西夏社会提供了大量第一手资料。① 西夏编写汉文《杂字》说明汉族在西夏有广泛的影响。

西夏文物还突出地反映出西夏多民族的特点和民族文化交流的事实。特别是黑水城出土的西夏文—汉文对照词语集《番汉合时掌中珠》，突出地反映了番汉文化在西夏的密切关系。该书为党项人骨勒茂才于乾祐二十一年（1190 年）编撰，其中每一词语都有四项，中间两项分别为西夏文和相应意义的汉文，左右两项分别为中间西夏文和汉文的相应译音字。这是番人、汉人互相学习对方语言文字的一部工具书。在其序言中明确表示编纂此书的目的：“然则今时人者，番汉语言，可以具备。不学番言，则岂和番人之众；不会汉语，则岂入汉人之数。番有智者，汉人不敬；汉有贤士，番人不崇。若此者由语言不通故也。"该书显然是一部沟通番、汉民族语言、文字的通俗著作，是我国第一部双语双解词语集，对后世解读无人可识的西夏文发挥了重要作用。西夏在翻译番文《大藏经》的同时，又刻印汉文佛经以满足西夏境内众多汉族信徒的需要。在出土的文献中不乏印制精美的汉文佛经。②

西夏文物也反映出藏族文化的强烈影响。西夏故地出土了不少西夏时期的藏文文献，仍以黑水城地区数量最大。除敦煌石室发现的早期藏文文献外，唐宋时期的藏文文献为数有限。西夏黑水城藏文文献的发现丰富了早期藏文文献，也反映出西夏的多民族文化特征。这些藏文文献中不仅有写本，还有多种刻本，这些刻本是目前所知最早的藏文刻本，具有重大的

---

① 史金波：《西夏汉文本〈杂字〉初探》，《中国民族史研究》（二），中央民族学院出版社 1989 年版。

② 《西夏佛教史略》，第四章。

文物价值。藏文刻本的印刷装帧形式除藏文文献中常用的梵夹装外,还有借用中原或西夏王朝的蝴蝶装式。这也体现了西夏地区民族文化的交错影响和融会贯通。①

黑水城遗址还出土了多件特殊写本西夏文佛经,在每个西夏字旁皆以藏文注音,这应是为懂藏文、不懂西夏文的人诵读西夏文佛经使用。著名苏联西夏学家聂历山曾着意整理、研究这类有藏文注音的西夏文佛经,用以构拟西夏文的字音。这以拼音文字注音佛经不仅反映了西夏文化的多民族特点,也是研究西夏语音的珍贵资料。②

西夏境内的回鹘人继续发展本民族文化,同时为西夏文化增添了多民族色彩。已经出土的回鹘文文献有不少是西夏时期的。特别是 1908 年法国汉学家伯希和在敦煌获取大量珍贵遗书的同时,还在莫高窟北区西夏始建的 181 窟发现了 960 多枚回鹘文木活字。近些年敦煌研究院又在莫高窟洞窟中发现了数十枚回鹘文木活字。这些活字表明回鹘民族以本民族文字制作活字,排印书籍,成功地使用了活字印刷术。这些回鹘文活字创造了包含字母活字在内的混合类型活字,开创了字母活字的先河。这些木活字是现存世界上最早的、含有最小语音单位的活字实物,为世界其他地区借鉴和使用字母活字打下了基础。③ 其创造和使用于 12 世纪下半期和 13 世纪初,早于德国谷登堡使用字母活字 200 年左右。这一时期正是西夏统治敦煌的时期,因此这也是西夏境内印刷出版的大事。当时西夏境内的党项族、汉族和回鹘族,互相影响,互相促进,大大推动了活字印刷的发展。

西夏文是和汉字相近的方块字,一般用毛笔书写,但也可用硬笔书写。藏文和回鹘文也有用硬笔书写的传统。1972 年甘肃武威县张义乡下西沟岘出土的西夏文物中有两件竹笔,一件长 13.6 厘米,未使用过;另一件长 9.5 厘米,笔尖有墨迹。④ 使用硬笔书写表现西夏书写工具方面的民

---

① 史金波:《最早的藏文木刻本考略》,第七届中国少数民族科技史暨藏族科技史国际会议论文,2004 年 8 月宣读。

② [苏] 聂历山:《西夏文字抄览》,日本《亚细亚研究》,1926 年。

③ 史金波、雅森·吾守尔:《西夏和回鹘对活字印刷的重要贡献》,《光明日报》1997 年 8 月 5 日。

④ 《西夏文物》图 265。

族特色。

西夏各民族的密切交往不限于文化方面，也表现在生活方面。比如西夏壁画人物的服饰反映出各民族间的相互影响和吸收。如莫高窟西夏洞窟第409窟东壁门北侧的西夏二后妃供养像，头戴桃形大凤冠，冠后垂红结绶，宽发双鬟抱面，耳垂大环，身着大翻领窄长袍，双手持供养花。西夏法典《天盛律令》禁止官民女人冠子上插以真金之凤凰、龙样。而此图妇人正是戴凤冠，可知应是帝王后妃。这种服饰是类似敦煌五代时期回鹘贵族妇女的装束。又如，榆林窟第29窟与西夏武官相对的西夏贵族妇女装束也与回鹘供养人有明显的相似之处。

我国羌系民族多实行火葬，党项族也不例外。《旧唐书》记载：党项人"死则焚尸，名为火焚"[①]。西夏党项族的火葬传统可能一直保留下来，这种民族的火葬习俗和佛教的火化融为一体，构成了西夏火葬的形式。《文海宝韵》有"烧尸"条，其释义为"火上烧化尸体之谓"。[②] 可见西夏有焚尸火葬的习俗。但在西夏时期多是火葬和土葬相结合。1998年武威西郊发现西夏的双人合葬墓，无尸骨，墓中有木制灵骨匣两具，皆为寿棺状，应是火葬后再行土葬。在土葬时进行祭祀，并随葬物品。随葬的木牍记载时间为乾祐二十三年（1192年），已至西夏晚期，"直祭主男窦依□□，于西苑外咩布勒嵬卖地一段"，窦依、咩布都是党项族姓，可知当时党项族实行先火葬再土葬的方法。[③] 早在1977年甘肃武威西郊林场发现两座砖室西夏墓，据墓中出土的汉文题记得知，这是西夏天庆元年至八年间（1194—1201年）的西夏晚期砖室墓，据题记知是西夏汉人墓葬。墓中无尸骨，葬具是木缘塔，这两个墓似应为火葬后的土葬墓。[④]

最引人注目的是，西夏皇族的丧葬也表现出火葬和土葬相结合的特点。西夏帝陵陵园在西夏首都兴庆府西郊、贺兰山东侧山峦岗阜之下，占地面积约50平方公里，有帝陵9座、陪葬墓250余座。每座墓都有巨大的墓冢，从表面看应是土葬。但从已发掘的西夏帝陵和陪葬墓都未发现墓

---

① 《旧唐书》卷一九八《党项传》，中华书局1975年版，第5291页。
② 《文海研究》75.242。
③ 姚永春：《武威西郊西夏墓清理简报》，《陇右文博》2002年2月。
④ 陈炳应：《西夏文物研究》，宁夏人民出版社1985年版，第186—192页。

主人的骨殖，这也应是火葬和土葬相结合的葬法。可见西夏的墓葬习俗反映出党项族和汉族风俗结合的特点。

三 西夏文物的宗教特点

西夏时期虽接受佛、道信仰，仍信奉原始宗教。文献记载，党项人"笃信机鬼"[①]。出土的西夏文韵书《文海宝韵》中有关鬼神的条目很多。从《文海》条目释文可以清楚地知道，当时党项人心目中的鬼神已有了明确的分工。鬼主恶，谓之"损害"；神主善，谓之"守护"。鬼有饿鬼、虚鬼、孤鬼、厉害鬼、杀死鬼；神有天神、地神、富神、战神、守护神、大神、护羊神等。

西夏仁宗乾祐七年（1176年）立于甘州城西十里的黑水河桥边建碑记述夏仁宗为黑水河诸神发布敕命，以求水患永息、桥道久长。其中祭祀的神祇有山神、水神、龙神、树神。碑阳刻汉文楷书13行，碑阴刻藏文楷书21行。[②]碑用汉、藏两种文字，说明这一地区在西夏有着复杂、多元的文化现象。由大力推行佛教的仁宗祭祀诸神也反映出西夏时期仍保留着原始的多神信仰，与佛教信仰共存。

西夏文物中反映佛教信仰的比比皆是，证实西夏时期佛教是主流信仰。西夏的佛教石窟遍布西夏地区，除集中在甘肃敦煌莫高窟、安西榆林窟、东千佛洞有80多西夏洞窟外，甘肃的酒泉文殊山石窟、肃北五个庙石窟、武威天梯山石窟、宁夏贺兰山山嘴沟石窟、内蒙古阿尔寨石窟都有西夏洞窟。这些石窟本身以及其中的壁画、塑像都反映着西夏不同时期、不同民族风格的佛教信仰。

特别值得提出的是在一些西夏洞窟的壁画中出现了反映唐代僧人玄奘到印度取经的《唐僧取经图》，如榆林窟第2窟西壁北端《水月观音图》中，观音右下侧隔水的岸上，有唐僧取经的画面，表现玄奘和孙行者取经途中向观音行礼的情景。又如，榆林窟第3窟西夏普贤变图左侧中部也有

---

① 《宋史》卷四八六《夏国传》，中华书局1977年版，第14029页。
② 《西夏文物》图105、图106、图107。

一《唐僧取经图》，除唐僧和孙行者外，还有背驮经箧的白马，表现了师徒取经归来的情景。东千佛洞也有西夏时期绘制的唐僧取经图。西夏之前尚未见把唐僧取经这样的佛教故事纳入绘画作品中，西夏为了宣扬佛教，创绘了中国最早的唐僧和孙悟空取经的形象。

　　由于西夏政府提倡佛教，西夏的佛寺非常多。据武威的凉州感通塔碑文描述当时西夏大力修葺寺庙，使境内佛刹林立的情况："至于释教，尤所崇奉。近自畿甸，远及荒要，山林溪谷，村落坊聚，佛宇遗址，只椽片瓦，但仿佛有存者，无不必葺。"经过数百年的风雨沧桑，多数寺庙业已不存，但寺庙中的佛塔却往往幸运地保存下来。这些历经风尘的佛塔不仅标示出西夏佛教信仰的虔诚和普遍，还各自显现出不同的风格。位于银川市区的承天寺塔是八角形楼阁式十一层砖塔，高峻挺拔，秀丽端庄。在贺兰山拜寺口的两座八角形十三层密檐式砖塔，形影相吊，装饰繁缛华丽。宁夏贺兰县境内的宏佛塔，下部三层为八角形楼阁塔，上部是巨大的覆钵塔，集汉传、藏传风格于一身，造型奇特。贺兰山拜寺沟内的十三级密檐式空心方砖塔，出土有西夏文活字版藏传佛教佛经《吉祥遍至口合本续》，反映了西夏时期藏传佛教已发展到西夏东部。位于同心县的八角形十三级密檐式空心康济寺塔，刚劲有力的抛物线外廓，显得凝重柔美。宁夏青铜峡县峡山口黄河西岸有一百零八塔大型塔阵，建筑在河岸斜坡上，从上至下按奇数排列，世上稀有。现在所见西夏佛塔仅是西夏时期大量佛塔的部分遗存。形式多样的佛塔反映西夏佛教信仰之盛，也能看到西夏佛教建筑形式的多样和建筑艺术之精湛，从中还能透视出西夏佛教信仰方面多民族交融的现象。①

　　国家图书馆珍藏有大批西夏文佛教文献，系1917年出土于宁夏灵武。其中《现在贤劫千佛名经》卷首有木刻版画《西夏译经图》，刻僧俗人物25身，上部正中跏趺而坐的高僧为主译人"都译勾管作者安全国师白智光"，旁列十六人为"助译者"，图下部人身较大者，左为"母梁氏皇太后"，右为"子明盛皇帝，为西夏惠宗秉常及其母梁氏皇太后。此图形象

---

① 雷润泽、于存海、何继英：《西夏佛塔》，文物出版社1995年版。史金波：《西夏佛教新探》，《宁夏社会科学》2001年第5期。

地描绘了西夏译经的场面和皇太后、皇帝重视译经，亲临译场的生动情景，是中国唯一的一幅反映译经场景的图画，在佛教史上有突出地位"①。

汉文文献中对西夏佛教流传和佛经的翻译记载极为简略。而国家图书馆所藏西夏文《过去庄严劫千佛名经》发愿文却详细而具体地记载了西夏佛教发展的史实。此经系元皇庆元年（1320年）刻印，发愿文共6面57行，在叙述佛教于东土盛行，传译佛经、三武毁佛的基本事实后，重点记述佛教在西夏流布和译经情况，追述西夏风帝（景宗元昊）在戊寅年（1038年），请国师白法信及后来的智光（即《西夏译经图》中的白智光）等32人为首，将佛经译为西夏文，至天祐民安元年（1090年）共53年，译完大小乘佛经362帙820部3579卷。不难看出这一文献对研究西夏佛教具有十分重要的价值。② 现存的西夏文佛经有400多种，数千卷册，分藏于中国、俄国、英国、法国、瑞典、日本等地。有写本、刻本、活字印本。写本中还有不惜工本和人力精心缮写的泥金写经。甘肃省定西县发现的泥金字《大方广佛华严经》卷第十五，紫青纸，经折装，金光灿灿，色泽如新，书法精美，是珍贵的佛教艺术品。③

存于甘肃武威的西夏凉州重修护国寺感通塔碑，为全国重点文物保护单位。始建于西夏崇宗天祐民安五年（1094年），碑文记录了建塔后历史上和西夏时期的感应故事和西夏重修塔寺的经过，特别详细地记载了重修塔寺的盛大庆典活动，庆典由西夏中书相梁乙埋主持，作法会、度僧人、赐金帛、给常住，很是隆重，生动地反映了西夏前期的佛事活动。该碑今存甘肃省武威市博物馆内。

佛教的兴盛使西夏形成了众多的佛教塑像。其中包括敦煌莫高窟西夏洞窟的泥塑、黑水城及其附近发现的泥塑、宁夏宏佛塔天宫发现的泥塑等。从出土的泥塑作品看，其中不乏精品。宏佛塔的泥塑虽多为残品，但表现了西夏佛教泥塑的精湛工艺④黑水城遗址附近的一个古庙中出土的25尊彩塑像，就更加使人陶醉、神往。这些塑像包括佛像、菩萨像、男女供

---

① 史金波：《〈西夏译经图〉解》，《文献》1979年第1期。
② 史金波：《西夏文〈过去庄严劫千佛名经〉译证》，《世界宗教研究》1981年第1期。
③ 陈炳应：《金书西夏文〈大方广佛华严经〉》，《文物》1989年第5期。
④ 《西夏佛塔》，第194—202页。《西夏艺术》，第58—61页。

养人像、力士像、化生童子像。他们虽然都是佛教塑像，却着力表现了现实生活中的人物，有浓郁的生活气息。两尊金刚力士像，运用写实与艺术夸张相结合的手法，刻画出武士筋肉丰满、体魄健壮、孔武刚健的形象。其他如姿态各异、内心虔诚的菩萨，皓首白须、心地善良的老人以及活泼可爱的儿童等，无不真实自然，活灵活现。①

最引人注目的是一尊出土于黑水城的分身佛像，高62厘米，身披袈裟，肩上有两佛头，上身自胸部分开，双头分别向左右下方稍垂，头向左右下方稍垂，头顶有螺髻，佛面丰满慈祥，肩下有四臂，两臂在胸前合十，另两臂向左右下方伸展，造型十分奇特，是世上唯一的一幅双身彩塑佛像。今存俄国圣彼得堡爱尔米塔什博物馆。②

图九　黑水城出土西夏彩塑分身佛像

---

① 盖山林：《绚丽多彩的艺术奇葩——记额济纳旗西夏彩塑》，《内蒙古文物考古》1981年创刊号。

② ［俄］米开罗·皮欧特洛夫斯基编：《丝路上消失的王国——西夏黑水城的佛教艺术》，台湾历史博物馆出版1996年版，第161页。

西夏的佛教绘画更是琳琅满目，举凡佛、菩萨、人物的形象，藻井、龛眉、花边的妆饰，云海、房舍、竹木的衬托，都能循蹈章法，有的还有创意。如榆林窟3窟西壁南北两侧有大铺普贤变和文殊变，布局严谨，人物生动，画面优美，笔调流畅，特别是描绘出处于图画中心位置菩萨的美丽、慈祥，充分展示出其亲和力、感染力，是宣传佛教的精心之作，是西夏晚期绘画的优秀代表作品。

1959年在敦煌莫高窟元代喇嘛塔中发现的木刻版西夏文出图本佛经《妙法莲华经观世音菩萨普门品》，上部三分之一处分段绘图，每幅图为下面经文的图解，共有图55幅。他是中国最早的连环画本佛经之一。用连续绘图、图文并茂的形式解释、宣讲佛经，既开创了佛经发展的一种新形式，又推动了连环画这种新绘画形式的形成。俄国圣彼得堡东方学研究所也藏有黑水城出土的同一种佛经。

西夏佛教的一大特点是在中后期藏传佛教的兴盛。西夏文物中不仅有藏传佛教风格的佛塔，有一大批译自藏文的藏传佛教经典，还有很多藏传佛教的绘画和造像。榆林窟19窟有一条西夏时代的汉文题记："乾祐廿四年……画师甘州住户高崇德小名那征，到此画秘密堂记之。"乾祐二十四年（1193年）是仁宗朝，画师高崇德是甘州人，他所画秘密堂当指西夏晚期的密宗洞窟。[①] 中后期藏传佛教的影响进入洞窟，藏式佛画开始流行，出现了密宗的本尊大日如来和观音为坛主的壁画。榆林窟的西夏晚期洞窟第2、3、29窟是受藏传佛教影响很深，应是这样的秘密堂。

出土的西夏绘画品中也有不少具有藏传佛教风格的密宗画，多为浓彩重墨，色调深沉。如拜寺口双塔中西塔的天宫内发现的《上乐金刚图》，绢质，图高85厘米、宽45厘米，周围绸缎装裱。画面中间绘上乐金刚双身像，裸体，呈蓝色，面有三目，双臂拥抱明妃，左手握金刚铃，右手持金刚杵，头戴五骷髅冠，身挂五十骷髅串，胯下环绕虎皮。明妃亦裸体，头戴五骷髅冠，颈部佩带骷髅串珠。主尊双脚分别踩仰面魔鬼和伏面魔鬼。双身像后有红色半圆形身光。主尊上部横置五个小框，框内均绘有一尊上乐金刚双身像，主尊下部也分为五个小框，正中为三个护法金刚像，

---

① 史金波、白滨：《莫高窟、榆林窟西夏文题记研究》，《考古学报》1982年第3期。

左右为祖师像。整个画面表现了浓重的藏传佛教气氛，是西夏腹地藏传佛教流传的有力证明。黑水城也出土有类似的《上乐金刚图》。黑水城还出土两幅大型坛城木板画《佛顶尊胜陀罗尼图》，画幅高108厘米、宽130厘米，全图是圆、方、小圆组成的坛城，中间是佛顶尊胜，有三脸，每脸有三眼、八臂，分别在图右下角绘男女供养人，可能是夫妻。画底蓝色，有西夏文陀罗尼。此图也是典型的藏密画风。[①]

图十　黑水城出土西夏坛城木版画《佛顶尊胜陀罗尼图》（一）

西夏佛经卷首的扉画有的是中原佛教风格，有的是藏传佛教特点。在

---

① 《西夏文物》图85、86。

图十一　黑水城出土西夏坛城木版画《佛顶尊胜陀罗尼图》（二）

黑水城或灵武出土的佛经中都有刻印的藏传佛教扉画。1990年在内蒙古额济纳旗绿城发现的刻本《顶尊相胜总持功德依经录》卷首扉页两面，第一面是密宗的佛顶尊胜佛母像，第二面是四位菩萨，都是藏传佛教的风格。

　　反映西夏佛教的文物对了解西夏佛教起着决定性作用。如果没有这些西夏佛教文物，难以全面、系统、具体地认识、研究西夏佛教以及当时的信仰状况。

　　有关西夏道教的文物不似佛教那样丰富，也正因为如此，西夏道教的文物更显得珍贵。黑水城出土与道教有关的经典有汉文本《吕观文进庄子义》、郭象注《南华真经》、《太上洞玄灵宝天尊说救苦经》、《六壬课秘诀》、《六十四卦图歌》①。这些经典有些是西夏刻本，有些是宋朝刻本。即便是宋刻本，他们在西夏流传也说明道教在西夏的影响。

　　黑水城出土西夏文文献中，也有关于道教的文献。有一种西夏文写本文献，线钉本，高13.3厘米、宽7.7厘米，存72面，其中部分残半页，共存96面，面5行。据克恰诺夫教授研究，是与《庄子》有关的文献。②

　　西夏不仅有道家经典，也有道教雕塑和绘画。《天盛律令》规定不准盗毁的佛神像中，包括道教像、天尊等。③证明西夏时期道观中供奉道教神像。道教画像在出土文献中已不只一种。上述黑水城出土的《太上洞玄灵宝天尊说救苦经》中有十天尊像，每尊高6.5厘米、宽2.8厘米，像下有西夏文天尊名称，他们高居宝座，手握拂尘。④黑水城还出土了一幅丝质彩色《玄武大帝图》，高71厘米、宽47厘米，玄武是道教天上五宫的北宫主神，图中玄武赤足，披发，右手持剑，内穿盔甲，外有黑色斗篷，坐于岩石之上，头部罩光圈，上有男女侍从，下有下跪求来世幸福的施主。⑤此像与中原文献记载的玄武形象一致。另宁夏贺兰县宏佛塔出土的绘画中也有彩绘《玄武大帝图》，绢质，高78厘米、宽57厘米，主尊披发，身穿黑色铠甲，右手持剑，席地而坐，头后有光圈，左右两侧侍立男女官员、侍女12人。⑥此图与上图虽主旨相同，但风格迥异。玄武大帝是道教推崇的神尊，对其形象和威武气质的描述始于宋代文献，但以绘画的手法描绘玄武大帝的形象以西夏时期这些绘画为最早。

　　银川市新华街曾出土一批精美铜器，专家认为是西夏时期遗物，多是菩萨、天王、力士、和尚等佛教造像。其中只有一件龙纽八卦钟是道家文物，高67.5厘米、口径51.5厘米、壁厚2厘米、重46.5公斤。钟纽二龙联体，呈拱形，造型精致。钟肩饰一周串珠莲瓣纹，钟身上、下部各被分

---

　① 《俄藏黑水城文献》第1册，TK6；第2册，TK92；第3册，TK151；第4册，TK172、293；第5册，TK322。
　② 俄藏黑水城文献，ИНВ. No. 3781。
　③ 《天盛改旧新定律令》第三"盗毁佛神地墓门"，第184页。
　④ 《俄藏黑水城文献》第1册，TK6。
　⑤ 《丝路上消失的王国——西夏黑水城的佛教艺术》，第244—248页。
　⑥ 《西夏佛塔》，第61、191页。

成八方格,上部八方格内分别铸出道家的八卦图形。①

西夏道教经典、绘画和器物的存在证明了西夏道教信仰的事实,而所见西夏道教经典和绘画比起佛教显得数量太少,也说明西夏道教影响远不敌佛教。

(原载《中国历史文物》2005 年第 2 期)

---

① 《西夏艺术》,第 170 页。

河南、安徽西夏后裔及其汉化

　　河南省是中国中原大省，人口 9700 多万，有少数民族 55 个，人口 114 多万人，占全省总人口的 1% 以上。人口在万人以上的有回族、蒙古族、满族，其中回族约 95 万人，仅次于宁夏、甘肃，居全国第三位，蒙古族 8.22 万人，满族 6.17 万人。历史上河南不仅是汉族的发祥地，也是很多少数民族居住、繁衍之处。1500 年前鲜卑族拓跋氏建立的元魏曾建都洛阳；800 年前女真族建立的金朝，在宋朝南渡后也曾建都在开封。当时河南省地区少数民族之多，可想而知。

　　安徽省也是一个人口大省，有 6400 多万人，现有各少数民族 54 个，人口为 45 万人，占 0.7% 左右，其中主要为回族，此外还有满、蒙、壮、畲等族。

　　随着历史的变迁，一些少数民族融入其他民族而消亡。循着历史的足迹寻找消失的少数民族后裔，对研究中国民族史、汉民族形成史具有重要意义。

　　河南省、安徽省有不少少数民族后裔。这里不仅有鲜卑族、契丹族、女真族的后裔，也有在西北建立西夏皇朝的党项族后裔。

　　西夏是中国中古时期一个有重要影响的封建王朝，以党项羌为主体，自称大夏国（1038—1227 年），因其位于宋朝的西部，史称西夏。西夏统治西北地区近两个世纪，前期与北宋、辽抗衡，后期与南宋、金鼎立，在中国中古时期形成新"三国"局面。近邻还有回鹘、吐蕃政权。各王朝间的关系复杂而微妙。西夏历十代帝王，设官立爵，创制文字，备一代典章制度。西夏首都兴庆府（即兴州，后改名中兴府，今宁夏回族自治区银川市），最后亡于蒙古。党项羌历经元、明而逐渐消亡。那么，党项族到哪里去了？他的后裔与河南有什么关系呢？

一　元、明时期的西夏后裔

西夏灭亡后，蒙、元时期的党项人称为唐兀人或河西人，有时也泛称为西夏人，属色目人，民族地位较高。在蒙古攻占西夏以及灭金、亡宋的过程中，一部分党项上层起了重要作用。有的党项人活动与河南有关。

如党项人察罕是率军攻金、伐宋的主将之一。初从成吉思汗"略云中、桑乾"，破金野狐岭守军，"太宗即位，从略河南"。[①] 可见在蒙古攻宋的早期，党项将领就率军从山西、河北一带进入河南。

蒙、元时期有专门以党项人组成的军队，称为唐兀军。党项人野蒲甘卜率领的军队即唐兀军，他死后由其子昂吉儿率领，这支部队在中原战场上起了重要作用。1269 年昂吉儿授本军千户，略地淮南。他建议戍信阳（今河南信阳）以扼宋军，后受命率河西军 1300 人戍之。1272 年升信阳军马万户，分木华黎属军及阿术所将河西兵统归昂吉儿管辖。丞相伯颜渡江攻宋，留平章政事阿术定淮南东道，其西道命昂吉儿董理，驻兵合州（今安徽肥西）。后攻庐州（今安徽合肥），升镇国上将军，淮西宣慰使，后驻守庐州。[②] 其子昂阿秃 1289 年任庐州蒙古汉军万户府达鲁花赤，大德六年（1302 年）经外出征讨后还镇庐州。他还以私产筑室 120 余间，以居军士之贫者。[③] 这也可能与其部下士兵多同族人有关。

党项部队也有驻守河南者。1328 年"征鄢陵县河西军赴阙"。[④] 鄢陵县属河南，可知河南也曾屯驻党项部队。

河南浚县也有党项族。党项族述哥察儿曾在浚县任达鲁花赤，"在官日久，与浚民相安，世渐平定，无意仕进，买田筑室黎阳山下，治生教子，闲居二十二年乃终"。[⑤] 述哥察儿致仕后，因爱这里林壑优美，便居住

[①]《元史》卷一二〇《察罕传》，中华书局 1976 年版，第 2956 页。
[②]《元史》卷一三二《昂吉儿传》，中华书局 1976 年版，第 3214 页。
[③]《元史》卷一二三《也蒲甘卜传》，中华书局 1976 年版，第 3028 页；卷一三二《昂吉儿传》，第 3214 页。
[④]《元史》卷三二《文宗纪》，中华书局 1976 年版，第 708 页。
[⑤]（元）吴澄：《吴文正公集》卷三三《元故浚州达鲁花赤赠中议大夫河中府知府上骑都尉追封魏郡伯墓铭》。

于此。述哥察儿历仕元定宗、元宪宗、元世祖三朝，当过定宗贵由的宿卫之士，又跟随宪宗南征北战，宪宗六年（1256年）被任命为浚州达鲁花赤。他在浚州有两件事值得记述：一是治理境内，关心民瘼，惩治贪墨，受到了百姓的爱戴；二是参与了世祖中统三年（1262年）平定山东的李璮之乱。

蒙古统一中国后，党项人在西夏故地河西一带仍有其潜在的政治势力和社会基础，不少地方留下了他们的足迹。元朝末期，一些党项上层人物参与镇压农民起义军的活动，对当时政局的推移也有一定影响。

与元末起义军对抗时间最长、影响最大的党项人应推余阙。余阙祖居武威，元统元年（1333年）赐进士及第，三次被召入大都为官，先后任翰林文字、刑部主事、翰林编修、集贤经历、翰林待制，后归合肥家中丁母忧。元政府为了镇压农民起义，于至正十二年（1352年）起用余阙，任以淮西副使，佥都元帅府事，驻守安庆。安庆历来是兵家必争之地。余阙到任后，即招募军队，训练士卒，整饬城防，以图长期与起义军对抗。他还以"尊君亲上"的说教和身先士卒的督战方法去驱使士兵作战。因此受到元朝的赏识，升为淮南行省左丞、都元帅。他和起义军周旋达六年之久，至正十八年（1358年）安庆被起义军陈友谅、赵普胜部攻破。余阙及其妻子、儿女皆自尽，仅留一襁褓幼子。余阙成了为元"死节"的典型人物。他的行为得到穷途末路的元政府的褒奖，赠他为"摅诚守正清忠谅节功臣、荣禄大夫、淮南江北等处行中书省平章政事、柱国，追封豳国公，谥忠宣"[①]。明朝建立后，为了维护封建统治，对元末镇压农民起义军的头面人物也给以褒奖。对余阙更加推崇，在其生地合肥、死地安庆都修祠立庙，使年年祭祀不绝。

元代党项族在政治、经济，文化领域里，产生了相当的影响。有元一代，具有一定地位的党项人至少有一百几十人。

有元一代，党项族在经济生活、风俗习惯、心理状态、语言文字方面都发生了巨大变化。当时党项族虽仍有较高的地位，但在元代大一统国家

[①]《元史》卷一四三《余阙传》，中华书局1976年版，第3429页。（明）宋濂：《宋文宪公全集》卷四〇《余左丞传》。

中，其语言、文字缺乏社会使用的大环境，已经从西夏时全境内的强势地位，变成元代大国中的局部、弱势地位。尽管元代西夏文文献在政府的承认和支持下，仍有一定数量问世，但已风光不再，与西夏时期的出版不可同日而语。随着党项族的趋于同化，使用西夏语文的人数越来越少，西夏语文的社会声望逐渐降低。可以说，在历史上曾有一定地位和影响的党项族已逐渐被同化了。①

明朝推翻了以少数民族为统治阶级的元朝，建立了以汉族为统治民族的朝廷，其民族政策有了很大改变。明初攻下元都后，于洪武元年（1368年）曾下诏："蒙古、色目人有才能者许擢用"②，以延揽少数民族中的人才。但后来实行的《大明律》中规定：蒙古、色目人"不许本类自相嫁娶，违者杖八十，男女入官为奴"。③这实际上是对少数民族实行民族歧视和强迫同化的政策。这样，党项人被同化的步伐更快。关于明代党项人活动的记载更少，西夏文的使用也极鲜见。明朝初年的西夏文刻经和明代中期的保定西夏文经幢，可谓凤毛麟角。两种文物反映着西夏后裔在明朝的存在，同时也记录了党项民族走向消亡的最后足迹。

从党项族的历史发展轨迹可以看到，党项族同祖国多民族大家庭结合的历史渊源，党项族同其他各兄弟民族在政治、经济、文化各方面的相互影响和不可分割的密切联系，以及他逐渐融合于其他民族之中的某些过程。

二 对中原地区西夏后裔的第一次调查

元代党项人入居内地者不少，其中对其后世记载较详者当推生于安徽，后曾于安徽做官，最后死于安徽的党项人余阙。在与元末农民起义对抗中，余阙兵败自刭，沉于清水塘内。其妻耶卜氏（党项人）与其妾及一子一女皆投井自尽。④

---

① 史金波：《蒙、元时期党项上层人物的活动》，载《民族史论丛》，中华书局1987年版。
② 《明史》卷二《太祖本纪二》，中华书局1974年版，第21页。
③ 怀效锋点校：《大明律》卷第六，法律出版社1999年版。
④ 《元史》卷一四三《余阙传》，中华书局1976年版，第3428页。

余阙，字廷心，文献记载，他死后，留一襁褓幼子。宋濂在《余左丞传》后有附记二则，其一曰：

　　濂既作《余廷心传》，又见其门人汪河言：当廷心死时，其妾满堂生一子，甫晬，弃水滨。有伪万户杜某呼曰："必余参政子，是种也，良不可杀。"竟捐所抄诸物怀子以去，今三岁矣。人或戏子曰："汝父何在？"子横指拂喉曰："如此矣"。①

宋濂和余阙是同时代人，小余阙七岁，主编《元史》，并亲为余阙作传，对余阙事迹、家庭自然了解较多。所记余阙留有一子事，又是余阙门人亲自对他讲，当为可信。此子名余渊，明洪武丙子（1396年）中举人。② 当时社会重视科举，对举人的家世都要考核清楚，其为余阙之子，应明白无误。但余阙死后数年间，安徽、江西一带陈友谅部还十分活跃，余阙所留一子实际处于被保护、隐匿的状态，当时可能不被更多人所知，以至有人误认为"余忠宣公死后无子"。③

《续修庐州府志》"世族表"中列有余阙后代世系，并附记：

　　忠宣（余阙）殉难时，次子渊甫周岁。母投水死节，弃之水滨，万户某知为余参政子，舍所掠物怀之去，遂得免。后中明洪武丙子举人，知完平县，子孙世居合肥城南门。有宗密者为奉祀生，又有居撮城镇东南者，子孙七世入庠序。④

可见余阙确有子孙，世袭不绝。此《庐州府志》为清光绪年间续修，然"世族表"中所列余氏后人均未注明为那一代人。表列最后一代有名余思枢者，官山东布政使。又查《山东通志》知余思枢在清光绪四年

---

① （明）宋濂：《宋文宪公全集》卷四十《余左丞传》。
② （清）光绪十一年《续修庐州府志》卷三十《选举表一》"举人"项下载"（明）洪武二十九年丙子，合肥俞渊：教谕"。俞为余之误。
③ （元）余阙：《青阳先生文集》卷末附彭韶跋。
④ 《续修庐州府志》卷五十八《世族表》。

（1878年）在山东任职，下记为"安徽合肥附贡"。① 由此可知表中所列最后一代在光绪初年还居住在合肥，距今仅百年左右。这就使我们想到，或许现在当地仍有其后代居住。

1981年我和同事吴峰云怀着很大的兴趣和希望到安徽调查。经过调查，在合肥果真找到了余阙的后代。

经访查，首先找到了居住在合肥城内的余阙后人余章元、余国铨两位老人。接着我们又根据他们提供的线索，先后调查了合肥附近余阙后人的几个聚居点——南门外邬余大郢、小南门外二里桥、大圩公社黄岗大队余墩子、肥东县长乐公社临河大队余大郢。这期间还专程考察了余阙的读书处——位于巢湖北岸的青阳山，那里有后人为余阙读书处立祠庙的遗迹。

据调查，邬余大郢共有余氏后裔80多户，男女400余人；二里桥有余姓30多户，100余人；余墩子有余姓95户，近500人；余大郢有余姓60多户，300余人。此四处有余氏后人270余户，1300余人。据上述几处余氏后人提供的线索还知道，肥东县西上驿公社上余、下余有三四百户，山王公社有100余户。巢县东山，撮东公社、大南门常青公社也都有余氏后代居住。与河南交界的埠南县余集也有上千户余姓。有的还迁居河南境内。

当地的余姓老人都知道他们是"忠宣公"之后。20世纪50年代前他们都曾见过春节时家里的灯笼上有"武威郡"、"忠宣公"或"陇西郡"、"忠宣公"的字样。在邬余大郢我们还发现一副对联，上联是"忠宣延世泽"，下联是"威武振家声"。据说这是余氏家族祖传的对联。然而，在余氏后人当中，除个别人外，一般只知道其祖先是"忠宣公"，对余阙这个名字倒很陌生，对余阙父亲的名字沙剌藏卜更无人知晓。合肥一带的余姓现今属汉族，其语言、意识、风格，包括婚姻、葬俗等方面与汉族无异，他们与当地其他汉族人民亲密无间地生活在一起，只有有文化的老年人知道自己是少数民族的后裔。

住在合肥小南门外二里桥余氏后人余华珍、余华龙兄弟藏有一部《余氏宗谱》，该谱系民国十九年（1930年）重修。据余氏兄弟介绍，余华龙

---

① 《山东通志》卷五十一《职官志》。

十几岁时曾随父亲代表二里桥余氏前往余墩子重修家谱。那时余家祠堂设在余墩子。后因临近解放而未修成。

据文献记载，安庆集中了一批与余阙有关的文物古迹，如余阙墓、忠宣公祠、正气楼、尽忠池（余阙自杀落水的清水塘）、风节井（余阙妻妾子女投水之井）等，还有一些有关碑刻。我们又到安庆地区重点调查。经逐项访查核实，发现上述各种古迹多已不复存在，有的仅遗留一些残垣碎石，有的遗址上已有其他建筑。在康熙六十年编订的《安庆府志》中，发现了有关余阙后人在安庆桐城县洪涛山居住的线索，于是我们又前往距安庆100余公里的洪涛山下进行调查。经过一番周折，终于找到了居住在大关和莲花塘的余氏后代。这一带的余姓非只余阙后代一宗，但凡为余阙后裔的有一特点，就是他们又称为"余王氏"，即可以"余"为姓，又可以"王"为姓。我们向余阙后人余佳洼、余有恒等老人询问了以"余王氏"为姓的来历，大致有两种说法。一种是余阙死后，留一子被家人王某救出，遂以王为姓。另一种是余阙死后，遗子被人救起，藏于太湖（今安徽省太湖县），后娶王氏为妻，子孙遂改为王姓。后一种说法与文献记载相近。洪涛山下大关附近的余氏后代为第15世余莲舫之后，大致分为4支，分别居住在桐城县大关公社、龙头公社、卅铺公社、王集公社，共有余姓数百户，千余人，均属汉族，其语言、风俗与当地汉族相同，他们与其他汉族人民杂居相处，互为婚姻。

我们在卅铺公社莲花塘余君龙、余庆生处又访得一部余氏家谱，名为《洪涛山余氏宗谱》。这部家谱的发现不仅为研究余阙后裔增添了新的资料，还能使前述《余氏宗谱》与此《洪涛山余氏宗谱》互相印证，增强了资料的可靠性。

将两部宗谱对照比较以后，发现它们各有特点。合肥宗谱记录余阙子余渊有二子，长子宗密有一子名嗣，次子宗词有三子名阶、瑜、敬，都居合肥。洪涛山宗谱只记余渊一子宗密，未记在合肥居住的次子宗词一支。宗密不只有一子，而是四子。长子嗣迁往合肥，这与合肥宗谱相符。二、三、四子居安庆枞川、潜山、桐城一带，这又补充了合肥宗谱之不足。

合肥修谱的余氏后人对居住在合肥的余氏祖先了解最多，所以对合肥的宗密长子嗣和宗词一支记载备详，而对远居安庆的宗密二、三、四子则失于记载。同样,洪涛山宗谱对居住在安庆附近的余氏祖先即宗密二、三、四子后裔详加记载,对迁往合肥的人,只记了宗密长子余嗣一个人名,对其后世一无记述,至于居住在合肥的宗密之弟宗祠,关系更远一层连名字也未记录。此外,合肥宗谱还记载了余阙之兄余阑,这与《元统元年进士录》所载相合。阑无子,挑余阙长子德臣为子。德臣即在安庆城破时战败投井死的长子,《洪谱》记为余惠,应与德臣为同一人。两谱之差异恰能相互补充,配成完璧,使余阙在合肥和安庆两地后裔的主要支系臻于完善。另一方面,通过现存两部宗谱各自的特点以及它们历次修谱的叙录可以看出,从始修到历次重修,两地未通声气,后世的派行用字也不相统一,然而两谱所记先祖世系却能契合联结,浑然一体,更证明了两部宗谱所提供资料的可靠性。在安徽发现的两部余阙后世的家谱对研究党项族同化于汉族的过程有重要学术价值。

生活在安徽的余阙后人,他们的祖先自元代从西夏故地迁来内地,明、清时期繁衍成人数众多的家族,家族内仍有相当凝聚力,不断聚会,修补族谱。他们长期在强势民族汉族的包围与影响下,渐渐失去了原来的民族特性,特别是各代皆与汉族通婚,党项民族的血统越来越少。更有戏剧性的是通过族谱可知,在合肥的西夏后裔有与宋代名臣包拯的后代为婚者。包拯曾任宋陕西转运使,主持宋朝解盐事务,对西夏了解甚多,在他的奏折中称西夏为"贼",他绝不会想到,数百年后其后代与西夏的后裔通婚。[①] 明、清时期合肥余氏家族不乏书香门第。前述余章元的曾祖余榜为余氏第19世传人,曾中举人[②],做过清末名臣李鸿章的老师。当时调查了解到,余氏后裔有从事各行各业的人员,绝大多数是居住在农村的农民。他们无论在城市还是在乡村从事何种工作,都是以汉族身份出现。

以上调查和研究使世人第一次了解到,西夏党项族有传承至今的后裔存在。原来有人认为找不到散居各地西夏遗民后裔,安徽西夏遗民的发现纠正了这一论断。西夏灭亡后,入居内地与汉族杂居的党项人,通过世代

[①] (宋)包拯:《包孝肃奏议集》卷九《论杨守素》。
[②] 《续修庐州府志》卷三十《选举表一》,在"举人"项下载清道光十四年(1834年)甲午有合肥人余榜。

与汉族及其他民族互通婚姻，在血统上已混为一体，在心理状态上渐渐与汉族接近，最后终于成为汉族中的一个组成部分。在安徽发现的余阙后裔，正是这种自然同化的结果。

　　党项民族逐渐走上了民族同化的道路，一些党项人当时已有所感觉。特别是元代末期，一些文人追念故国、希望恢复已经失去的民族特点的感情，表露得十分强烈。至正六年（1346 年）党项人亦怜真班任御史大夫，他选拔名臣为廉访使，党项人余阙的好友归旸（字彦温）被任命为河西廉访使。余阙因其所去之地正是自己的先祖故土，特意写了《送归彦温赴河西廉使序》一文相送。序文首先简述西夏地区沿革，后记其家合肥戍军皆西夏人（党项族士兵）。然后追述党项人原来的风俗习惯，"其性大抵质直而上义，平居相与，异姓如亲姻；凡有所得，虽簞食豆羹，不以自私"。"朋友之间，有无相共，有余即以与人，无即以取诸人"；"少长相坐，以齿不以爵"。又指出，经数十年以后，合肥的党项人"其习日以异，其俗日不同"，不仅移居内地的党项人如此，就是居住在西夏故地的"今亦莫不皆然"。可见，元末的党项人风俗习惯发生了根本的变化。余阙不懂得这是社会发展的结果，希望政府所派"廉能之官"到河西一带去恢复过去那种比较原始的风俗习惯，以为那样"风俗必当丕变，以复千古"。① 然而党项族与其他民族同化而逐渐在历史舞台上消失的局面毕竟无法挽回，就连余阙等党项族上层自己也处在十分矛盾的状态之中。一方面他们从生活、文化上已完全汉化，民族语言、文字也不再使用，甚至连姓名也改成汉姓或蒙古名字；另一方面却期望本族故土和人民保留原来的形态，这当然是不可能的。

　　党项人余阙的后裔同化于汉族这一典型事例，不仅对研究党项民族史、汉民族形成史有重要的研究价值，而且对于研究民族之间的相互影响、融合也具有一定意义。②

---

① （元）余阙：《青阳先生文集》卷四《送归彦温河西廉使序》。
② 史金波、吴峰云：《西夏后裔在安徽》，《安徽大学学报》1983 年第 3 期。史金波、吴峰云：《元代党项人余阙及其后裔》，《宁夏大学学报》1985 年第 2 期。马明达：《也谈安徽的西夏后裔》，《宁夏社会科学》1984 年第 4 期。

三　河南濮阳西夏后裔及调查

在安徽余氏西夏遗民发现后几年，在河南也发现了传承至今的西夏遗民。河南省社会科学院任崇岳、穆朝庆两教授在1985年根据在河南濮阳县发现的《大元赠敦武校尉万户府百夫长唐兀公碑铭》的线索，到当地进行调查。这些西夏遗民的先祖是元朝初期迁入的，分布在濮阳县柳屯镇所辖的杨十八郎、西杨十八郎、南杨庄、东杨庄、刘庄、焦庄、单十八郎、李十八郎、大寨等十余个自然村中，有3100余人，均姓杨。杨十八郎村古金堤南墓地立有一通《大元赠敦武校尉万户府百夫长唐兀公碑铭》，全文3000余字，详尽地叙述了这支西夏党项人后裔定居河南的经过：

……谨按：府君讳闾马，唐兀氏。其父唐兀台，世居宁夏贺兰山。岁乙未（1235年）扈从皇嗣昆仲南征，收金破宋，不避艰险，宣力国家，尝为弹压，累著功效。方议超擢，年六十余，以疾卒于营戍。其妻名九姐，年五十余，先卒。时府君甫十岁许，别无恒产，依所亲次以居，即崇喜之祖也。及长成丁，优于武艺，攻城野战，围打襄樊，诸处征讨，多获功赏。然性恬退，不求进用。大事既定，遂来开州濮阳县东，拨付草地，与民相参住坐。后置庄于草地之西北官人寨东南十八郎寨两堤之间，卜茔于本宅之经堤南道北爽垲之地，亲茔冢圹，栽植柏杨，乃迁其祖考妣而葬焉。至元八年（1271年）籍充山东河北蒙古军户，十六年（1279年）奉旨选充左翊蒙古侍卫亲军，三十年编类入籍。累得功，赏马匹楮，弗肯过侈，用之有节，推其余以济乡邻之匮乏。虽幼在戎行，然好学向义，勤于稼穑，尝言：宁得子孙贤，莫求家道富。常厚礼学师以教子孙，乡人家贫好学者，悉为代其束脩礼，亲戚有贫弗能育子女者，府君辄与其值赎之以养家……[①]

[①] 任崇岳、穆朝庆：《略谈河南省的西夏遗民》，《宁夏社会科学》1986年第2期。穆朝庆、任崇岳：《〈大元赠敦武校尉军民万户府百夫长唐兀公碑铭〉笺注》，《宁夏社会科学》1987年第1期。

世居宁夏贺兰山的唐兀台，党项人，在蒙古人灭西夏8年后，从蒙古军南征。其子间马长大又投身军旅，多有战功。后定居此地，并在附近营造坟茔，过起田园生活。通过碑文的叙述，可知间马"好学向义"的品格很类似余阙所记党项人"质直而尚义"的传统风习。后绳绳继继繁衍成濮阳杨十八郎等村的数千后裔。他们虽聚族而居，但因世代生活在汉民族的大包围圈中，不断与其他民族通婚，不仅逐渐改变着原有的语言、文字、习俗，也在改变着族群的血统，最后融合在汉族之中。

唐兀台及其子间马传衍至今的后代，各家皆有家谱，这与附近其他家族居民多无家谱情况大不一样。家谱以杨为姓，这也是此西夏后裔汉化的重要标志。世祖唐兀台，是唐兀氏，即西夏时期的党项族，他原应有党项族姓，可能从军后只用蒙古式名字，重名不重姓，其原党项族姓氏不得而知。从《杨氏家谱》得知，从唐兀台至三世达海，用唐兀为姓，二世祖间马、三世祖达海及其弟镇花台、间儿、当儿、买儿均非汉名，而近蒙古名。四世崇喜则唐兀与杨两姓并用，并用汉族名字；从五世迄今只用杨姓，并用汉名。四世祖崇喜在太学读过书，受汉学影响，还取字象贤，其兄弟也分别取字思贤、师贤、齐贤、敬贤等。

濮阳西夏遗民一世祖唐兀台之妻九姐不详何族；二世间马之妻为哈喇鲁氏（色目人）；三世弟兄5人，其中4人娶汉族女子为妻，只有买儿1人娶妻乃蛮氏（色目人）；四世兄弟14人其中卜兰台娶妻旭申氏（蒙古人）、换住娶妻哈剌鲁氏（色目人）、不老娶妻怯烈氏（蒙古族）、广儿和拜住皆娶旭申氏（蒙古人），其余9人皆娶汉人为妻；五世兄弟更多，除理安娶哈剌鲁氏（色目人）、童儿娶乃蛮氏（色目人）外，其余均娶汉族为妻；六世以后娶妻均为汉族。即便其中偶有少数民族，可能也与杨氏一样都改用汉姓，难以知其原来的族属了。

河南濮阳县的西夏后裔的汉化也有一个长期过程，在元代还保留比较多的民族特点，明朝建立后，也即自四五世以后汉化的速度加快了。至今这些西夏遗民无论在语言、习俗、心理各方面已经全面汉化。

前述在河南任达鲁花赤的党项人述哥察儿"在官日久，与浚民相安，世渐平定，无意仕进，买田筑室黎阳山下，治生教子，闲居二十二年乃终"①。述哥察儿后世的下落,因缺乏文献记载,难以考察,应是融入河南汉族了。

四 河南洛阳西夏后裔线索及调查

蒙古灭西夏时,西夏末帝睍为蒙古军所杀,此后便没有关于睍之后世消息。

2002年笔者接到河南洛阳市新安县中学教师李春光先生的来信称,他所在的河南省洛阳市新安县南李村十甲里村李氏祖茔中出土一方明代墓志铭,通过该墓志铭内容可知当地李氏是西夏皇裔、元大将李恒之后。这无疑是研究西夏后裔的一个重要线索,当时中央电视台正与我合作拍摄《尘封不住的西夏》,其中有一集正是西夏后裔问题,于是当年10月我和中央电视台的彭山导演等驱车前往河南考察。我们考察了洛阳市新安县南李村乡十甲里村和李氏墓地。该墓志铭已捐献给附近铁门镇著名的千唐志斋博物馆保存,我们又到千唐志斋博物馆查看墓志铭,并捶拓拓片。该墓志铭有墓志盖,上刻篆书3行9字"明忠义官李公墓志铭",墓志铭有汉字29行,为庠生王锡撰文,其中有:

> 嘉靖丙申二月十四日忠义官李公卒,其子学易等请予为墓志铭,泣曰:孤远祖讳恒,为元太祖总管,至世祖升副元帅,赐以宝剑,与宋合兴讨金人。恒子讳三毂辂,征吐番有功,升吐番元帅,居洛阳西三十里拓元城。三毂辂子讳钦祖,仍袭旧职。我太祖高皇帝改元,钦祖解元帅印,隐居新安城南十五里,今为新安人。钦祖生整,整生贵,贵生六子,其三则家祖讳安也。家祖配我祖母姚氏,千兵姚公女也,生五子,而家君长。家君讳仲,字时中,为义官,其次则儒、伸、佐、佩是也。家君……今年卒,距其生在成化癸巳七月六日,享年六十有四。

---

① (元)吴澄:《吴文正公集》卷三十三《元故浚州达鲁花赤赠中议大夫河中府知府上骑都尉追封魏郡伯墓铭》。

查有关元代史料，与上述李恒行状相近者确只有前述西夏皇族后裔、大将李恒。关于李恒事迹元代文人多有记述，如柳贯《李武愍公新庙碑并序》、姚燧《资善大夫中书左丞赠银青荣禄大夫平章政事谥武愍公李公家庙碑》、吴澄《滕国李武愍公家传后序》等①。《元史》采集碑记撰成李恒本传，传载：

> 李恒，字德卿，其先姓于弥氏，唐末赐姓李，世为西夏国主。太祖经略河西，有守兀纳剌城者，夏主之子也，城陷不屈而死。子惟忠，方七岁，求从父死，主将异之，执以献宗王合撒儿，王留养之。及嗣王移相哥立，惟忠从经略中原，有功。淄川王分地，以惟忠为达鲁花赤，佩金符。惟忠生恒，恒生有异质，王妃抚之犹己子。中统三年，命恒为尚书断事官，恒以让其兄。李璮反涟海，恒从其父弃家入告变，璮怒，系恒阖门狱中。璮诛，得出。世祖嘉其功，授淄莱路奥鲁总管，佩金符，并偿其所失家资。（至元）十二年……以恒为左副都元帅。②

由传记知李恒先祖姓于弥氏，实即西夏皇族嵬名氏，李恒祖父是守西夏兀纳剌城者，但未记其名，他是"夏主之子"，是哪一位夏主之子也未提及。其实守兀纳剌城者是西夏神宗遵顼之子德任。李惟忠是西夏神宗遵顼之孙，李恒是遵顼之曾孙。他在对宋战争中从湖北一直打到南海边，是最后攻灭宋朝的主将之一。后官拜资善大夫、中书左丞，行省荆湖，在征交趾战争中中毒矢死在思明州。卒时年五十。后赠银青荣禄大夫、平章政事，谥武愍；再赠推忠靖远功臣、太保、仪同三司，追封滕国公。李恒有子三子，一名散木觯，又名李世安，官江西行省平章政事；一名囊加真，

---

① （元）柳贯：《柳待制文集》卷九《李武愍公新庙碑并序》。（元）姚燧：《牧庵集》卷十二《资善大夫中书左丞赠银青荣禄大夫平章政事谥武愍公李公家庙碑》。（元）吴澄：《吴文正公集》卷十四《滕国李武愍公家传后序》。此外，宋无名氏的《昭忠录》、元代黎崱的《安南志略》、明代蒋一葵的《尧山堂补记》也有关于李恒的记载。

② 《元史》卷一二九《李恒传》，中华书局1976年版，第3155—3157页。

官益都淄莱万户；一名逊都台，同知湖南宣慰使司事。

将墓志铭和《元史》两相比较，李恒其名相同，墓志铭中"至世祖升副元帅"与《元史》记世祖至元十二年"以恒为左副都元帅"相合，这是考虑墓志铭中的李恒是元代大将李恒的重要依据。但墓志铭称李恒"子讳三榖轸"，与元史所载李恒有三子不同，且三子名称无一与三榖轸相同。墓志铭记自始祖李恒至立墓志铭当年的世系是清楚的：一世李恒—二世三榖轸—三世钦祖—四世整—五世贵—六世安（共3子，安为第3子）—七世仲（共5子，仲为长子，其余名儒、伸、佐、佩）—八世学易（立墓志铭者）。但自立墓志铭的嘉靖丙申十五年（1536年）至记忆可及的前上推三五代，大约300多年的时间无族谱可资查询，也无其他文字资料可供佐证，因此要确定目前当地居住的李氏与墓志铭中李氏关系也尚待进一步考证。但无论如何，这一重要墓志铭为寻找西夏皇族后裔提供了可供研究的资料。

我们在调查中得知附近有一寒鸦村，村民多数姓党，自称可能是党项族后裔。我们又怀着很大兴趣到寒鸦村调查。寒鸦村是新安县磁涧镇的一个自然村，有村民两三千人，多为"党"姓。退休教师党国榜先生出示保存的家谱，家谱中确有"党项"之称，但云迁自山西洪洞县。当地也有党氏村民传说祖先来自陕西凤翔。此村党姓的来源有待进一步研究。

研究西夏后裔的目的是追求历史的真实，了解党项族的下落，了解党项族的后裔在西夏灭亡后，在新的环境中政治、经济、文化发生的变化，在中华民族大家庭中与其他民族的接触、交往以至于融合的种种关系。党项族作为一个民族，和契丹族、女真族一样无可挽回地消失了。从另一个意义上看，或许他们并没有完全消失，通过融合，他们的血液仍然流淌在很多民族的血管中。中华民族中仍然有包括党项族在内的众多已消失民族的影子。

（原载《汉民族文化与构建和谐社会》，
黑龙江人民出版社2008年版）

西夏皇室和敦煌莫高窟刍议

　　享誉世界的艺术宝库敦煌莫高窟自建窟开始，历经千年，开窟近五百，内藏艺术珍品无算。西夏立国西北，掩有敦煌近两个世纪，除唐朝外，是统辖敦煌时间最长的王朝。西夏皇室笃信佛教。第一代皇帝元昊之父德明"晓佛书"，曾遣使至宋朝修供五台山十寺。元昊"晓浮屠学"，规定每一季的第一个月的朔日（初一）为"圣节"，令官民礼佛。西夏先后6次向宋朝求赐《大藏经》，并用西夏文翻译《大藏经》3600余卷；大兴土木，广建佛寺佛塔，于贺兰山兴建北五台山寺；在中央机构中设二功德司，管理佛教；封设帝师，在中国历史上首开帝师先河；众度僧尼，大兴法会，广施佛经；大力吸收藏传佛教，使藏传佛教迅速东传。佛教在西夏受到法律保护和优待，在宗教信仰中始终占据优势地位。在这种浓重的佛教信仰氛围下，作为佛教圣地的敦煌莫高窟自然受到西夏官民的特别青睐。存留于莫高窟众多洞窟中的西夏佛教艺术珍品，是西夏尊崇莫高窟的历史见证。然而西夏时期皇室和莫高窟有何关系，尚乏论及。笔者不揣班门弄斧之嫌，试用西夏文献资料结合莫高窟的壁画，作初步探讨。

一

　　1964年笔者有幸参加由中国科学院民族研究所（中国社会科学院民族学与人类学研究室前身）和敦煌文物研究所（敦煌研究院前身）共同组成的敦煌洞窟西夏调查研究小组。研究小组经3个月实地考察，对相关洞窟从文字题记至艺术风格作了科学记录和研究，最后将原来认为莫高窟只有几个西夏洞窟改定为80多个西夏洞窟，大大改变了对莫高窟洞窟布局的认识。这是把西夏考古、艺术、文字、史料结合在一起的一次合作研究尝试，不仅开拓了西夏艺术研究，还在西夏学的进程中首创多学科合作研究，汇集不同学科的专家，采用综合研究方法，取得重大进展。① 后来敦煌文物研究所整理出版的《敦煌莫高窟内容总录》中记载，莫高窟有82个西夏洞窟。②

关于西夏占领沙州（今甘肃省敦煌）、统治沙州的时间问题，近二三十年来在学术界争议不断。与此相关的莫高窟洞窟分期问题，有的专家也发表了不同见解，提出将原划为西夏洞窟第2、第3期的洞窟划为沙州回鹘洞窟，莫高窟的西夏洞窟剩下62窟。③ 这又引起专家们的讨论。陈炳应教授发表《11世纪存在过统治瓜沙二州的回鹘汗国吗？——西夏统治瓜沙始年考》一文，指出西夏在1036年攻占沙州后就一直统治着瓜沙二州，但对州城以外边远的回鹘民族实行非常宽松的羁縻政策。④ 我赞同炳应教授的意见。在西夏1036年占领沙州后，不存在一个长达几十年的沙州回鹘汗国，也不存在一个在西夏境内独立的沙州回鹘政权。

西夏是一个多民族王朝，境内除主体民族党项族外，尚有汉、吐蕃、回鹘等民族。在西夏，回鹘不仅是主要民族成员之一，而且回鹘人可以做官，甚至可以做高官。西夏早期在兴庆府建高台寺翻译西夏文佛经时，即"广延回鹘僧居之，演绎经文，易为蕃字"⑤。当时主持译经的回鹘僧人白法信、白智光都是国师。国师在西夏不仅是地位崇高的佛教领袖，也是地位很高的官员。⑥

西夏法典《天盛改旧新定律令》（简称《天盛律令》）规定：

  任职人番、汉、西番、回鹘等共职时，位高低名事不同者，当依各自所定高低而坐。此外，名事同，位相当者，不论官高低，当以番

---

 ① 白滨、史金波：《莫高窟、榆林窟西夏资料概述》，《兰州大学学报》1980年第2期。刘玉权：《敦煌莫高窟、安西榆林窟西夏洞窟分期》，《敦煌研究文集》1982年第3期。
 ② 敦煌文物研究所整理：《敦煌莫高窟内容总录》，文物出版社1982年版，第183—184页。
 ③ 刘玉权：《敦煌西夏洞窟分期再议》，《敦煌研究》1990年第3期。
 ④ 陈炳应：《11世纪存在过统治瓜沙二州的回鹘汗国吗？——西夏统治瓜沙始年考》，《敦煌研究》2001年第2期。
 ⑤ （清）吴广成：《西夏书事》卷十八，第8—9页，清道光五年小砚山房刻本。
 ⑥ 史金波：《西夏佛教史略》，宁夏人民出版社1988年版，第66、77—79页。

人为大。①

此条系规定西夏官员在一起包括上朝时的位次，从中可知回鹘人也有在西夏朝廷中为官者。很明显，西夏的回鹘人是西夏人。

既然沙州在西夏时期一直为西夏掩有，这一时期在敦煌建造、重修的洞窟都应视为西夏洞窟。

在莫高窟中，是西夏还是回鹘洞窟，有争议的可以409窟为代表，因为该洞窟主室东壁门南北两侧绘大型窟男女供养人像，南侧男供养人究竟是西夏皇帝，还是回鹘王，成为问题的焦点。其服饰的特点当然更受到特别的关注。

衣服不仅有御寒蔽体的实用价值，也有美化装饰的文化意义。一个民族各行业有不同的装束，男女老幼的打扮差别也很大，四季的服饰也因季节变化而不同。后来服饰逐渐染上政治色彩，在社会中还有别等级、明贵贱的功用，各阶层有不同的服饰。中国古代把服饰看作是"礼仪"的一部分，在物质和精神两个层面都发挥着重要作用。服饰成了标识、维护上下等级关系和长上尊严的象征之一。

西夏在元昊即位之初，立国之前就效法中原地区的服饰制度，规定西夏文武官员衣着：

> 文资则幞头、靴笏、紫衣、绯衣；武职则冠金帖起云镂冠、银帖间金镂冠、黑漆冠，衣紫旋襴，金涂银束带，垂蹀躞，佩解结锥、短刀、弓矢韣……便服则紫皂地绣盘球子花旋襴，束带。民庶青绿，以别贵贱。②

可以看出，西夏文职官员的装束多因袭唐宋，而武职的服装却颇有民族特色，与中原服饰不同。这大概和西夏初期文官汉族人居多、武职中又以党项人为主的情况不无关系。元昊登基称帝时给宋朝上的表章中称"改

---

① 史金波、聂鸿音、白滨译注：《天盛改旧新定律令》第十"司序行文门"，第378—379页。
② 《宋史》卷四八五《夏国传上》，中华书局1977年版，第13993页。

大汉衣冠"、"衣冠既就"，当指上述所定服饰制度。

西夏政府对民庶服饰的规定主要是从颜色进行界定，民庶只能穿青绿色的服装，而官员才可穿紫、绯色衣装，以此区分贵贱。北宋时接待夏国使臣，记录夏国大使、副使皆穿"绯窄袍"，可为例证。[①] 这与中原地区一样，以服制维护上下等级的尊卑。

西夏乾祐年间刻印的大型西夏文类书《圣立义海》第八卷主要内容是西夏服装，其目录有"皇太后、皇帝法服，皇后法服，太子法服，嫔妃法服，官宰法服，朝服，常服，时服"。[②] 可见西夏政府从制度上明确了各类人员，特别是统治阶层的西夏帝王、后妃、官员服饰的规定，并载于官修典籍。这说明西夏政府对服饰制度的重视和区分的细致。可惜此卷的正文已经残失。根据《圣立义海》的体例，目录中每一项都包括若干词语，每一词语都有详细注释，因此尽管遗失的正文中关于服饰的具体名称和形式难以尽知，但可推知内容应相当丰富。

法服是礼法规定的服饰，大抵用于祭祀、典礼等隆重、正式的场合。西夏对皇室成员及官员的法服分类详细。朝服主要用于上朝朝会，也用于献祭。常服和时服则是平时随季节变化的常用服装。

国家往往对服饰发出禁令。如宋太平兴国七年（982年）李昉请禁"近年品官绿袍"下服紫色。端拱二年（989年）禁民间服紫。[③] 嘉祐七年（1062年）"禁臣僚公服黑紫色"。[④]

西夏也是如此。如《天盛律令》对西夏官员、僧道、民庶的服饰作出了严格限制，特别明令禁止使用是皇帝专用的衣服颜色、特殊的装饰花样和贵重饰物，违者处以徒刑。《天盛律令》规定：

> 节亲主、诸大小官员、僧人、道士等一律敕禁男女穿戴乌足黄

---

① 孟元老：《东京梦华录》卷六"元旦朝会"，中华书局1982年版，第159页。
② ［俄］克恰诺夫、李范文、罗矛昆：《圣立义海研究》，第48页。该书李范文专论中将目录的"服"多误译为"藏"，如"皇太后、皇帝法藏、皇后法藏、太子法藏、嫔妃法藏、官宰法藏、界服、勤藏、常藏"，见第29页。
③ 《宋史》卷一五三《舆服志五》，中华书局1977年版，第3574页。
④ （宋）李焘：《续资治通鉴长编》卷二百七十三，"神宗熙宁九年（1076年）二月丁酉条"，中华书局2004年版，第6681页。

（汉语石黄）、乌足赤（汉语石红）、杏黄、绣花饰金、有日月，及原已纺织中有一色花身，有日月，及杂色等上有一团身龙（汉语团身龙），官民女人冠子上插以真金之凤凰、龙样一齐使用。倘若违律时，徒二年。①

可见西夏法律规定在穿戴上对包括亲王（节亲主）在内的官员除禁某些颜色外，还禁止团身龙等纹饰，这种纹饰只有西夏皇帝才可使用。

再来看敦煌莫高窟第409窟供养人的服饰。该窟东壁门南有一高大男供养人，像高167厘米，是一幅等身像。身穿圆领窄袖袍，上可见绣大型团龙11幅，若按对称原则计数，至少有12幅团龙。有的专家将此供养人的服饰与新疆回鹘可汗供养像比较后认为，他们的服饰相近，因此推论409男窟供养人为回鹘可汗。笔者认为409窟男供养人与新疆洞窟的回鹘可汗供养人的服饰有很大区别。新疆伯孜克里克石窟第45窟原有一身回鹘可汗供养像，身穿红色圆领窄袖团花锦袍，吉木萨尔县北庭遗址高昌回鹘佛寺壁画中残存的回鹘王供养像，身穿圆领窄袖红色长袍，袍上有圆圈纹饰。这两幅回鹘可汗供养像皆穿圆领窄袖红色长袍，袍上一有团花，一有圆圈文饰。而莫高窟409窟供养人虽也穿圆领窄袖袍，但袍上是全身团龙文饰。似乎到目前为止尚未见到回鹘可汗穿龙袍的文献记载和形象资料，也未见到有关回鹘王国有关团龙纹样服饰的规定。上述西夏文献明确记载只有皇帝才能有"一身团龙"的纹样。若将409窟有一身团龙的等身供养人看作是西夏皇帝是顺理成章的，若看成是回鹘可汗则似乏依据。西夏管辖敦煌近两个世纪，在敦煌莫高窟修建或重修数十个洞窟，在其中绘制皇帝的供养像应该是可以理解的。

再看此409窟男供养像后有侍从持御用华盖、翚扇等物，这也是皇帝才能有的仪仗。《天盛律令》规定："官家（皇帝）来至奏殿上，执伞者当依时执伞，细心为之。"②伞即华盖，可见，西夏法典规定皇帝有华盖，

---

① 史金波、聂鸿音、白滨译注：《天盛改旧新定律令》第七"敕禁门"，第282页。
② 史金波、聂鸿音、白滨译注：《天盛改旧新定律令》第十二"内宫待命等头项门"，第430页。

与此图同。也证明这是皇帝而非王的形象。

在莫高窟有回鹘民族特点的洞窟是可能的，甚至有回鹘王供养人的洞窟也是可能的，因为西夏是多民族的王朝。但如果带有团龙图案服饰的回鹘王供养人出现在洞窟中则是明显僭越举动，是不大可能的。退一步讲，假若409窟是沙州回鹘王的供养人，在后来西夏管理沙州漫长的岁月中，西夏的统治者对这种明显僭越的壁画，也不会容许他存在。西夏重新装修大批洞窟，对这种在西夏管辖区的违规犯法的冒犯皇帝的壁画，大概会毁弃重修。

将409窟男供养人与榆林窟第29窟西夏男供养人作一比较也许更有助于分析这一问题。榆林窟第29窟西壁南侧和北侧各有男女供养人像两列，男供养人上列以高僧鲜卑智海为先导，后有施主沙州监军赵麻玉等供养人7身，后三身为侍者。此窟明确为西夏窟，窟主及其眷属皆以西夏文题记标明职官、姓名、身份。莫高窟409窟与此窟窟主身份不同，莫高窟409窟是皇帝，榆林窟29窟是地方武官。但两图又有很多相似之处：

1. 两窟主均戴尖顶毡帽，只是皇帝的是白色，地方武官的是黑色，皇帝的帽子更高；

2. 男供养人皆穿圆领长窄衫，腰系带；

3. 两图的眷属中都有幼儿形象，身材短小，皆不足大人一半高；

4. 身后皆有侍者，虽是成人，与窟主比较矮小很多，不成比例，着意显示贵族与侍者明显的等级差别。

这些类似的服饰和布局特点也可作为同时代洞窟的参考标志。

当然应该注意到409窟的男供养人服饰与《西夏译经图》[①]中的西夏皇帝服饰、黑水城出土的《西夏皇帝及随员图》[②]中的皇帝服饰皆非同一类型，这并不难解释。前述西夏文《圣立义海》规定西夏皇帝、官员有法服、朝服、常服、时服之分。在西夏无论皇帝、后妃、官员，甚至普通百姓，在不同的场合、不同的季节穿着不同类型的服装是很正常的。

---

① 史金波：《西夏译经图解》，《文献》第1辑，书目文献出版社1979年版。
② ［俄］萨玛秀克：《西夏艺术作品中的肖像研究及史实》，《国家图书馆学刊》西夏研究专号，2002年。

西夏是多民族王朝，善于将不同民族文化熔铸于一炉。在各民族长期接触、交往中，西夏服饰中会含有党项、汉族、回鹘等多民族特点。在莫高窟、榆林窟的西夏供养人服饰中出现与汉族、回鹘民族相近的特征正反映了当时各民族间最普通不过的文化交融现象。

二

西夏始终崇信佛教，皇室成为带动佛教发展的龙头，为此花费了大量的人力、物力。举凡重大振兴佛教的举措，多为西夏皇室直接倡导、组织。如西夏 6 次向宋朝赎取《大藏经》，皆为皇室出面向宋朝皇帝申奏。翻译数千卷西夏文佛经也是皇室主持，甚至译者署名也是以皇帝、皇太后的名义。在元昊立国之初，广泛搜集舍利，并大兴土木，建佛舍利塔，于大庆三年（1038 年）建成，西夏右仆射中书侍郎平章事张涉奉制撰写铭文，显然此次重要佛事活动是西夏第一代皇帝元昊的杰作。① 天祐垂圣元年（1050 年）在位的毅宗仅有两岁，没藏皇太后兄妹掌握朝政，皇太后在首都兴庆府兴建承天寺，动用"兵民数万"，寺内瘗佛顶骨舍利，福圣承道三年（1055 年）建成。② 崇宗乾顺天祐民安四年（1093 年），由皇帝、皇太后发愿，动用了大量人力、物力和财力，重修凉州护国寺感通塔及寺庙，第二年完工后立碑赞庆，崇宗之舅、国相梁乞逋亲自前往主持仪式，十分隆重。兴办这样一次大的佛事活动，可能是为了给 10 周岁的皇帝祈福。③ 6 年后甘州僧人法净于张掖县西南首浚山下掘得古佛卧像三身，献于乾顺，乾顺于贞观三年（1103 年）在甘州建宏仁寺，规模宏大，即后来的卧佛寺。④ 仁宗乾祐二十年（1189 年）由皇室在大度民寺组织了一次长达 10 昼夜规模宏大的法会，请三位国师及禅、法师等，散施 25 万卷佛经。

---

① 《嘉靖宁夏新志》卷八。乾隆四十五年修《宁夏府志》卷十九。
② （清）吴广成：《西夏书事》卷十九，第 11 页，清道光五年小岘山房刻本。
③ 张澍：《书天祐民安碑后》，《养素堂文集》卷十九，清道光十五年刊本。大云寺，西夏时期为护国寺。张澍记该碑发现于武威清应寺内。
④ （清）吴广成：《西夏书事》卷三十一，第 16—17 页，清道光五年小岘山房刻本。

莫高窟在西夏占有特殊的地位，在莫高窟西夏题记中有所谓"圣宫"、"朝廷圣宫"[①]，即是对莫高窟的称誉，可见莫高窟在西夏佛寺中的崇高地位。[②] 修建或重修洞窟需要大量财力、人力，在西夏这样偏安西北地区的王朝，经济力量有限，大型的佛事活动应以皇室或地方政府为主。由此可以推想，大规模修建敦煌莫高窟洞窟也应是西夏皇室所为。

在考察西夏洞窟壁画时，除对大铺壁画的内容、布局、风格给予重视外，对洞窟壁画的装饰图案如藻井、四披、龛眉、边饰等也要特别留意。其中因藻井所处位置的独特，应给予格外的关注。敦煌莫高窟很多洞窟内窟顶是覆斗形，藻井即窟顶部中央最高处的装饰，至高无上，俯视全窟，位置十分显眼。其形制呈方形，由井心、井外边饰、垂幔三部分组成。井心向上凸起，四边为斜坡面，上窄下宽，构成覆斗形状。藻井名称依井心图案确定。

西夏洞窟中以龙或凤为图案的藻井十分普遍，龙、凤藻井成为西夏壁画的一大特点。依据《敦煌莫高窟内容总录》记载，在莫高窟有关西夏洞窟中，有覆斗形窟顶的洞窟占多数，有69窟，其中以龙、凤为藻井的最多，共32窟。这32窟中以龙图案为井心的藻井29窟，以凤为井心图案的藻井2窟，另有1窟既有龙、又有凤。其次为团花图案井心，有17窟。此外有卷瓣莲花井心、交杵井心、四瓣花井心、法轮井心、莲花法杵井心等。[③]

下面将有龙、凤图案的洞窟及其井心纹样开列于下：

6窟（团龙鹦鹉井心）、29窟（团龙卷瓣莲花井心）、34窟（浮塑团龙井心）、35窟（浮塑团龙井心）、55窟（窟顶藻井画双龙卷瓣莲花井心）、65窟（浮塑团龙井心）、69窟（团龙井心）、78窟（浮塑团龙井心）、83窟（浮塑团龙井心）、97窟（团龙井心）、130窟（团龙井心）、169窟（团龙井心）、223窟（浮塑团龙井心）、234窟（五龙井心）、237窟（前室顶浮塑团龙，主室窟顶三兔卷瓣莲花井心）、238窟（主室窟顶

---

① "朝廷"二字，在西夏文中原意为"世界"，又可译为"朝廷"或"京师"，这里可译为"朝廷"。

② 史金波、白滨：《莫高窟榆林窟西夏文题记研究》，《考古学报》1982年第3期。刘玉权：《敦煌莫高窟、安西榆林窟西夏洞窟分期》，《敦煌研究文集》1982年第3期。

③ 敦煌文物研究所整理：《敦煌莫高窟内容总录》，文物出版社1982年版。

藻井画盘龙团花井心）、245窟（团龙井心）、252窟（团龙莲花井心）、310窟（团龙井心）、327窟（浮塑团龙莲花井心）、344窟（浮塑团龙井心）、345窟（浮塑团龙卷瓣莲花井心）、347窟（浮塑团龙井心）、351窟（浮塑二龙戏珠井心）、363窟（团龙井心）、366窟（浮塑团凤井心）、367窟（浮塑团凤井心）、368窟（浮塑团龙井心）、400窟（双龙井心）、450窟（二龙戏珠井心）、16窟（浮塑彩绘团凤四龙井心）。

西夏洞窟的龙、凤藻井占西夏覆斗形洞窟藻井的比例占将近一半，这类龙凤藻井不仅数量多，而且艺术水平很高，把莫高窟的藻井艺术提高到一个新的高度。

如莫高窟310窟顶部的团龙藻井，中央是栩栩如生的团曲龙形，龙首巨口张开，长舌弯翘，一爪持珠置龙首前，龙身盘旋飞腾，气势如虹，四角配以朵云，构图新颖奇特。245窟的团龙藻井，则又由团龙和周围的卷草纹组成美丽的图案。第400窟藻井绘制了两条凤首龙形的怪兽，这种奇特的复合式造型，表现了西夏艺术家们丰富的想象力和创新精神。

16窟的藻井更显现出绚丽多姿的色彩，覆斗形长方形藻井井心浮塑彩绘一团凤、四游龙。中间为浮塑描金的凤凰，两翅展开作翱翔状，自然舒展而有力，凤尾自然盘卷，外围卷瓣莲花，四角各有一浮塑描金的游龙。凤首、凤羽、龙头、龙爪，生动自然，都显示朝一个方向飞腾、旋转、追逐之势，真是龙飞凤舞，使藻井井心具有鲜明的旋动感。龙、凤是中国传统艺术的装饰图案，而用描金、堆金等手法装饰窟顶，使之更加艳丽、华贵。此藻井色彩对比鲜明，以绿、朱、金等颜色使色调达到既热烈明快、又稳重雅致的效果。井心外围套叠大小不同的长方形框，花纹图案稳重规矩，色彩浓淡相间，更衬托出井心的鲜丽色调和活泼动态，增加了装饰效果，是西夏藻井图案中的上品。

龙、凤不仅是吉祥的象征，后来还被赋予了政治的意义。龙往往是皇帝的象征，凤是后妃的象征。前述西夏《天盛律令》不准民间以龙、凤作装饰的规定，正是这种中国式传统认识的法律化。莫高窟西夏洞窟中大量龙、凤藻井，是否也可以作为这些洞窟为西夏皇室修造的重要参考。

榆林窟是西夏洞窟集中的又一个窟群，其中有西夏洞窟10窟。第2窟也有团龙藻井，体态优美，屈伸自如，红、白点缀成珠粒般的鳞甲，使龙身光润而富立体感，团龙外以黑、红、白、绿色相间的箭镞纹与飞龙逆向旋转，增添了龙急速旋转的动感。该窟西壁南北两侧各有一幅西夏时期绘制的《水月观音图》，都很精彩。原敦煌莫高窟中的《水月观音图》皆为小幅，西夏晚期发展绘制成大幅。北侧《水月观音图》在右下角有《玄奘取经图》。整幅《水月观音图》巧妙的构思、杰出的造型和精湛的画技，达到纯熟的水平，是西夏绘画艺术的代表作。带有精美、大气的壁画，又有团龙藻井的洞窟，也许是西夏皇室修建。西夏皇帝笃信佛教，他曾西巡至河西走廊的甘州①，是否到过敦煌不得而知，但他继续西行到敦煌朝佛也是可能的。

在敦煌莫高窟中还有几个有龙形象藻井的洞窟定为五代、宋朝洞窟。五代的32个洞窟中有5窟有龙的藻井：53、61、78、98、146窟，其中第78窟明确为西夏浮塑团龙藻井，有的专家将此窟划为西夏洞窟。宋代的43个洞窟中有10窟有龙的藻井：25、35、65、130、136、230、368、449、454、467窟，有的专家将其中35、65、130、368窟划为西夏洞窟。② 此外，从《莫高窟内容总录》还找到以下有龙的藻井的洞窟，其中唐代仅1窟（57），五代、宋5窟（22、334、369、392、449），元代1窟（3）。西夏大批洞窟系从原认为是五代、宋窟中剥离出来。笔者不揣冒昧地建议，是否可再对带有龙藻井的洞窟重新审视，他们究竟是五代、北宋的洞窟，还是西夏的洞窟？即便是五代、北宋的洞窟，还可以对藻井专门进行分析，这些带有龙的形象的藻井究竟属于何时代？也许西夏重修洞窟时对有的洞窟着重修了藻井（包括井心及四披）。

以凤为中心的藻井和凤首龙形的藻井是西夏洞窟的另一值得关注之点。这种藻井似乎在过去尚未出现过。西夏前期接连三朝太后专权，这种以凤为中心的藻井是否与西夏太后执政有关？可能西夏皇太后掌权时期，为了彰显太后至高无上的地位，在莫高窟重修的洞窟中将制高点藻井井心刻意绘制成凤的形象。传世的西夏文佛经中，凡皇太后执政时翻译的佛经，在卷首的译者题款都是先写皇太后，后写皇帝。惠宗时的译经写"天

---

① 史金波：《西夏的藏传佛教》，《中国藏学》2002年第1期。
② 敦煌文物研究所整理：《敦煌莫高窟内容总录》，文物出版社1982年版，第182—183页。

生全能、禄番佑圣、式法皇太后梁氏御译,就德主世、增福正民、明大皇帝嵬名御译";崇宗时的译经写"胜智广禄、治民集礼、德圣皇太后梁氏御译,神功胜禄、习德治庶、仁净皇帝嵬名御译"①。重修凉州护国寺感通塔碑中也是皇太后尊号在前,皇帝尊号在后。② 莫高窟中出现以凤为中心的藻井合乎西夏的习俗。

　　以龙为中心图案的藻井在后世仍然流行不绝。有的在皇宫内,如沈阳故宫大政殿内彩绘梵文天花,中有团龙藻井,龙口衔一铜胎中空的水银球(轩辕镜)。又如北海公园极乐世界殿,原为观音殿,殿中央是金光灿灿的八角穹窿团龙藻井,藻井的中央有一条口含宝珠的坐龙,48条行龙环绕周围,尽显皇家的庄严气象。

图一　敦煌莫高窟第409窟供养人像

---

① 史金波:《西夏译经图解》,《文献》第1辑,书目文献出版社1979年版。
② 《西夏佛教史略》,第241—250页。

图二　敦煌莫高窟 16 窟浮塑彩绘——团凤四龙藻井

（原载《西夏学》第 4 辑，宁夏人民出版社 2009 年版）

西夏文《维摩诘所说经》
——现存最早的泥活字印本考

  西夏是中国中古时期的一个重要王朝，国号大夏。其前期与北宋、辽相鼎立，后期与南宋、金相抗衡，经十代帝王，享国190年。西夏文化发达，提倡儒学，推行佛教，创制文字，发展印刷，对中华民族文化的发展作出了重要贡献。西夏在宋朝发明了活字印刷术不久，就使用了活字印刷术，现在还有西夏文泥活字板印本传世，这应是世界上最早的泥活字印本。

  作为中国四大发明之一的印刷术，和其他重大发明一样，是中华民族对人类文明的巨大贡献。印刷术的发明，有力地推动了人类文明的进程。在雕板印刷术基础上发明的活字印刷术，也是中国人首创。这一重大发明是印刷史上划时代的、伟大的里程碑。关于活字印刷术的使用，早在宋朝就有明确的记载。宋朝著名政治家、科学家沈括在其所著《梦溪笔谈》一书中，记宋朝庆历年间（1041—1048年）布衣毕昇使用泥活字印刷事甚详：

  印版书籍，唐人尚未盛为之。自冯瀛王始印《五经》，已后典籍皆为版本。庆历中，有布衣毕昇又为活版，其法：用胶泥刻字，薄如钱唇，每字为一印，火烧令坚。先设一铁板，其上用松脂、蜡和纸灰之类冒之。欲印，则以一铁范置铁板上，乃密布字印，满铁范为一板，持就火炀之，药稍熔，则以一平板按其面，则字平如砥。若止印三二本，未为简易；若印数十百千本，则极为神速。常作二铁板，一板印刷，一板已自布字，此印者才毕，则第二板已具，更互用之，瞬息可就。每一字皆有数印，如"之""也"等字，每字有二十余印，已备一板内有重复者，不用则以纸贴之。每韵为一贴，木格贮之。有奇字素无备者，旋刻之，以草火烧，瞬息可成。不以木为之者，木理有疏密，沾水则高下不平，兼与药相粘，不可取。不若燔土，用讫再火，令药熔，以手拂之，其印自落，殊不沾污。昇死，其印为余群从所得，至今保藏。①

这是世界上最早关于活字印刷的科学记载。活字印刷是制作大宗书籍快捷而节省的办法，它不仅继承了雕板印刷的优点，又克服了雕板印刷耗费材料多、成本高、雕刊速度慢的缺点，在印刷原理的创新和效能的提高方面，都有了突破性的进展。《梦溪笔谈》中言之凿凿的科学实践记录，证明中国人早在11世纪中期就发明、使用了活字印刷，这一无可辩驳的史实已为世界科学界普遍接受。然而国外的个别专家却对中国发明活字版印刷术表示怀疑。中国的学术界也因为长期未找到中国早期的活字版印刷品的实物而感到遗憾，因为利用文献考证的结果再加上实物例证，更能说明问题。因此，寻找中国早期活字印刷品成了中国印刷学界、版本学界梦寐以求的事。

近几年来，随着对以前出土的西夏文献的整理、研究，以及新的西夏文献的发现，寻找早期活字印刷品实物已经梦想成真。

俄国科学院东方学研究所圣彼得堡分所藏有大批珍贵西夏文献，这些文献是1909年俄国科兹洛夫率领的四川—蒙古探险队自中国黑水城遗址（今属内蒙古额济纳旗）所得，共有8000多个编号，总计在15万面以上。② 1993年中国社会科学院民族研究所、上海古籍出版社与俄罗斯圣彼得堡东方学研究所签订合作协议，共同整理出版俄国圣彼得堡东方学研究所所藏中国黑水城出土的全部西夏文、汉文文献和部分其他民族文字文献。1993年、1994年笔者与本所的和上海古籍出版社的同事们两次前往圣彼得堡，整理、查阅、拍摄俄藏黑水城文献，准备编印出版。这些文献大部分是西夏时期的写本和刻本，也有部分宋代、金代和元代的写本和刻

---

① （宋）沈括：《梦溪笔谈》卷一八，技艺·板印书籍条，中华书局1959年版，第598页。
② 史金波：《西夏古籍略说》，《传统文化与现代化》1996年第3期。

本，这些文献是研究中国书籍版本有重要价值的实物资料。数以千卷计的中古时期的珍本书籍使我们大饱眼福，大开眼界。整理这些书籍时，犹如进入西夏书籍版本的大展厅，可以见到中国中古时期书籍的各种形式。笔者在已经整理过的文献中，发现了四种西夏时期的活字版印刷品，当时心情的惊喜和激动难以名状。这些珍贵的活字印刷品实物是世界上最早的活字印刷品，这一发现使我们见到了活字印刷术发明不久后的活字印刷品，令人耳目一新。在四种活字印刷品中有一种可以确认是泥活字印刷品，即西夏文《维摩诘所说经》。

俄藏《维摩诘所说经》有多种版本。其中有写本，编号为7762、2875、7293，分别是该经的上、中、下卷，又有6046号是下卷的最后两面。也有雕板印本，如编号2311、738、5727、2559、709、2881、2334，它们都是蝴蝶装，分别为上、中、下卷，属于两种不同的刻本。更值得重视的是其中至少有五卷活字版《维摩诘所说经》，都是经折装，上下单栏。其中233号系该经上卷，50面，卷尾残；4326号，也是上卷，仅存卷尾1面；361—362号为该经中卷，91面；232号亦为中卷，86面。以上每面高27.5—28.2厘米，宽11.5—11.8厘米。上下单栏，版心高21.6—21.7厘米。面7行，行17字。737、2310号为中卷和下卷，共105面，每面高28.7厘米，宽11.8厘米，版心高22.1厘米，每面7行，行18字。233号和737号有西夏仁宗尊号题款"奉天显道耀武宣文神谋睿智制义去邪惇睦懿恭"。根据行款来看，可能是两种形式的印本，但它们都具有活字印刷的特征。如：

1. 同一面中各字字形大小不等，字体肥瘦不同，笔画粗细不一。这种现象表示这种印本不是雕板印刷，字体的不同应是写刻活字非出自一人之手所致。

2. 有一部分字字形歪斜，为当时活字不规范、聚版不精的原因。雕板印刷一般不会出现这种现象。

3. 经背透墨往往以字为单位深浅不一，纸面凹凸不平。在雕板印刷中不可能出现这种现象。

4. 个别字的边缘有活字印文墨迹，如233号第一面、4326号第一面上都有这种十分明显的现象。这也是活字印刷常见而雕板印刷所没有的现象。

5. 经文上下字之间距离较宽，绝无木雕板印本中上下字点画撇捺相接、相触的情况。

此外，雕板《维摩诘所说经》卷末有刻印题款，如2334号卷末有西夏文刻款两行，译文为："（1）贞观丙戌六年九月十五日雕毕；（2）审义行善座主耶维智宣书者赐绯移讹平玉。"明确记录了雕板完成的日期和审义、书写者的姓名，从文献本身看也具有雕板印刷的特点。而上述活字版《维摩诘所说经》卷末没有题款。这可能是雕板印刷文献的卷末习惯记录雕刊的日期和书写者、雕刊者的姓名，在从雕板印刷过渡到活字印刷后，印刷一部文献的活字可能出自多人之手，书写者和刻字者的重要性已经被拣字者和聚版者所代替。开始时卷末就省略了题款，后来在西夏文木活字印刷品中才出现了"校印发起者"、"印本勾管作者"、"活字新印者"、"拣字者"等标志活字印刷的经末题款。这至少表明了这种印本和雕板印本在经末题款方面的区别。

这些文献不仅有一般活字版的特点，而且有泥活字版印刷的痕迹。

首先，相当一部分字笔画不甚流畅，边缘不整齐，笔端圆钝，缺少尖锋，有断残现象。尽管泥活字经过烧制，质地相当坚固，但它毕竟比较容易破损，特别是经多次印刷后，笔画破损更是难免的。另外从文献版面看，有些行字列不直，有明显弯曲现象。这是早期泥活字印刷行间尚无夹条、聚版又难以紧凑的缘故。

毕昇使用泥活字创制了活字印刷，然而毕昇所制泥活字以及他的泥活字印刷品都没有流传下来，甚至连他印过什么书籍都缺乏记载。宋元时期印刷事业十分发达，雕板印刷品已经可能做得十分精美，对印刷品的要求也很高，在这种形势下创制的泥活字印刷品，事实上已经开始了印刷术的革命性创举，但在质量上未必尽如人意。大概正因为如此，尽管泥活字印刷成本低廉、刻字容易，但当时并没有得到广泛应用，也没有使活字印刷成为主流。西夏文化受中原文化影响甚深，在科学技术方面也是如此。西夏迅速地吸收了活字印刷技术，并应用这种先进的技术印制长篇西夏文佛经。在中原王朝未能广泛流行的活字印刷在西夏却得到了较多实践的机会。如果从西夏采用活字印刷距毕昇发明活字印刷时间较短，西夏又比较

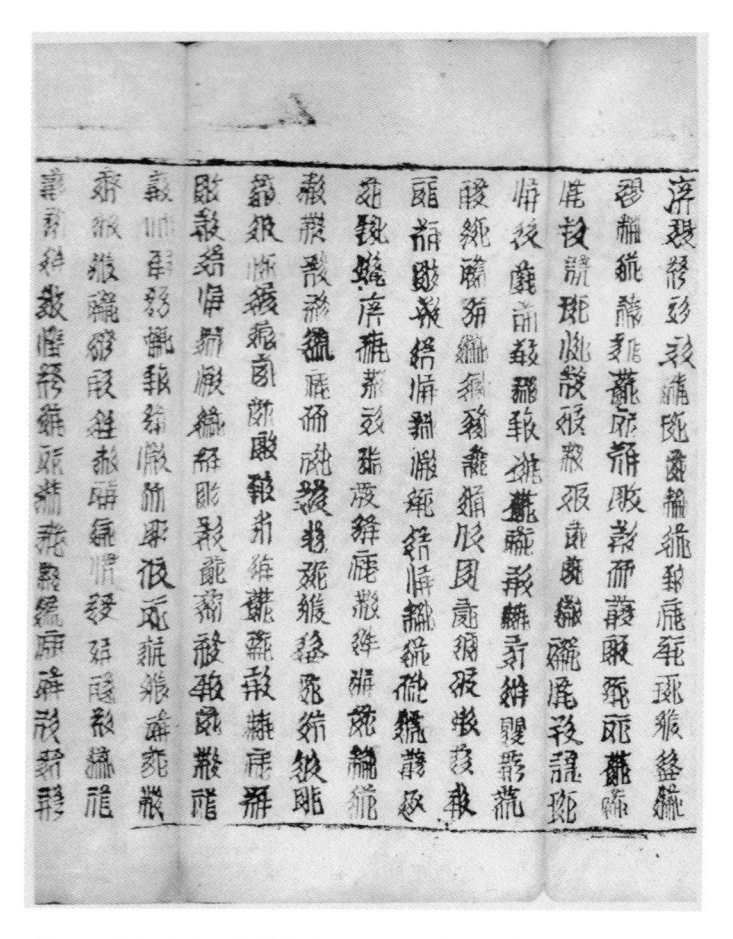

图一　甘肃武威亥母洞出土西夏文泥活字版《维摩诘所说经》

靠近中原地区这两点来看，西夏活字印本开始的初级阶段应是使用泥活字的。

在俄藏西夏文活字版《维摩诘所说经》中未发现有印刷佛经的具体年款，但与此经同时发现的大量西夏文文献，皆出土于西夏黑水城遗址外的一座西夏古塔之中，其中没有西夏时期以后的文献，可以肯定此经是西夏时期的作品。那么，它是西夏哪一个时代的作品呢？

西夏文活字版《维摩诘所说经》233 号和 737 号卷首经名后印有西夏仁宗皇帝尊号题款。在众多西夏文佛经中，这类题款都是译、校佛经的款识，不是印制佛经的记载。但这一重要题款表明此经印制不会早于仁宗时期，而是在仁宗时期或其以后。仁宗有此尊号时为西夏仁宗大庆二年（1141 年）。① 这一时间可定为此经的上限。

与此经同时出土的西夏文献中，尚有三种活字版文献：《德行集》、《三代相照言集文》、《大乘百法明镜集》。这些文献中，第一种是世俗文献，第二、第三种是佛教文献；第一、第二种是蝴蝶装，第三种是经折装。这三种文献都具有活字版特点，但与活字版《维摩诘所说经》比较，印制精良，文字点画几与木雕板媲美，应是木活字印刷。其中《德行集》前有序言一篇四页，提到西夏"主持西土二百余年，积善普吉，共历八朝"，又提及"先护城皇帝"。西夏自第一代皇帝景宗元昊正式称帝（1038 年）至西夏灭亡（1227 年）先后有十代帝王，但因元昊称帝后追封其祖父、父亲为太祖皇帝和太宗皇帝，西夏的一些文献中多把太祖称为第一代皇帝。如以元昊为第一代，至第八代神宗只有 170 多年，这与前述西夏主持西土 200 余年不符。若以太祖为第一代，至第八代桓宗确有 200 余年。这样第八代皇帝应是桓宗纯佑，加之"护城皇帝"是西夏仁宗去世后的尊号，仁宗正是桓宗的前一代皇帝，文中称"先"皇帝也证明此活字版文献形成在西夏桓宗时期（1194—1205 年），这在西夏立国 190 年的过程中，是最后的 30 多年，应属于西夏晚期。西夏善于吸收中原文化，它不但接受了中原地区的雕板印刷，也接受了宋朝的活字印刷术。在吸收和使用活字印刷术发方面，开始是泥活字印刷，然后在泥活字印刷的基础上作了改进和提高，才使用木活字印刷技术。因此将西夏泥活字印本《维摩诘所说经》定为 12 世纪 40 年代以后中期较为合适。它相当于中原的南宋时期，比宋朝毕昇发明泥活字印刷术差不多晚一个世纪。这部珍贵的西夏文佛经实际上是目前世界上现存最早的活字印本，当然也是最早的泥活字印本。出土的西夏泥活字文献对中国在宋代就有活字印刷术起到了一锤定音的关键作用。

1987 年 5 月，甘肃武威市新华乡缠山村亥母洞遗址出土了一批西夏文佛经文书、唐卡等文物。其中有一本西夏文《维摩诘所说经》（下卷），

---

① 《宋史》卷四八六《夏国传》，中华书局 1977 年版，第 14024 页。

据孙寿龄先生介绍分析，该经也是活字版。这部经为经折装，共 54 面，面 7 行，行 17 字，每面高 28 厘米、宽 12 厘米。孙寿龄认为因同时出土有西夏乾定申年（1224 年）、乾定酉年（1225 年）、乾定戌年（1226 年）的文书，证明此经印刷时间不晚于乾定年间，又根据该经经名后的西夏仁宗尊号题款看，证明该经最早应是西夏仁宗时的版本。该经特点是："经面印墨有轻有重，经背透印深浅有别。有的字模略高于平面。有的字体肥大，所以印墨厚重，并有晕染现象，经背透印也很明显。有的字体歪斜，还有的字，因字模放置不平，印出的字一半轻，一半重。经卷中几乎所有页面行格歪斜，竖不成行，横不成线，行距宽窄也极不规则。有的行宽 1 厘米，有的仅 3 毫米。"① 根据孙文的介绍和该文所附的照片看，此经应是活字版印刷。这又是一项活字印刷史上的重要发现。

据经孙寿龄先生研究介绍，认为该经是泥活字印刷，所提理由是：该经"有的字笔画生硬变形，竖不垂直，横不连贯，中间断、折，半隐半现。体现了泥字印刷所具有的特点"，这是因为泥活字"质坚性脆，易掉边角，断划破裂"。他还介绍该经"有的字因刀刃挤占，向内或向外偏斜，形成横不连贯，竖不垂直，方不成块，角不为角，中间断折或者极为薄俏之缺象。有的字明显有断边、碰碎剥落之痕迹；还有的字边缘有流釉现象，形成蜡痕状"。有的专家对其论据和鉴定方法提出了不同看法，但同时又指出："从孙文所附照片看，《维摩经》中确有如孙文中所描述的字体大小不一，墨色浓淡不匀，有的文字歪斜，有墨色晕染现象。这些现象是活字印本常见的现象，《维摩经》有可能是活字印本。"②

1996 年 9 月我和同所的白滨教授到宁夏、甘肃等地考察西夏遗址、文物和文献。在武威博物看阅、研究了馆藏《维摩诘所说经》，并考察了出土此经的亥母洞遗址。经过仔细考察，将此经与俄藏黑水城出土文献中的活字版《维摩诘所说经》233 号、361—362 号、232 号比较，可以发现它们的版幅相近，行款一致，字体相类，题款相同，具有同样的形制和特点，他们无疑应是同一种活字印本，确信此经为泥活字版印刷。

---

① 孙寿龄：《西夏泥活字版佛经》，《中国文物报》1994 年第 3 月 27 日版。
② 牛达生：《质疑与期望——西夏泥活字版读后》，《宁夏社会科学》1995 年第 1 期。

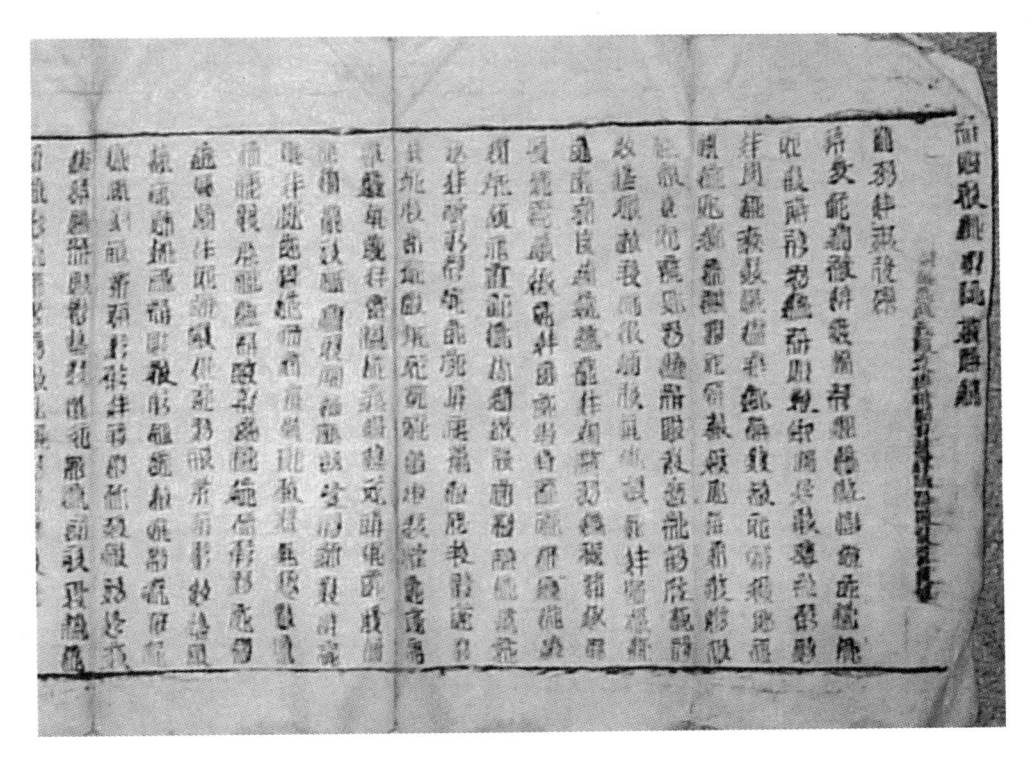

图二　甘肃武威出土西夏文泥活字本《维摩诘所说经》卷首

在早期活字印本很少的情况下，鉴别雕板印刷品和活字印刷品是一件不容易的事，那么，要想区分早期活字印本中泥活字和木活字就更是一件困难的工作。作为目前世界上最早的活字印本——西夏活字印本的研究，也是刚刚起步，他带有开创性和探讨性，一些规律性的认识有待逐步摸索。已经发现的西夏文活字本印刷品是泥活字印刷，还是木活字印刷，抑或一部分是泥活字印刷、一部分是木活字印刷，因为至今没有见到当时的活字样品，只能根据印刷品本身来分析。比较成熟的、印制精良的活字印刷品，单从文面上可能很难区分它们是用泥活字、木活字或金属活字印制的。因此，版本学家们往往要借助文献记载和印刷品的题跋来确定，比如有的记录了"锻泥成为活字板"，便知其为泥活字印刷，记录"铸字"、"活字铜板"、"锡字"便知其为金属活字印刷。在当前没有活字样品、缺乏文字记录的情况下，也只能根据活字印刷品本身去探讨该文献属于哪一种活字印刷。此外我们研究的是早期活字印刷，而早期活字印刷品可能带有不完善、不成熟的某些特点，这往往有助于我们认识和探索活字印刷品的某些特征。

初期泥活字印刷不会很完善、很成熟。诚然，有人认为泥活字"非常脆弱"、"一触即碎"是没有根据的，开始制作泥活字的毕昇把刻好的泥活字"火烧令坚"，实际上是陶质活字。西夏的泥活字也应是陶质活字，是比较坚固的。然而泥活字与木活字和金属活字比较，其坚固程度有所不同。它的边缘、棱角和笔画比木质、金属活字较容易破损。另外，初期制作泥活字在选料、制泥、刻字、烧制、排版、保存等方面，虽有宋朝现成经验可资借鉴，但操作起来很难做到尽善尽美。泥活字的先天不足，使泥活字印刷品的质量难以保证十分精美。在俄国所藏黑水城和甘肃武威出土的西夏文《维摩诘所说经》表现出来的某些缺陷可以看成是泥活字印刷的特点。宋朝发明泥活字印刷后，除西夏继承使用外，元、明、清各朝都有人使用。[1] 清道光十二年（1832年）苏州李瑶用胶泥活字排印其所校补的《金石例四种》。清代用泥活字印刷成就最大的是清道光、咸丰年间的安徽泾县人翟金生，他制泥活字并用以排印多种书籍。翟氏称其泥活字印本为"泥斗板"或"澄泥板"也叫"泥聚珍板"。他所印《泥版试印初编》等书传世至今。[2] 尽管翟氏泥活字确实坚固，但观其所印《仙屏书屋初集诗录》、《泥版试印初编》的影印件，虽已是很不错的印本，但也存在某些类似活字本西夏文《维摩诘所说经》的特点，而与其他木活字、金属活字印本有异。这也可以作为俄藏和武威出土西夏文《维摩诘所说经》被认定是泥活字印本的佐证。

由于长期不见早期泥活字印刷品，为了证明《梦溪笔谈》中所记泥活字印刷方法的可行，今人不得不煞费苦心按照毕昇的泥活字印刷的方法去制造泥活字，并试验泥活字印刷。近年中国科技大学科学史研究室刘云和林碧霞用毕昇的泥活字法做模拟试验，取得成功，再一次证明泥活字印刷是可行的，这对解除有人对泥活字印刷可行性的怀疑起到了相

---

[1] 罗树宝：《中国古代印刷史》，印刷工业出版社1993年版。
[2] 李致忠：《历代刻书考略》，巴蜀书社1990年版。

当作用。① 西夏泥活字印本的发现和认定则可以完全解除对泥活字印刷的误解。

　　1973 年格林斯塔德在印度出版了九卷本《西夏文大藏经》，其中第九卷收入西夏文《维摩诘所说经》，其中第 2035—2052 页皆为活字版本。② 日本西田龙雄先生早就指出过此经印制粗劣，字体大小不等，应是活字版，而且可能是泥活字印刷。③ 应该说西田龙雄先生仅根据《西夏文大藏经》上印制粗糙的影印本，就正确地指出《维摩诘所说经》为活字版可以说是慧眼独具。然而他说这是西夏国灭亡后所作的活字本，并说此经是从北京图书馆复制的，则是不准确的。实际上此经是前述俄国圣彼得堡东方学研究所入藏的文献中活字版《维摩诘所说经》的一部分，而与此经同时发现的一大批西夏文文献皆出自黑水城西墙外的一座塔内，它们都是西夏时期的写本和印本，可知此种《维摩诘所说经》也应是西夏时期作品，不是西夏国灭亡后所作。

图三　俄藏黑水城出土西夏文活字本《维摩诘所说经》下卷卷首（正面）

---

① 刘云、林碧霞:《翟氏泥活字制造工艺研究及泥活字印刷模拟实验》，《文物》1990 年第 11 期。
② Eric Grinstead The Tangut Tripitaka（《西夏文大藏经》）第九卷，新德里，1973 年。
③ ［日］西田龙雄:《西夏文华严经》第三卷，《西夏译经杂记》二，京都大学文学部印，1977 年。

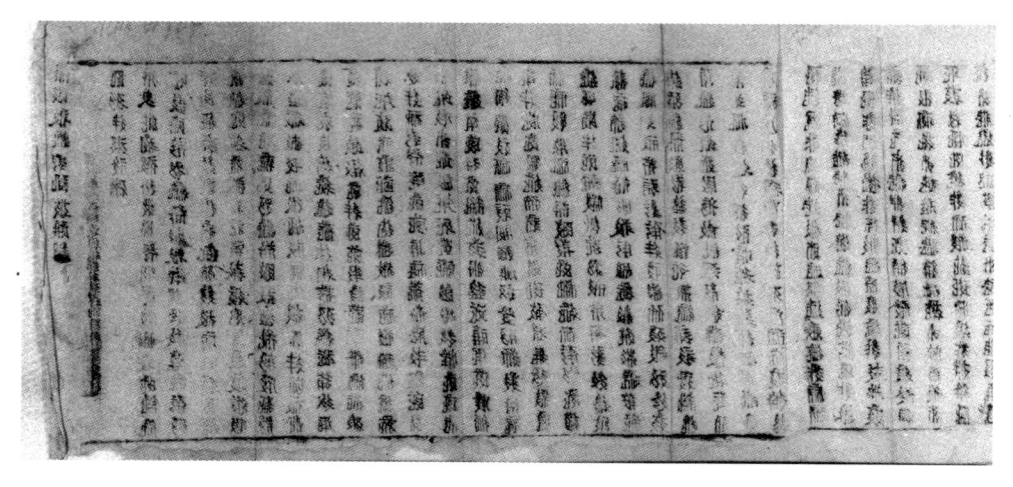

图四　俄藏黑水城出土西夏文活字本《维摩诘所说经》下卷卷首（反面）

　　至于泥活字印刷技术通过什么渠道传入西夏，史无明载。一种可能是通过民间传入西夏。另一个可能是沈括的《梦溪笔谈》成书后，传入西夏，西夏人受到启发而制泥活字。沈括（1031—1095年），字存中，曾参与王安石变法。元丰三年（1080年）受命到与西夏交界的延州（今陕西延安）任知州，防御西夏。五年（1082年）以徐禧失陷永乐城（今陕西米脂县西）被连累遭贬。退居后著《梦溪笔谈》。此书完成于1082—1095年，上距毕昇发明泥活字印刷的宋庆历年间（1042—1048年）不到50年。《梦溪笔谈》至少在南宋乾道二年（1166年）已经出书，此时正是西夏文化高度发展的仁宗时期，也是大量散施佛经之时。值得注意的是，他的《梦溪笔谈》中有多处关于西夏的记载。

　　西夏除应用泥活字印刷外，还使用木活字印刷。除上介绍的俄藏三种木活字印本西夏文文献外，宁夏贺兰县方塔所出《吉祥皆至口合本续》等一套西夏文活字版佛经，据牛达生先生研究也是木活字印刷品。其论据是：在经文部分页面上，发现了隔行竹片印痕。这种"印痕"是指字行间墨色深浅不一、长短有差的线条。并认为有无隔行竹片印痕，是区分泥字和木字的重要标志之一。[①] 目前所见其他西夏文活字版佛经，与泥活字版

---

① 牛达生：《西夏文佛经〈吉祥遍至口和本续〉的学术价值》，《文物》1994年第9期。

《维摩诘所说经》区别较明显，印制质量较高，应是木活字印刷。西夏自宋朝引进泥活字印刷术后，可能因泥活字印刷质量不尽如人意，或有明显不足之处，便在此基础上改进，将毕昇没有试制成功的木活字印刷，创制成功并付诸应用，印制书籍。这是12世中叶以后，或13世纪初的木活字印刷品，它比元代王祯使用木活字差不多要早一个世纪。西夏使用木活字印刷还有旁证可寻。在西夏西部的回鹘，比西夏稍晚些时候，也使用了木活字印刷。在敦煌曾经发现很多回鹘文木活字，并且现在还保存有不晚于14世纪初的回鹘文木活字印刷品。① 这不仅可以使我们推想西夏在活字印刷由中原地区向西传播过程中，在地域上和时间上所起的过渡作用，也还可以佐证西夏使用活字印刷的可能性。西夏地处中国西部，控制着中西交通的孔道河西走廊，在当时东西文化交流上占有重要位置。活字印刷由东西渐的过程中，很早使用活字的西夏，其地理位置是不容忽视的。从使用活字时间上看，西夏大约在12世纪中叶以后和13世纪初，回鹘使用活字可能在13世纪晚些时候或14世纪初，而欧洲采用活字印刷是在15世纪中叶。西夏在传播活字印刷的作用值得重视。

在西夏故地发现了多种活字印刷品，特别是发现了十分珍贵的早期泥活字印刷品，是有其特殊的文化背景的。西夏虽地处西偏，但文教兴盛，由于政府大力提倡儒学和推行佛教，世俗的教育和宗教的传播有很高程度的发展，这样书籍的需要量很大。特别是西夏佛教寺庙林立，信众广布，佛经的用量大得惊人。佛教信徒把抄写、念诵、保存佛经作为笃信佛教的一种功德。据西夏文献记载，在西夏的一次佛教法会就散施佛经数万卷，甚至几十万卷。② 这样大的需求量，靠手写是难以做到的，因此，西夏的刻印事业十分发达。西夏特别在国家机构中设置刻字司专主刻印之事。已经出土的一些西夏文献明确记载为西夏刻字司刻印。西夏除官刻外，还有坊刻和私刻。在长期的刻印活动中，发挥了雕板印刷的长处，同时也逐渐显露出它的局限性。印刷大量佛经，需要数量巨大的雕板木材，而且要一

---

① 见［美］托玛斯·卡特（Thomos F. Carter）*The Invention of Printing in China and its Spread Westword*（《中国印刷术的发明和向西方世界的传播》），第152页，1931年。

② 史金波：《西夏佛教史略》，宁夏人民出版社1988年版。

版一版、一字一字地雕刻，费时费力，没有相当的财力是难以支撑的。宋朝首创的活字版印刷，继承了雕板印刷的长处，又避免了雕板印刷的缺陷。西夏是宋朝的近邻，接受宋朝的科学技术有近水楼台之便，活字印刷很快受到西夏人的青睐，并及时应用于佛经印刷。宋朝首先发明了泥活字，西夏自然也先借鉴和使用泥活字印刷。

从文字形体分析，西夏文是表意的方块字，与汉字形体最为接近，容易直接接受汉字的活字印刷术。特别是西夏文的楷书，四四方方，便于制作活字。从目前所见印刷品来看，虽然西夏印刷仍以雕板为主，但使用活字印刷已经不是个别现象，其使用比例可能比发明活字印刷的中原地区还要大。这可能与西夏历来容易接受周围地区的文化、较少受传统势力影响有关。西夏也很重视书籍印刷的质量，出现了不少精美的印刷品。但为了满足社会上特别是佛教界的需求，能够捷便地多印经书，尽管一些初期制作的泥活字版经书质量粗疏，也还能够容纳。更为重要的是，以活字印刷而论，汉文有几万个，制一套活字很不容易，而西夏字只有6000多个，比较起来制活字要容易得多。这些可能是西夏活字印刷较为发展的原因。

西夏的多种泥活字和木活字印本陆续被发现，说明西夏使用活字印刷适应当时社会上的需要，具有很强的实用性。尽管作为初期活字版书籍它不免带有时代的局限性，如前述活字不规整，版面不平，聚版不规范，印刷不精等，但从整个活字印刷技术来看已经成熟。在宋、元时期其他活字印刷品未能流传于世的情况下，与宋朝同时的西夏活字印本的发现，在活字印刷史上具有特别重要的意义。特别是已有800年历史的西夏泥活字版书籍是研究初期活字印刷的最宝贵的资料，值得文献学界、版本学界、考古学界、印刷学界高度重视。

（原载《今日印刷》1998年第2期）

黑水城出土活字版汉文历书考

俄罗斯所藏黑水城（今属内蒙古自治区额济纳旗）出土文献多为七八百年前的古籍，今保存于俄罗斯圣彼得堡东方学研究所，数量巨大，内容丰富，种类多样，价值珍贵。内有历书多种，其中有印本汉文历书，也有手写本西夏文—汉文合璧历书。近几年有幸参与整理、出版《俄藏黑水城文献》的工作，在圣彼得堡查阅了大量黑水城出土文献，其中包括汉文历书。因这些历书皆为残片，研究考证困难重重，加之笔者于历法尚属初学，研习琢磨，实属班门弄斧。本文对汉文历书的初步探讨，仅作引玉之砖，切望行家指正。

一 残历书时代为 13 世纪初期

俄罗斯所藏黑水城出土汉文历书，多数已经俄罗斯著名汉学家孟列夫教授（Л. Н. Меньшиков）整理、注录。现将有关部分节录如下：

历书（305—309 号）

305（原藏录号 TK—5285）[历书]

历日，日期与竖线分开，竖行再用横线分成 5 栏（从上到下）：①表示干支时辰，指出五行及周相的日期；②星座；③告诫应回避什么；④庇护神名称；⑤说明吉凶征兆。木刻本，粘在西夏文的书背面（当时的裱褙），按西夏文经折装书的尺寸从上下两边裁齐。原先大概是卷子装，宋体字，下面 3 栏的字小。保存下来的是五天的日历。无书题，宋版本（12 世纪前 30 年的）……

306（原藏录号 TK—5229）[历书]

历书，与本书编号 305 是同一类型。宋体字，现存 5 天的日历，无书题。宋版本（12 世纪前 30 年的）……

307（原藏录号 TK—5469）［历书］

历书．与本书编号 305 属同一类型。宋体字，现存 20 天的日历，第 12 天以后有下月开始的一栏："［ ］月小"。无书题。宋版本（12 世纪前 30 年的）……

308（原藏录号 TK—269）［历书］

历书，保存下来的是中间一条的 3 栏：①指出吉凶征兆；②太阳经过黄道的周相；③庇护神。木刻本……宋体字，宋版本。（12 世纪前 30 年的）……

309（原藏录号 TK — 297）［历书］

历书，一竖栏内有下列纵行：①附有干支和五行的日号，并指出它们的周相；②星座；③告诫应回避什么；④指明自然现象；⑤说明吉凶征兆。日期被竖线分开。两卷木刻本残片……宋版本（12 世纪前 30 年的）……①

在中俄合作出版的《俄藏黑水城文献》第 4 册中已经收录了部分西夏佛经裱纸背面的残历书，编号 TK269 和 TK297。② 其余将在近期于第 6 册中刊布。

笔者在 2000 年夏季第四次赴于圣彼得堡东方学研究所整理该所未编目的文献时，又发现了 3 纸新的汉文的残印本历日，编号为 ИНФ. No. 8117（1、2）、5306，也系原作为废弃纸张用作西夏佛经的裱纸，已被裁剪成残片，因年久从佛经上脱落下来。残历书呈表格状，表中各栏内有汉字。从残历书特点看和孟列夫介绍的 5285、5229、5469、269 号历书属同一类型。

孟列夫认为这些历书是 12 世纪前 30 年的宋刻本，并提出了理由："藏品中宋朝印的历书最多，关于从宋朝得到历书的情况在史料中有很多报道。1127 年女真占领中国北部后，宋朝印刷的历书就再也得不到了，因

---

① ［俄］孟列夫著，王克孝译：《黑水城出土汉文遗书叙录》，宁夏人民出版社 1994 年版，第 17 页。

② 史金波、魏同贤、［俄］克恰诺夫主编：《俄藏黑水城文献》第 4 册，上海古籍出版社 1997 年版，第 355—357 页。

此印刷的历书都是 12 世纪前 30 年的木刻本残片。"

这些历日究竟属于什么时代呢？

俄藏黑水城出土汉文历书皆为裁断的残片，无一页完整。据其残存的内容看，有月序、月大小、月九宫、月建、各日日期、干支、纳音、建除十二神、二十八宿、蜜日注、吉凶注、日出入时刻、人神所在等，内容十分丰富。5285、8117、5036、5229、5469 号保存了上段，269 号保存了下段。这与敦煌发现的宋代具注历日的形式基本上一样，并且增加了二十八宿。① 因这些具注历日没有序，也没有岁首，各页上部被裁失，所以不但没有年份干支，甚至也没有完整的月序。因此不能直接知其具体年代。令人欣慰的是从新发现的 8117 号残历书和原有的 5469 号残历书中可以推断出残历书的确切年代。

8117 号有两残片，可上下对接，中间稍有残缺。残片分 3 竖栏，在中间一竖栏上部有三个大字："四月大"，这是此月之始。此栏前一栏应为三月最末一日，残存"……十九日辛巳金建"诸字，知前残失一"二"字，三月应是小月，由二十九日辛巳推其朔日为癸丑。由表列第 3 竖栏日干支可知四月朔日干支为壬午。又知四月为大月 30 日，可推知五月朔日干支为壬子。又四月九宫系二黑中宫，倒推可知此年正月九宫为五黄中宫，根据月九宫和年地支的对应关系，又知此年为季年，地支不出与丑、未、辰、戌。8117 号残历日还保留着干支纪月法。干支纪月法是古代占卜家出于推算八字等占卜的需要，将十二地支配上十天干而成，缺乏天文历法的实用价值，但干支纪月有益于推断历书年代。② 8117 号残历书中间竖栏中月九宫下有月干支"建癸巳"三字。用癸巳纪四月的正月干支为庚寅。根据《五虎遁》可知，只有丙年和辛年正月的干支为庚寅。据此这一残历书年天干应是丙或辛。将已知此年的天干丙、辛和已知的地支丑、未、辰、戌相配，有四干支可供选择：丙戌、丙辰、辛未、辛丑。因黑水城出土文献在宋、元时期，根据可供选择的年干支和前述已知三月、四月、五月的朔日分别是癸丑、壬午、壬子，遍查中国中古时期宋、元 400 年的历日，

---

① 邓文宽:《敦煌天文历法文献辑校》，江苏古籍出版社 1996 年版，第 513—672 页。
② 蒋南华:《中华传统天文历术》，湖南出版社 1996 年版，第 83—90 页。

只有宋嘉定辛未四年（1211 年）完全合于上述条件。

此残历书年代的确定还有其他条件可以佐证。残历书 5285 号可与 8117 号对接，5285 号应接在 8117 号之前，各日上残失"二"字，为三月二十四日至二十九日，从日期、干支、纳音、建除十二神、二十八宿等项内容都与 8117 号相接。二十四日下注"蜜"字，该日为阳历 5 月 8 日，确为蜜日，完全相合，证明年代推断无误。残历书又注有二十八宿，每日一宿。三月二十九日为娄宿，上推至三月十四日为角宿，是二十八宿之首。已知传世抄本南宋《宝祐四年（1256 年）会天万年具注历日》也是用二十八宿注历。① 其三月最末一天为"三十日辛酉木执轸"，轸宿是二十八宿的最后一宿。从前述考知的宋嘉定辛未四年（1211 年）三月十四日（角宿）算起至宝祐丙辰四年三月三十日，共计 16436 日。以 28 天一周期算，正好是 587 周。在近 45 年的时间里往复循环计 587 个二十八宿周期注历。以已知的宝祐年间会天历的二十八宿注证此黑水城残历书二十八宿注完全吻合，再次证明上述年代推断是正确的。

同样类型的 5469 号历书，上部亦残，月数和日数皆不完整。其中有一竖行残存大字"……月小"，也是一个月的开始。其下栏内有该月月斗建"建戊戌"，干支纪月的地支和月数序有对应关系。此地支"戌"对应九月。存八月十九日至九月八日共 20 日历日，表中列九月朔日为"□戌"，据前月末日干支为"己酉"，知所缺字为"庚"，九月朔日应为"庚戌"。九月为小月，可推知十月朔日为"己卯"。其前一日应是八月月末，存"……日己酉"，又其前三日为"……七日丙午"，知月末日为三十日，此月为大月，可推知其朔日为"庚辰"。九月栏下有月九宫，系六白中宫，倒推可知此年正月九宫和 8117 号同样为五中黄宫，根据月九宫和年地支的对应关系，知此年地支也为季年，不出丑、未、辰、戌。前述表中本月月建为"建戊戌"，其年正月应建庚寅。根据《五虎遁》可知，丙年和辛年正月的干支为庚寅。据此这一残历书年天干应是丙或辛。同样根据可供选择的年干支和前述已知此历书的八月、九月、十月的朔日分别是庚辰、

---

① 邓文宽：《黑城出土〈宋淳熙九年壬寅岁（1182 年）具注历日〉考》，《华学》第 4 辑，紫禁城出版社 2000 年版。

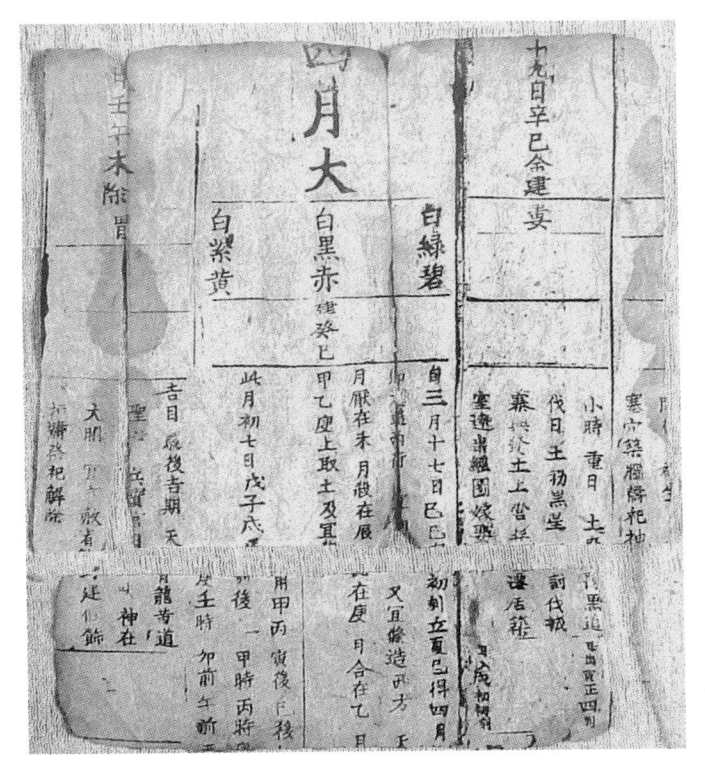

图一 黑水城出土汉文活字本历书 8117 号

庚戌、己卯，遍查中国中古时期宋、元 400 年的历日，也只有宋嘉定辛未四年（1211 年）完全合于上述条件。因此可以推出此残历书和 8117 号历书是同一年的历书。

另 5469 号历书注有蜜日，八月二十四、九月一日、九月八日都注"蜜"字，这些日分别为阳历 10 月 2 日、10 月 9 日、10 月 16 日。前述 8117 号三月二十四日下注"蜜"字，上下推算，蜜日皆相吻合。残历书又注有二十八宿，每日一宿。九月五日为角宿，与 8117 号二十八宿注历相合，当然与宝祐年间的会天历的二十八宿注也相吻合，再次证明上述年代推断正确。

5469 号历书还注有物候，八月二十二日下注（阳历 9 月 30 日）"鸿雁来宾"、二十七日（阳历 10 月 5 日）下注"雀入大水化为蛤"、九月二日（阳历10月10日）下注"菊有黄花"、九月七日（阳历10月15日）下注"豺乃祭兽"，它们分别是霜降次候、末候和立冬初候、次候，这些也都合于该年八月、九月的物候。

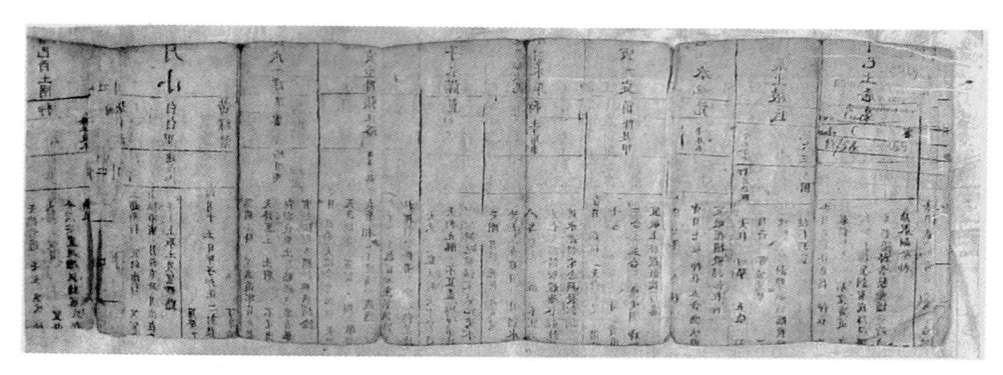

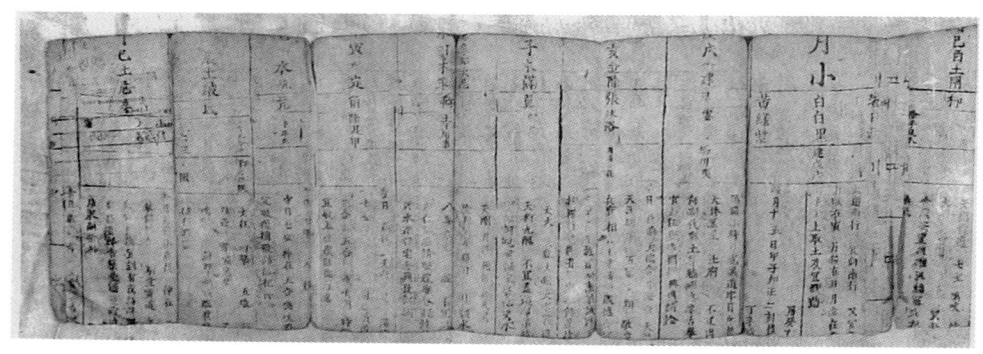

图二　黑水城出土汉文活字本历书5469号（背面和正面）

5229号残历书存5日，上残，第四行上为"九日"，未知前是否残字，但栏内有"上弦"二字，知确为九日，上不残字。5行依次为六日至十日，第一行栏内有"处暑七月"，知为七月历日。从日干支和二十八宿推算都合于嘉定四年。

又5306号残历书也存5日，第一行"……日庚戌金满"。通过日地支和建除十二神的对应关系，可查找星命月，日地支"戌"和建除十二神"满"对应七月。可知历日也为七月。再核对日数、日干支、纳音、建除十二神和二十八宿皆与5229号相合，应为七月一日至五日的历日，又第一行栏内有"寒蝉鸣",为处暑次候,正与5229号呼应。又五日下注"蜜",查嘉定四年七月五日确为蜜日。此残历书当然也是嘉定四年历日。

由此可知5285、8117、5306、5229、5469号都是同一年的历书。它们涉及该年三月、四月、五月、七月、八月、九月、十月共7个月的历日。

又同样类型的269号历书,上部残缺更多,日期干支等皆无,主凶吉栏只有下部,但比上述残历多保存了日出日入栏和人神所在栏。据该残历的"日出卯初三刻"、"日入酉正初刻"知为二月,又据其人神所在"气衝"等知为十七日至二十二日、二十五日至三十日共12日的历日,虽未确知其属哪一年,但可能是嘉定四年或距该年不远的一年。

这些残历书可推断出明确年代的是宋嘉定四年。因历书是为新的一年使用的,所以此历书产生和印刷的年代应是宋嘉定三年(1210年),属13世纪初期。

黑水城还出土有西夏文、汉文合璧历书或西夏文历书,多为表格式,绝大部分藏于俄罗斯圣彼得堡,其各年的日干支和中原历书完全一致,如西夏元德二年(1120年),年干支为庚子,正月朔为壬寅;人庆元年(1144年),年干支为甲子,正月朔为癸丑;天庆七年(1200年),年干支为庚申,正月朔为戊子等。过去英人斯坦因在黑水城发现的西夏文—汉文合璧历书残片以及武威发现的小西沟岘发现的历书残片,亦皆与中原宋朝历日相合。①

二 残历书是早已失传的古历

西夏统治民族党项羌至隋、唐之际,仍然"候草木以记岁时"。② 党项羌北迁后建立的夏州政权是中原王朝的一部分,奉中原正朔,采用汉地历法。西夏前期所用历法为宋朝颁赐的历法。西夏景宗元昊的父亲李德明时

---

① 陈炳应:《西夏文物研究》,宁夏人民出版社1985年版,第314—323页。
② 《隋书》卷八三《党项传》,中华书局1973年版,第1845页。《旧唐书》卷198《党项传》,中华书局1975年版,第5291页。

期请求宋朝颁给历书即《仪天历》。《宋史》载：宋乾兴元年（1022年）曾向西夏"遣合门祗候赐冬服及颁《仪天具注历》"。① 可见，西夏早在正式立国前已用宋朝历法。中原王朝向周边的王朝或政权颁赠历法，不仅说明中原王朝的科学发达、历法精审，更重要的是表明了政治上的从属关系，接受中原王朝历书的周边王朝或政权要遵从中原王朝的"正朔"。元昊自宋宝元元年（1038年）称帝，宋朝视为叛逆，双方战争不断，在西夏天授礼法延祚三年至五年（1040—1942年）的三年中就发生了三次大战，都以宋朝惨败告终。后经过反复较量，宋朝无力征服西夏，西夏也财困民穷，至宋庆历四年（1044年）双方达成妥协，西夏向宋称臣，宋朝承认西夏的实际地位。翌年宋朝向西夏颁赐历书。《宋史》记载：宋仁宗庆历五年（1045年）十月"辛未，颁历于夏国"。② 这时宋朝使用的历法是《崇天历》，《崇天历》系宋仁宗时创制，前后使用了48年。③ 此后仍能见到宋向西夏颁赠历书的记载。宋元祐四年（1089年）宋哲宗颁给西夏历书的诏书曰："赐夏国主…今赐卿元祐五年历日一卷，至可领也……"④ 可能宋朝每年颁给西夏下一年的历书，而西夏为满足社会需求，在境内翻印。

宋朝设司天监，"掌察天文祥异，钟鼓漏刻，写造历书，供诸坛祀察告神名版位画日"⑤，属秘书监。中原王朝编制、颁发历书为"明正朔，授民时"。北宋时期共创制了12种历法，有9种颁行于世。南宋也多次修订历书，仅行用的就有9部。⑥

史载南宋绍兴元年（1131年）因宋夏失和，八月宋高宗"诏以夏本敌国，毋复班（颁）历日"⑦。看来自南宋于绍兴二年就不能正式得到中原所颁历书了。此后西夏臣侍金朝，与南宋关系紧张。至绍兴十四年

---

① 《宋史》卷四八五《夏国传上》，中华书局1977年版，第13992页。
② 《宋史》卷一一《仁宗纪三》，中华书局1977年版，第221页。
③ 《宋史》卷九《仁宗纪一》，中华书局1977年版，第176页。卷七一《律历四》，第1618页。
④ 戴锡章：《西夏纪》卷一九，宁夏人民出版社1988年版，第440页。
⑤ 《宋史》卷一六五《职官五》，中华书局1977年版，第3923页。
⑥ 《宋史》卷一五《神宗纪》，中华书局1977年版，第288页。参见朱文鑫《历法通志》，商务印书馆1933年版。
⑦ 《宋史》卷四八六《夏国传下》，中华书局1977年版，第14023页。

(1144年）西夏仁宗皇帝"心慕正朔"，又派使臣入贺宋朝天中节，致送贺礼，并"自是岁如之"，自此西夏和宋朝又恢复往来。① 宋开禧三年（1208年）宋臣曾渐进言时说："今年八月，便当颁历外国。"这里所谓"外国"是否包括西夏，并不明确，但从西夏残历书和中原历法完全一致来看，西夏可能从中原得到历书。

从黑水城出土此种汉文历书反映的时间看，当时南宋使用《开禧历》。《开禧历》创制于开禧三年（1207年），曾渐任提领官，鲍澣之任参定官。造成后诏以次年权附《统天历》颁行，至淳祐十一年（1251年）共行用44年。②《宋史》对《开禧历》法则记载附于《成天历》之后③，但《开禧历》历书早已不传于世。如果黑水城出土的西夏汉文历书来源于宋朝《开禧历》，那么此残历书应是南宋当年历书的重现。从现在已知的历书看，至北宋时期尚无二十八宿注历，此残历书是现存最早的有二十八宿注的历书之一，它比297号西夏乾祐十三年有二十八宿历书（1182年）晚29年，比有二十八宿注历的南宋《宝祐四年（1256年）会天万年具注历日》要早45年。又日本金泽文库藏有中国善本古籍多种，其中有《（大宋）嘉定十一年（1218年）具注历》残本一页，系刻本，表格式，其形式和内容与本文所论活字本残历书相近，只是缺少蜜日注。看来，残历书来自南宋的可能性较大。④

当时金朝也编制历书。金朝天象、历法是在北宋的基础上形成的。金朝取宋汴梁后，尽取宋朝天象仪器归燕京。金得宋器后，测候有据，于是编造新的历书。金天会五年（1127年）杨级始造《大明历》，后赵知微又造《知微历》或称《重修大明历》，其历法与北宋《纪元历》相似，行用至金末。⑤ 当时西夏与金朝虽屡有摩擦争斗，但岁岁往来，关系密切。颁历既是属国从正朔、表示臣属关系的重要标志，金朝也可能向西夏颁赠历书。所以黑水城出土的汉文残历书也可能来源于金朝的《重修大明历》，

---

① （宋）宇文懋昭：《大金国志》卷一一，中华书局1986年版，第167页。
② 《宋史》卷八二《律历十五》，中华书局1977年版，第1929页。
③ 《宋史》卷八四《律历十七》，中华书局1977年版，第2023页。
④ 严绍璗：《在金泽文库访"国宝"》，《中华读书报》2000年11月8日。
⑤ 《金史》卷二一《志第二》，中华书局1975年版，第442页；卷二二《志第三》。

此历书也是一部久已失传的古历。

西夏正式立国后，设置16司，其中无类似司天监的职司。① 其后毅宗时期职官有所增益，也未提及类似职官。② 西夏后期仁宗年间出版的《番汉合时掌中珠》中有"大恒历司"，或主历算诸事。③ 在西夏法典中大恒历司属中等司，设四正、四承旨、二都案、四案头。④ 又有西夏汉文《杂字》，其中"司分部十八"有"天监"，可能是"司天监"的简称，但无"大恒历司"。⑤《杂字》多为二字一组，可能把"大恒历司"或"司天监"简化成"天监"了。《天盛改旧新定律令》成书于西夏天盛年间（1150—1169年），《番汉合时掌中珠》成书于乾祐二十一年（1190年），汉文《杂字》也是西夏晚期作品。或许12世纪30年代以后南宋不再向西夏正式颁赠历书，西夏开始自己设立机构编印历书。编制历书需要精确的天象观测和复杂的历法运算，西夏有无这样的仪器和专门人才，不得而知。但在没有材料证实之前，也不能排除西夏自己编制历书的可能性。如果残历书是西夏人自己创制，那更是前所未见的古历。

黑水城出土的残历书无论来自宋朝、金朝，或为自己编制，都是目前不存于世的古代历法，虽为残篇断简，但十分珍贵，对研究已失传的历法确有重要价值。

三　残历书是有确切年代最早的汉文活字印本

笔者在圣彼得堡东方学研究所仔细审视、分析了孟列夫注录过的黑水城出土汉文残历日和新发现的未经注录的同类汉文历日，认为除297号外都不是刻本，而是活字印本。这些文献的活字印本特点如下：

1. 字形歪斜，排列不齐。初期活字印刷因排字不紧、固版不精容易出

---

① 《宋史》卷四八五《夏国传上》，中华书局1977年版，第13993页。
② （清）吴广成：《西夏书事》卷二〇，第11页，清道光五年小砚山房刻本。
③ （西夏）骨勒茂才著，黄振华、聂鸿音、史金波整理：《番汉合时掌中珠》，宁夏人民出版社1989年版，第67页。
④ 史金波、聂鸿音、白滨译注：《天盛改旧新定律令》，法律出版社2000年版，第363—375页。
⑤ 史金波：《西夏汉文本〈杂字〉初探》，《中国民族史研究》第2期，中央民族学院出版社1989年版。

现字形不正的缺陷。如269号"阴"字，字形歪斜明显，达20度左右。这在雕板印刷中是难以出现的。同一行中文字左右出入明显。如269号第7、第9竖行"日入酉正二刻"、"日出卯初三刻"、第11行"人神"、8117号"四月大"下"此月初七日戊子戌正"、5469号第5竖行"明皇七圣鸣吠四相"、5229号第1竖行"六日乙卯水危"等，字列不正、左右不齐十分明显。这也是当时雕板印刷不常见，初期活字印刷常有的现象。有的字旁出现活字边角印痕。因一般活字只有反刻文字，不刻边栏，所以正常的活字旁不会出现边痕。但如果因活字稍有倾斜，会形成边角印痕。如8117号首行的"筑"字，8117号第9竖行的"道"字。有的字半个字浓，半个字淡，有的甚至只印出半个字，或字缺一角，这是活字未能固正，本身歪斜所致。如在269号第2竖行"刻"字，第8竖行"七星"二字，第10竖行"神"字、第11竖行"道"字等。这种现象是活字印刷的明证。

2. 字距较大，各字之间无相触、相交现象。雕板印刷书籍一般上下字距较近，甚至没有距离，出现上下字相接甚至有个别相交叉的现象。上述残历书上的字无相触、相交现象（个别字墨迹浸润另当别论）。从文字排列可见，大小号活字印面基本上皆为方形。可以把每一个字用方框框起来，而互不交叉。而雕板印刷时可以出现有的字方正，有的字扁平的现象。

3. 文面显现出以字为单位墨色浓淡不一。因初期活字印刷版面处理不十分平，有的活字较为凸出，有的活字稍微凹进，造成印刷品字面有的字墨色浓深，有的字墨色浅淡。如269号第2竖行"午时三刻"中"三"字较其他字墨色淡。8117号第2竖行中的"寨"字明显比其下的"兴"、"发"等字浓黑。若观察页面的反面会发现这种现象更加明显。

4. 表格的横、竖线应相交时，往往不相交，横线与竖线间有空缺。活字印刷表格时，以带有相应长度横竖线的活版木条排版。若横竖线相抵，一线稍长则栏内活字难以紧凑固版，会造成活字散脱。上述残历书通栏竖线，或双线，或单线，横线多不与竖线相交，而是稍短一截，这样便于栏内活字固版。这种现象在几页残历书中都普遍存在（注意区分照片中印面的竖线和折痕）。表格中应贯通的横线，在竖线相隔处有上下错落不相贯通的情况。这是因为排版时横线被竖线分开，分段排印，相邻的两段横线没有严格对齐的缘故。靠近表格横竖线的文字和横竖线不相交触，而雕板印刷有时会出现相交触的现象。

5. 文字倒置。5469号第2竖行"吉日"二字中的"日"字、14竖行九月一日栏下"白虎"二字中的"白"字倒置。文字倒置是活字版印刷排字疏忽造成的特殊现象，这些倒置字往往发生在正置和倒置形体相近的字上。这种是区别活字版印刷品和雕板印刷的重要标志。

活字印刷中同类型文字大小应相等，但此残历日有同一栏同一行中字形大小不等的现象。如269号第1竖行"进人"二字，"人"字比"进"字大。第2竖行"巳时七刻"中"巳"字显然比"刻"字大。其实，活字印刷刻字时同一号活字不同的工匠可以刻成大小不等的字，即便是不同号的活字在排版后固版时，只要紧固不松散，也可印刷。当然这种文字大小不匀的情况属于印刷不精的表现，往往是早期活字印刷的产物。

对比同是从黑水城出土的汉文刻本历日297号，更可显示出上述残历书的活字版特征。297号为三残片，也是具注历日，表格式。从文字看上下字之间相交、相叉现象较多，还有文字和格线相交的情况，有的文字方正，有的文字扁平，没有以字为单位墨色浓淡不一的现象。

据上考查论证可以确定5285、8117、5306、5229、5469、269号残历日为活字版印刷品。

历史文献记载中国发明活字印刷术在11世纪，言之凿凿，确定无疑。但终以缺乏早期活字印刷实物感到遗憾。近几年由于西夏文献研究的进展，现已知最早的西夏文活字印刷品推定为西夏仁宗时期，为12世纪中期，是世界上最早的活字印刷品，为活字印刷术的研究提供了早期实物。然而在过去出土的文献中还没有见到有确切年代的汉文活字印刷品。[①] 温州市白象塔中出土的汉文《佛说观无量寿佛经》，有的专家推测为北宋崇宁二年（1103年），但是否为活字版印刷品学术界尚有争议。[②] 因此本文

---

① 牛达生：《西夏文佛经〈吉祥遍至口和本续〉的学术价值》，《文物》1994年第9期。史金波：《西夏文〈维摩诘所说经〉——现存最早的泥活字印本考》，《今日印刷》1998年第2期。

② 金柏东：《早期活字印刷的实物见证》，《文物》1987年第5期。孙启康：《北宋末年使用活字的实物见证》，《中国印刷史学术研讨会文集》（1997年），印刷工业出版社出版1997年版。刘云：《对〈早期活字印刷术的实物见证〉一文的商榷》，《文物》1998年第10期。

所论残历书是最早的有确切年代的汉文活字印刷品。

四 残历书是西夏印本

这些汉文活字版残历书是在哪里印刷的,又是一个需要讨论的重要问题。

因残历书缺乏明确的王朝年号标志,只能从其内容中寻找所在王朝的蛛丝马迹。在5285号第3竖行,8117号第4竖行,5306号第1竖行、第4竖行,5229号第2竖行,5469号第5竖行、第8竖行、第11竖行、12竖行、21竖行,269号第3竖行的"明"字的右部的"月"明显缺中间两横笔,也即此字的最后两笔。这显然是避讳字。

宋朝有严格的避讳制度,金灭辽后与宋人接触频繁,受宋熏陶,避讳渐盛。西夏和中原王朝一样,也有避讳制度。在俄藏黑水城文献中发现仁宗仁孝时期的西夏文文献中"孝"字缺笔,如西夏文刻本《论语》"孝"字缺最后一笔,但"仁"字并未缺笔避讳,而有的"孝"字也未缺笔。[①] 仁宗时刊印的《番汉合时掌中珠》西夏文和汉文"孝"字都不缺笔。看来西夏的避讳不似宋朝那样严密。查宋朝和金朝诸帝名讳,未见有"明"字,目前尚未见讳"明"的记载和例证。[②] 而西夏诸帝的名讳中,被追谥为太宗的李德明名字中有"明"字,他的后辈确实避其名讳。元昊在即位之初就为避父德明讳,将宋"明道"年号,改为"显道"。[③] 可以推论,残历书讳"明"字,系避西夏太宗德明的名讳。残历中5285号、5306号、5469号、269号中都有"德"字,不缺笔,这和仁孝时期的西夏文《论语》只避讳皇帝名字的第二字,不避讳第一字是一致的。此残历书讳"明"字,且出土于西夏管辖的黑水城,可推断为西夏印制的历书,其时间为西夏神宗遵顼光定元年(1211年),可称作《西夏光定元年(1211年)辛未岁具注历》。因历书是为新的一年使用的,所以此历书印刷年代

---

① 《俄藏黑水城文献》第11册,第47—59页。
② 陈垣:《史讳举例》,科学出版社1958年版,第152—158页。
③ 《宋史》卷四八五《夏国传上》,中华书局1977年版,第13993页。

应是西夏襄宗安全皇建元年（1210 年）。据此可知，至少在那一时期西夏就使用活字印刷的具注历书了。

俄藏黑水城文献中尚有木刻版 297 号历日，共有 3 残片，存 8 日历日。① 此历书已有邓文宽先生详加考证，推断其为《宋淳熙九年壬寅岁（1182 年）具注历》。② 据该历书残片 1 第 5、8 竖栏，残片 2 第 3、4 竖栏内"明"字依然缺笔避讳，说明这些残历书也是西夏历书，时在西夏仁宗乾祐十三年，比上述活字版历书早 29 年。

在黑水城出土的其他西夏汉文文献中也能找到讳"明"字的例证。如 TK327《中有身要门》、A4V《照心图》、A15《梦幻身要门》、A19《金刚亥母禅定》、A38Ⅱ《释摩诃衍论》等文献中都有"明"字明显缺最后两笔的现象。但有的文献避讳并不严格，同一文献甚至同一页中，有的"明"字缺笔，有的"明"字不缺笔。③

五　余　论

上述黑水城出土的活字版印本残历书 5285、8117、5306、5229、5469 号属于西夏神宗遵顼时期，印制于襄宗安全时期。历书是社会实用文书，随着时间的流逝，便成为过去的文献，往往被视为社会"无用"的物品而被废弃，所以保存至今的古历书很少。西夏黑水城出土的汉文残历书以及其他历书，是研究中国中古时期历法的珍贵文物，值得重视。

残历书上距活字印刷术的发明的北宋庆历年间 160 多年，是目前最早的有确切年代的汉文活字印刷品，是研究活字印刷术的重要实物，填补了汉文早期活字印刷品的空白。

西夏使用活字印刷所印文献是用途很广、印份很多的历书，同时又印刷印份很多的佛经。大批量印刷文献最能发挥活字印刷的长处。正如《梦溪笔谈》所载："若止印三二本，未为简易；若印数十百千本，则极为

---

① 《俄藏黑水城文献》第 4 册，第 385—385 页。
② 邓文宽：《黑水城出土〈宋淳熙九年（1182 年）具注历日〉考》。
③ 《俄藏黑水城文献》第 5 册，第 106—111、130—134、244—246、256—258、338—375 页。

神速。"①

  西夏所印此种历书，有比较复杂的表格，至少有四种大小型号的活字，在活字印刷术使用初期就显现出难得的创意思想和很高的技术水平。尽管其中也含有不甚完善之处，带有初始活字印刷品的特点，但其活字印刷的工艺水准也足以展现西夏文化的发达和科学技术的进步。

  中国自古以来就是多民族的国家，中华民族文化是多民族的文化。汉字是汉民族使用的文字，但汉字又有其特殊地位。在有自己民族文字的王朝中，汉字也往往是与民族文字并行使用的。在与宋朝同时的辽、西夏、金朝境内除分别使用各该民族的契丹文、西夏文、女真文外，也都使用汉文。在西夏境内不仅用汉文刻印佛经，还用来书写各种文书，就是西夏皇陵的墓碑也往往是一面西夏文，一面汉文。著名的凉州感通塔碑也是一面西夏文，一面汉文。在黑水城出土的大量文献中也有不少汉文文书。西夏在使用西夏文历书的同时又使用汉文历书当然是不足为奇的。此次新发现的残历书再一次证明汉文化在西夏的深远影响。孟列夫在其为俄藏黑水城出土汉文历书注录时曾经说过："我们所了解的那些碎片并不使人惊讶，因为历书过了若干年之后，就失去它本身的实际意义。"实际上这些残历书是久已失传的古代历书的重现，是有确切年代可考的最早的汉文活字印刷品，是十分珍贵的文献，它不仅有重要学术意义，而且有其他文献难以代替的文物价值。②

（原载《文物》2001 年第 10 期）

---

  ① （宋）沈括：《梦溪笔谈》卷一八，"技艺·板印书籍"条，中华书局 1959 年版，第 598 页。
  ② 本文请中国文物研究所邓文宽教授、上海古籍出版社蒋维崧先生审阅，他们提出了很多宝贵的意见和建议，在此表示衷心的感谢。

西夏度量衡刍议

度量衡是人类认识自然、生产劳动、进行交换的重要手段。随着社会进步、经济发展，度量衡在科学技术和经济活动中的作用日益显著。中国的度量衡源远流长。度量衡经秦代统一后，代有发展，经不断丰富、演化，在度量衡的器具制造、标准器的确立、技术检定和单位制形成系列等方面，都达到相当高的水准，使中国的计量科学技术曾走在世界的前列。

西夏经济发达，商业繁荣，度量衡起过重要作用。但有关汉文史料中对西夏的度量衡几乎没有记载。《宋史》载："宋即平四方，凡新邦悉颁度量于其境，其伪俗尺度逾于法制者去之。乾德中又禁民间造者。由是尺度之制尽复古焉。"① 西夏境地在西夏未立国前属宋朝管辖，当行宋朝的度量衡制。宋初虽重视并统一度量衡，但后来"商贾佃民私制斗称"，度量衡渐显混乱。西夏立国前后一方面承袭宋朝制度，另一方面又对宋制修改更张。因此与西夏社会生活息息相关的度量衡制如何？其标准如何？这些是研究西夏社会需要认真探讨的问题。

西夏法典《天盛改旧新定律令》（以下简称《天盛律令》）对度量衡器具斗、尺、秤有专门规定，在卷第十七有"斗尺秤换卖门"，其中包括3条："斗尺秤交旧换新"、"边中用斗尺秤"、"斗尺秤价增"。② 可惜原文已残失，难以考查其具体内容。

中国历代对度量衡制度多有记载，但考稽其实际标准困难颇多，除历代制度多变化外，度量衡的标准无论是自然物还是人为物，都难以准确为据。近代以历代记载参照度量衡实物比较探索，使度量衡研究有了突出进

---

① 《宋史》卷六八《律历志一》，中华书局1977年版，第1494页。
② 史金波、聂鸿音、白滨：《天盛改旧新定律令》卷十七，法律出版社2000年版，第523—524页。

展。但宥于度量衡器物留存或出土较少,特别是宋、辽、夏、金时期的度量衡器具实物更少,进行细致的量化研究,得出具体数字的概念有诸多困难。有关西夏度量衡的汉文和西夏文文献资料的缺载和丢失,特别是度量衡实物的更加缺乏,使西夏度量衡的探讨尤为困难。现根据有关西夏文献和文物的间接资料,作些初步推查,希图使陌生的西夏度量衡能初露端倪,且望对中国度量衡史也有所补益。

西夏文蒙书《新集碎金置掌文》(简称《碎金》),是类似中原地区汉文《千字文》体的字书,所辑语句反映了西夏时代的社会生活。其中有"斛豆衡斗升,鍮铁称斤两。褐绢量尺寸,大数估算得。分别号独一,结合千百亿"①。可见西夏的度量衡和中原地区一脉相承,也是以尺寸、斗升、斤两来计量的。

西夏的长度度计量在《掌中珠》中也有所反映,罗列"一寸、一尺、一(丈)"等词。② 其尺、寸具体长短不得而知。至今也没有出土西夏尺之类的标准物。随着西夏文献的解读,可以将文献中有长度记载的物件,结合通过出土文物间接推定。恰巧有出土的西夏首领印在《天盛律令》中记录了长度,规定最低的司印"僧监、副、判、权首领印一寸七分"。③已发现的西夏首领印很多,这些印都属于最低的司印,他们的边长5—6厘米不等,多数在5.2—5.5厘米左右。笔者对几十枚首领印边长测算,平均边长约为5.3厘米,按一寸七分算,当时一寸约合3.12厘米。中国的尺度代有变迁,据专家考证唐代为3.11厘米,宋代为3.16厘米。④ 看来西夏的尺寸接近唐制,与宋制也相去不远。当时的绢、帛以及衣服、披甲部件等以尺寸计算。同样西夏的尺上有丈、丈上有匹。西夏赏罚锦、绢常以匹为单位,西夏文献未直接记载一匹多少尺,但宋朝每年岁赐绢给西夏,单位长度大约应是一致的。《宋刑统》卷第二十六"校斗秤不平"条《疏议》

---

① 聂鸿音、史金波:《西夏文本〈碎金〉研究》,《宁夏大学学报》1995年第2期。
② (西夏)骨勒茂才著,黄振华、聂鸿音、史金波整理:《番汉合时掌中珠》,宁夏人民出版社1989年版,第125页(26页)。
③ 《天盛改旧新定律令》卷十"官军敕门",第359页。
④ 吴承洛:《中国度量衡史》,上海书店1937年版,第74页。丘光明:《中国度量衡》,新华出版社1993年版,第121—125页。

中解释"度，以秬黍为中者，一黍之广为分，十分为寸，十寸为尺，一尺二寸为大尺一尺，十尺为丈"①。此处所谓"大尺"未见西夏记载。

西夏的计量粮食之类的体积也取自中原制度。从《天盛律令》知西夏农户纳粮缴税要记明斛、斗、升、合。规定"各租户家主各自地何时种、耕牛数、租种数、斛、斗、升、合、条草当明之，当使书一木牌上。一户当予一木牌"②。

西夏文光定卯年（1219年）借贷文书中，借麦一斛五斗，每斛利五斗，一斛五斗的利是七斗五升，本利共二斛二斗五升。③可知斛、斗和中原一致，皆十进位制。黑水城出土汉文典当文书有"共本利大麦一石九斗五升"、"共本利二石七斗"等语。④可知西夏也用"石"作量的单位，十斗一石，石与斛同。宋朝一斛为五斗，二斛为十斗合一石。宋每年予西夏大量岁赐、双方贸易往来频繁，又根据西夏的度制与中原地区大致相同的情况，估计西夏的量制也同宋制。据研究宋朝1升合585毫升，比唐朝约600毫升为小。经测定小麦1000克约为1220毫升，可大致推知1升约487.5克，为现今的0.975斤。《天盛律令》记"诸处踏曲者，大麦、麦二斗当以十五斤计"⑤。知一斗大麦酒曲、或麦酒曲为7.5斤。从上述1两约合为38—39克、1斤16两计算，当时的7.5斤即西夏1斗酒曲约合4500—4650克。

西夏牧场检校牲畜时，官府派来的官员、差役每天给粮食分别规定：检校大人除肉食外，每日米面四升，其中有米一升；二马中一马七升，一马五升；一童仆米一升。案头、司吏二人除肉食外，每日米面二升；一匹马五升。行杖一人每日米一升。检视一人除肉食外，每日米面二升；马五升。⑥ 一个普通官员外出供给的粮食是跟随童仆和行杖的4倍。作为劳动量较强的童仆和行杖，每日的供应只有一升米，合现今的9两多，又没有

---

① 薛梅卿：《宋刑统》，法律出版社2000年版，第482页。
② 《天盛改旧新定律令》第十五"纳领□派遣计量小监门"，第514页。
③ 俄藏黑水城文献，No.6377⑩。
④ 陈国灿：《西夏天庆间典当残契的复原》，《中国史研究》1980年第1期。
⑤ 《天盛改旧新定律令》第十八"杂曲门"，第566页。
⑥ 《天盛改旧新定律令》第十九"校畜门"，第585页。

肉食，肯定是吃不饱的。外出公务的差役尚且如此，一般贫民的生活水平可想而知。

据《天盛律令》记载，西夏国家的粮食运输和储藏都以斛为单位，有的仓库储粮达十万斛以上。仓库官吏案头、司吏人数的设置也按储粮斛数多少不同。储藏粮食的损耗依据不同的品种每斛分别为三升、五升、七升，耗损率为3%、5%或7%。①

西夏还有更小的量的单位，《文海》"撮"字条"十粟一粒，十粒一圭，十圭一撮，十撮一抄，十抄一合，十合一升，算量起处是也"②。一合为10万粟，1万粒。《宋刑统》规定"量，以北方秬黍中者，容一千二百为龠，十龠为合，十合为升，十升为斗，三斗为大斗一斗，十斗为斛"③。一合为12000秬黍。《文海》所记粒大约相当《宋刑统》中的秬黍，但较之稍小。实际在日常生活中计量时，"合"以下使用价值很小。

西夏衡制也是一斤十六两。《文海》"斤"字条"称星十六两一斤也"④。《天盛律令》规定锻打铁器时，打斧头等粗事一斤耗八两，打三寸钉等时一斤耗减十两，打水磨事一斤耗减十一两。⑤ 更可证一斤十六两制。在衡器方面西夏出土文物起了重要作用。宁夏灵武县石坝发现的银器中有银碗，其中有两银碗上以墨书西夏文标明自身重量，一为"三两"，另一为"三两半"。据测量，三两的重114克，一两合38克；三两半的重137.9克，一两合39.3克。可以推定西夏每两约为38—39克，1斤约为600—620克。⑥ 据研究，唐、宋时期1两为37.3克，1斤为596.82克。可知西夏与唐、宋朝衡量单位值相差不多。《文海》"镒"字条"十黍一镒，十镒一铢，六铢一钱，四钱一两，此者称算用是"⑦。其中"六铢一钱，四钱一两"，即1两合24铢，4钱，这是秦汉古制的记录，在西夏天盛年间社会生活中并不实行。《天盛律令》规定打造银耗减法，"上等、

---

① 《天盛改旧新定律令》第十七"物离库门"，第547页。
② 史金波、白滨、黄振华：《文海研究》，中国社会科学出版社1983年版，第288、514页。
③ 《宋刑统》，第482页。
④ 《文海研究》，第205、452页。
⑤ 《天盛改旧新定律令》第十七"物离库门"，第555—556页。
⑥ 宁夏回族自治区文物管理委员会：《宁夏古代文物》，第61页。
⑦ 《文海研究》，第205、452页。

次等者，一律百两中可耗减五钱。中等、下等者，一律百两中可耗减一两"，绣院耗减"掌绣线库者，百两中可耗减四钱"，纺好绢线，"上等好绢线一两中耗减三钱。下等织线十两中耗减六钱"，① 都可证明钱至两不是四进位。《宋刑统》中规定："秤权衡，以秬黍中者，百黍之重为铢，二十四铢为两，三两为大两一两，十六两为斤。"《唐律疏议》中早有同样的记载，看来也是沿袭古代的记录。②

西夏土地要依面积纳税，又依面积买卖计价，因此需要丈量土地面积。西夏的土地面积单位仍是亩、顷。《文海》"亩"字条"一边各五十尺，四边二百尺算一亩"。"顷"字条"百亩为一顷也"。③ 西夏每亩为25平方丈，100方步。按上述推测西夏一寸3.12厘米计算，每亩约合243平方米。唐宋亩制以240方步为1亩，约为600平方米。因此宋朝一亩为西夏2.4亩，是知西夏亩小。若《文海》所记是西夏实际亩的计量，那么西夏亩、顷制和宋朝差别很大，这是很值得研究的，它关系到西夏的税收制度甚至经济生活的方方面面。

西夏农户缴纳麦草、粟草时也以地亩计算，以一顷五十亩一块地即150亩地为单位，交麦草七捆、粟草三十捆。④ 西夏灌溉放水的时日也以耕地的顷亩为准。《天盛律令》规定"畿内诸租户上，春开渠事大兴者，自一亩至十亩开五日，自十一亩至四十亩十五日，自四十一亩至七十五亩二十日，七十五亩以上至一百亩三十日，一百亩以上至一顷二十亩三十五日，一顷二十亩以上至一顷五十亩一整幅四十日。当依顷亩数计日，先完毕当先遣之"。⑤ 可见西夏150亩为一整幅耕地。这可能是是西夏特殊的计量耕地单位。

西夏还有一种计量土地数量的方法，就是依据种统一计算土地的面积。黑水城出土的一件纳粮文书记录一个前内侍正军一家7口人，是一个较大的家庭，有地四块，共有可撒27斛（种子）的地，其中三块各撒7

---

① 《天盛改旧新定律令》第十七"物离库门"，第548、549、554页。
② 《宋刑统》，第482页。
③ 《文海研究》，第316、534页；第341、342、550页。
④ 《天盛改旧新定律令》第十五"催缴租门"，第489页。
⑤ 《天盛改旧新定律令》第十五"春开渠事门"，第496—497页。

斛，一块撒 6 斛。① 另一件纳粮文书记一个中等军官行监的家庭，男女 18 人，有地四块，共有 52 斛，其中一块撒二十斛，一块撒十五斛，一块撒十斛，一块撒七斛。② 中国少数民族也有以种子数量来计算耕地面积的实例。如旧时藏族有重量单位"克"，各地每克重量不等，约在 25—28 斤。藏族又以"克"为耕地面积单位，1 克地就是 1 克种子所播的耕地，约合 1 市亩。西夏以斛计算耕地面积，也是以种子播种的面积来计量的，因此上述纳粮账中记土地面积时在"斛"字后加"撒处"二字，如"七斛撒处"、"六斛撒处"等，更可证明是以种子播种的数量来计量耕地面积的。这可能反映了西夏计量方面不同于中原地区的民族特点。

那么一斛种子的地到底合多少亩呢？目前尚无确切的换算依据，我们可在论证重量标准的基础上，作进一步推算。

如上所述，西夏的 1 升小麦约为现在的 0.98 斤重，1 斛为 98 斤，接近 100 斤。若每宋亩撒 25 斤种子，撒 1 斛种子的地为 4 宋亩，已知 1 宋亩为西夏 2.4 亩，因此撒 1 斛种子的地约合 10 西夏亩。上述第一纳粮账 1 户 7 人，共有 27 斛种子的地，人均耕地合宋亩 15 亩多，合西夏亩 38 亩。第二纳粮账 1 户 18 人，共有 52 斛种子的地，人均耕地合宋亩 11.5 亩多，合西夏亩 27 亩。数据表明西夏人均耕地面积较多，但黑水城地区地处西北，人稀地旷，可耕土地较多是可以理解的。再者这两户都是殷实的官吏，土地占有自然比贫苦农民要多。同是黑水城出土的一份买地契记载了一个寡妇党项人耶和氏一次卖掉了 22 亩地，其价值是四峰骆驼，③ 也可作为参考。

西夏的度量衡是西夏经济乃至西夏社会研究的一个重要课题，也是一个难题。本文对西夏度量衡制以及具体量化的探索和推测，实属初步，仅作引玉之砖就教于科技史专家和西夏研究同仁。

（原载《固原师专学报》2002 年第 2 期）

---

① 俄藏黑水城文献，№.8203。
② 同上书，№.7893。
③ 黄振华：《西夏天盛二十二年卖地文契考释》，白滨编《西夏史论文集》，宁夏人民出版社 1984 年版。

鉴定早期活字印刷品的意义和方法刍议

众所周知，中国早在 11 世纪就由伟大的发明家毕昇创造了活字印刷术。活字印刷是制作大宗书籍快捷而节省的办法，它继承了雕板印刷的优点，又克服了雕板印刷的缺点，在印刷原理的创新和效能的提高方面，都有了突破性的进步。活字印刷术的发明是世界印刷史上划时代的、伟大的里程碑。然而由于种种原因，后世却难以见到早期的活字印刷品。沈括在《梦溪笔谈》中记载了毕昇发明泥活字印刷术的情况，在记录活字印刷的工艺流程后，又写道："昇死，其印为余群从所得，至今保藏。"① 从这一记载可知，毕昇死后，他所使用的泥活字当时可能没有再继续使用。那时毕昇的泥活字印刷技术是否传播给他人，由他人应用就不得而知了。在南宋有使用毕昇泥活字方法印刷书籍的记录。绍熙四年（1193 年）周必大在写给朋友程元诚的信中写道："近用沈存中法，以胶泥铜版移换摹印，今日偶成《玉堂杂记》二十八事。""用沈存中（沈括）法"，即是用沈括记录的毕昇发明的活字的方法，上距毕昇发明活字约一个半世纪。② 元代姚枢"以《小学》书流布未广，教弟子杨古为沈氏活板，与《近思录》、《东莱经史论说》诸书，散之四方"③。时在蒙古庚戌年（1250 年），值南宋淳祐十年，上距毕昇发明活字两个世纪。遗憾的是，这些早期活字印刷品都没有保存下来。此外尚有哪些早期应用活字印刷的例证还需要进一步发掘。

---

① （宋）沈括：《梦溪笔谈》卷一八，"技艺·板印书籍"条，中华书局1959年版，第598页。
② （宋）周必大：《周益国文忠公全集》卷一九八，"札子"第十，《文渊阁四库全书》第1149册，第260页。
③ （元）姚燧：《牧庵集》卷一五"中书左丞姚文献公神道碑"，《丛书集成初编》本，中华书局1985年版，第175页。

由上可以看出，根据目前所知材料，毕昇发明活字印刷后在中原地区使用可能并不广泛，这可能是当时中原地区雕板印刷已达精致而所用雕板木材也较充裕的缘故。中原地区早期应用活字排印的书籍未能传之后世，是印刷史研究的重大损失，同时也给我们认识和鉴别早期活字印刷品带来了困难。

在印刷术中，雕板印刷和活字印刷有明显不同的印刷流程，但所印出的印刷品却大体相似。有的印刷品在序言、跋尾、题款、牌记中明确记载是活字印刷的，我们当然可以直接知道那是活字印刷品。有的在印刷品文面的文字中有倒置或横置现象，也比较容易地鉴别出是活字印刷品。然而，很多印刷品并不一定有关于印刷的记载，也未必留下倒字、横字这种失误现象。没有这些明显的记录或特殊失误，我们可不可以对印刷品作出是否活字印刷的鉴别？这是摆在我们面前的一个课题。

在没有文字记载的情况下区别雕板印刷品和活字印刷品确有相当的难度。但这种鉴别工作又是非常重要的。早期活字印刷品十分珍贵，鉴别出早期活字印刷术品可以填补早期活字印刷实物的空白，丰富我国的活字印刷品的库藏，有助于早期活字印刷的研究。作为活字印刷术的发明国，对我们的家底应摸清楚。目前各地所藏早期印本中是否有活字印刷品，应重新调查研究。如果我们掌握了鉴别活字印刷品的方法，就可以从过去的库存或新发现的文献中把活字印刷品鉴别出来。区分雕板印刷品和活字印刷品，是一种科学探索过程，虽有一定难度，但只要我们怀着科学求索的精神，仔细观察，逐步总结经验，便有可能得出科学的、规律性的认识。此外我们研究的是早期活字印刷，而早期活字印刷品可能带有不完善、不成熟的痕迹，这往往有助于我们认识和探索活字印刷品的某些特征。

可喜的是近些年来，从出土的文献中陆续发现了十几种西夏活字印刷品，其中有：

1. 西夏文《维摩诘所说经》（藏于甘肃省武威市博物馆和俄国科学院圣彼得堡东方学研究所）

2. 西夏文《大方广佛华严经》卷第七十一（藏于国家图书馆）

3. 西夏文《吉祥皆至口和本续》（藏于宁夏文物考古研究所）

4. 西夏文《三代相照言文集》（藏于俄国科学院圣彼得堡东方学研究

所）

5. 西夏文《德行集》（藏于俄国科学院圣彼得堡东方学研究所）

6. 西夏文《大乘百法明镜集》（藏于俄国科学院圣彼得堡东方学研究所）

7. 西夏文《圣大乘守护大千国土经》（藏于俄国科学院圣彼得堡东方学研究所）

8. 西夏文《妙法莲华经观世音菩萨普门品》（藏于俄国科学院圣彼得堡东方学研究所）

9. 西夏文《地藏菩萨本愿经》（藏于敦煌研究院）

10. 西夏文《诸密咒要论》（藏于敦煌研究院）

11. 西夏文《大方广佛华严经》（藏于国家图书馆、宁夏博物馆、日本京都大学等处）

12. 西夏文《佛说父母恩重经》（藏于英国伦敦图书馆）

13. 汉文《西夏光定元年（1211年）辛未岁具注历》（藏于俄国科学院圣彼得堡东方学研究所）[①]

此外，藏于敦煌研究院、内蒙古文物研究所、俄国和英国的一些西夏文活字印本残片尚有不少，有待进一步整理。

这些早期活字版实物为我们深入了解、鉴别早期活字印刷品提供了可资借鉴的宝贵资料。这些印刷品中有的有活字印刷的记载，如西夏文印本《三代相照言文集》末尾有3行题款，最后一行是"活字新印者陈集金"。[②] 日本所藏西夏文《大方广佛华严经》卷第五有西夏文题记两行，译成汉文是："都发愿令雕碎字勾管为印者都罗慧性，复共一切发愿助随喜者，皆当共成佛道。""碎字"，即为活字。又北京图书馆藏此经卷第四十也有西夏文题记两行，译成汉文是："实勾管作选字出力者，盛律美能慧共复愿一切随喜者，皆共成佛道。""选字"应是拣字、排字，"选字出力者"应是拣排活字的工匠。上述印刷品的题款有的直接记录了"活字"

[①] 史金波、雅森·吾守尔：《中国活字印刷术的发明和早期传播》，社会科学文献出版社2000年版。

[②] 史金波：《现存世界上最早的印刷品——西夏活字印本考》，《北京图书馆馆刊》1997年第1期。

或"碎字",有的记载了"选字",证明这些印刷品是应用活字印刷术印成。

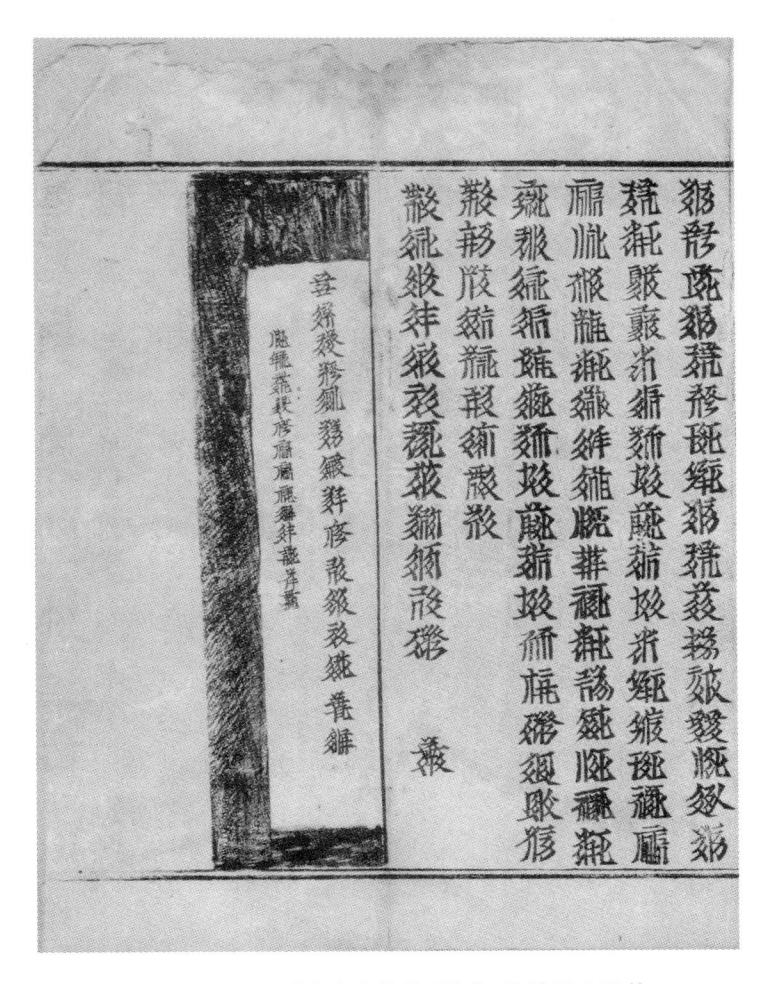

图一 西夏文《大方广佛华严经》卷第四十题款

在活字印刷品的题款中还能发现其他反映活字印刷的记录。西夏文活字版书籍《德行集》卷末西夏文题款记有3个与印制此经有关的人名,每个人名前都有"印校发起者"的头衔。反映出活字印刷有重视排印,而不易确知写、刻者的特点。西夏文《吉祥皆至口和本续干文》最后一页有题款 1 行，译成汉文是："印本勾管为者沙门释子高法慧。"[①]

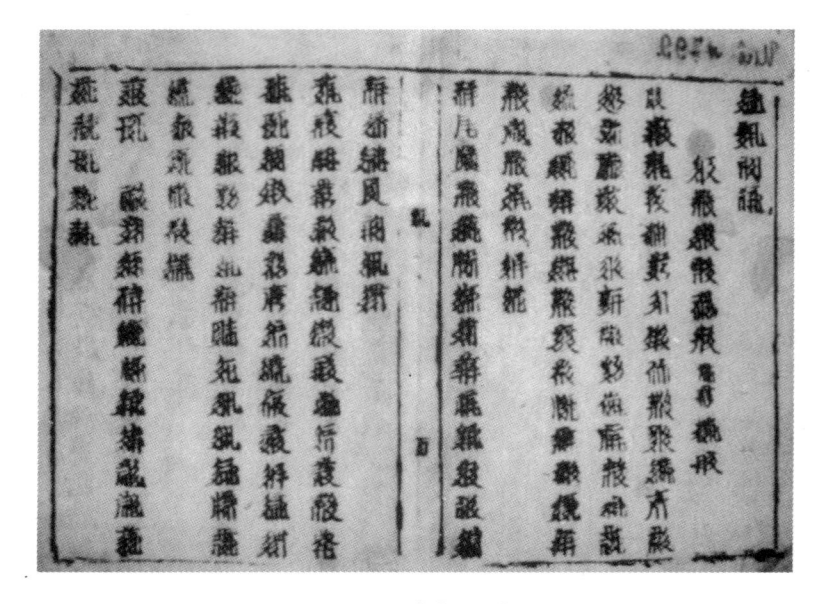

图二　西夏文《德行集》卷首

上述西夏文《大方广佛华严经》的题款"勾管为印者"，"实勾管作选字出力者"与此类似。不少雕板印刷品的题款中往往记载印本的书写者、雕刻者。因为雕板印刷要由专人一版一版地写，一版一版地雕，书写者和雕字者技术性很强，费时费力，比较突出地反映出雕板印刷的水平，相比起来活字印刷则比较简单。所以这些题款中多记书写者和雕字者，一般不记印者特别是没有只记印者，而不记书写者、雕刻者的。而活字印刷与雕板印刷大不相同，印刷时工序多，每一经甚至每一版的活字，皆非出自一人之手所写、所刻，活字造好后，最费时费力的是拣字和固版印刷。用"印本勾管为者"这样不同于雕板题款的形式，没有雕板印刷品题款中常有的书写者、雕刻者的人名，反映出包括制作活字、拣字、排版、固

[①] 1995 年 7 月牛达生、于存海在文章《贺兰县拜寺沟方塔》中介绍这九部佛经时，只提"以上九本，皆为刻本"，并没有指出它们是活字版。见宁夏回族自治区文物管理委员会办公室雷润泽、于存海、何继英《西夏佛塔》，文物出版社 1995 年版。

版、印刷等工序的活字印刷整体过程。① 这些可作为鉴别活字印刷品的重要参考。

从印刷品的版面上寻找活字印刷的特点也是十分重要的。在已知的活字印刷品中仔细辨识，可以发现：

1. 同一页面中字形大小不等，字体肥瘦不同，笔画粗细不一。这种字体、字形的不同是写刻活字非出自一人之手所致。可以证明这种印本不是雕板印刷，而是活字印刷。

2. 有一部分字字形不正，有歪斜现象，为当时活字聚版不紧、不精而造成的印刷缺陷。这是活字印刷特有而雕板印刷一般不会出现的现象。

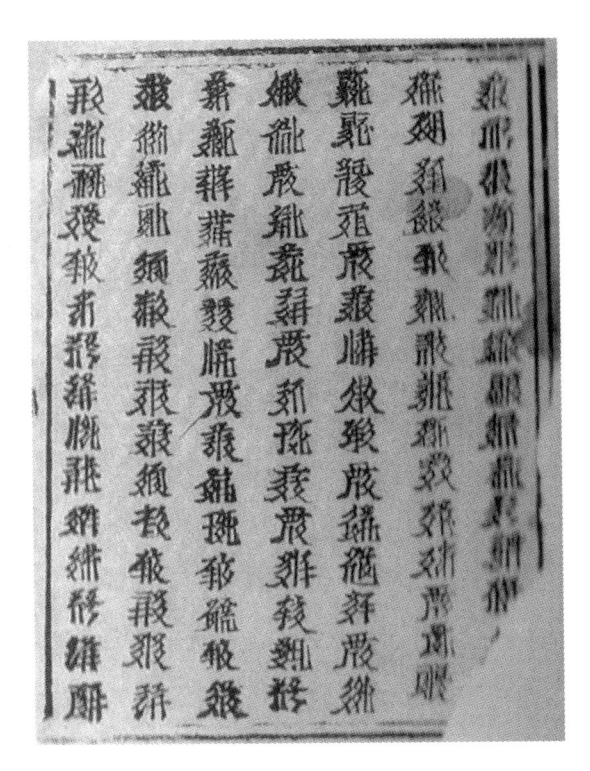

图三　西夏文《诸密咒要论》残片

---

① 史金波、黄润华：《北京图书馆藏西夏文佛经整理记》，《文献》1985 年第 4 期。

3. 文字往往以字为单位浓淡有别，纸背透墨也往往以字为单位深浅不一，纸面凹凸不平。这也是活字印刷特有而在雕板印刷中不可能出现的现象。

4. 个别字的边缘有活字印文墨迹，是活字稍微倾斜而造成的活字边缘印迹。有的在文字的一边形成一条线，有的在文字的一角留下印痕，有的半深半浅，有的在空字处印出空活字的边缘印痕，甚至近于墨钉。这是由于排版、固版不精，活字倾斜，或未掌握好空活字的缘故。这也是活字印刷可能出现而雕板印刷所没有的现象。

5. 字距较大，各字之间无相触、相交现象（活字印版中插入的以两字以上以词、语或整行的雕版木条除外），若把各个字边缘用方框框起来，互不交叉。雕板印刷书籍则可能出现上下字相接甚至有笔画相交叉的现象。

6. 每个字印面基本上皆为方形，同样型号的字所占面积大体相同。而雕板印刷时可以出现有的字方正，有的字扁平（如一、二等字），有的所占面积相差较悬殊的现象。

7. 页面文字可能出现行列不直、竖行弯曲或左出右入的现象，这也是活字排版、印刷时固版未达精细的原因。雕板印刷在写版时先打格线，一般竖行较直。

8. 页面四周有边栏的四角往往不相交，左右栏线抵上下栏线。若是双栏则形成上下栏开口，栏线交角处内线和内线、外线和外线不相衔接的现象，有明显的边栏四面拼版痕迹。不似雕板印刷双栏时内栏和内栏相接、外栏和外栏相接。版心两竖线和上下栏也不相接，这也是活字印刷时栏框、版心以活版排印的缘故。

9. 活字版的表格中横、竖线应相交时，往往不相交，横线与竖线间有空缺。活字印刷表格时，以带有相应长度横竖线的活版条排版，若横竖线相抵，一线稍长则栏内活字难以紧凑固版，会造成活字散脱。另外，格线由于排版不精也可能出现歪斜现象。

10. 文字中可能出现倒字、横字现象。活字印刷在排版时，排字工不小心会把字倒置，特别是汉字中正字、倒字、字形相近的字，如一、二、四、日等字容易倒排，并不易检校出来。西夏文《吉祥皆至口和本续》第

22、29页,《干文》第3页、末页,《解补》第一第14页中的汉字"二"、"四"等字皆为倒字。这种排字时不经心错排的缺陷,成为识别其为活字印刷品的证据。①

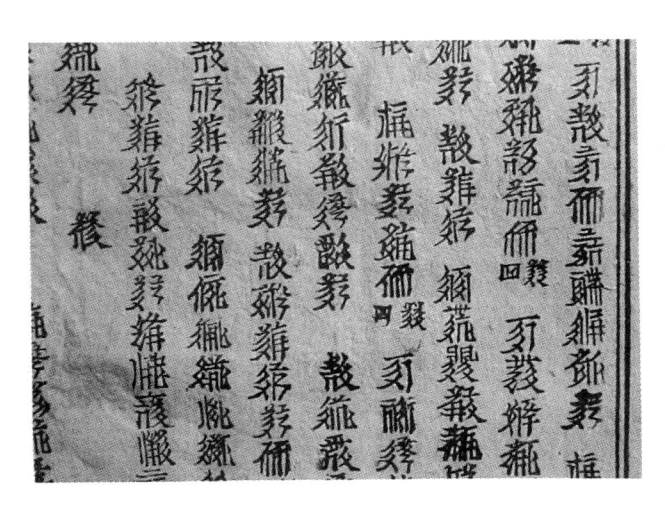

图四　西夏文《吉祥皆至口和本续》页面局部

上述特点,有的具有一项即可定为活字印刷品,如有倒字、横字现象。为了鉴别的科学和准确,一般则应符合上述多项特点再确定其为活字印刷品方为稳妥。

这些鉴别活字印刷品的认识是从实践中来的,有科学依据的,可以作为规律性的认识。2000 年我又一次到俄罗斯圣彼得堡东方学研究所阅览、整理那里所藏的黑水城出土的文献。一次从未登录的文献中看到 3 纸表格式汉文历书残页。我利用上述认识和经验仔细端详后确认他们属于活字版印刷文献。这些文献的活字印本特点如下:字形歪斜,排列不齐;同一行中文字左右出入明显;有的字旁出现活字边角印痕;字距较大,各字之间无相触、相交现象;大小号活字印面基本上皆为方形;文面显现出以字为

---

① 牛达生:《西夏文佛经〈吉祥遍至口和本续〉的学术价值》,《文物》1994 年第 9 期。宁夏回族自治区文物考古研究所、宁夏回族自治区贺兰县文化局:《宁夏贺兰县拜寺沟方塔废墟清理纪要》,《文物》1994 年第 9 期。

单位墨色浓淡不一。特别明显的是表格通栏竖线，或双线，或单线，横线多不与竖线相交，而是稍短一截，这样便于栏内活字固版。这种现象在几页残历书中都普遍存在。

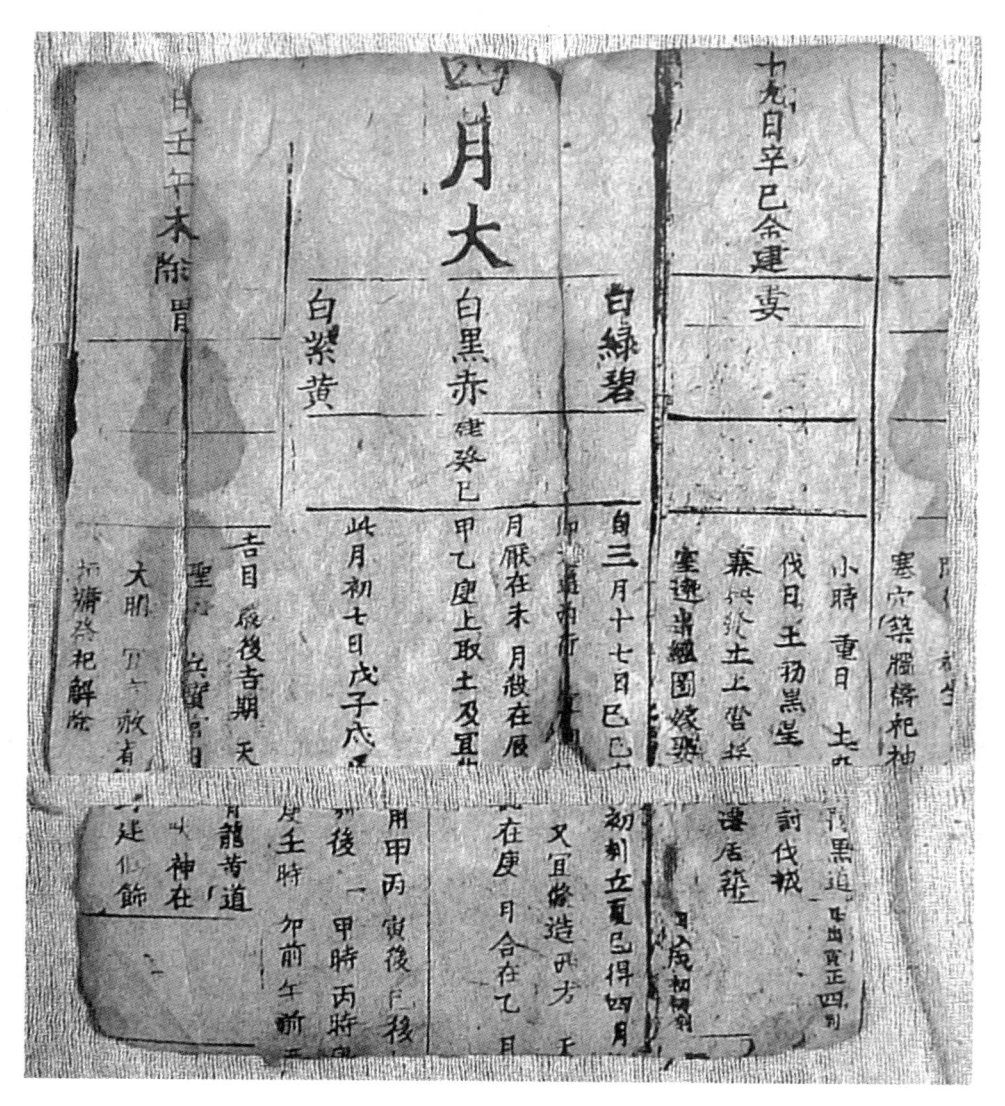

图五　汉文《西夏光定元年（1211年）辛未岁具注历》残页

回国后我将这些新发现的历书残页与原来俄国专家已经发现的几纸同类型的历书残页一起研究、考证，并请教历法专家，确定了历书的绝对年代为1211年，考证是西夏时代印刷，属于已失传的古历，定名为《西夏光定元年（1211年）辛未岁具注历》。更令人欣慰的是还在这些残历中发现了两处倒字，分别是5469号第2竖行"吉日"二字中的"日"字、第14竖行九月一日栏下"白虎"二字中的"白"字。① 后来又发现还有一处将"吉日"的"日"字排成"目"字。这些不仅确凿无疑地证明此历书残页是活字印本，还印证了上述观察、鉴别活字印刷品的认识是正确的，鉴别方法是行之有效的。

　　活字印刷因使用材质不同分为泥活字、木活字、金属活字（包括铜活字、锡活字、铅活字）等。早期大多为泥活字和木活字。区分泥活字印刷品和木活字印刷品更为困难。正如老专家张秀民先生所说："至于泥字、木字、铜字一般的区别，则在几微之间，更为不易。"② 比较成熟的、印制精良的活字印刷品，单从文面上可能很难区分它们是用泥活字、木活字或金属活字印制的。因此，版本学家们往往要借助文献记载和印刷品的题跋来确定，比如有的记录了"锻泥成为活字板"，便知其为泥活字印刷；记录"铸字"、"活字铜板"、"锡字"便知其为金属活字印刷。在缺乏文字记录的情况下，只能根据活字印刷品本身去探讨该文献属于哪一种活字印刷。但是我们不能因为没有见到泥活字和木活字，或没有直接表明是何种印刷形式的文字记载就不去研究它、鉴别它。没有木雕板也可以研究、鉴定木雕板印刷品，没有直接记载是雕板印刷的文字也可以研究、鉴定木雕板印刷品。同样没有发现泥活字和木活字，没有直接记载是哪种活字印刷形式的印刷品也应该能研究和鉴定其是泥活字还是木活字印本。仔细查看印刷品会发现，不同材质印刷出来的文献会留下不同的印刷痕迹，表现出不同的特点。

　　甘肃武威市亥母洞遗址出土的西夏文《维摩诘所说经》（下卷）和俄

---

① 史金波：《现存最早的汉文活字印本刍证》，《中国印刷》2001年第3、4期。
② 张秀民：《中国活字印刷简史》，《中国印刷》1989年第2期—1990年第2期（总第23—27期）。

国所藏的西夏文《维摩诘所说经》（上、中、下卷），不仅有一般活字印刷的特征，还显现出有泥活字印刷的特点。很多字笔画生硬变形，横竖不直；有的笔画中间断折，半隐半现。这是由于在尚未干燥的泥活字上刻字时，刀刃挤迫笔画而偏斜变形。有的字有明显的笔画缺损的痕迹，有的字边缘不整齐，笔端圆钝，缺少尖锋，有断残现象，甚至有的字由于缺角而显得近于浑圆。这是因为活字虽经烧制陶化，比较坚固，但比起木活字和金属活字来，性脆易损，使用中边角容易伤残。从版面看，有些行列不直，有明显弯曲现象。这是泥活字印刷时行间尚无夹条、聚版又难以紧凑的缘故。印面文字墨色不匀，表现出泥活字吸墨不均匀的特点。文字笔画中有类似气泡、沙眼的痕迹。有的文字模糊，字的边缘形成蜡泪状，这是烧制活字时温度太高，造成流釉现象。这些都体现了泥字印刷所具有的特殊之处。这些珍贵的西夏文文献实际上是目前世界上现存最早的活字印本，当然也是最早的泥活字印本。①

鉴于《维摩诘所说经》的特殊价值，1998年3月国家文物局和国家文物鉴定委员会在北京组织专家对该经进行鉴定，肯定了其为活字版印刷及其重要价值，但对其是否泥活字，则留下了进一步研究的余地。此后，一些专家又发表论文，提出新证，进一步论述武威的《维摩诘所说经》是泥活字版本。② 特别是武威的孙寿岭先生，亲自制作西夏文泥活字，以毕昇之法重印《维摩诘所说经》，实践了从制泥、刻字、烧制、排字、固版、上墨到印刷成书的全部泥活字印刷过程，对《维摩诘所说经》是泥活字印刷有了更深刻的体验，寻找出更具有说服力的证据。1999年发表《再谈西夏文〈维摩诘所说经〉是泥活字版本》，又一次论证了此文献是泥活字印本，进一步充实了科学依据。比如使用次数多的字笔画颇钝，新使用的字笔画仍显尖细，原因是烧制的陶活字性脆，多次使用的活字笔画破损的几率就大；相交的直笔有不直的现象，这是因为在泥上刻字时相交的直笔不能一刀贯通，多次刻一笔时不易刻直，加之泥字易受刀的挤压变形，笔

---

① 孙寿岭：《西夏泥活字版佛经》，《中国文物报》1994年第3期。孙寿岭：《武威发现最早的泥活字版本西夏文佛经》，《陇右文博》1997年第1期。

② 史金波：《西夏文〈维摩诘所说经〉——现存最早的泥活字印本考》，《今日印刷》1998年第2期。

画更难平直；泥质越差，笔画中气眼越多，水性印料比油性印料气眼多；字迹墨色浓淡相差较大，有的字积墨厚重，有晕散现象，这是因为烧制泥字时因火候不同，烧出的字硬度不一，硬度小则吸墨强，反之则吸墨弱。①这些从实践中总结出的科学认识是鉴别早期泥活字印刷品的重要依据。

我在近两年整理国家图书馆藏西夏文献时，发现有的雕板印本的后面的裱褙衬纸具有泥活字版印刷的特点。这些残经有 30 多面，是西夏文《大方广佛华严经》卷第七十一，若把它们与木活字印本比较，其区别很明显。

需要指出的是，无论是俄藏还是武威藏的西夏文活字版《维摩诘所说经》卷首都有西夏仁宗尊号题款"奉天显道耀武宣文神谋睿智制义去邪惇睦懿恭"20 个西夏字，这些字字体较小，且字与字上下距离很近，有的甚至相接或相插，字左右部的撇捺特别是右部的捺伸出较长，笔端尖细，这些特点和经文正文的文字风格迥异，与活字版印刷特点不相符合，而具有雕板印刷的特点。原来聪明的西夏人把这些每卷都不变的字制成一块大活版，排版时整个嵌入版中，等于一次拣排 20 个字。这一行有仁宗尊号题款的雕版木条，不仅可以排在《维摩诘所说经》上、中、下三卷的卷首，也可以排在任何署仁宗尊号的佛经卷首。这一现象表明西夏人应用泥活字印刷时不拘泥前法，灵活机动，以方便印刷为原则。这种以字为单位的活字版中加有多字的雕版木条，是活字版印刷在一种特殊条件下的灵活运用，也是对活字印刷的一种创新和发展。这不仅没有妨碍对此经为活字版的认识，还为此经是活字版印刷品提供了新的证据。这种方法为活字印刷中将常用词作两三字一印、此后回鹘文一个词或短语若干字母一印打下了思想上和技术上的基础。

这种现象并非个别。如果仔细审视活字版《大方广佛华严经》卷首也会发现，第一行的经名和卷数"大方广佛华严经契卷××（数字）第"其中"大方广佛华严经契卷"9 字，上下字之间有相交相插现象，其文字排列和字体与后面的经卷数字以及正文文字显然不同。第二行和第三行为

---

① 牛达生：《西夏文泥活字印本〈维摩诘所说经〉及其学术价值》，《中国印刷》2000 年第 12 期。孙寿岭：《再谈西夏文〈维摩诘所说经〉是泥活字版本》，《陇右文博》1999 年第 1 期。

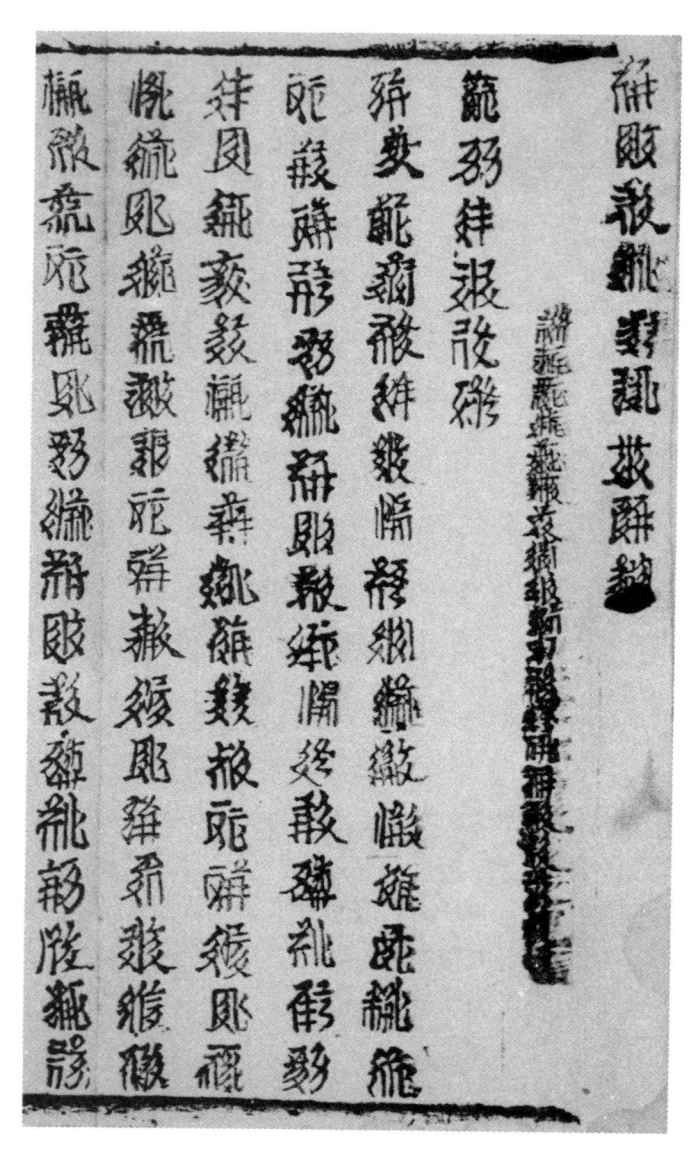

图六　西夏文《维摩诘所说经》卷首

译者和校者题款，皆是小号字，第二行译为"唐于阗三藏什叉难陀　译"，第三行译为"奉天显道耀武宣文神谋睿智制义去邪惇睦懿恭　皇帝御校"，这两行字上下字之间也有相交相插现象，字体和文中的活版字不同，而与第一行前9字相同。这3行中出现的非活字版现象与上述《维摩诘所说经》排入雕版木条属同样性质。此种《大方广佛华严经》有80卷,每卷卷首的经名、译者和校者都相同,有了这样的雕版木条,前三行的排版就会一次排定,更加便捷。

有的文献明确记载了是活字印刷,但并不是真正的活字印刷品。在俄藏黑水城文献中,有一种写本佛经名为《胜慧到彼岸要语学禁现前解庄严论显颂》,在其经末有题款15行,最后4行意为"译御前注补校都案头监、中兴府习判、华阳县司检校王义持,御前注补印活字都案头监、出家功德司承旨云智有、御前注补印活字都案头监、工院正王忠敬。光定丙子六年六月　日"。这一重要题款明确记载了此经活字印刷的负责人,但却是货真价实的写本。原来此经是活字印本,但是我们见到的是依印本抄录的写本,抄写者把原经末题款中有关印刷的文字也照录下来了。题款的最后部分就是有关此经活字印刷的重要内容。题款最后一行载明成书时间是西夏光定丙子六年(1216年),为西夏后期,距西夏灭亡仅有11年。[①] 可惜我们无缘见到那种在西夏印刷的活字版本。这一抄录活字印刷品的写本证明了西夏后期,工院已经介入活字印刷管理,其负责人兼"活字印刷都案头监"。西夏政府有了专门管理活字印刷的官员,活字印刷出版已经纳入了政府组织管辖,有了很大进展,有了一定的规模,在印刷出版行业中有了不容忽视的地位。

最后需要强调的是,对早期活字印刷实物的研究、鉴别,由于起步较晚,尚待完善,需要各位专家关注、参与,积累经验,总结认识,寻求规律,共同推动中国活字印刷史的研究。

(原载《中国印刷》2004年第1、2期)

[①] 俄罗斯圣彼得堡东方学研究所藏黑水城出土文献,ИНФ. № 5130。

最早的藏文木刻本考略

印刷术是中国四大发明之一，在中国科技史上占有突出的重要地位。隋唐之际，中国在文化高度发展的背景下，在纸、墨等物质材料长期使用中，在印章和石雕等技术条件的基础上，发明了雕板印刷。这一重要发明，已为大量历史文献记载和陆续出土的早期印刷实物所证实。印刷术的发明是大量文字复制技术的创新，是文字传输手段的根本革命，使文化的传播、继承和发展更加普遍，更加快捷，对人类文明进步起到了巨大的推动作用。

经唐代至宋代，雕板印刷事业走向高度繁荣，印刷技术更趋完善，印刷水平越趋高超，印刷术的应用越加普遍，并陆续传播到一些少数民族地区。在宋代，契丹族建立的辽朝、党项族建立的西夏、女真族建立的金朝以及回鹘王朝，都创制了记录民族语言的文字，并在宋朝的影响下应用和发展了雕板印刷术。

藏族是中华民族大家庭的重要一员，有悠久的历史和灿烂的文化，对祖国的文明发展作出了突出贡献。藏族自唐初与中原地区的交往日益密切。藏族也随着自身的发展，北上、东渐，分布地区不断扩大，逐步达到河西走廊，甚至河套一代，与汉族、党项、回鹘密切接触，交往频繁，其文化、科学技术与这些地区发生着广泛而深刻的交流。

在中国中古时期，影响较大的民族多信仰佛教，与藏族宗教、文化的交互影响越来越多。当时藏族普遍信仰佛教，寺庙有严格的学经制度，需要大量的藏文佛经。尽管抄写佛经也是佛教信仰的功德，但只靠手写已难以满足需求。有宋一代，在雕板印刷繁荣发展的条件下，从藏族宗教信仰和文化发展方面已经有了刻印佛经的需求，藏族使用雕板印刷的条件业已成熟。然而在文献中似乎尚未找到宋代藏族使用雕板印刷的明确记载，长期以来似乎也未发现明代以前的早期藏文刻本。因此，研究早期藏文雕板印刷、寻找早期藏文刻本成为藏学和包括印刷史在内的科技史的重要研究课题。

藏族有自己的语言——藏语，早在 7 世纪就创制了记录藏语的文字——藏文。据藏文史书记载，藏文是 7 世纪时著名藏族学者屯米桑布扎参照当时梵文体系的一种字体创制的。藏文创制后，先后经过三次厘定。藏文是实用性文字，形成了大量藏文文献。现存有大量 8—9 世纪的早期藏文文献，皆为写本。藏族从什么时间开始使用雕板印刷呢？

对于藏族使用印刷术，在后世的不同著作中有不同的提法，如有的记载："吐蕃王朝崇奉佛教，曾专设译场，宋代自内地传入雕板刻经，其典籍著述之丰富可与汉族媲美。"① 也有的提出："十三世纪后又引进了雕板印刷术，大规模地刊印佛经译本等。"② 但这些提法都未载明资料出处和具体内容。近又有消息提到创造藏文的大学者屯米桑布扎的故居，西藏自治区尼木县吞巴乡吞巴村至今还保留着传说他发明的藏香、藏纸和雕板制作工艺，许多村民家还有制作藏纸和雕刻木经板的小手工作坊。若按此传说，唐代初期就已经有藏文雕板印刷了。当然这只是当地的传说而已。

关于藏文雕板印刷时间，最早的记录为 14 世纪初。元朝僧录管主八于大德六年（1302 年）曾印装西番字（藏文）《乾陀般若白伞》30 余件，经咒十余部，散施西藏等处，流通诵读。③ 这是元代较早地刻印藏文书籍的记录，但这些印刷品没有保留下来。八思巴的弟子汉僧胡将祖将《新唐书·吐蕃传》译成藏文，由仁钦扎国师于泰定二年（1325 年）在临洮刻版印行，印本也未传世。④

目前一般认为明代永乐版大藏经《甘珠尔》的刊印，开创了藏文木刻印刷《大藏经》之先例。明朝永乐八年（1410 年）以藏文《蔡巴甘珠尔》写本为底本，在南京付梓刻印，称为永乐版藏文《大藏经》，共 108 帙，为朱色印刷。印后供奉于五台山，并分赠藏区萨迦巴、噶玛巴、宗喀

---

① 《中国大百科全书》民族卷，中国大百科全书出版社 1986 年版，第 530 页。
② 藏族简史编写组：《藏族简史》，西藏人民出版社 1985 年版，第 5 页。
③ 王国维：《两浙古刊本考》，1922 年。
④ 参见《藏域春秋》卷 4，《藏族热线》。

巴诸高僧。现存两部，一部存拉萨布达拉宫，另一部存色拉寺。① 这是目前保存最早的一部刻印的藏文《大藏经》。此举有力地推动了藏族地区印刷事业的发展，对后来藏文雕板印刷有着深远的影响。后来很多地区纷纷建立印书院刻印佛经。

综上所述，此前没有宋代刊印藏文文献的确切记录，也没有明代以前的藏文印刷实物。研究早期藏文雕板印刷、寻找更早时期的藏文印刷品，可以另辟蹊径，从藏族的邻居入手。

西夏是藏族的近邻，是中国中古时期的一个有影响的重要王朝，它以党项族为主体民族。党项族在唐代未北迁时便与藏族有密切往来。西夏历十代帝王，享国190年，有广袤而稳固的领土，有完备的典章制度。他武功赫赫，文教兴盛，在宋、辽、金、吐蕃、回鹘之间，纵横捭阖，先与北宋、辽朝鼎立，后与南宋、金朝对峙，有着举足轻重的地位。

西夏占领河西走廊后，和吐蕃发生了更多、更直接的交往。西夏不仅是吐蕃的近邻，其领土也辖藏族地区，境内有很多藏族居民。西夏境内还有众多的汉族以及回鹘等族。

西夏有发达的文化事业，在建国前创制了记录党项族语言的文字——番文（后世称为西夏文），尊为国字，下令推行，并用西夏文记录了大量文献。西夏上至最高统治者，下至平民百姓多信奉佛教。西夏不仅接受了中原地区的佛教，也接受了藏传佛教。不少藏族僧人在西夏传教。当时还以西夏文翻译了很多藏文佛经，绘制了大量藏传佛教绘画（唐卡），建筑了一批具有藏传佛教风格的佛教塔寺。② 更引人注目的是西夏王朝首先封设藏族僧人为帝师。目前已经在文献中发现了五位帝师的名字，都是藏族僧人。帝师制度作为中国封建社会特殊的佛教体制，首先出现在党项族为主体民族的西夏，然后在蒙古族掌握政权的元朝继承并完善了这一制度。③西夏的帝师制度还表明藏传佛教在西夏影响至深至远，西夏文化和藏族文化有着更深层次的关系。

---

① 有的藏文文献记载为铜版印刷。
② 史金波：《西夏的藏传佛教》，《中国藏学》2002年第1期。
③ 史金波：《西夏佛教史略》，宁夏人民出版社1988年版。

西夏接受了汉族的刻印技术，有发达的刻印事业，存世的西夏文献中有很多刻本，其中有西夏文刻本和汉文刻本。不仅如此，西夏还发展了活字版印刷。当时信奉佛教的回鹘也用回鹘文刻印了佛经，应用并发展了活字印刷。随着佛教的推行，佛经的出版成为西夏出版的大宗，使西夏的印刷出版走向繁荣。

西夏发达的印刷术和与藏族的密切关系，为藏文在西夏的刻印出版创造了条件。在西夏，雕板印刷藏文文献已是水到渠成的事。

近年来，在整理西夏黑水城遗址出土文献过程中，发现了新的重要资料，使这一问题有了新的突破。

1909 年俄国的科兹洛夫率领探险队自中国的黑水城遗址（今属内蒙古自治区额济纳旗）发现了大批珍贵历史资料，包括文献和文物，载运至俄都圣彼得堡。文献中主要是西夏文和汉文文献，也有一定数量的藏文文献。1993 年中国社会科学院民族研究所、俄国圣彼得堡东方学研究所达成协议，共同整理、编辑、出版俄国所藏黑水城出土的西夏文、汉文以及其他少数民族文字文献。中方自 1993 年始前后四次组团到俄罗斯圣彼得堡东方学研究所整理、登录、拍照俄藏西夏文献，陆续出版《俄藏黑水城文献》11 册。[1] 今后还将出版世俗文献 3 册，西夏文佛教文献十几册，包括藏文文献在内的其他少数民族文献 1 册。

俄罗斯专家对俄国所藏西夏文和汉文文献早已基本整理、登录，并刊布于世，而所藏黑水城出土的藏文文献从未系统登录刊布过。自 1993 年我们第一次到俄国圣彼得堡东方学研究所整理、登录文献时，就多次与俄方联系希望根据协议查阅、整理、拍照包括藏文文献在内的少数民族文献，但始终未能如愿，仅拍摄到几页零星的藏文写本。直到 2000 年我们第四次到俄国整理拍摄文献时，才在俄国专家的帮助下看到一批藏文文献，共有 60 多个编号，近 300 页。[2] 其中包括佛教文献和世俗文献。

俄藏黑水城出土文献绝大多数出土于城外一土塔中，塔中都是西夏时

---

[1] 史金波、魏同贤、[俄] 克恰诺夫：《俄藏黑水城文献》第 1—11 册，上海古籍出版社 1996—2000 年版。

[2] 笔者曾将黑水城出土较清晰的藏文文献就教中国国家图书馆的黄明信先生。先生拨冗过目鉴别，为部分文献译释定题，并指出一些文献的古藏文特点。特致衷心感谢。

期或西夏以前的典籍。而城内外其他地区出土的文献除西夏时期的以外，还有元代的文献。据中国国家图书馆黄明信先生审阅，黑水城出土的藏文文献中有的具有古藏文文字厘定前的特征，如有反 i 字和未省略的下加 ya 字。翻检这些藏文文献多数具有这样的特征，如 XT—1、2、11、15、16、17、19 号等数十号。另有的文献背面有西夏文字，也是早期藏文文献的佐证，如 XT—63 号。这些藏文文献多数应是西夏时期的文献。

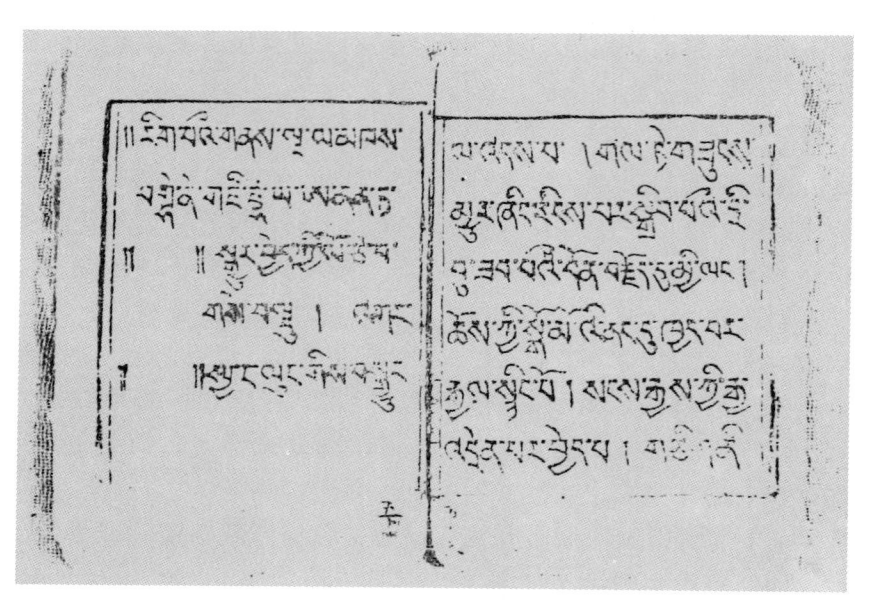

图一　黑水城出土藏文刻本文献

除敦煌石室发现的早期藏文文献外，唐、宋时期的藏文文献为数有限。黑水城藏文文献的发现丰富了早期藏文文献，增加了重要内容，为藏族历史文化研究提供了新的资料。

在初步整理这些珍贵文献时，还惊喜地发现其中有多种藏文刻本，有 XT—21、22、23、40、41、63、65、67、68、69 号。其中 XT—40、63、65、67、68、69 号为木刻本文献，21、22、23、41 号为木刻本护轮图。

其实，在 1996 年刊布的《丝路上消失的王国》中已经刊布了三种藏文刻本，其中两种为护轮，一种是佛经。书中介绍了其形制、内容和时代，认为是 12 世纪末至 13 世纪初的木板印刷品。① 这些刻本的刊布使我们第一次见到早期藏文刻本，但当时仅是附属在以西夏绘画为主的艺术品后面的个别文献的展示，没有作更多的介绍和分析，也没有论述这些刻本在印刷史、藏族文化史上的价值和历史意义。

俄藏黑水城文献中的藏文刻本中，有不同的印刷装帧形式。其中有藏文文献中常用的梵夹装，有借用中原或西夏王朝的蝴蝶装和护轮图单页三种。

梵夹装起源于印度的贝叶书，后来藏族借鉴这种书籍装帧方式，现在藏族称之为长条书。长条书由很多规格相等的长条纸页组成。黑水城藏文刻本梵夹装有 XT—40 号，为《般若经》封面残页，右残，高 10.6，宽 28.1 厘米，一面中间有经题，上有云文，下托莲瓣，左有荷花；背面左有佛像，右刻佛经 6 行，四周有栏线四重，佛像和文字间也有两行双栏线。梵夹装式还有 XT—41、69 号。

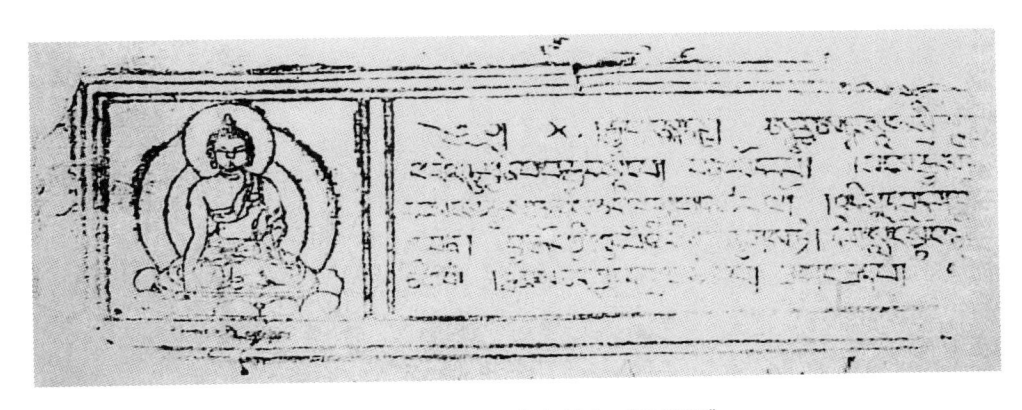

图二　黑水城出土藏文刻本《般若经》

蝴蝶装是宋朝才开始出现的一种新的装订方法，是册页装订的最早形式。将书页有字的一面沿中缝向内对折，将全书书叶排好为一叠，再将中缝背面戳齐，以胶料粘连，用厚纸包裹做书面。蝴蝶装比卷装翻阅方便，流行于宋、元时期，是书籍装帧史上的一大进步。这种方法流传到西夏

---

① 俄罗斯冬宫博物馆：《丝路上消失的王国》（台湾中文版），1996 年，第 274—278 页。

后，很快被普遍使用。根据存世的西夏书籍看，蝴蝶装是当时流行的基本装帧形式之一，写本和刻本都不少，尤以刻印的世俗著作为最多。

　　黑水城出土的藏文刻本蝴蝶装式有 XT—63、67、68 等号。XT—67 号首尾皆残，据内容看可能包含多种藏传佛教仪轨。其中第 19 页有经名《顶髻尊胜佛母陀罗尼功德依经摄略》。在第 20 页中记有"（天竺）五明学僧拶也阿难陀"，还有吐蕃僧人译师名号。拶也阿难陀原是印度僧人，后在西夏译经传教，被西夏皇室封为大波密坦、五明显密国师，有功德司正的职务，被赐"乃将"官号（此官号可赐宰相），曾传《顶尊胜相总持功德依经录》、《圣观自在大悲心恭顺》等经。① 由上述刻本题名可知，他所传佛经也被译成了藏文。

　　此刻本佛经中很多处出现古藏文厘定前的反 i 字，证明其为古藏文，应属于西夏时期，是目前所知最早的藏文刻本，是有重要文献和文物价值的珍贵藏文文献。

　　该经纸幅高 13、宽 17.5 厘米，框高 9.4、宽 15.8 厘米。页分左右两面，面六行。经文页面有的完整，有的缺右面，有的缺左面，有的缺全页。现将保存页面的情况录下：

　　2 页右　3 页全　4 页全　5 页全　6 页左　9 页右　10 页全　11 页全
　　12 页全　13 页左　23 页全　24 页全　25 页右　26 页全　27 页左
　　34 页右　35 页全　37 页全　38 页全　49 页全　50 页全　51 页全
　　52 页全　53 页全　54 页左　56 页右　57 页全　58 页全　59 页左
　　60 页右　61 页左

　　以上共涉及 31 页，15 页完整，16 页各只有 1 面，共计 46 面。因 2 页分两面，又是双面印刷，实际上 1 页有 4 面文字，如 2 页右、3 页全、4 页左为一页，4 页右、5 页全、6 页左为一页，依此类推。两面之间有版心，版心中有汉字页码。蝴蝶装容易散页，此经后又经线订。②

---

　　① 史金波：《西夏的藏传佛教》，《中国藏学》2002 年第 1 期。据沈卫荣博士考证，XT67 号藏文书是黑水城出土文书 TK164、165 号汉文文书的藏文版，即是《圣观自在大悲心总持功能依经录》和《胜相顶尊总持功能依经录》的藏文译本。参见史金波等主编《俄藏黑水城文献》第 4 册，上海古籍出版社 1997 年版。
　　② 俄藏黑水城文献，XT—67。

这种藏文蝴蝶装一改汉文、西夏文竖写的形式，适应了藏文横写的传统，创造了蝴蝶装的横写方式。与汉文、西夏文蝴蝶装自右而左成行、自上而下书写、先书写右半面、后书写左半面不同，而是自左而右书写、自上而下成行，更为特殊的是每行写到版心时，不是移到下一行书写，而是越过版心继续书写，也即同一页左右两面的同一行是通读的。这是蝴蝶装在横写的少数民族文字中的灵活运用，是蝴蝶装的新发展。

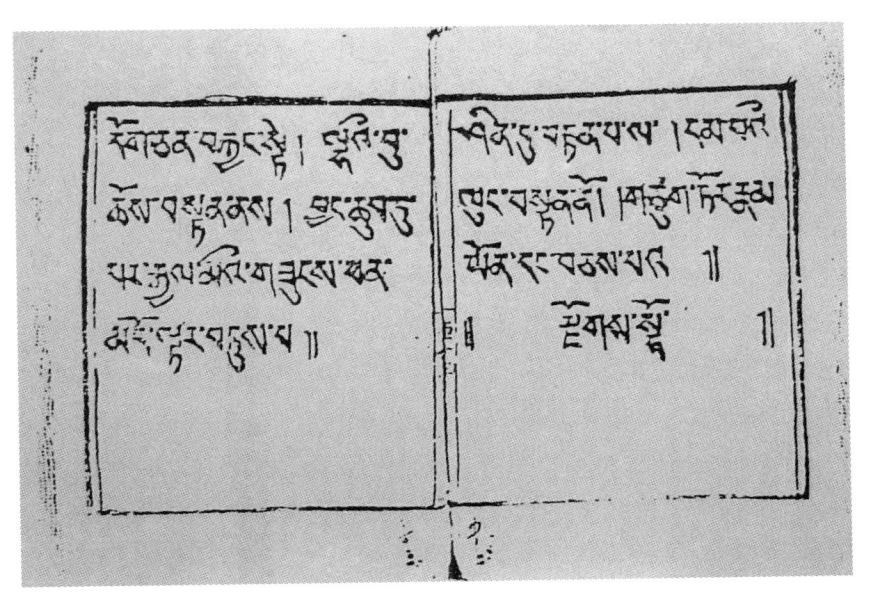

图三　黑水城出土藏文刻本《顶髻尊胜佛母陀罗尼功德依经摄略》

有宋一代是蝴蝶装书籍的黄金时代，现存宋版书中的蝴蝶装皆是古本蝴蝶装的典范，然而其中多数已由后人改成线装形式，难以看出当时宋版蝴蝶装的原始面貌。令人惊喜的是，近代考古发现的与宋朝同时的西夏文古籍、藏文古籍中，有这么多原装的蝴蝶装刻本，显得十分珍贵，具有特殊的版本价值。蝴蝶装式是一种较古老的书籍装帧方式，从装帧的角度证明这种藏文刻本是很早的刻本。

黑水城出土的藏文文献中还有 4 种单叶"护轮图"。如 XT—21 号是龟形"护轮图"，纸幅 24×24.5 厘米，图幅 18.7×21 厘米。图中画一陆龟，其上画7个同心圆，外圈直径14.7厘米，内圈直径3.7厘米。在4个大圆圈的圆周上，有藏文和梵文咒语，用于消灾祈福保佑平安。第4个圆圈为十二生肖。中央为九宫，其外圈为八卦，再外圈为十二生肖，再外三圈是藏文咒语，最外是一圈是龟背纹，圈外上下有头、尾，四角有四肢。又如XT—23号是一张开的公猪皮形"护轮图"，纸幅24.5×19.5厘米，图幅15×19.5厘米，右上角残。猪皮中央有一圆圈，圆圈内有一正方形，四角朝向四方，四方形四角内又四处藏文，四方形内又有一小圆圈，小圆圈内有藏文经文，在大圆圈的单线和双线之间有一行藏文。这些文字都是为了抵消地祇的邪恶势力，排除疾病和不幸的咒语。① 至近代德格印经院仍然用雕板印刷的形式印制类似的"护轮图"。②

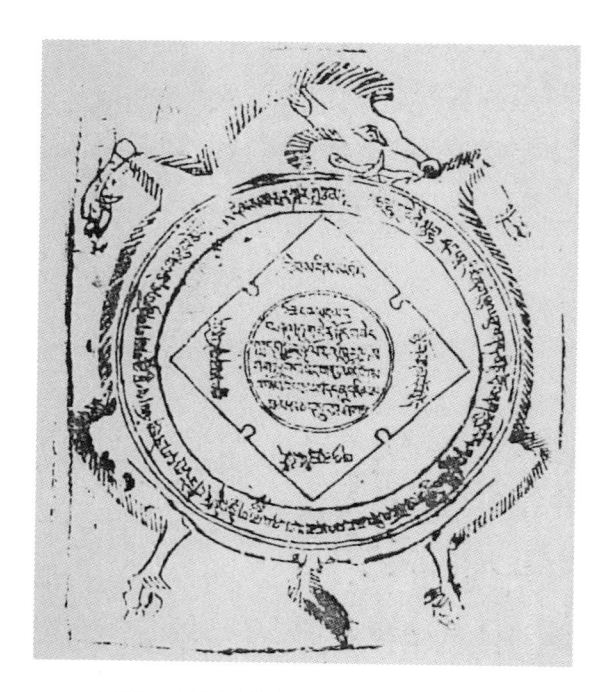

图四　黑水城出土刻本藏文"护轮图"

---

① 俄藏黑水城文献，XT—21、23号。
② 四川民族出版社编：《德格印经院》，四川民族出版社1981年版。

在蝴蝶装的佛经中，文字书写工整，字体秀美，雕刊精细，行次整齐，版面疏朗，是雕版印刷的精品。护轮图能雕出复杂的动物图案和方、圆形图案，文字也清晰、流利，特别是圆周内雕刻藏文，难度更大，达到了纯熟精致的程度。由印刷的纯熟和精美可以想见，这些文献是成熟的印刷品。估计在这之前，藏文的雕板印刷已经走过了一段路程。可以推知在这些12—13世纪的藏文印刷品以前，还应有更早的藏文雕板印刷品。

这些藏文雕板文献发现于西夏的故城，它们却反映着当时、当地的藏族文化。更为重要的是它们是12—13世纪的藏文印刷品，比永乐版藏文《大藏经》要早两个世纪，反映了藏文早期印刷出版的特点。

由此可见，藏族也较早地应用了雕板印刷技术，与西夏文、汉文雕印出版书籍相映生辉。此外，把蝴蝶装应用与横写的藏文书籍，是西夏时期藏族文化一项有特色的创造，在中国印刷出版史上独树一帜。

1988—1995年敦煌研究院对敦煌北区石窟进行了5次发掘，发现了大量文献和文物。文献中有汉文、西夏文、藏文、回鹘文、叙利亚文文献。藏文文献中有刻本残片。有3纸残页发现于北59窟，编号B59：9—1—3。据专家研究，定为元代刊印，并认为"依汉藏木刻版印刷史看，此件当是自内地流入敦煌者"[1]。作者可能认为当时敦煌或西北地区不可能有藏文雕板印刷，因此认定为自内地流入敦煌。其实当时这一带已经盛行雕板印刷，是否自内地流入，值得进一步探讨。

在西夏，党项族、汉族、藏族文化的交流、影响和融汇是双向的，甚至是多向的。比如在藏文文献出现蝴蝶装的同时，西夏文的典籍中也出现了梵夹装。一般来说，梵夹装比较适于横写的文字，每页自左至右横写、自上而下排行。而西夏文是竖写的，其梵夹装也是自上而下竖写，自右向左排行。其中又分两种：一种是写完第一面后，向上旋翻，在背面继续书写；另一种是写完第一面后，向右旋翻，在背面继续书写。目前这种装式只在黑水城出土的俄藏文献中保存。这种把用来书写横行拼音文字的长条书式改进成书写竖行方块字书籍的装帧形式，是西夏人在借鉴藏族文化基

---

[1] 黄颢：《敦煌莫高窟北区石窟出土藏文文献译释研究》（一），《敦煌莫高窟北区石窟》第1卷，文物出版社2000年版。

础上的一种创造，表现出当时民族文化的横向交流，科学技术的在族际间的蔓延拓展。

（原载《中国藏学》2005 年第 4 期）

西夏的历法和历书

　　西夏的主体民族是党项羌。党项族早期对天体的认识比较简单，"候草木以记岁时，三年一相聚，杀牛羊以祭天"①。党项羌北迁后建立的夏州政权是中原王朝的一部分，奉中原正朔，采用汉地历法。后党项族首领与宋朝分庭抗礼，并在兴庆府（今宁夏银川）建立了强大、稳固的政权。当时所用历法也是宋朝颁赐。西夏景宗元昊的父亲李德明于宋景德四年（1007年）请求宋朝颁给历书，宋真宗命赐以《仪天历》："诏赐赵德明冬服及仪天历。"②原来宋真宗命司天监编制新历书，咸平四年（1101年）编成《仪天历》颁行，这时以赐夏国。③《宋史》又记：宋乾兴元年（1022年）曾向西夏"遣合门祗候赐冬服及颁《仪天具注历》"④。可见，西夏早在正式立国前已用宋朝历法。中原王朝向周边的王朝或政权颁赠历法，不仅说明中原王朝的科学发达、历法精审，更重要的是表明政治上的从属关系，接受中原王朝历书的周边王朝或政权要遵从中原王朝的"正朔"。元昊自宋宝元元年（1038年）称帝，正式建立大夏王朝，宋朝视为叛逆，自然停止了颁历。这时，元昊"自为历日，行于国中"⑤。

　　宋、夏双方战争不断，后经过反复较量，至宋庆历四年（1044年）双方达成妥协，西夏向宋称臣，宋朝承认西夏的实际地位。翌年宋朝向西夏颁赐历书。《宋史》记载：宋仁宗庆历五年（1045年）十月"辛未，颁

---

① 《旧唐书》卷一九八《党项传》，中华书局1975年版，第5291页。
② （宋）李焘：《续资治通鉴长编》卷六七，"真宗景德四年（1007年）十月庚申"条，中华书局2004年版，第1502页。
③ 《续资治通鉴长编》卷四八，"真宗咸平四年（1001年）三月庚寅"条，中华书局2004年版，第1054页。
④ 《宋史》卷四八五《夏国传上》，中华书局1977年版，第13992页。
⑤ （清）吴广成：《西夏书事》卷一八，第4页，清道光五年小砚山房刻本。

历于夏国"①。这时宋朝使用的历书是《崇天历》。《崇天历》系宋仁宗时创制，前后使用了48年。②

宋夏颁赐历书因两国关系的时弛时紧而时颁时停。史载南宋绍兴元年（1131年）因宋夏失和，八月宋高宗"诏以夏本敌国，毋复班（颁）历日"③。看来在绍圣四年停止颁历后，又曾颁给。自绍兴元年再次停颁历书后，西夏又不能正式得到中原所颁历书。

此后西夏臣侍金朝，与南宋关系紧张。至绍兴十四年（1144年）西夏仁宗皇帝"心慕正朔"，又派使臣入贺宋朝天中节，致送贺礼，并"自是，岁如之"，自此西夏和宋朝又恢复往来。④ 但未明确西夏是否从宋朝得到历书。宋开禧三年（1208年）宋臣曾渐进言时说："今年八月，便当颁历外国。"这里所谓"外国"是否包括西夏，也不明确，但从西夏残历书和中原历法完全一致来看，西夏可能从中原得到了历书。

一　西夏的历法

西夏正式立国后，设置16司，其中无类似司天监的职司。其后毅宗时期职官有所增益，也未提及类似职官。⑤ 在西夏法典《天盛改旧新定律令》中有卜算院，是掌管天文历法的政府机构。卜算院属中等司，"依事设职，大人数不定"。⑥ 西夏汉文《杂字》"司分部"中有"天监"⑦，应是"司天监"的简称。"司天监"有可能是西夏文"卜算院"的一种汉文译法。《杂字》多为二字一组，可能把"卜算院"或"司天监"简化成"天监"了。根据汉文文献记载，西夏永安元年（1098年）十二月犯东

---

① 《宋史》卷一一《仁宗纪三》，中华书局1977年版，第221页。
② 《宋史》卷九《仁宗纪一》，中华书局1977年版，第176页。卷七十一《律历四》，第1618页。
③ 《宋史》卷四八六《夏国传下》，中华书局1977年版，第14023页。
④ （宋）宇文懋昭：《大金国志》卷一一，中华书局1986年版，第167页。
⑤ （清）吴广成：《西夏书事》卷二〇，第11页，清道光五年小岘山房刻本。
⑥ 史金波、聂鸿音、白滨译注：《天盛改旧新定律令》卷一〇"司序行文门"，第369页。
⑦ 史金波：《西夏汉文本〈杂字〉初探》，《中国民族史研究》第2辑，中央民族学院出版社1989年版。

井，太史奏"主兵丧"。大德五年（1139年）正月太白、荧惑合于井，司天谓不利用兵，崇宗不听。① 也证明至少在西夏崇宗时已有太史、司天之设。在黑水城出土的文书中找到一纸未登录的历书残页，编号8214，其序言中有3行小字，有的字迹不清，译文为：

  光定甲戌四年十月日太史令及卜算院头监大书修纂者□授□臣杨师裕②
  卜算院头监　　臣时国胥
  卜算院头监　　臣□□□③

光定甲戌四年（1214年）已是西夏晚期。这更确切地证实卜算院是西夏官府观测天象、修纂历书的机构。据此知西夏和中原王朝一样，也是前一年的十月由历算部门进呈下一年的历书，西夏政府为满足社会需求，在境内印刷流行。其中的负责人即头监都是汉族姓，可能在西夏编修历书的多是掌握先进天文历法知识的汉人。在中原王朝，修史的太史令和修历的负责人关系密切，往往合而为一。西夏和中原王朝一样，杨师裕既是修史的太史令又是修历的卜算院头监。

西夏文、汉文对照词语集《番汉合时掌中珠》中有关于历法的词，主要是年、月、日、时以及节气的变化等，有正月、腊月、闰月等，还有天干、地支、五行、八卦等，都是历法和历书中的要素。④

二　西夏的历书

近代在敦煌石室中发现了北魏至北宋时代近50件汉文历书，跨越时间544年，珍藏于国内外图书馆等部门，是研究中国古代历法的宝贵实物

---

① （清）吴广成：《西夏书事》卷三〇，第17页；卷三五，第4页。清道光五年小砚山房刻本。
② □为字迹不清者。
③ 俄藏黑水城文献，8214/1号。
④ 史金波、魏同贤、[俄] 克恰诺夫主编：《俄藏黑水城文献》第10册，上海古籍出版社1999年版，第3—6页。

资料。① 从黑水城等地发现的西夏古历书不下十余件，且种类繁多。目前已经发现的西夏历书有刻本西夏文历书、写本西夏文—汉文合璧历书、汉文刻本历书、汉文写本历书。

1. 刻本西夏文历书

黑水城出土 ИНФ. 8214 号刻本西夏文残历书一纸，四周有栏线，页中行有隔线，有时根据需要还设横线。仅存光定甲戌四年末尾和光定乙亥五年历日序，且有残失。光定乙亥五年（1215 年）序第一行字较大，译文为：

大白高国光定五年乙亥岁　　御制皇光明万年注历□

虽然其中有的字因残损或模糊而难以识别，但很明显，这是皇家的御制历书，俗称"皇历"。其历日名称应是"光明万年历"。后面 2—8 行下部残，四行上部和其中后两行的下部分别记诸神将及所在位置：

太岁在乙亥、岁德西宫在庚、大阴在酉、岁（刑在？）、（岁破在？）、岁煞在戌、黄幡在未……

下部多残，记全年日数，可见"……三百五……"等字。查历书，该年应是 356 日。后三行上记年九宫，为"白碧绿，白黑赤，白紫黄"，下记太岁以下其地不可动土，其日与岁德、月德、岁德合等并时，营修无妨等语。最后两行记月序、月大小，"正月小、二月大、三月大、四月小、五月大、六月小、七月大、八月小、九月小、十月大、十一月小、腊月大"，并在每月下后加二小字分左右注明该月朔日干支。可惜这部历法只保留下一纸残页，后面的内容全部佚失。这应是一部每日一行，包含丰富内容的具注历日。以历书查索光定乙亥五年为南宋嘉定八年，该年的月份大小和朔日干支与此历书完全相同。证明西夏所用历法与宋朝历法一致。

由斯坦因掘获、藏于英国的西夏文历书有一纸残页，为英藏 2919 号，残高 8、宽 9.4 厘米，表格式，存西夏文字 1 行，为历日中的"人神在

---

① 邓文宽辑校：《敦煌天文历法文献辑校》，江苏古籍出版社 1996 年版。

位"，存三格，译文为："人神在膝、人神在阴、人神在膝胫。"用人神注历日始于于唐代，"凡历注之用六：一曰大会，……六曰人神。"① 此种注记人神在位的历书为敦煌石室所出历日和黑水城出土西夏历日所证实。据这些实物知每日相对应人神在身体的某一部位，应是每日一行的具注历日。在残历日中若无日期可以此推断日期。此历日残片中人神在膝为二十七日、人神在阴为二十八日、人神在膝胫为二十九日。② 此种形式的西夏文历书正补充了西夏文具注历日的具体形式，可与上述历书的卷首相呼应。因所遗留部分太少，不能反映具注历日的整体形式，只能结合西夏汉文具注历日的形式加以推测。

2. 写本西夏文—汉文合璧历书

俄罗斯所藏黑水城出土文献有西夏文、汉文合璧历书，为表格式。每年一表占一页，分左右两面，右上角有该年的干支。其中 ИНФ.8085 号历时最长，从庚子年至西夏第二乙丑年共 86 年的历书，也即从西夏元德二年（1120 年）至天庆十二年（1205 年），中缺戊午年历书，又有 ИНФ.647 号残页，正为戊午年历书，补上所缺。此历书经西夏崇宗、仁宗、桓宗三朝，时间跨度大。历书的前几页和最后几页有不同程度的残缺，此外还有一些残片。每一表中每月占一竖行，各行分为上下很多横格，自上而下为月序、该月朔日干支、日、木、火、土、金、水、罗睺、月孛、紫炁等九曜星宿与该月时日的纳音等对照关系。历书中同一年表格中的字，有的是西夏文和汉字混写，也即同一张表格中又有西夏字，又有汉字。如第一表第一行年干支"庚子"以西夏文书写，第二行的日、木、火等也以西夏文书写，此后的第 3—14 行开始的第一字为月序，其中除正月是西夏文外，其余二月至十二月皆以汉字书写，且五月的"五"和十二月的"十"用汉文大写"伍"和"拾"。表中的其他字则以汉字为主，杂用西夏字。第二表的年干支"辛丑"改用汉字书写，九曜和月序也全是汉字，而表中的其余字仍杂插西夏文字。其余各表有的是西夏文、汉文合璧，有的只用汉字，总的以汉字为主。但汉字书法幼稚，也不太规范。

---

① 《唐六典》卷一四，中华书局 1992 年版，第 413 页。
② 史金波：《简介英国藏西夏文献》，《国家图书馆学刊》增刊《西夏研究专号》，2002 年 8 月。

由各表可知，每年的日干支和中原历书完全一致。如西夏元德二年（1120年）年干支为庚子，正月朔为壬寅；人庆元年（1144年）年干支为甲子，正月朔为癸丑；天庆七年（1200年）年干支为庚申，正月朔为戊子等。值得注意的是在第二个庚申年（1200年）开始，在朔日干支以下加上了二十八宿注，使历书内容更加丰富和准确。

推断这种历书可能是事先编写、推演后世历法的稿本。因历书前残，无法确知此历书的起始年代。但已知此历书最早的年份是西夏元德二年（1120年），正是前述宋绍圣四年（1097年）"诏罢赐夏国历日"之后，或许此历书是在宋朝停止向西夏颁赐历书之后，西夏开始自己编纂历书的产物，若如此，则此历书的起始年代约在11世纪末或12世纪初。

这是目前所知中国保存至今历时最长的古历书。根据一般历书当年用过即成无用的废纸的特点，现在能见到连续86年的中古时期的历书，十分难得。时间跨度这样长的历书原件，绝无仅有。他或许表明西夏有保存历书档案的机制。

黑水城出土历书中还有西夏文、汉文合璧，以西夏文为主的历书残页。其中5282/2号一页较完整，是乙酉年（1129年）历书，也是每年一页的历书。表中右上角二字记年干支"乙酉"，每月占一竖行，各行分为上下很多横格，自上而下为月序、该月朔日干支、二十四节气、日、木、火、土、金、水、罗睺、月孛、紫炁等九曜星宿与该月时日的纳音等，表中文字全是西夏文。依据上半年的日甲子看，约为1129年历日。5868号一页，左部残，也是每年一页的历书，为庚申年的历书。每一表中也是每月占一竖行，各行分为上下很多横格，自上而下为月序、该月朔日干支、二十四节气、以无行表示的纳音等。表中的文字绝大部分用西夏文，只是在四月的"水"栏中用了使用了汉字。①

近年我们在未著录的俄藏文献中又找到了一种西夏文—汉文合璧历书，不是表格式，而是卷子式，已经残断，以熟练的西夏文草书书写。②

---

① 俄国专家对8085、5282、5868以及6711、7385号历书作过简介叙录，参见（俄）戈尔芭切娃、克恰诺夫《西夏文写本和刊本目录》，苏联东方文学出版社，莫斯科，1963年版。
② 俄藏黑水城文献，8214、7926号。

每年的历书前有一行西夏字记年甲子，如"庚辰年月略"、"辛巳年月略"，表明这是以月为单位的简略历书。也是每年一页，两月一行，单月在上，双月在下，记述简明。开始是月序"正月"、"二月"、"三月"等，再下是用汉字表示的"大"、"小"月份，其次以西夏文左右二小字记该月朔日甲子，如"壬、申"，最后是以双行西夏文小字记该月的节气及该节气的日期，如"清明四日，谷雨十九"，只是日期以西夏文和汉文混写。由此历书的年干支、月大小、节气等可推断是西夏光定定丙子六年（1216年）、丁丑七年（1217年）、戊寅八年（1218年）、己卯九年（1219年）、庚辰十年（1220年）、辛巳十一年（1221年）共6年的历书。

另有英人斯坦因在黑水城发现的西夏文—汉文合璧历书残片，也是每年一页，每月一行的历书，内容也是月序、该月朔日干支、大小月、二十八宿、二十四节气以及与日、木、火、土、金、水、罗睺、月孛、紫炁等九曜星宿与该月时日的关系。经陈炳应教授考订为西夏天授礼法延祚十年（1047年）历书。此件不仅是现存西夏最早的历书，也是目前所知最早有二十八宿的历书，他比原认为最早使用二十八宿的南宋宝祐四年（1256年）历要早209年，具有重要学术价值，还是保存至今最早的西夏文献。[①]

1972年在武威小西沟岘发现的文献中有一纸汉文历书残片，也是每月一行的历书，仅存一年的九月至十二月七行，其中十一月闰月，内容包括月序、大小月、该月朔日干支、二十四节气、二十八宿以及与日、木、火、土等九曜星宿与该月时日的关系。据考订为西夏人庆乙丑二年（1145年）的历书，亦皆与中原宋朝历日相合。[②]

后几种历书都能在上述连续86年的历书中找到相同年份的历书页。按月注的写本历书在西夏黑水城竟有多种写本，说明西夏对历书的重视和历书应用的广泛。

3. 汉文刻本、写本历书

黑水城出土文献中有汉文历书残页，为雕板印刷，原编号TK297，前、后、上、下均有残失，残存有17日的具注历和两行月序文字的内容，

---

① 陈炳应：《西夏文物研究》，宁夏人民出版社1985年版，第318—323页。
② 同上书，第314—318页。

从上至下有五栏，（1）日期、干支、六甲纳音和建除十二神；（2）二十八宿；（3）望日、蜜日、沐浴、归忌；（4）物候；（5）神煞和选择宜忌。① 此历书经邓文宽教授详加考证，推断其为《宋淳熙九年（1182年）壬寅岁具注历》，残页中分别为正月、四月和五月的历日。并指出该残历书有二十八宿，是目前所知以二十八宿注历最早的一件，他比原认为最早使用二十八宿的南宋宝祐四年（1256年）历要早75年；此残历所注入的一些神煞内容，如七圣、天魁、玉堂、民日、天喜、天马、伐日、小时、土府、土符等，在敦煌所有的历日中都未找到，说明中国传统历书中术数文化内容在这里得到发展。②

又该历书残片一第5、8竖栏，残片二第3、4竖栏内"明"字缺笔避讳。而西夏诸帝的名讳中，被追谥为太宗的李德明名字中有"明"字，他的后辈确实避其名讳。元昊在即位之初就为避父德明讳，将宋"明道"年号，改为"显道"。③ 可以推论，残历书讳"明"字，系避西夏太宗德明的名讳。残历中5285号、5306号、5469号、269号中都有"德"字，不缺笔，这和仁孝时期的西夏文《论语》只避讳皇帝名字的第二字，不避讳第一字是一致的。此残历书讳"明"字，且出土于西夏管辖的黑水城，说明这些残历书避西夏太宗德明的讳，当是西夏刻印历书，而不是宋代历书，可能从宋《淳熙历》套用而来。时在西夏仁宗乾祐十三年，应称为《西夏乾祐十三年（1182年）壬寅岁具注历》。

另有汉文的写本历书，如俄藏黑水城文献中的《月将法》、《九宫法》、《八卦法》、《二十四节气》、《六十甲子歌》等也是与历书有关的文献。④

4. 活字版汉文历书

俄藏黑水城文献中有 TK5285、5229、5469、269 号和 ИНФ.8117（1、2）、5306号，皆为汉文历书残页。TK号为俄国专家孟列夫发现，ИНФ

---

① 《俄藏黑水城文献》第4册，第385—386页。
② 邓文宽：《黑城出土〈宋淳熙九年（1182年）壬寅岁具注历日〉考》，《华学》第4辑，紫禁城出版社2000年版。
③ 《宋史》卷四八五《夏国传上》，中华书局1977年版，第13993页。
④ 《俄藏黑水城文献》第5册，第120—122页。

号系笔者在 2000 年第四次赴圣彼得堡东方学研究所整理该所文献时在未著录的文献中发现，原作为废弃纸张用作西夏佛经的裱纸，已被裁剪成残片，因年久从佛经上脱落，有的存上段，有的存下段，无一页完整。TK5285、ИНФ.8117、ИНФ.5036、TK5229、TK5469 号保存了上段，TK269 号保存了下段。残历书皆呈表格状，表中各栏内有汉字。据这些历书残片知，一年中每月开始有 1 大竖格，又分为若干横格，横格自上而下为正月至十二月的月序、以颜色组成的月九宫、以干支表示的月建、该月的节气时刻等。1 月中每日占 1 竖格，也分为若干横格，横格自上而下为各日日期、日干支、以金木水火土五行表示的纳音、建除十二神、有以星名表示的二十八宿、有表示月亮盈亏的上下弦、有类似星期的 7 日一注的蜜日注、有与节气对应的动植物变化的物候、有载明当日行为利弊的吉凶注、有当日日出日入时刻、有表明当日人神在身体的哪一部位的人神所在等，内容十分丰富。这与敦煌发现的宋代具注历日的形式基本上一样，并且增加了二十八宿。[①] 因这些具注历日没有序，也没有岁首，各页上部被裁失，所以不但没有年份干支，甚至也没有完整的月序。因此不能直接知其具体年代。

令人欣慰的是，从新发现的 ИНФ.8117 号残历书和原有的 TK 5469 号残历书中可以推断出残历书的确切年代。首先根据保留"四月大"的线索，知其为三、四月历日，进一步推知四月、五月朔日干支，再依据四月九宫倒推此年正月九宫，根据月九宫和年地支的对应关系，确定地支不出丑、未、辰、戌。再用干支纪月法确定正月干支，根据《五虎遁》可知此年天干应是丙或辛。将已知此年的天干丙、辛和已知的地支丑、未、辰、戌相配，有四干支可供选择：丙戌、丙辰、辛未、辛丑。因黑水城出土文献在宋、元时期，根据可供选择的年干支和前述已知三月、四月、五月的朔日分别是癸丑、壬午、壬子，遍查中国中古时期宋、元 400 年的历日，只有宋嘉定辛未四年（1211 年）完全合于上述条件。另据此残历书其他条件如所注"蜜"字、二十八宿、物候等皆与该年相合，更证明年代推断无误。

---

① 邓文宽：《敦煌天文历法文献辑校》，江苏古籍出版社 1996 年版，第 513—672 页。

因残历书缺乏明确的王朝年号标志，只能从其内容中寻找所在王朝的蛛丝马迹。在 TK 5285 号第 3 竖行、ИНФ. 8117 号第 4 竖行，ИНФ. 5306 号第 1 竖行、第 4 竖行，TK 5229 号第 2 竖行，TK 5469 号第 5 竖行、第 8 竖行、第 11 竖行、12 竖行、21 竖行，TK 269 号第 3 竖行的"明"字的右部的"月"明显缺中间两横笔，也即此字的最后两笔。这显然是避讳字。据前考证可知也是避西夏太宗德明的讳，可推断此历书是西夏印制的历书，其时间为西夏神宗遵顼光定元年（1211 年），可称作《西夏光定元年（1211 年）辛未岁具注历》。因历书是为新的一年使用的，所以此历书印刷年代应是西夏襄宗安全皇建元年（1210 年），属 13 世纪初期。据此可知，至少在那一时期西夏就使用活字印刷的具注历书了。这些历书残页还是目前所知最早的汉文活字印本，在中国活字印刷史上占有重要地位。①

三 西夏历法和历书的特点

综合以上对西夏历法和历书的分析，不难看出有以下特点：

1. 西夏虽在隋唐之际仍处于"候草木以记岁时"的原始阶段，但北上迁徙后接触先进文化，历法进步很快，立国后不久便以西夏文字记录当时先进的历法。现已发现有西夏天授礼法延祚十年（1047 年）的历书，据西夏立国仅 10 年，可能西夏立国后宋夏关系紧张，元昊确实"自为历日，行于国中"。已发现最晚的西夏历书是光定辛巳十一年（1221 年），距西夏灭亡仅有 6 年的时间。

2. 西夏行用历法与宋朝关系密切，随着双方关系好恶，宋朝对西夏颁历时续时停。但从西夏存留历书看，无论是颁历时期，还是停颁时期，西夏历书与宋朝历书完全一致，是阴阳合历。当时中国的历法计算和历书的制定具有先进水平。西夏的历书借鉴中原历法的成就，也有和中原地区相同的科学水平。

3. 西夏历书种类多样。从书写文字看，有西夏文历书，有汉文历书，还有西夏文—汉文合璧历书；从版本看，有手写本，有刻本，还有活字本

---

① 史金波：《黑水城出土活字版汉文历书考》，《文物》2001 年第 10 期。

历书；从历书形式看，有每月一行、每年一页的年历，有每日一行、具注历日的月历。这样多种多样的历书在中国古代王朝中是绝无仅有的。其中的活字本历书不仅有历法研究价值，还是最早的汉文活字印本，具有印刷史研究价值。

4. 西夏有历经三朝、连续从公元1120—1205年共86年的历书，这样跨越时段很长的历书原件，在已知的中国历书中也是硕果仅存，具有重要的文物和研究价值。

5. 西夏的历书内容丰富，科技含量高。其中有的历书在已知的中国历书中使用二十八宿的时间最早，他比原认为最早使用二十八宿的南宋宝祐四年（1256年）历要早两个世纪。有的历书残历所注入的一些神煞内容比已发现的中原王朝历书更加丰富。这些使西夏历书具有更重要的学术价值。

6. 西夏的历书负载了丰富的西夏文化内容。比如关于二十四节气的西夏文名称，始终未能发现，连记载西夏民俗最多的《番汉合时掌中珠》、《杂字》以及《圣立义海》等都没有记录。而在西夏历书中却有西夏文二十四节气的全部名称。

总之，西夏历法承袭中原王朝历法，具有很高水平。西夏历书种类多样，内容丰富，在已发现的古代历书中占有很大比例。从时间上差不多接续敦煌历书，前后跨越170多年时间，几乎包括整个西夏时期，填补了这一时段的历书实物空缺。这些西夏历书不仅反映出西夏历法的状况和历书编辑的水平，也客观地反映出中原王朝对西夏历法和历书的影响，因此又具有特殊重要的文物和学术价值。

（原载《民族语文》2006年第4期）